Die direkte Inanspruchnahme des D&O-Versicherers

Haftungs- und Versicherungsrecht

Rechtliche Probleme der vertraglichen
und außervertraglichen Haftung
sowie des Versicherungsrechts

Herausgegeben von Christoph Brömmelmeyer, Erwin Deutsch,
Hans-Peter Schwintowski und Jochen Taupitz

Band 18

PETER LANG

David Ulrich

Die direkte Inanspruchnahme des D&O-Versicherers

PETER LANG

Bibliografische Information der Deutschen Nationalbibliothek
Die Deutsche Nationalbibliothek verzeichnet diese Publikation in der Deutschen Nationalbibliografie; detaillierte bibliografische Daten sind im Internet über http://dnb.d-nb.de abrufbar.

Zugl.: Frankfurt (Oder), Europa-Univ., Diss., 2021.
Erstgutachter: Prof. Dr. Knöfel
Zweitgutachter: Prof. Dr. Brömmelmeyer

Gedruckt auf alterungsbeständigem, säurefreiem Papier.

D 521
ISSN 0945-3628
ISBN 978-3-631-86163-9 (Print)
E-ISBN 978-3-631-86707-5 (E-Book)
DOI 10.3726/b19009

Peter Lang – Berlin · Bern · Bruxelles · New York · Oxford · Warszawa · Wien

Diese Publikation wurde begutachtet.

www.peterlang.com

Meinen Eltern

Vorwort

Die vorliegende Arbeit wurde im August 2020 von der Juristischen Fakultät der Europa-Universität Viadrina Frankfurt (Oder) als Dissertation angenommen.

Für die Betreuung der Arbeit gebührt Herrn Prof. Dr. Knöfel mein voller Dank. Ebenso danke ich Herrn Prof. Dr. Brömmelmeyer für die Erstellung des Zweitgutachtens und die Aufnahme in die von ihm mitherausgegebene Schriftenreihe.

Bedanken möchte ich mich auch bei meiner Familie und meinen Freunden, die durch ihre rückhaltlose Unterstützung diese Arbeit erst ermöglicht haben. Meine Eltern, Christiane Flammang und Manfred Ulrich, sowie mein Bruder Théo Ulrich haben den Weg bereitet. Dr. Lars Weinbrenner hat mich während des Studiums und darüber hinaus als Mentor und Freund betreut und damit maßgeblichen Anteil an meinem beruflichen Werdegang. Leonard Wagner und Sebastian Wrobel haben nicht nur durch ihre konstruktiven Anmerkungen maßgeblichen Anteil an der Entwicklung der Arbeit, sondern mir auch immer wieder eine fachliche Diskussion ermöglicht und den notwendigen Mut zugesprochen – hierfür meinen herzlichsten Dank. Weiterer Dank gebührt auch Philipp Kaufmann für das ehrenamtliche Lektorat und für den freundschaftlichen Beistand über all die Jahrzehnte. Letztendlich wäre die Arbeit aber nicht ohne die bedingungslose Unterstützung von Frau Daniel Tourgeman fertiggestellt worden. תּוֹדָה רַבָּה

Inhaltsübersicht

Inhaltsverzeichnis

Abkürzungsverzeichnis

ABl.	Amtsblatt
Abs.	Absatz
AcP	Archiv für die civilistische Praxis (Zeitschrift)
a.F.	alte Fassung
AG	Aktiengesellschaft
AG	Aktiengesellschaft (Zeitschrift)
AGB	Allgemeine Geschäftsbedingungen
AHB	Allgemeine Haftpflichtbedingungen
AktG	Aktiengesetz
Alt.	Alternative
Anm.	Anmerkung
AVB	Allgemeine Versicherungsbedingungen
AVB-AVG	Allgemeine Versicherungsbedingungen für die Vermögensschaden-Haftpflichtversicherung von Aufsichtsräten, Vorständen und Geschäftsführern
AVB D&O	Allgemeine Versicherungsbedingungen für die Vermögensschaden-Haftpflichtversicherung von Aufsichtsräten, Vorständen und Geschäftsführern
BaFin	Bundesanstalt für Finanzdienstleistungsaufsicht
BauR	Baurecht (Zeitschrift)
BAV	Bundesaufsichtsamt für das Versicherungswesen
BB	Betriebs-Berater (Zeitschrift)
BeckOK	Beck'scher Online-Kommentar
BeckRS	beck-online.Rechtsprechung
Begr.	Begründung
Beil.	Beilage
BGB	Bürgerliches Gesetzbuch
BGBl.	Bundesgesetzblatt
BGE	Schweizer Bundesgerichtsentscheide
BGer	Schweizerisches Bundesgericht
BGH	Bundesgerichtshof
BGHZ	Entscheidungen des Bundesgerichtshofes in Zivilsachen
BMF	Bundesfinanzministerium
bspw.	beispielsweise
BT-Drs.	Drucksache des Deutschen Bundestages

BVerwG	Bundesverwaltungsgericht
bzw.	beziehungsweise
CB	Compliance-Berater (Zeitschrift)
CEO	Chief Executive Officer
CFOaktuell	Zeitschrift für Finance & Controlling
CMR	Convention relative au contrat de transport de marchandises par route
DB	Der Betrieb (Zeitschrift)
ders.	derselbe
d.h.	das heißt
DJT	Deutscher Juristentag
D&O	Directors & Officers
EG	Europäische Gemeinschaft
EhfG	Entwicklungshelfer-Gesetz
Einf.	Einführung
Einl.	Einleitung
e.V.	eingetragener Verein
EWG	Europäische Wirtschaftsgemeinschaft
f. / ff.	folgende
FinMin.	Finanzministerium
Fn.	Fußnote
FS	Festschrift
GDV	Gesamtverband der Deutschen Versicherungswirtschaft
GmbHR	GmbH-Rundschau
GmbH	Gesellschaft mit beschränkter Haftung
grds.	grundsätzlich
GroßKomm	Großkommentar
GWR	Gesellschafts- und Wirtschaftsrecht (Zeitschrift)
HdB	Handbuch
Hrsg.	Herausgeber
hrsg. v.	herausgegeben von
Hs.	Halbsatz
i.H.v.	in Höhe von
insb.	insbesondere
i.S.d.	im Sinne des/der
i.S.v.	im Sinne von
jM	Juris – Die Monatszeitschrift
JURA	Juristische Ausbildung (Zeitschrift)

Kap.	Kapitel
KölnerKomm	Kölner Kommentar
KTS	Konkurs Treuhand Sanierung – Zeitschrift für Insolvenzrecht
LG	Landgericht
MAR	Marktmissbrauchsverordnung
MDR	Monatsschrift für Deutsches Recht
Mio.	Million
Mrd.	Milliarde
MünchKomm	Münchener Kommentar
m.w.N.	mit weiteren Nachweisen
lit.	litera
NJW	Neue Juristische Wochenschrift
Nr.	Nummer
NZG	Neue Zeitschrift für Gesellschaftsrecht
NZI	Neue Zeitschrift für Insolvenz- und Sanierungsrecht
NZKart	Neue Zeitschrift für Kartellrecht
OLG	Oberlandesgericht
östBGBl.	Österreichisches Bundesgesetzblatt
PHi	Haftpflicht international – Recht & Versicherung (Zeitschrift)
RDG	Rechtsdienstleistungsgesetz
RegE.	Regierungsentwurf
RGZ	Entscheidungen des Reichsgerichts in Zivilsachen
Rn.	Randnummer
RVG	Rechtsanwaltsvergütungsgesetz
r+s	Recht und Schaden (Zeitschrift)
S.	Seite
S.	Satz
s.	siehe
S.A.	Société Anonyme
sog.	sogenannte
SpV	Spektrum für Versicherungsrecht (Zeitschrift)
StGB	Strafgesetzbuch
StudZR	Studentische Zeitschrift für Rechtswissenschaft
v.	von / vom
VAG	Gesetz über die Beaufsichtigung der Versicherungsunternehmen
VersR	Versicherungsrecht (Zeitschrift)

vgl.	vergleiche
VN	Versicherungsnehmerin
VorstAG	Gesetz zur Angemessenheit der Vorstandsvergütung
VP	Die Versicherungspraxis (Zeitschrift)
vP	versicherte Person
VR	Versicherer
VVG	Versicherungsvertragsgesetz
VW	Die Versicherungswirtschaft (Zeitschrift)
WI	Wussow – Informationen zum Versicherungs- und Haftpflichtrecht (Zeitschrift)
WiRO	Wirtschaft und Recht in Osteuropa (Zeitschrift)
WIST	Wirtschaftswissenschaftliches Studium (Zeitschrift)
WM	Zeitschrift für Wirtschafts- und Bankrecht
WuB	Entscheidungsanmerkungen zum Wirtschafts- und Bankrecht
ZfBR	Zeitschrift für deutsches und internationales Bau- und Vergaberecht
ZfPW	Zeitschrift für die gesamte Privatrechtswissenschaft
ZGR	Zeitschrift für Unternehmens- und Gesellschaftsrecht
ZHR	Zeitschrift für das gesamte Handels- und Wirtschaftsrecht
Ziff.	Ziffer
ZIP	Zeitschrift für Wirtschaftsrecht
zit.	zitiert
ZPO	Zivilprozessrecht
ZVersWiss	Zeitschrift für die gesamte Versicherungswissenschaft
ZWH	Zeitschrift für Wirtschaftsstrafrecht und Haftung im Unternehmen

Einführung

Seit Mitte der 1990er Jahre wächst der Markt für Directors & Officers Liability Insurances (D&O-Versicherungen) in Deutschland stetig.[1] Bis in den Mittelstand hinein werden Organmitglieder von Kapitalgesellschaften gegen mögliche Schadensersatzansprüche versichert.[2] Die D&O-Versicherung ist auf den Schutz von Organmitgliedern gegen Haftpflichtansprüche gerichtet.[3] Sie wird daher als eine freiwillige Haftpflichtversicherung im Sinne der §§ 100–112 VVG eingeordnet.[4] In aller Regel wird die D&O-Versicherung jedoch nicht von dem versicherten Organmitglied selbst, sondern von dem bestellenden Unternehmen oder dessen Muttergesellschaft abgeschlossen.[5] In diesem Fall sind der Versicherer, das bestellende Unternehmen als Versicherungsnehmerin[6] und das Organmitglied als versicherte Person an dem (Dreiecks-)Rechtsverhältnis beteiligt.[7] Folglich wird die D&O-Versicherung als eine Versicherung für fremde Rechnung gemäß §§ 43–48 VVG angesehen.[8]

Obwohl die D&O-Versicherung weitverbreitet ist, bereitet ihre rechtliche Handhabung teils erhebliche Schwierigkeiten. Diese Schwierigkeiten zeigen sich insbesondere dann, wenn eine Innenhaftung vorliegt und die geschädigte Versicherungsnehmerin den D&O-Versicherer direkt in Anspruch nimmt.

---

1 *Held* in Halm/Engelbrecht/Krahe[6], Handbuch des Fachanwalts Versicherungsrecht (2018), Kap. 33, Rn. 3; *Lange*, D&O-Versicherung und Managerhaftung (2014), § 1, Rn. 48 ff., m.w.N.

2 *Lange*, § 1, Rn. 4, 61.

3 *Melot de Beauregard/Gleich*, NJW 2013, 824, 824; *Ihlas* in MünchKomm VVG, 3. Band[2], Nebengesetze -Systematische Darstellung (2017), 320 - D&O, Rn. 14.

4 Siehe: Erster Teil, B, II.

5 *Armbrüster*, NJW 2016, 897, 898; *Lange* in Veith/Gräfe/Gebert[4], Der Versicherungsprozess (2020), § 21, Rn. 3.

6 Da diese Arbeit einen Fokus auf die AG legt, soll im Folgenden von der Versicherungsnehmerin gesprochen werden.

7 *Baumann* in Bruck/Möller, 4. Band[9], Haftpflichtversicherung (2013), Einf. AVB-AVG, Rn. 11; *Voit* in Prölss/Martin[31], Versicherungsvertragsgesetz (2021), AVB D&O, A-1, Rn. 3.

8 Siehe: Erster Teil, B, III.

A. Problemdarstellung und Ziel der Arbeit

In Deutschland werden die meisten Deckungsansprüche aus einer D&O-Versicherung aufgrund einer sogenannten Innenhaftung geltend gemacht.[9] Eine solche Innenhaftung setzt voraus, dass das versicherte Organmitglied von dem bestellenden und versichernden Unternehmen auf Schadensersatz in Anspruch genommen wird.[10] In solchen – für die D&O-Versicherung typischen – Innenhaftungsfällen gewinnt die Dreieckskonstellation an Brisanz und die Interessenkollisionen nehmen zu.[11] Die geschädigte Versicherungsnehmerin steht dann als Haftpflichtgläubigerin dem selbst finanzierten D&O-Versicherungsschutz gegenüber. Deshalb wird davon gesprochen, dass es in Innenhaftungsfällen zu einer „geradezu groteske[n] Situation" komme, weil „nämlich das Opfer aus seinen Mitteln den Täter gegen die Haftpflicht versichert, die ihm aus der Schädigung eben dieser Opfer erwächst".[12] Sofern sich nun der Versicherer für eine Abwehr der Haftpflichtansprüche entscheidet, hat die Versicherungsnehmerin die Abwehr ihrer eigenen Ansprüche finanziert.[13]

Wenn der Versicherer hingegen die versicherte Person von der Haftpflicht freistellt, gleicht der Versicherer einen bei der Versicherungsnehmerin entstandenen Schaden aus. Die geschädigte Versicherungsnehmerin finanziert durch

---

9 *Baumann* in Bruck/Möller, 4. Band[9], Ziff. 1 AVB-AVG, Rn. 64; *Hoffmann-Becking*, ZHR 181 (2017), 737, 737; *Doralt*, ZGR 2019, 996, 999; AON Risk Solutions Marktreport 2017 - Der deutsche Versicherungsmarkt, August 2017: http://www.aon.com/germany/marktreport/downloads/ARS_Marktreport_2017.pdf (abgerufen am 27.4.2019), S. 24; kritisch dazu *Ihlas* in MünchKomm VVG, 3. Band[2], 320 - D&O, Rn. 653, der darauf verweist, dass es hierzu keine aussagekräftigen Untersuchungen gibt. Demgegenüber weisen *Haehling von Lanzenauer/Kreienkamp* in Looschelders/Pohlmann[3], VVG-Kommentar (2016), Anhang C, Rn. 14, jedoch zu Recht darauf hin, dass die Innenhaftung der „Normalfall" der Organhaftung ist. *Thomas*, Die Haftungsfreistellung von Organmitgliedern – Bürgerrechtliche, gesellschaftsrechtliche und versicherungsrechtliche Grundlagen der Freistellung und der Versicherung von organschaftlichen Haftungsrisiken im Kapitalgesellschaftsrecht (2010), S. 356, spricht davon, dass „reine Außenhaftungsfälle" eine „ganz untergeordnete Rolle spielen".

10 OLG München v. 15.3.2005, VersR 2005, 540, 541. Damit umfasst diese Definition die versicherungsrechtliche Innenhaftung (Innenverhältnisdeckung) und die gesellschaftsrechtliche Innenhaftung (Organhaftung gegenüber der bestellenden Gesellschaft).

11 *Hoffmann-Becking*, ZHR 181 (2017), 737, 742 ff.

12 *v. Bar* in *Lorenz* (Hrsg.), Karlsruher Forum 2009, Diskussion, S. 85, 119. *Hoffmann-Becking*, ZHR 181 (2017), 737, 737, nennt dies „sinnverkehrt".

13 *v. Schenck* in Semler/v. Schenck, Der Aufsichtsrat (2015), § 116 AktG, Rn. 849; *Armbrüster* in *Lorenz* (Hrsg.), Karlsruher Forum 2009, Diskussion, S. 85, 113.

die Versicherungsprämien dann mittelbar ihren späteren Schadensausgleich. Die D&O-Versicherung übernimmt für die Versicherungsnehmerin somit auch eine Bilanzschutzfunktion.[14] Dieses Ergebnis rückt die D&O-Versicherung faktisch nah an eine Eigen(schadens)versicherung heran.[15] Die Finanzbehörden der Länder sowie des Bundes gehen daher bei ihrer steuerrechtlichen Bewertung davon aus, dass eine D&O-Versicherung im überwiegenden Eigeninteresse der Versicherungsnehmerin abgeschlossen wird.[16] Diesem Eigeninteresse an der Versicherungssumme steht die anfängliche Abwehr der Haftpflichtforderung besonders dann entgegen, wenn die Abwehrkosten auch noch auf die Versicherungssumme angerechnet werden.

Um die Versicherungssumme möglichst ungeschmälert als Befriedungsobjekt zu erhalten und den Versicherungsfall effizient abzuwickeln, könnte es für die Versicherungsnehmerin interessant sein, direkt gegen den Versicherer vorzugehen und so einen „lästigen und zeitaufwendigen Haftpflichtprozeß“ zu umgehen.[17] Aus diesem Blickwinkel rückt der mit der VVG-Reform im Jahr 2008 in Kraft getretene § 108 Abs. 2 VVG in den Vordergrund. Nach dieser Vorschrift kann eine Abtretung des Deckungsanspruchs an die geschädigte Dritte[18]

---

14 *Thomas* S. 293; *Cyrus*, NZG 2018, 7, 9; *Ingwersen*, Die Stellung des Versicherungsnehmers bei Innenhaftungsfällen in der D&O-Versicherung (2011), S. 33 f.; *Dreher/Fritz*, VersR 2021, 220, 224, m.w.N.

15 *Langheid*, VersR 2017, 1365, 1367, geht sogar davon aus, dass das Insolvenzrisiko versichert sei und daher eine Eigenversicherung vorliege. *Baumann*, VersR 2006, 455, 457: „reflexhaft in die Nähe einer Aktivenversicherung“. *Ihlas* in MünchKomm VVG, 3. Band^2, 320 - D&O, Rn. 641, spricht von unechten Eigenschäden, die durch die Versicherung gedeckt seien.

16 BMF v. 24.1.2002, IV C 5 – S 2332 – 8/02, abgerufen am 21.12.2019 unter: https://do-rechner.de/files/Rundschreiben-BMF-DO-Prmie-2002-01-24.pdf; FinMin. Niedersachen v. 25.1.2002 – S 2332 – 161 – 35 / S 2245 – 21 – 31 2, abgedruckt in DB 2002, 399 f.; *Hemeling* in FS Michael Hoffmann-Becking (2013), 491, 492; *R. Koch*, VP 9/2015, 10, 10. Daher sei die D&O-Versicherung nicht Teil der Vergütung: *Thomas*, S. 293 f.

17 *R. Koch*, GmbHR 2004, 18, 20. Sehr unterschiedlich wird der Gebrauch dieser Möglichkeit in der Praxis bewertet: *Langheid*, VW 2012, 1768, 1768, („keinen einzigen Fall“); *Finkel/Seitz* in Seitz/Finkel/Klimke, D&O-Versicherung – Kommentar zu den AVB-AVG (2016), Ziff. 10, Rn. 42, („hin und wieder“); *Wax*, CFOaktuell 2015, 134, 136, („mehrfach Gebrauch gemacht“); *Ramharter*, D&O-Versicherung - Dogmatische Grundlagen und ausgewählte Praxisfragen (2018), Rn. 3/64, sowie *Staudinger/Richters*, DB 2013, 2725, 2725, („gängige Praxis“).

18 Aus Gründen der Einheitlichkeit wird von der Geschädigten gesprochen.

jedenfalls nicht durch AVB ausgeschlossen werden. Ob § 108 Abs. 2 VVG auch in Innenhaftungsfällen der D&O-Versicherung anwendbar ist und somit der Versicherer direkt von der Versicherungsnehmerin in Anspruch genommen werden kann, war bis zum Jahr 2016 umstritten.[19]

Unabhängig von der Wirksamkeit eines Abtretungsausschlusses werden gegen einen Direktanspruch der geschädigten Versicherungsnehmerin gegen den Versicherer verschiedene Bedenken angebracht. Befürchtet wird, dass durch einen Direktanspruch ein Missbrauch der D&O-Versicherung zulasten des Versicherers drohe.[20] Nach dem Prinzip „Deckung schafft Haftung" könnte ein erleichterter Zugriff auf die Versicherungssumme das unternehmerische Risiko auf den D&O-Versicherer verlagern.[21] Es bestehe daher die Gefahr, dass die D&O-Versicherung zu einer „Bilanzschutzversicherung für die Gesellschaft mutieren" könne.[22] Die Inanspruchnahme der versicherten Person könnte dann als bloßer Zwischenschritt angesehen werden, um auf die Versicherungssumme zugreifen zu können. Dies wäre aber für die versicherte Person aus zwei Gründen problematisch. Zum einen könnte es dann für den Versicherer primär darum gehen, sich selbst gegen den Direktanspruch zu verteidigen. Die Interessen der versicherten Person, wie etwa ihre Reputation,[23] drohen dabei vernachlässigt zu werden. Zum anderen könnte die Hemmschwelle der Versicherungsnehmerin sinken, Haftpflichtansprüche geltend zu machen. Sollten die Haftpflichtansprüche aber einmal geltend gemacht worden sein, müsste die Versicherungsnehmerin sie auch nach einem erfolglosen Direktprozess weiterverfolgen.[24]

Entgegen diesen Befürchtungen hat der BGH im Jahr 2016 ausgesprochen, dass § 108 Abs. 2 VVG auch auf den Innenhaftungsfall in der D&O-Versicherung anwendbar ist.[25] In einer weiteren Entscheidung von 2016 stellte der BGH klar,

19 Zum Meinungsstand: BGH v. 13.4.2016, AG 2016, 395, Rn. 25 f., und *Armbrüster*, r+s 2010, 441, 448, m.w.N.

20 Dazu: Dritter Teil, B, IV, 1.

21 *Ihlas* in MünchKomm VVG, 3. Band², 320 - D&O, Rn. 651; auch die Corporate-Governance Kommission nennt die (latente) Gefahr einer „Plünderung" der D&O-Versicherung, BT-Drs. 14/7515, Rn. 71.

22 *Armbrüster* in *Lorenz* (Hrsg.), Karlsruher Forum 2009, Diskussion, S. 85, 113.

23 *Mitterlechner/Wax/Witsch*², D&O-Versicherung mit internationalen Bezügen (2019), § 10, Rn. 51, weisen zu Recht darauf hin, dass auch haftungsrechtliche Feststellungen im Direktprozess die Reputation der versicherten Person erheblich schädigen können.

24 Anderenfalls könnten sich die für die Versicherungsnehmerin handelnden Organmitglieder selbst haftbar machen, vgl.: *Lange*, § 1, Rn. 77.

25 BGH v. 13.4.2016, BGHZ 209, 373, Rn. 19 ff.; v. 13.4.2016, AG 2016, 395, Rn. 26 ff.

dass eine Direktklage vor einer verbindlichen Feststellung des Haftpflichtanspruchs zulässig und begründet sein kann.[26] Gegenstand eines solchen Direktprozesses könne demnach neben der Deckungspflicht auch die Haftpflicht als inzident zu prüfende Vorfrage sein. Die Zulässigkeit einer direkten Inanspruchnahme des Versicherers durch die geschädigte Versicherungsnehmerin wurde damit höchstrichterlich festgestellt.[27]

Ein durch Abtretung entstandener Direktanspruch wird zwar durch § 108 Abs. 2 VVG erleichtert, doch welche Regeln auf diesen Direktanspruch anwendbar sind, ist nicht gesetzlich bestimmt. Dass ein solcher Direktanspruch mit dem Haftpflicht- und dem Deckungsverhältnis zwei umstrittene Rechtsverhältnisse betrifft, verkompliziert die Abwicklung des Versicherungsfalls. Die direkte Inanspruchnahme führt deshalb zu einer Reihe ungeklärter Rechtsfragen. Diese offenen Rechtsfragen betreffen die gesellschaftsrechtliche Zuständigkeit für die Durchsetzung des Direktanspruchs, die gerichtliche Zuständigkeit, die Fälligkeit des Direktanspruchs, die Reichweite der Auskunfts- und Belegobliegenheiten, die Verjährung des Direktanspruchs sowie die Verjährungshemmung des Haftpflichtanspruchs während der direkten Inanspruchnahme, die Verteilung der Darlegungs- und Beweislast, die Bindungswirkung von Entscheidungen im Direktprozess, die Anrechnung der während der direkten Inanspruchnahme entstandenen Abwehrkosten sowie die Übernahme der Prozesskosten. Erschwerend kommt hinzu, dass sich ab dem Eintritt des Versicherungsfalls die widerstreitenden Interessen besonders deutlich zeigen.[28] Dem Schadensausgleichsinteresse der Versicherungsnehmerin steht meist das Abwehrinteresse der versicherten Person gegenüber. Der Versicherer ist dann gehalten, seiner Vertragspartnerin die Anspruchsdurchsetzung zu erschweren. In einer solchen Konfliktsituation ist eine für alle Beteiligten interessengerechte Abwicklung des D&O-Versicherungsfalls kaum mehr zu erreichen. Insbesondere der versicherten Person droht, dass ihre Interessen während der direkten Inanspruchnahme unberücksichtigt bleiben und die offenen Rechtsfragen zu ihrem Nachteil beantwortet werden.

Aufgrund dieser Rechtsfragen und der damit einhergehenden Rechtsunsicherheit überrascht es, dass bisher weder aus der Wissenschaft noch aus der Praxis zufriedenstellende Vertragsgestaltungen bekannt sind, die eine direkte

---

26 BGH v. 20.4.2016, VersR 2016, 783, Rn. 18.

27 *Baur/Holle*, AG 2017, 141, 141, mit Bezug zu BGH v. 13.4.2016, BGHZ 209, 373; v. 13.4.2016, AG 2016, 395: „ebnen den Weg" für ein unmittelbares Vorgehen.

28 *Hoffmann-Becking*, ZHR 181 (2017), 737, 742, „Fülle der Interessenkollisionen".

Inanspruchnahme interessengerecht regeln.[29] Dies ist umso verwunderlicher, wenn man bedenkt, dass die Innenhaftung den Regelfall in der D&O-Versicherungspraxis darstellt und bei Vertragsschluss die Beziehungen zwischen den Beteiligten noch nicht durch einen Versicherungsfall belastet sind. Die Beteiligten könnten die direkte Inanspruchnahme schon bei Vertragsschluss antizipieren und im D&O-Versicherungsvertrag die direkte Inanspruchnahme regeln.

Die Arbeit zielt daher darauf ab, zu untersuchen, ob und wie eine interessengerechte Abwicklung des D&O-Versicherungsfalls durch eine direkte Inanspruchnahme des Versicherers erreicht werden kann. Dazu ist zu analysieren, wie die offenen Rechtsfragen ohne ausdrückliche Regelung der Beteiligten zu beantworten sind. Hierbei wird auch eine Abtretungsvereinbarung, die in der Praxis genutzt wurde,[30] geprüft. Aufbauend auf den Erkenntnissen wird zu erörtern sein, wie der D&O-Versicherungsvertrag ausgestaltet werden müsste, damit die Interessen der versicherten Person, der Versicherungsnehmerin und des Versicherers bei einer direkten Inanspruchnahme hinreichend berücksichtigt werden. Es sind deshalb die bisher veröffentlichten Klauselvorschläge auf ihre Stärken und Schwächen zu untersuchen. Im Anschluss daran gilt es zu prüfen, ob ein vertraglicher Direktanspruch in die D&O-Versicherung aufgenommen werden sollte. Die D&O-Versicherung könnte dazu als Eigenschadensversicherung ausgestaltet werden, was für Innenhaftungsfälle aber eine Abkehr von der Haftpflichtversicherung bedeuten würde. Ebenso könnte der Versicherungsnehmerin im Rahmen einer Haftpflichtversicherung ein Direktanspruch zugewiesen werden. Anders als ein schon im D&O-Versicherungsvertrag vereinbarter Direktanspruch könnten die Beteiligten eine durch Abtretung ermöglichte direkte Inanspruchnahme schon im D&O-Versicherungsvertrag regeln. Die Arbeit schließt daher mit Regelungsvorschlägen für diesen Fall. Hierzu werden eine D&O-Versicherungsvertragsklausel und ein Muster für eine Abtretungsvereinbarung vorgeschlagen.

29 So wiesen schon *Grote/Schneider*, BB 2007, 2689, 2699, darauf hin, dass „im Bereich der D&O-Versicherung die Rechtsfolgen einer Abtretung in den Bedingungen geregelt werden sollten".

30 § 3.3 des Individualvergleichs zwischen einem Unternehmen der Schwerindustrie und einem ehemaligen Vorstandsmitglied, welchem die Hauptversammlung 2014 zustimmte (abgerufen am 7.12.2019): https://www.corporate.man.eu/man/media/de/content_medien/doc/global_corporate_website_1/investor_relations_1/hv/2014_8/man_hv_2014_individualvergleich_samuelsson_d.pdf.

B. Gang der Untersuchung

In einem ersten Teil der Arbeit werden für diese Untersuchung zunächst die Grundzüge der D&O-Versicherung dargestellt. Neben allgemeinen Grundlagen werden dabei insbesondere die Dreiecksstruktur der D&O-Versicherung und die daraus resultierenden Probleme bei der Einordnung in das VVG aufgezeigt.

Im Anschluss hieran wird in einem zweiten Teil der Eintritt des Versicherungsfalls beleuchtet. Dazu werden dessen Voraussetzungen und die Auswirkungen auf die Beteiligten dargestellt. Insbesondere mit Eintritt des Versicherungsfalls wird für die Beteiligten relevant, ob entstehende Abwehrkosten auf die Versicherungssumme angerechnet werden können. Des Weiteren wird erörtert, wie und durch wen der Versicherungsfall mittels eines Vergleichs beendet werden kann.

Der dritte Teil der Arbeit widmet sich der direkten Inanspruchnahme des Versicherers durch die geschädigte Versicherungsnehmerin. Nachdem bewertet wurde, ob eine dafür notwenige inzidente Haftpflichtprüfung rechtlich zulässig ist, werden die Vor- und Nachteile einer direkten Inanspruchnahme für die einzelnen Beteiligten erörtert. Im Anschluss daran wird untersucht, wie sich eine durch Abtretung ermöglichte direkte Inanspruchnahme auf den Haftpflichtversicherungsschutz auswirkt. Ein zwingender Selbstbehalt macht es grundsätzlich notwendig, dass auch nach einer direkten Inanspruchnahme der verbleibende Selbstbehalt bei der versicherten Person durchgesetzt werden muss. Folglich steht ein zwingender Selbstbehalt einer abschließenden Schadensregulierung grundsätzlich entgegen. Es wird daher analysiert, ob durch eine Selbstbehaltsversicherung die direkte Inanspruchnahme doch zu einer abschließenden Schadensregulierung führen kann. Sollten die Versicherungsvertragsparteien der versicherten Person nicht die ausschließliche Verfügungsbefugnis zugewiesen haben, könnte die geschädigte Versicherungsnehmerin auch ohne Abtretung versuchen, den Versicherer direkt in Anspruch zu nehmen. Zum Abschluss des Kapitels wird daher geprüft, ob auch die fremdversicherungsrechtliche Ausgangslage (Verfügungsbefugnis bei der Versicherungsnehmerin) eine direkte Inanspruchnahme ermöglichen würde.

In einem vierten Teil werden die bei einer durch Abtretung ermöglichten direkten Inanspruchnahme entstehenden Rechtsfragen aufgezeigt und analysiert. Die Rechtsfragen ergeben sich daraus, dass die direkte Inanspruchnahme auf einem versicherungsrechtlichen Anspruch beruht, aber gleichzeitig die erstmalige und im Idealfall die endgültige Prüfung des Haftpflichtanspruchs beinhaltet. Es wird daher untersucht, wie sich diese Besonderheit auf die gesellschaftsrechtliche und die gerichtliche Zuständigkeit, die Fälligkeit des Direktanspruchs, die Auskunfts- und Belegobliegenheit, die Verjährung, die Verteilung der Darlegungs- und Beweislast, die Anrechnung der Abwehrkosten und die Prozesskosten auswirkt. Da eine direkte Inanspruchnahme auf eine effizientere Abwicklung des Versicherungsfalls zielt, ist ebenso zu analysieren, ob eine Entscheidung im Direktprozess die Beteiligten auch in möglichen Anschlussprozessen bindet. Zum Abschluss des vierten Teils wird eine der wenigen publizierten Abtretungsvereinbarungen dahingehend untersucht, wie dort die zuvor aufgezeigten Konfliktfelder geregelt wurden.

Aufbauend auf diesen Erkenntnissen wird im letzten Teil der Arbeit geprüft, ob mit einem vertraglich vereinbarten Direktanspruch die offenen Rechtsfragen verhindert werden können. Dazu werden die verschiedenen Möglichkeiten für die Vereinbarung eines Direktanspruchs untersucht. Hierbei wird zu unterscheiden sein, ob der Direktanspruch aus einer Eigenschadensversicherung oder einer Haftpflichtversicherung hergeleitet werden kann. Abschließend wird aufgezeigt, wie eine durch Abtretung ermöglichte direkte Inanspruchnahme schon im D&O-Versicherungsvertrag antizipiert werden sollte, um so die drohenden offenen Rechtsfragen vor dem Konfliktfall interessengerecht zu vermeiden.

C. Abgrenzung des Untersuchungsgegenstands

Die im Versicherungsfall zu Interessenstreitigkeiten führende Dreiecksstruktur ist immer dann gegeben, wenn es sich um eine „Firmenpolice"[31] handelt und eine Innenhaftung vorliegt. Die Außenhaftung sowie die persönliche D&O-Versicherung eines Organmitglieds werden daher nur kursorisch behandelt.

Die D&O-Versicherung ist am stärksten bei Kapitalgesellschaften verbreitet.[32] Für Organmitglieder einer AG und dabei insbesondere für Vorstandsmitglieder liegt ein strenges Organhaftungsrecht mit zwingenden Vorgaben, wie etwa Selbstbehalt und Umkehr der Darlegungs- und Beweislast, vor. Die zwingenden Vorgaben des Organhaftungsrechts führen bei einer direkten Inanspruchnahme des Versicherers zu Schwierigkeiten. Die vorliegende Arbeit fokussiert sich daher auf die AG als Versicherungsnehmerin und deren Organmitglieder als versicherte Personen.

31 *Ihlas*[2], Directors & Officers Liability (2009), S. 334 f.; *Lange*, § 3, Rn. 52 f., m.w.N.

32 *Haehling von Lanzenauer/Kreienkamp* in Looschelders/Pohlmann[3], Anhang C, Rn. 71 f.; *Beckmann* in Beckmann/Matusche-Beckmann[3], Versicherungsrechts – Handbuch (2015), § 28, Rn. 49.

Erster Teil: Grundzüge der D&O-Versicherung

In einem ersten Teil der Arbeit werden das Versicherungsprodukt D&O-Versicherung allgemein dargestellt und die der D&O-Versicherung zugrunde liegende Dreiecksstruktur analysiert.

A. Allgemeines

Für ein besseres Verständnis der D&O-Versicherung sollen ihre Entwicklung, der Status quo, ihr Anwendungsbereich und die zugrunde liegende Innenhaftung in der AG abgebildet werden.

I. Entwicklung der D&O-Versicherung

Die Schwierigkeiten einer rechtlichen Handhabung der D&O-Versicherung liegen zum Teil darin begründet, dass es nie zu einer „‚deutschen' Produktentwicklung" kam.[33] Die D&O-Versicherung wurde deshalb ohne besondere Berücksichtigung des deutschen Gesellschafts-, Haftungs- und Versicherungsrechts entwickelt.[34] Eine kurze Darstellung des Ursprungs sowie der anfänglichen Entwicklung in Deutschland veranschaulicht dies.

1. Ursprung

Die ersten Vorschläge einer Haftpflichtversicherung für Leitungspersonen wurden schon 1895 in Deutschland diskutiert.[35] Man verwarf die Vorschläge jedoch, da befürchtet wurde, dass eine solche Versicherung die Sorgfalt der versicherten Personen mindern könnte.[36] Ab 1930 boten Lloyd's of London-Syndikaten die ersten D&O-Versicherungen für den angloamerikanischen Raum an.[37] Dies

33 *Mitterlechner/Wax/Witsch*², § 1, Rn. 3; so auch: *Peltzer*, NZG 2009, 970, 971.

34 *Mitterlechner/Wax/Witsch*², § 1, Rn. 3.

35 *Baumann* in Bruck/Möller, 4. Band⁹, Einf. AVB-AVG, Rn. 1; *Pammler*, Die gesellschaftsfinanzierte D&O-Versicherung im Spannungsfeld des Aktienrechts: Eine Arbeit über den Einfluss der D&O-Versicherung auf die Organisationsverfassung der Aktiengesellschaft und die daraus zu ziehenden rechtlichen Konsequenzen (2006), S. 23; *Lange*, § 1, Rn. 43, m.w.N.

36 *Beckmann* in Beckmann/Matusche-Beckmann³, § 28, Rn. 3, m.w.N.

37 *Ihlas*², S. 91, m.w.N.

erfolgte in Reaktion auf die nach dem Börsencrash vom 24. Oktober 1929 in den USA vollzogene Haftungsverschärfung.[38] Aber erst Ende der 1960er Jahre gewann die D&O-Versicherung, begründet durch den Anstieg von Haftungsfällen in den USA, an Popularität.[39]

Ausgehend von der in den USA relevanten Gefahr einer Außenhaftung wurden die US-amerikanischen D&O-Versicherungen primär auf ein Vier-Personen-Verhältnis (bestehend aus Versicherungsnehmerin, Versicherer, versicherter Person und Geschädigter) ausgerichtet.[40]

Begünstigt durch einen weichen D&O-Versicherungsmarkt, der zu niedrigen Versicherungsprämien und einem weiten Versicherungsschutz führte, und eine Zunahme an Haftungsfällen kam es Mitte der 1980er Jahre zu einer ersten großen Krise in der D&O-Versicherungswirtschaft.[41] Als Konsequenz daraus boten weniger Versicherer D&O-Versicherungen an, während gleichzeitig die Nachfrage an diesen zunahm.[42] Der D&O-Versicherungsmarkt verfestigte sich, sodass die Prämien anstiegen und die Versicherungssummen sanken.[43] Weil damit die Nachfrage an D&O-Versicherungen mit einer adäquaten Deckung das Angebot überstieg und die Leitungspersonen eine Haftung mit ihrem privaten Vermögen fürchteten, kam es zu einem Rückgang von „outside directors".[44] Es zeigte sich somit, dass fehlender oder unzureichender D&O-Versicherungsschutz die Besetzung leitender Stellen erschwert.

---

38 *Scheifele*, Die Vermögensschaden-Haftpflichtversicherung für Manager in den Vereinigten Staaten von Amerika (1993), S. 113; *Ihlas* in MünchKomm VVG, 3. Band², 320 - D&O, Rn. 3; *Mitterlechner/Wax/Witsch*², § 1, Rn. 41; *Finkel/Seitz* in Seitz/Finkel/Klimke, Einf., Rn. 64; *Spann* in Deakin/Koziol/Riss, Directors' & Officers' (D&O) Liability (2018), S. 845, Rn. 3.

39 *Ihlas*², S. 92; *Lange*, § 1, Rn. 45.

40 *Hoffmann-Becking*, ZHR 181 (2017), 737, 739; *Scheifele*, S. 114, 206. In diese Richtung *Thomas*, S. 356, der darauf hinweist, dass in den USA „die Außenhaftung im Vordergrund steht".

41 *Scheifele*, S. 9 ff.; *Ihlas*², S. 93 ff.; *Finkel/Seitz* in Seitz/Finkel/Klimke, Einf., Rn. 68.

42 *Ihlas*², S. 100; *Scheifele*, S. 11; *Lange*, § 1, Rn. 46; *Finkel/Seitz* in Seitz/Finkel/Klimke, Einf., Rn. 68.

43 *Scheifele*, S. 9 ff., *Ihlas*², S. 98 f., m.w.N.

44 *Scheifele*, S. 12, m.w.N. Bei „outside directors" handelt es sich um leitende Personen, die nicht bei dem Unternehmen angestellt sind.

2. *Entwicklung in Deutschland*

Erst 1986 kamen D&O-Versicherungen auf den deutschen Versicherungsmarkt.[45] Die ersten D&O-Versicherungen wurden in Deutschland von US-amerikanischen Versicherern angeboten und orientierten sich unmittelbar an den bisher in den USA vertriebenen Versicherungsverträgen.[46] Nach den damaligen Vorgaben des BAV, der Vorgängerin der BaFin, durften D&O-Versicherungen jedoch nur angeboten werden, wenn Ansprüche, die aus „unternehmerischen Fehlentscheidungen" entstanden, ausgeschlossen waren.[47] Das bremste den Absatz merklich.[48]

Durch die Umsetzung der Dritten Richtlinie Schadensversicherung[49] entfiel im Jahr 1994 der Genehmigungsvorbehalt durch die BAV.[50] Mit dem Wegfall des Genehmigungsvorbehalts nahm die Anzahl an D&O-Versicherern sowie an abgeschlossenen D&O-Versicherungen zu.[51] Befördert wurde das starke Wachstum des Marktes auch durch eine Zunahme von gerichtlich geltend gemachten Organhaftungsansprüchen.[52]

Als Reaktion auf den angewachsenen D&O-Versicherungsmarkt veröffentlichte der GDV im Jahr 1997 erstmals die AVB-AVG,[53] die seither fortlaufend aktualisiert und seit 2019 als AVB D&O herausgebracht werden (gegenwärtiger Stand: Mai 2019).[54]

---

45 *Lange*, § 1, Rn. 47, m.w.N.

46 *Sieg* in Höra[4], Münchener Anwaltshandbuch Versicherungsrecht (2017), § 17, Rn. 15; *Mitterlechner/Wax/Witsch*[2], § 1, Rn. 39.

47 *Baumann* in Bruck/Möller, 4. Band[9], Einf. AVB-AVG, Rn. 1; *Ihlas*[2], S. 107 f.; *Mitterlechner/Wax/Witsch*[2], § 1, Rn. 39.

48 *Mitterlechner/Wax/Witsch*[2], § 1, Rn. 39.

49 Richtlinie 92/49/EWG des Rates vom 18. Juni 1992 zur Koordinierung der Rechts- und Verwaltungsvorschriften für die Direktversicherung (mit Ausnahme der Lebensversicherung) sowie zur Änderung der Richtlinien 73/239/EWG und 88/357/EWG (Dritte Richtlinie Schadenversicherung), ABl. EG 1992 L 228/1.

50 *Finkel/Seitz* in Seitz/Finkel/Klimke, Einf., Rn. 73.

51 *Sieg* in Höra[4], § 17, Rn. 15; *Lange*, § 1, Rn. 48; *Ihlas*[2], S. 108.

52 *Lange*, § 1, Rn. 48; *Ihlas*[2], S. 113 ff., mit einer Darstellung von bedeutenden Haftungsfällen, aus der sich ein Anstieg bis 1996 zeigt.

53 *Baumann* in Bruck/Möller, 4. Band[9], Einf. AVB-AVG, Rn. 2.

54 Im Folgenden werden Ziffern der AVB D&O („Allgemeine Versicherungsbedingungen für die Vermögensschaden Haftpflichtversicherung von Aufsichtsräten, Vorständen und Geschäftsführern") ohne Nennung des Veröffentlichungsjahres genannt, wenn es sich um die AVB D&O von Mai 2019 handelt. Abgerufen am 9.8.2019 auf der Internetseite des GDV unter: https://www.gdv.de/resource/blob/6044/

Begünstigt durch die Grundsatzentscheidung des BGH in der Rechtssache ARAG/Garmenbeck[55], die die Inanspruchnahme von Organmitgliedern zur gesellschaftsrechtlichen Pflicht werden ließ, stieg die Nachfrage an D&O-Versicherungen in Deutschland gegen Ende der 1990er Jahre weiter an.[56] Hinzu kam, dass der Gesetzgeber einen Selbstbehalt, eine Umkehr der Darlegungs- und Beweislast sowie ein eingeschränktes Verzicht- und Vergleichsverbot als zwingendes Recht normierte und damit das Organhaftungsrecht verschärfte.[57] Obwohl die Schadensmeldungen stiegen, sanken die Prämien und Risikoausschlüsse wurden aus den Versicherungsverträgen gestrichen.[58] Gleichzeitig stiegen die Versicherungssummen auf bis zu 500 Mio. Euro an.[59]

II. Status quo

1. Gesetzliche Vorgaben

Die D&O-Versicherung ist im deutschen Recht nicht ausdrücklich normiert.[60] Als einzige Norm im deutschen Recht bezieht sich § 93 Abs. 2 S. 3 AktG auf die D&O-Versicherung und beschreibt sie dort als „eine Versicherung zur

---

9d0c760f8106f1a81a8a20d4cc6ee12a/05-allgemeine-versicherungsbedingungen-fuer-die-vermoegensschaden-haftpflichtversicherung-von-aufsichtsraeten--vorstaenden-und-geschaeftsfuehrern--avb-d-o--data.pdf.

55 BGH v. 21.4.1997, BGHZ 135, 244.

56 *Peltzer* in FS Harm Peter Westermann (2008), 1257, 1261; *Beckmann* in Beckmann/Matusche-Beckmann³, § 28, Rn. 4; *Mitterlechner/Wax/Witsch*², § 1, Rn. 40. *Ihlas*², S. 159 ff., stellt bedeutende gerichtlich geltend gemachte D&O-Versicherungsfälle von 1996 bis 2008 in einer Tabelle dar.

57 *Beckmann* in Beckmann/Matusche-Beckmann³, § 28, Rn. 4; *Lange*, § 1, Rn. 51. Ausführlicher hinsichtlich der gesetzlichen Vorgaben für die Organhaftung: Erster Teil, A, VIII.

58 *Lange* in Veith/Gräfe/Gebert³, Der Versicherungsprozess (2016), § 21, Rn. 26 ff.; *Doganay/Wessel*, VP 6/2016, 3,4. Nach *Schaloske/Hauff* in Illert/Ghassemi-Tabar/Cordes, Handbuch Vorstand und Aufsichtsrat (2018), § 21, Rn. 7, seien für Prämien von weniger als 1.000,00 Euro Versicherungssummen von 1 Mio. Euro zu erhalten.

59 *Knöfel*, VersR 2018, 513, 513, Fn. 1; *Heyers*, WM 2016, 581, 584; *Seul/Unglaub*, VW 4/2018, 78, 79, die bei einer Versicherungssumme von 250. Mio. Euro vom „unteren Drittel" sprechen. *Doganay/Wessel*, VP 6/2016, 3, 4, und *Wagner*, ZHR 178 (2014), 227, 235, gehen davon aus, dass die Versicherungssummen für Vorstandsmitglieder von DAX-Konzernen über 500 Mio. Euro liegen.

60 *Haehling von Lanzenauer/Kreienkamp* in Looschelders/Pohlmann³, Anhang C, Rn. 8; *Ihlas* in MünchKomm VVG, 3. Band², 320 - D&O, Rn. 12.

Absicherung eines Vorstandsmitglieds gegen Risiken aus dessen beruflicher Tätigkeit". Nach § 93 Abs. 2 S. 3 AktG muss in Organhaftungsfällen der Deckungsumfang durch einen Selbstbehalt begrenzt werden. Der zwingende Selbstbehalt soll sicherstellen, dass die Präventionswirkung des Organhaftungsrechts nicht durch eine D&O-Versicherung ausgehöhlt wird.[61]

2. *Marktübersicht*

Verlässliche Zahlen und Statistiken zu dem deutschen D&O-Markt gibt es kaum.[62] Es wird deshalb zu Recht von einem intransparenten Markt gesprochen.[63] Erst 2018 veröffentlichte der GDV eine Marktübersicht, die fußend auf einer Befragung von 34 Versicherungsunternehmen das inländische Direktgeschäft darstellt.[64] Auf dem deutschen Markt wird von ungefähr 50 D&O-Versicherern und einem Prämienvolumen von rund 500 Mio. Euro pro Jahr ausgegangen.[65] Trotz mehrerer bedeutender Haftungsfälle herrscht ein reger Preiswettbewerb, sodass der Versicherungsschutz ausgeweitet wird und simultan die Prämien sinken.[66] Die Nachfrager bestimmen folglich den Markt. Allein im

---

61 Beschlussempfehlung des Rechtsausschusses BT-Drs. 16/13433, S. 11; *J. Koch* in Hüffer/Koch[15], Aktiengesetz (2021), § 93 AktG, Rn. 58; *Haehling von Lanzenauer/Kreienkamp* in Looschelders/Pohlmann[3], Anhang C, Rn. 6.

62 Vgl. dazu *Finke/Seitz* in Seitz/Finkel/Klimke, Einf., Rn. 77; *Ihlas*[2], S. 124; *Peltzer* in FS Harm Peter Westermann (2008), 1257, 1258; *Lange* in Veith/Gräfe/Gebert[3], § 21, Rn. 26.

63 So: *Ihlas* in MünchKomm VVG, 3. Band[2], 320 - D&O, Rn. 7.

64 Zu finden unter: https://www.gdv.de/de/zahlen-und-fakten/versicherungsbereiche/directors-and-officers--d-o--36526, abgerufen am 15.7.2019.

65 Marktübersicht des GDV: https://www.gdv.de/de/zahlen-und-fakten/versicherungsbereiche/directors-and-officers--d-o--36526, abgerufen am 15.7.2019; *Finke/Seitz* in Seitz/Finkel/Klimke, Einf., Rn. 77; *Ihlas* in MünchKomm VVG, 3. Band[2], 320 - D&O, Rn. 7; *Sieg* in Höra[4], § 17, Rn. 15, geht von einem Prämienvolumen von 1 Mrd. Euro aus; *Mitterlechner/Wax/Witsch*[2], § 1, Rn. 1, nehmen ein Prämienaufkommen von 800 Mio. Euro an; *Doralt* in Semler/v. Schenck/Wilsing, AR-HdB[5], § 17, Rn. 4, nennt 600 bis 700 Mio. Euro.

66 *Sieg* in Höra[4], § 17, Rn. 16; *Knöfel*, VersR 2019, 1249, 1250, der D&O-Versicherungsmarkt sei „sehr weich"; *Doralt*, ZGR 2019, 996, 997, der aber auch darauf hinweist, dass „wegen der nachteiligen Schadensentwicklung eine Korrektur des Marktes erwartet" wird; *Ihlas* in MünchKomm VVG, 3. Band[2], 320 - D&O, Rn. 7; *Kullrich*, Börsen-Zeitung v. 17.3.2018, S. 2; *Lange* in Veith/Gräfe/Gebert[3], § 21, Rn. 25 ff.; AON Risk Solutions Marktreport 2013 – Der deutsche Versicherungsmarkt, Januar 2013, http://docplayer.org/6060005-Aon-risk-solutions-marktreport-2013-der-deutsche-versicherungsmarkt-risk-reinsurance-human-resources-empower-results.html,

Bereich der Finanzdienstleister liegt aufgrund der negativeren Risikobewertung dieser Branche ein härterer D&O-Versicherungsmarkt vor.[67] Ob es in den weiteren Jahren bei einem überwiegend weichen Markt bleibt, erscheint, auch mit Hinblick auf den Abgasskandal, allerdings ungewiss.[68] Es mehren sich Stimmen, die auf die negative Schaden-Kosten-Quote aus Versicherer-Sicht hinweisen.[69] Es muss aber bedacht werden, dass es sich bei dem D&O-Versicherungsmarkt um einen besonders dynamischen Markt handelt.[70] Aussagen hinsichtlich des Marktes können daher schnell von neueren Entwicklungen überholt werden.

3. *Überblick über die vertraglichen Ausgestaltungen*

Dem intransparenten Markt ist es ebenso geschuldet, dass keine einheitliche Aussage über die Vertragsgestaltung der D&O-Versicherungen in Deutschland getroffen werden kann. Ein vorherrschendes einheitliches D&O-Vertragsversicherungsbedingungswerk existiert nicht.[71] Den AVB D&O kommt in der Praxis eine bloß marginale Rolle zu.[72] Verursacht durch den weichen Markt wird eine Ausweitung des Versicherungsschutzes beobachtet.[73] In diesem Zusammenhang wird davon gesprochen, dass die D&O-Versicherung zu einer

---

abgerufen am 27.4.2019, S. 6; Marktübersicht des GDV: https://www.gdv.de/de/zahlen-und fakten/versicherungsbereiche/directors-and-officers--d-o--36526, abgerufen am 15.7.2019, wonach in 2016 die Versicherungsleistungen i.H.v. 281 Mio. Euro sogar über den Beitragseinnahmen von 259 Mio. Euro lagen.

67 *Lange* in Veith/Gräfe/Gebert³, § 21, Rn. 25; *Doralt* in Semler/v. Schenck/Wilsing, AR-HdB⁵, § 17, Rn. 4; AON Risk Solutions Marktreport 2013 (Fn. 66), S. 6 f.

68 *Doralt*, ZGR 2019, 996, 997; *Doganay/Wessel*, VP 6/2016, 3,4; *Lange* in Veith/Gräfe/Gebert³, § 21, Rn. 34.

69 *Kullrich*, Börsen-Zeitung v. 17.3.2018, S. 2; *Herbert Fromme* (Herausgeber des Versicherungsmonitors) beim 20. Euroforum-Jahrestagung Haftpflicht 2018, Versicherungs-Journal.de Ausgabe v. 2.2.2018, dauerhafte Adresse des Dokuments: http://www.wiso-net.de/document/VERS__131300; abgerufen am 17.3.2018.

70 *Ihlas* in Krieger/Schneider³, Handbuch Managerhaftung (2017), § 19, Rn. 19.2; *Sieg* in Höra⁴, § 17, Rn. 55; *Doralt*, ZGR 2019, 996, 1011; *Doralt* in Semler/v. Schenck/Wilsing, AR-HdB⁵, § 17, Rn. 2 f.

71 *Finke/Seitz* in Seitz/Finkel/Klimke, Einf., Rn. 74; *Ihlas* in MünchKomm VVG, 3. Band², 320 - D&O, Rn. 15.

72 *Haehling von Lanzenauer/Kreienkamp* in Looschelders/Pohlmann³, Anhang C, Rn. 8; *Lange* in Veith/Gräfe/Gebert³, § 21, Rn. 26, m.w.N. Demgegenüber erkennt *Beckmann* in Beckmann/Matusche-Beckmann³, § 28, Rn. 19, zumindest eine gewisse Übereinstimmung mit üblicherweise verwendeten AVB.

73 *Lange*, § 1, Rn. 65; *Cyrus*, NZG 2018, 7, 9; *Kremer/Gülich*, VW 8/2018, 80, 80.

„All-Risk-Vermögensschäden-Haftpflichtversicherung gegen gesetzliche Haftpflichtansprüche mutiert“ sei.[74]

III. Ausrichtung des Versicherungsschutzes

Im Bereich der D&O-Versicherung werden hinsichtlich der Ausrichtung ihres jeweiligen Versicherungsschutzes drei Gruppen unterschieden.[75]

Die sogenannte Side A-Deckung zielt vorrangig darauf ab, das Organmitglied vor Organhaftungsansprüchen, denen es aufgrund seiner Tätigkeit ausgesetzt ist, zu schützen.[76] Sie wird deshalb als eine Haftpflichtversicherung zugunsten des Organmitglieds eingeordnet.[77] Bei der Side A-Deckung kann es folglich dazu kommen, dass Innenhaftungsfälle eintreten und damit eine direkte Inanspruchnahme durch die Versicherungsnehmerin relevant wird.

Die D&O-Versicherung kann durch eine Side B-Deckung, beziehungsweise „company reimbursement“ oder auch Firmen-Enthaftungsversicherung, ergänzt werden. Eine solche Side B-Deckung schützt direkt die Versicherungsnehmerin oder mitversicherte Unternehmen.[78] Die Side B-Deckung greift immer dann ein, wenn die versicherte Person, welche über eine Side A-Deckung geschützt ist, von einer Außenhaftung durch die Versicherungsnehmerin freigestellt worden ist.[79] In einer solchen Konstellation erstattet der Versicherer die gezahlte Freistellungssumme. Strittig ist, was den Rechtsgrund für die Leistung des Versicherers darstellt.[80] Dem Wortlaut von Ziff. A-3 AVB D&O entsprechend könnte der versicherungsrechtliche Freistellungsanspruch der versicherten Person auf die

74 *Peltzer* in FS Harm Peter Westermann (2008), 1257, 1260; dem zustimmend: *Lange* in Veith/Gräfe/Gebert[3], § 21, Rn. 25.

75 *Ihlas* in MünchKomm VVG, 3. Band[2], 320 - D&O, Rn. 57 ff.; *Lange* in Veith/Gräfe/Gebert[4], § 21, Rn. 4 ff.

76 *Lange*, § 3, Rn. 20, in vielen Fällen wird pauschal von D&O-Versicherung gesprochen, aber nur eine solche mit Side A-Deckung gemeint, etwa: *Muschner* in Rüffer/Halbach/Schimikowski[4], Handkommentar Versicherungsvertragsgesetz (2020), § 43 VVG, Rn. 21 f.

77 *Voit* in Prölss/Martin[31], AVB D&O, A-1, Rn. 14, m.w.N.; *Bruns*, Privatversicherungsrecht (2015), § 22, Rn. 37; dazu ausführlicher unter: Erster Teil, B, II, 2.

78 *Baumann* in Bruck/Möller, 4. Band[9], AVB-AVG, Ziff. 1, Rn. 55, m.w.N.

79 *Baumann* in Bruck/Möller, 4. Band[9], AVB-AVG, Ziff. 1, Rn. 56.

80 Zum Meinungsstreit: *Baumann* in Bruck/Möller, 4. Band[9], AVB-AVG, Ziff. 1, Rn. 59, der sich für eine Einordnung als „Versicherung für ‚wen es angeht‘“ ausspricht.

freistellende Versicherungsnehmerin übergehen.[81] Da aber die Versicherungsnehmerin, wie § 44 Abs. 1 S. 1 VVG zeigt, ein fremdes Interesse nicht zu ihren eigenen Gunsten versichern darf, kann die Versicherungsnehmerin auch nicht den Freistellungsanspruch antizipiert an sich selbst abtreten.[82] Deshalb muss es sich bei der Side B-Deckung um eine Eigenschadensversicherung der Versicherungsnehmerin handeln.[83]

Die dritte Gruppe umfasst die sogenannte Side C-Deckung („entity coverage").[84] Hierunter fallen Haftpflichtversicherungen sowie Eigenschadensversicherungen für die Versicherungsnehmerin oder mitversicherte Unternehmen.[85] Es handelt sich dabei um keine echte D&O-Versicherung, da kein direkter Bezug zur Haftung des Organmitglieds besteht.[86]

Damit bleibt festzuhalten, dass weder im Bereich der Side B-Deckung noch im Bereich der Side C-Deckung die Innenhaftung relevant wird. Die beiden Ausrichtungen werden daher bei der Untersuchung nur hilfsweise angesprochen. Der Fokus der Untersuchung liegt auf der Side A-Deckung.

IV. Beteiligte Personen

Das Rechtsverhältnis einer Side A-D&O-Versicherung zeichnet sich durch die drei Beteiligten – Versicherer, Versicherungsnehmerin und versicherte Person – aus.

1. *Versicherungsvertragsparteien*

Die Vertragsparteien eines D&O-Versicherungsvertrags sind der Versicherer sowie die Versicherungsnehmerin.[87] Im Falle einer Firmenpolice ist die

---

81 *Voit* in Prölss/Martin[31], AVB D&O, A-3 , Rn. 1; *Sieg* in Höra[4], § 17, Rn. 100; *R. Koch*, GmbHR 2004, 18, 26, Fn. 73; *Finke/Seitz* in Seitz/Finkel/Klimke, Ziff. 1, Rn. 205, 213, sprechen aber dennoch davon, dass die VN auch selbst „Versicherte" sei.

82 *Bogner*, Versicherung unternehmerischer Risiken (2009), S. 224.

83 Im Ergebnis so: *Dreher*, DB 2005, 1669, 1672; *Staudinger/Friesen* in Staudinger/Halm/Wendt[2], Versicherungsrecht Kommentar (2017), AVB-AVG, Rn. 61; *Lange*, § 3, Rn. 30, 50; *ders.*, VersR 2011, 429, 437; *Haehling von Lanzenauer/Kreienkamp* in Looschelders/Pohlmann[3], Anhang C, Rn. 89.

84 *Lange*, § 3, Rn. 32; *Mitterlechner/Wax/Witsch*[2], § 4, Rn. 24.

85 *Lange*, § 3, Rn. 33 f.

86 *Ihlas*[2], S. 328.

87 *Baumann* in Bruck/Möller, 4. Band[9], Einf. AVB-AVG, Rn. 11; *Voit* in Prölss/Martin[31], AVB D&O, A-1, Rn. 8 ff.

Versicherungsnehmerin das bestellende Unternehmen der versicherten Person. Häufig wird die D&O-Versicherung auch für Unternehmen abgeschlossen, die mit der Versicherungsnehmerin verbunden sind.[88] In einem solchen Fall liegt eine sogenannte Konzernpolice vor.[89]

In der einfachsten Konstellation steht der Versicherungsnehmerin ein einziger Versicherer gegenüber (sog. Alleinversicherung).[90] Komplizierter wird die Konstellation bei Versicherungsverträgen mit hohen Versicherungssummen. Hier treten meist mehrere Versicherer mit der Versicherungsnehmerin in Vertragsbeziehungen, sei es als Versicherungsgemeinschaft, sei es im Rahmen einer Exzedentenversicherung.[91]

Insbesondere bei hohen Versicherungssummen sind an der D&O-Versicherung somit regelmäßig mehr als zwei Parteien beteiligt. Bei der Abwicklung des Versicherungsfalls muss dieses Mehrpersonenverhältnis berücksichtigt werden.

2. *Versicherte Person*

Die ersten D&O-Versicherungen wurden für den Common Law-Rechtskreis entwickelt[92] und waren deshalb auf den Schutz von US-amerikanischen „Directors & Officers" ausgerichtet.[93] Im deutschen Recht finden sich diese Begriffe und die identischen Funktionen nicht, deshalb werden der Bedeutung entsprechende Positionen umfasst.[94] In Deutschland entspricht dies bei einer D&O-Versicherung mit Side A-Deckung einer „Vermögensschaden-Haftpflichtversicherung zugunsten von Organmitgliedern (…) und häufig auch

88 *Ihlas*[2], S. 331; *Lenz* in van Bühren[7], Handbuch Versicherungsrecht (2017), § 25, Rn. 49; vgl. Ziff. A-1 AVB D&O.

89 *Baumann* in Bruck/Möller, 4. Band[9], AVB-AVG Einf., Rn. 6; *Lange* in Veith/Gräfe/Gebert[4], § 21, Rn. 8.

90 *Lange*, § 4, Rn. 2.

91 *Schaloske*, PHi 2012, 166, 166; *Hemeling* in FS Michael Hoffmann-Becking (2013), 491, 496; *Finkel/Seitz* in Seitz/Finkel/Klimke, Ziff. 6, Rn. 24; *Gädtke* in Bruck/Möller, 4. Band[9], Ziff. 6 AVB-AVG, Rn. 2; *Lange*, § 4, Rn. 5 ff., Rn. 29 ff.; *Knöfel*, VersR 2018, 513, 513 ff. In seiner Entscheidung vom 13.12.2019 befasste sich das OLG Düsseldorf mit dem Verhältnis zwischen Grund- und Exzedentenversicherung, r+s 2020, 271.

92 *Ihlas*[2], S. 91, m.w.N.

93 *Finkel/Seitz* in Seitz/Finkel/Klimke, Einf., Rn. 64; *Lange*, § 1, Rn. 3 f.

94 *Lange*, § 1, Rn. 4.

zugunsten leitender Angestellter".[95] Folglich sind unter den „Directors & Officers" Unternehmensleiter zu verstehen.[96]

In ihrer überwiegenden Mehrzahl sind die Firmenpolicen unabhängig von den konkreten Personen auf bestimmte Positionen im Unternehmen ausgerichtet.[97] Im Rahmen einer Versicherung von Organmitgliedern bedeutet das letztendlich eine Versicherung eines kompletten Organs der Versicherungsnehmerin.[98]

V. Versicherte Tätigkeit

Sind, wie meist, keine bestimmten Organmitglieder in einem D&O-Vertrag als versicherte Personen genannt, werden bestimmte Funktionen in dem Unternehmen erfasst.[99] Sofern es keine speziellen vertraglichen Regelungen gibt, sind diejenigen Tätigkeiten versichert, welche der versicherten Funktion innewohnen.[100] Für Organmitglieder bedeutet dies, dass ihr Verhalten im Rahmen ihrer Organeigenschaft, folglich innerhalb ihrer gesetzlichen sowie vertraglichen Pflichten und Aufgaben, versichert ist.[101] Fraglich ist dabei, ob auch operative Handlungen, also allgemeine Geschäftsführungsaufgaben des Organs gegenüber Dritten, von dem Versicherungsschutz abgedeckt werden. Solange eine weitere Versicherung, insbesondere eine Berufshaftpflichtversicherung greift, gilt ein in aller Regel vereinbarter Subsidiaritätsvorbehalt.[102] Besteht ein solcher Vorbehalt nicht oder greift keine andere Versicherung, sind grundsätzlich auch operative Tätigkeiten eingeschlossen, da Pflichtverstöße auch dort eine gesellschaftsrechtliche

---

95 *Baumann* in Bruck/Möller, 4. Band[9], Einf. AVB-AVG, Rn. 5; vgl. auch: *Haehling von Lanzenauer/Kreienkamp* in Looschelders/Pohlmann[3], Anhang C, Rn. 1; *Arnold/Rothenburg* in Kubis/Semler/Peltzer[2], Arbeitshandbuch für Vorstandsmitglieder (2015), § 11, Rn. 138.

96 *Beckmann* in Beckmann/Matusche-Beckmann[3], § 28, Rn. 1; *Finkel/Seitz* in Seitz/Finkel/Klimke, Einf., Rn. 64; *Lange*, § 1, Rn. 4, m.w.N.

97 *Haehling von Lanzenauer/Kreienkamp* in Looschelders/Pohlmann[3], Anhang C, Rn. 2; *Lange*, § 6, Rn. 3.

98 *Haehling von Lanzenauer/Kreienkamp* in Looschelders/Pohlmann[3], Anhang C, Rn. 2.

99 *Lange*, § 7, Rn. 2.

100 *Beckmann* in Beckmann/Matusche-Beckmann[3], § 28, Rn. 76, 82; *Lange*, § 7, Rn. 2.

101 *Ihlas* in MünchKomm VVG, 3. Band[2], 320 - D&O, Rn. 215; *Beckmann* in Beckmann/Matusche-Beckmann, § 28, Rn. 76.

102 *Beckmann* in Beckmann/Matusche-Beckmann[3], § 28, Rn. 80; *Baumann* in Bruck/Möller, 4. Band[9], Ziff. 1 AVB-AVG, Rn. 32.

Organhaftung auslösen können.[103] Möglich bleibt indes, operative Tätigkeiten aus dem Versicherungsschutz vertraglich auszuschließen.[104]

Die Pflichtverletzung muss „bei Ausübung der versicherten Tätigkeit" begangen worden sein. Es wird daher ein unmittelbarer Zusammenhang zwischen der versicherten Tätigkeit und dem pflichtwidrigen sowie schadensverursachenden Verhalten vorausgesetzt.[105] Maßgeblich dafür, ob ein solcher unmittelbarer Zusammenhang vorliegt, ist die subjektive Zweckbestimmung der versicherten Person.[106] Möchte die versicherte Person dem Unternehmensinteresse dienen, besteht ein unmittelbarer Zusammenhang, und eine versicherte Tätigkeit liegt grundsätzlich vor.[107] Nicht vom Versicherungsschutz umfasst ist pflichtwidriges Verhalten, das nur bei „Gelegenheit der versicherten Tätigkeit" ausgeübt wird.[108] Ebenfalls außerhalb des Versicherungsschutzes liegen Tätigkeiten als Gesellschafter.[109]

VI. Versicherte Ansprüche

In Einklang mit Ziffer A-1 der AVB D&O gewähren D&O-Versicherungen Schutz vor gesetzlichen Haftpflichtansprüchen, die auf den Ausgleich eines echten Vermögensschadens gerichtet sind.[110]

Der Begriff des Vermögensschadens bestimmt sich versicherungsrechtlich-autonom und ist folglich nicht mit dem im BGB verwendeten Begriff des

---

103 *Voit* in Prölss/Martin[31], AVB D&O, A-1, Rn. 18a; *Lange*, § 7, Rn. 20; *Beckmann* in Beckmann/Matusche-Beckmann[3], § 28, Rn. 80 f.

104 *Haehling von Lanzenauer/Kreienkamp* in Looschelders/Pohlmann[3], Anhang C, Rn. 81; *Lange*, § 7, Rn. 27 ff.

105 OLG München v. 13.9.2017, r+s 2017, 589, Rn. 45; *Fiedler*, VersR 2018, 410, 415; *Knöfel*, VersR 2019, 1249, 1256, fordert einen „unmittelbaren inneren Zusammenhang".

106 *Knöfel*, VersR 2019, 1249, 1256 f. *Looschelders*, VersR 2021, 337, 342, kombiniert objektiven und subjektiven Ansatz.

107 *Knöfel*, VersR 2019, 1249, 1257.

108 OLG München v. 13.9.2017, r+s 2017, 589, Rn. 45; zustimmend: *Fiedler*, VersR 2018, 410, 415; *Ihlas* in MünchKomm VVG, 3. Band[2], 320 - D&O, Rn. 215, 217; *Knöfel*, VersR 2019, 1249, 1255.

109 *Haehling von Lanzenauer/Kreienkamp* in Looschelders/Pohlmann[3], Anhang C, Rn. 82, m.w.N.; *Baumann* in Bruck/Möller, 4. Band[9], Ziff. 1 AVB-AVG, Rn. 30.

110 *Lange*, § 8, Rn. 2; *Haehling von Lanzenauer/Kreienkamp* in Looschelders/Pohlmann[3], Anhang C, Rn. 45.

Vermögensschadens identisch.[111] Ziff. A-1 Abs. 2 AVB D&O definiert den Vermögensschaden negativ. Demnach sind Vermögensschäden „solche Schäden, die weder Personenschäden (Tötung, Verletzung des Körpers oder Schädigung der Gesundheit von Menschen) noch Sachschäden (Beschädigung, Verderben, Vernichtung oder Abhandenkommen von Sachen) sind noch sich aus solchen Schäden herleiten. Als Sachen gelten auch Geld und geldwerte Zeichen." Von besonderer Bedeutung ist, dass Vermögensfolgeschäden, die mittelbar auf Sach- und Personenschäden beruhen, aus dem Versicherungsschutz herausgenommen sind. Solche „unechten Vermögensschäden" sind folglich nicht vom Versicherungsschutz einer D&O-Versicherung umfasst.[112]

Schäden, die aufgrund einer unzureichenden Risikovorsorge oder eines ungenügenden Schadensmanagements entstanden sind, sind hingegen echte Vermögensschäden.[113] Der Personen- oder Sachschaden ist dann nämlich nicht ursächlich für den Vermögensschaden, sondern ein unzureichendes oder notwendiges, aber unterlassenes Handeln des Organmitglieds. Damit sind vom Versicherungsschutz auch diese der Sachverhaltsaufklärung nur schwer zugänglichen Innenhaftungsfälle umfasst.

VII. Versicherte Gefahr

Die versicherte Gefahr wird als „Ausgangspunkt" für die Leistungspflicht des Versicherers beschrieben.[114] Sie zu bestimmen ist daher für die Analyse eines Versicherungsvertrages von besonderer Bedeutung. Verwirklicht sich die versicherte Gefahr, tritt der Versicherungsfall ein.[115]

Nach Ziff. A-2 AVB D&O ist für den Eintritt des Versicherungsfalls „die erstmalige Geltendmachung eines Haftpflichtanspruchs gegen eine versicherte

---

111 *Staudinger/Friesen* in Staudinger/Halm/Wendt², AVB-AVG, Rn. 48; *Beckmann* in Beckmann/Matusche-Beckmann, § 28, Rn. 68; *Ihlas* in MünchKomm VVG, 3. Band², 320 - D&O, Rn. 202; *Lange*, § 8, Rn. 35.

112 *Ihlas* in MünchKomm VVG, 3. Band², 320 - D&O, Rn. 203 ff.; *Baumann* in Bruck/Möller, 4. Band⁹, Ziff. 4 AVB-AVG, Rn. 43.

113 *Lange*, § 8, Rn. 43; *Beckmann* in Beckmann/Matusche-Beckmann, § 28, Rn. 71.

114 *Staudinger/Richters* in Staudinger/Halm/Wendt², § 1, Rn. 6. *Armbrüster*², Privatversicherungsrecht (2018), Rn. 1241, weist darauf hin, dass die Bergriffe Gefahr und Risiko oft synonym verwendet werden (so z.B. *Lorenz* in Beckmann/Matusche-Beckmann³, § 1, Rn. 146).

115 *Baumann* in Bruck/Möller, 1. Band⁹, Einführung - §§ 1-32 (2008), § 1 VVG, Rn. 95, 109; BGH v. 18.12.1954, BGHZ 16, 37, 42; *Lange*, § 9, Rn. 1; *Wandt*⁶, Versicherungsrecht (2016), Rn. 911; *Armbrüster* in Prölss/Martin³¹, § 1 VVG, Rn. 166.

Person" notwendig. Die Gefahr, ab der die D&O-Versicherung schützen soll, und damit die versicherte Gefahr, ist deshalb die Inanspruchnahme der versicherten Person aufgrund eines gesetzlichen Haftpflichtanspruchs.[116] Die versicherte Gefahr kann auch so definiert werden, dass der Versicherungsfall nur unter einschränkenden Voraussetzungen eintritt.[117]

Die Bestimmung der versicherten Gefahr sagt noch nichts darüber aus, in welchem Zeitraum, gegenüber welchen Personen oder unter welchen weiteren Voraussetzungen Versicherungsschutz besteht.[118] Demgegenüber präzisiert das versicherte Risiko durch die verschiedenen Abgrenzungsschritte, wann genau und unter welchen Voraussetzungen die versicherte Person tatsächlich Schutz von dem Versicherer verlangen kann.[119] Die Bestimmung des versicherten Risikos legt folglich fest, wann ein Leistungsanspruch gegen den Versicherer besteht.

VIII. Organhaftung

Die Organhaftung ist als solche eine Grundvoraussetzung für die Existenz von D&O-Versicherungen. Die Entwicklung des Organhaftungsrechts wirkt sich dabei auf den Bedarf an D&O-Versicherungen sowie die Ausgestaltung dieser aus. Insbesondere die Wahrscheinlichkeit einer Haftung sowie die prozessrechtliche Ausgestaltung des Haftpflichtprozesses sind bedeutsam für die Beteiligten eines D&O-Versicherungsvertrags. Die Entwicklung der Organhaftung gegenüber der Gesellschaft soll deshalb im Folgenden kurz skizziert werden. Hierbei werden die bedeutendsten Regelungen dargestellt.

1. Entwicklung der Haftung

Ende der 1990er Jahre wurde schrittweise die Unternehmensleiterhaftung in Deutschland verschärft. Dabei stand insbesondere die Haftung von Vorständen

116 *R. Koch* in Bruck/Möller, 4. Band[9], § 100 VVG, Rn. 59.

117 BGH v. 18.12.1954, BGHZ 16, 37, 42; BGH v. 13.4.2016, BGHZ 209, 373, Rn. 31, der auf die Möglichkeit hinweist, die ernstliche Inanspruchnahme als Voraussetzung für den Eintritt des Versicherungsfalls zu vereinbaren.

118 *Armbrüster* in Prölss/Martin[31], § 1 VVG, Rn. 166, 179 f.; BGH v. 18.12.1954, BGHZ 16, 37, 42. Anders Ziff. A-2 AVB D&O, die nur die Verwirklichung der versicherten Gefahr während der „Dauer des Versicherungsvertrages" als Eintritt des Versicherungsfalls definieren. Dem wendet *Lange*, § 9, Rn. 16, jedoch zu Recht entgegen, dass es allein für die Frage, ob Versicherungsschutz tatsächlich greift, auf den Eintritt des Versicherungsfalls während des versicherten Zeitraums ankommt.

119 *Armbrüster* in Prölss/Martin[31], § 1 VVG, Rn. 187 ff.

und Aufsichtsräten einer AG im Fokus. Die Entscheidung des BGH in der Rechtssache ARAG/Garmenbeck war für das deutsche Organhaftungsrecht besonders bedeutsam.[120] Der BGH stellte dort fest, dass eine Pflichtverletzung des Vorstands nicht vorliege, wenn dieser, wie § 93 Abs. 1 S. 2 AktG nun formuliert, „vernünftigerweise annehmen durfte [...] zum Wohle der Gesellschaft zu handeln" (sog. „Business Judgement Rule"),[121] und rezipierte damit die Rechtsentwicklung in den USA[122]. Er statuierte gleichzeitig eine Pflicht des Aufsichtsrates, Ansprüche gegen den Vorstand geltend zu machen.[123] Damit weitete der BGH die Pflichten des Aufsichtsrats aus und sorgte dafür, dass Aufsichtsräte, schon um eine eigene Pflichtverletzung und eine dadurch entstehende Haftung zu verhindern, vermehrt Haftpflichtansprüche gegen den Vorstand geltend machen.[124]

Die Haftung des Vorstands gegenüber der Gesellschaft bestimmt sich nach § 93 AktG.[125] Die sich aus § 93 AktG ergebende Organhaftung soll den Schadensausgleich sicherstellen und eine präventive Wirkung entfalten.[126] Gemäß § 116 AktG gilt grundsätzlich § 93 AktG entsprechend für Aufsichtsratsmitglieder einer AG. Nach § 93 Abs. 1 AktG (analog) haften Vorstand und Aufsichtsrat für einfache Fahrlässigkeit in unbegrenzter Höhe.[127] Des Weiteren statuiert § 93 Abs. 2 S. 1 AktG die gesamtschuldnerische Haftung des Organmitglieds.

---

120 BGH v. 21.4.1997, BGHZ 135, 244; vgl. hinsichtlich der Bedeutung: *J. Koch* in Hüffer/Koch[15], § 93 AktG, Rn. 1; demgegenüber *Goette* in *Lorenz* (Hrsg.), Karlsruher Forum 2009, Diskussion, S. 85, 110, der von einem bloß die bisherige Rechtsprechung zusammenfassenden Urteil spricht.

121 BGH v. 21.4.1997, BGHZ 135, 244, 253.

122 *Spindler* in MünchKomm AktG, 2. Band[5], §§ 76 –117-MitbestG-DrittelbG (2019), § 93 AktG, Rn. 8.

123 BGH v. 21.4.1997, BGHZ 135, 244, 251 ff.; v. 16.3.2009, NJW 2009, 2454, Rn. 30; v. 18.9.2018, NJW 2019, 596, Rn. 15; *Thümmel*[5], Persönliche Haftung von Managern und Aufsichtsräten (2016), Rn. 10; *Haehling von Lanzenauer/Kreienkamp* in Looschelders/Pohlmann[3], Anhang C, Rn. 30.

124 *Lange* in Veith/Gräfe/Gebert[4], § 21, Rn. 14; *Haehling von Lanzenauer/Kreienkamp* in Looschelders/Pohlmann[3], Anhang C, Rn. 30; *Reichert*, ZHR 177 (2013), 756, 757; *Thümmel*[5], Rn. 270.

125 *Mertens/Cahn* in KölnerKomm AktG, 2/1 Band[3], § 93 AktG, Rn. 3; *Spindler* in MünchKomm AktG, 2. Band[4], § 93 AktG, Rn. 1.

126 *Hölters* in Hölters[3], Aktiengesetz (2017), § 93 AktG, Rn. 8; *Fleischer* in Spindler/Stilz, 1. Band[4], Kommentar zum Aktiengesetz, 1. Band, §§ 1–149 (2019), § 93 AktG, Rn. 2, m.w.N.

127 *Hoffmann-Becking*, ZHR 181 (2017), 737, 740; *Bachmann*, 70. DJT, 1. Band, S. E 29, 31 f.; *Hemeling* in FS Michael Hoffmann-Becking (2013), 491, 509 f.

Folglich haften Vorstands- und Aufsichtsratsmitglieder für leichte Fahrlässigkeit gesamtschuldnerisch und unbegrenzt.[128] Nach § 93 Abs. 2 S. 2 AktG obliegt dem Organmitglied die Beweislast hinsichtlich des Verschuldens und auch hinsichtlich der Pflichtwidrigkeit.[129] Die Gesellschaft muss hingegen nur darlegen, dass sich das Organmitglied „möglicherweise" pflichtwidrig verhalten hat.[130] Durch das Restrukturierungsgesetz[131] wurde die Verjährungsfrist für Organhaftungsansprüche gegen Organmitglieder einer börsennotierten AG auf zehn Jahre verlängert.

Bei den Vorgaben aus § 93 AktG handelt es sich grundsätzlich um zwingendes Recht.[132] Folglich ist es nicht möglich, die Organhaftung durch Rechtsgeschäft zu reduzieren. Gemäß § 93 Abs. 4 S. 3, 4 AktG ist es erst drei Jahre nach ihrer Entstehung zulässig, sich über geltend gemachte Haftpflichtansprüche zu vergleichen oder auf diese zu verzichten. Außerdem muss die Hauptversammlung dem Verzicht oder Vergleich zustimmen. Das VorstAG[133] führte einen verbindlichen Selbstbehalt ein, welcher für Firmenpolicen in Fällen der Innenhaftung gilt. Der Selbstbehalt soll verhaltenssteuernd und damit präventiv wirken.[134] Dem Vorstandsmitglied bleibt nur die Möglichkeit, als Versicherungsnehmerin eine Selbstbehaltsversicherung abzuschließen.[135]

Obwohl sich aus dem Gesagten ein strenges Haftungsregime ergibt, soll § 93 AktG zu keiner Erfolgshaftung für Unternehmensleiter führen.[136] Nichtsdestotrotz beinhaltet dieses strenge Haftungsregime die Gefahr, dass sich das

---

128 *Hemeling* in FS Michael Hoffmann-Becking (2013), 491, 509 f.

129 BGH v. 4.11.2002, BGHZ 152, 280, 284 f.; mit weiteren Nachweisen: *J. Koch* in Hüffer/Koch[15], § 93 AktG, Rn. 53; *Klimke* in Seitz/Finkel/Klimke, Einf., Rn. 307 f.

130 BGH v. 4.11.2002, BGHZ 152, 280, 284; v. 1.12.2008, NJW 2009, 850, 853; v. 22.6.2009, NJW 2009, 2598, 2598; *Klimke* in Seitz/Finkel/Klimke, Einf., Rn. 308.

131 Gesetz zur Restrukturierung und geordneten Abwicklung von Kreditinstituten, zur Errichtung eines Restrukturierungsfonds für Kreditinstitute und zur Verlängerung der Verjährungsfrist der aktienrechtlichen Organhaftung, 9.12.2010, BGBl. I S. 1900.

132 *Hölters* in Hölters[3], § 93 AktG, Rn. 11; *Krieger* in Krieger/Schneider[3], § 3, Rn. 3.44; *J. Koch* in Hüffer/Koch[15], § 93 AktG, Rn. 2, m.w.N.

133 Gesetz zur Angemessenheit der Vorstandsvergütung v. 31.7.2009, BGBl. I S. 2509.

134 Beschlussempfehlung des Rechtsausschusses, BT-Drs. 16/13433, 11; *J. Koch* in Hüffer/Koch[15], § 93 AktG, Rn. 58; *Hölters* in Hölters[3], § 93 AktG, Rn. 405.

135 *Sieg* in Krieger/Schneider[3], Rn. 18.71; *Fleischer* in Spindler/Stilz, 1. Band[4], § 93 AktG, Rn. 254; *Baumann* in Bruck/Möller, 4. Band[9], Ziff. 1 AVB-AVG, Rn. 59, m.w.N.

136 *Hölters* in Hölters[3], § 93 AktG, Rn. 31; Begr. RegE, BT-Drs. 15/5092, S. 11; *J. Koch* in Hüffer/Koch[15], § 93 AktG, Rn. 7.

unternehmerische Risiko auf die Organmitglieder verlagert.[137] Nach § 112 AktG ist der Aufsichtsrat dafür zuständig, Organhaftungsansprüche gegen den Vorstand zu verfolgen.[138] Auf der anderen Seite ist der Vorstand gemäß § 78 Abs. 1 AktG verpflichtet, Organhaftungsansprüche gegenüber dem Aufsichtsrat geltend zu machen.[139] Dadurch, dass die Schädigerin als Organ der Geschädigten diese schädigt, kann es in einem Haftpflichtprozess zu einer Vielzahl an möglichen Interessenskollisionen kommen.[140]

Zusammenfassend lässt sich feststellen, dass das aktienrechtliche Organhaftungsrecht in den letzten 20 Jahren bedeutend verschärft wurde.[141] Das Haftungsregime kann deshalb als streng bezeichnet werden.[142] Zusätzlich dazu nimmt die Komplexität innerhalb der Wirtschaftswelt zu.[143] Damit geht eine Ausweitung der Organpflichten einher, die wiederum die Gefahr einer Organhaftung erhöht.[144] Eine andere Frage ist hingegen, wie oft es tatsächlich zu einer

---

137 *Klimke* in Seitz/Finkel/Klimke, Einf., Rn. 281; *Lange* in Veith/Gräfe/Gebert[3], § 21, Rn. 37; *Ihlas* in *Koch/Weber/Winter* (Hrsg.), 100 Jahre Hamburger Seminar für Versicherungswissenschaft und Versicherungswissenschaftlicher Verein in Hamburg e. V. (2016), 423, 431.

138 *Thümmel*[5], Rn. 298; *Haehling von Lanzenauer/Kreienkamp* in Looschelders/Pohlmann[3], Anhang C, Rn. 26.

139 *Habersack* in MünchKomm AktG, 2. Band[4], § 116 AktG, Rn. 77, 8; *Thümmel*[5], Rn. 304; *Haehling von Lanzenauer/Kreienkamp* in Looschelders/Pohlmann[3], Anhang C, Rn. 26.

140 *Thümmel*[5], Rn. 296.

141 *Haehling von Lanzenauer/Kreienkamp* in Looschelders/Pohlmann[3], Anhang C, Rn. 28; *Ihlas*[2], S. 190; *Beckmann* in Beckmann/Matusche-Beckmann[3], § 28, Rn. 4; *Möhrle*, Gesellschaftsrechtliche Probleme der D&O-Versicherung (2007), S. 31; *Thomas*, S. 1; *Ruttmann*, Die Versicherbarkeit von Geldstrafen, Geldbußen. Strafschadensersatz und Regressansprüchen in der D&O-Versicherung – Unter vergleichender Betrachtung der Rechtslage in den Vereinigten Staaten (2014), S. 1; in diese Richtung auch: *Wax*, CFO aktuell 2015, 134, 134.

142 *Bachmann*, 70. DJT, 1. Band, S. E 38; *Lutter* in Krieger/Schneider[3], § 1, Rn. 1.22; *Thümmel*[5], Rn. 328; *Kremer/Gülich*, VW 8/2018, 80, 80, die Diederik Sutorius, Geschäftsführer des D&O-Anbieters VOV, zitieren; *Lange*, § 2, Rn. 7. *Doralt*, ZGR 2019, 996, 1005; *Freund*, NZG 2021, 579, 579 ff.

143 *Haehling von Lanzenauer/Kreienkamp* in Looschelders/Pohlmann[3], Anhang C, Rn. 31; *Ingwersen*, S. 229 f.; *Wax*, CFO aktuell, 2015, 134, 134.

144 *Lutter* in Krieger/Schneider[3], § 1, Rn. 1.09 ff.; *Haehling von Lanzenauer/Kreienkamp* in Looschelders/Pohlmann[3], Anhang C, Rn. 31; *Wax*, CFO aktuell, 2015, 134, 134; *Doralt*, ZGR 2019, 996, 1005 ff. Als Beispiel für die Diskrepanz zwischen dem zu Beginn geltenden gemachten Schaden und der letztendlich durchgesetzten Zahlung siehe: D&O-Vergleich zwischen einem Unternehmen der Schwerindustrie und den

erfolgreichen Durchsetzung der Organhaftungsansprüche kommt.[145] Theoretisch besteht jedenfalls ein hohes Haftungsrisiko für Organmitglieder.[146] Dies führt dazu, dass sich Schadensmeldungen häufen und die geltend gemachte Schadenshöhe ansteigt.[147] Die bloße Geltendmachung eines Haftpflichtanspruchs führt selbst schon zu einer hohen Belastung des betroffenen Organmitglieds.[148] Allein die Verteidigung gegen Organhaftungsansprüche ist besonders kosten- und zeitintensiv.[149] Des Weiteren schädigt schon die Inanspruchnahme wegen einer vermeintlichen Pflichtverletzung die Reputation.[150] Hinzu kommt eine enorme psychische Belastung, die sich auch aus den drohenden, oft das eigene Vermögen bei weitem übersteigenden Haftungssummen[151] ergibt.[152]

D&O-VR. Demnach wurde dort als ein Schaden i.H.v. 577.313.260,26 Euro geltend gemacht, der Vergleich führte jedoch nur zu einem Zahlungsanspruch i.H.v. 19.493.750,00 Euro. Abgerufen am 7.12.2019 unter: https://www.corporate.man.eu/man/media/content_medien/doc/global_corporate_website_1/investor_relations_1/hv/2019_28/MAN-HV-2019_DO-Vergleichsvereinbarung_FS-IPIC_DE.pdf.

145 *Lutter* in Krieger/Schneider³, § 1, Rn. 1.22; *Wagner*, ZHR 178 (2014), 227, 239; *Habersack* in *Lorenz* (Hrsg.), Karlsruher Forum 2009, S. 5, 34 f.; *Köndgen* in *Lorenz* (Hrsg.), Karlsruher Forum 2009, Diskussion, S. 85, 96; *Wagner* in *Lorenz* (Hrsg.), Karlsruher Forum 2009, Diskussion, S. 85, 86.

146 *Lange* in Veith/Gräfe/Gebert³, § 21, Rn. 29; *Ruttmann*, S. 1; *Ingwersen*, S. 19 f., der dies auf einen Mentalitätswandel bei der Verfolgung von Ansprüchen zurückführt; AON Risk Solutions Marktreport 2017 - Der deutsche Versicherungsmarkt, August 2017, abgerufen am 27.4.2019 unter: http://www.aon.com/germany/marktreport/downloads/ARS_Marktreport_2017.pdf, S. 25.

147 *Bachmann*, Gutachten 70. DJT, 1. Band, S. E 20; *Lange* in Veith/Gräfe/Gebert³, § 21, Rn. 29; *v. Schenck*, NZG 2015, 494, 494; *Cyrus*, NZG 2018, 7, 13; *Lehmann*, r+s 2018, 5, 15.

148 *Freund*, NZG 2021, 579, 582.

149 *Ihlas* in *Koch/Weber/Winter* (Hrsg.), 100 Jahre Hamburger Seminar für Versicherungswissenschaft und Versicherungswissenschaftlicher Verein in Hamburg e. V. (2016), 423, 444; *Lange* in Veith/Gräfe/Gebert³, § 21, Rn. 29; *Cyrus*, NZG 2018, 7, 13.

150 *Lange* in Veith/Gräfe/Gebert³, § 21, Rn. 29.

151 *Lutter* in Krieger/Schneider³, § 1, Rn. 1.30: nennt als Bsp. den Gesamtschaden der Korruptionsaffäre einer deutschen Aktiengesellschaft i.H.v. ca. 2,5 Mrd. Euro und die Verluste der zweier Banken im Zuge der Bankenkrise von ca. 10 Mrd. Euro.

152 *Ihlas* in *Koch/Weber/Winter* (Hrsg.), 100 Jahre Hamburger Seminar für Versicherungswissenschaft und Versicherungswissenschaftlicher Verein in Hamburg e. V. (2016), 423, 434; *Lange* in Veith/Gräfe/Gebert³, § 21, Rn. 29; *Bund* in DIE ZEIT Nr. 23/2015 v. 3.6.2015: http://www.zeit.de/2015/23/siemens-heinz-joachim-neubuerger-selbstmord/komplettansicht - Der Tod eines Managers, abgerufen am 6.6.2020. Zur

Folglich beinhaltet die Inanspruchnahme die Gefahr einer (beruflichen und/ oder wirtschaftlichen) „Existenzvernichtung".[153] Deshalb wird das deutsche Organhaftungsrecht als zu streng bezeichnet.[154]

2. *Bedeutung für die D&O-Versicherung*

Das strenge Haftungsregime hat die Nachfrage nach Versicherungsschutz ansteigen lassen.[155] Die D&O-Versicherung wird auch als „eine Krücke, ein Notbehelf angesichts einer überschießenden Haftungsnorm" bezeichnet.[156] Die prinzipiell unbegrenzte Haftung für immer höhere Schadenssummen sowie die häufigere Inanspruchnahme von Organmitgliedern lassen es immer wahrscheinlicher werden, dass die Haftungssummen die Versicherungssummen übersteigen.[157] Probleme ergeben sich auch, wenn ein (ehemaliges) Vorstandsmitglied vom Aufsichtsrat in Anspruch genommen wird und dieses den im Zeitraum der Pflichtverletzung aktiven Aufsichtsratsmitgliedern den Streit verkündet.[158] Hier steigt nicht nur die Zahl der auf die Versicherungssumme zugreifenden Personen, sondern es erhöht sich auch die Anzahl der in den Haftpflichtprozess involvierten Personen und damit Interessen.

Es bleibt festzuhalten, dass eine drohende Existenzvernichtung, die Aussicht auf vollständigen Schadensausgleich, öffentlicher Druck sowie die für alle Organmitglieder der Versicherungsnehmerin bestehende Gefahr, sich selbst

---

besonderen psychischen Belastung durch Prozesse vor staatlichen Gerichten: *Peltzer*, NZG 2009, 970, 973.

153 *Bachmann*, ZIP 2017, 841, 844; *ders.*, 70. DJT, 1. Band, S. E 18; *Klimke* in Seitz/Finkel/ Klimke, Einf., Rn. 281; *Lorenz* in *Lorenz* (Hrsg.), Karlsruher Forum 2009, Diskussion, S. 85, 92.

154 *J. Koch* in Hüffer/Koch[15], § 93 AktG, Rn. 1, („übermäßige Schärfe"); *Wagner* in *Lorenz* (Hrsg.), Karlsruher Forum 2009, Diskussion, S. 85, 86; *Hoffmann-Becking*, ZHR 181 (2017), 737, 745; als „sehr streng" bezeichnet es: *v. Schenck*, NZG 2015, 494, 494.

155 Siehe oben: Erster Teil, A, I, 2. *Ihlas* in *Koch/Weber/Winter* (Hrsg.), 100 Jahre Hamburger Seminar für Versicherungswissenschaft und Versicherungswissenschaftlicher Verein in Hamburg e. V. (2016), 423, 430.

156 *Hoffmann-Becking*, ZHR 181 (2017), 737, 745; in diese Richtung auch: *Hemeling* in FS Michael Hoffmann-Becking (2013), 491, 509 f.

157 *Hoffmann-Becking*, ZHR 181 (2017), 737, 740 f.; *v. Schenck* in Semler/v. Schenck, § 116 AktG, Rn. 842; *Bachmann*, ZIP 2017, 841, 850; *Hemeling* in FS Michael Hoffmann-Becking (2013), 491, 509; *Wagner*, ZHR 178 (2014), 227, 236.

158 *Hoffmann-Becking*, ZHR 181 (2017), 737, 741, der davon spricht, dass dieses Verhalten „üblich ist".

schadensersatzpflichtig zu machen, die Abwicklung des Versicherungsfalls erheblich beeinflussen.

B. Dreiecksstruktur der D&O-Versicherung

Nachdem ein allgemeiner Überblick gegeben wurde, soll nun die Dreiecksstruktur der D&O-Versicherung bis zum Eintritt des Versicherungsfalls analysiert werden.

In einem ersten Schritt sind deshalb die Beziehungen der Parteien zueinander sowie ihre jeweiligen Interessen darzustellen. Im Anschluss daran soll die D&O-Versicherung in das VVG eingeordnet werden. Abschließend sind die Obliegenheiten und Pflichten bis zum Eintritt des Versicherungsfalls aufzuzeigen.

I. Beziehungen und Interessen der Beteiligten

Die Interessen der Beteiligten am Abschluss und am Bestehen einer D&O-Versicherung lassen sich wie folgt zusammenfassen.

1. Versicherer

Grundsätzlich steigert jeder D&O-Versicherungsvertragsabschluss den Umsatz des Versicherers.[159] Des Weiteren hat die D&O-Versicherung für den Versicherer eine „Türöffner-Funktion" bei der Versicherungsnehmerin hinsichtlich weiterer Versicherungsprodukte.[160] Der Versicherer hat daher grundsätzlich ein großes Interesse an einer lang andauernden Vertragsbeziehung, die auch auf weitere eigene Versicherungsprodukte ausgedehnt werden soll. Weil Vertragsanbahnung sowie Vertragsschluss durch Organmitglieder der Versicherungsnehmerin durchgeführt werden, hat der Versicherer auch ein unmittelbar eigenes Interesse an einer guten Beziehung zu den aktiven Organmitgliedern der Versicherungsnehmerin.

---

159 *Looschelders/Derkum*, ZIP 2017, 1249, 1250.

160 *Ruttmann*, S. 10; *Lange*, § 1, Rn. 48; *Ihlas*[2], S. 110; *Schaloske/Hauff* in Illert/Ghassemi-Tabar/Cordes, § 21, Rn. 6; *Doralt*, ZGR 2019, 996, 1020 f. *Hendricks* spricht vom „Einstieg in die Chefetagen", beim 20. Euroforum-Jahrestagung Haftpflicht 2018, Versicherungs-Journal.de Ausgabe v. 2.2.2018, dauerhafte Adresse des Dokuments: http://www.wiso-net.de/document/VERS__131300, abgerufen am 17.3.2018; *Müller*, VW 2010, 106, 107, der Axel Theis (zu dem Zeitpunkt CEO der Allianz Global Corporate & Specialty) zitiert.

2. *Versicherte Person*

Eine D&O-Versicherung schützt das Vermögen der versicherten Person. Dies kann durch eine Freistellung sowie durch die Abwehr der geltend gemachten Haftpflichtansprüche geschehen. Zusätzlich zum Vermögensschutz dient die D&O-Versicherung dazu, die Reputation der versicherten Person zu schützen.[161] Aufgrund der immensen Bedeutung eines D&O-Versicherungsschutzes werden Führungskräfte heute in der Regel nur tätig, wenn eine D&O-Versicherung abgeschlossen ist.[162] Deshalb verpflichten sich die Gesellschaften meist in dem Dienstvertrag, eine D&O-Versicherung zugunsten der Organmitglieder abzuschließen.[163] Aufgrund der Vertretungskompetenz nach § 78 Abs. 1 AktG[164] verhandeln Vorstandsmitglieder im Namen der Gesellschaft über eine Versicherung zu ihrem eigenen Schutz. Die Position der Organmitglieder und zukünftigen versicherten Personen ist daher bei Anschluss des D&O-Versicherungsvertrags stark.

3. *Versicherungsnehmerin*

Eine D&O-Versicherung dient der Versicherungsnehmerin dazu, qualifizierte Führungspersonen zu akquirieren.[165] Des Weiteren soll der D&O-Versicherungsschutz verhindern, dass die Organmitglieder ihre unternehmerischen Pflichten zu risikoavers ausüben.[166] Dementsprechend zielt der

---

161 Meist in Form spezieller Zusatzbausteine: *Lange*, § 14, Rn. 124 ff. *Doralt*, ZGR 2019, 996, 1028: „aus eigenen Reputationsgründen wird meist alles Mögliche zur Anspruchsabwehr unternommen werden".

162 *Haehling von Lanzenauer/Kreienkamp* in Looschelders/Pohlmann^3, Anhang C, Rn. 47; *Lange* in Veith/Gräfe/Gebert^3, § 21, Rn. 50; *Möhrle*, S. 15.

163 *Mitterlechner/Wax/Witsch*^{2}, § 5, Rn. 41 ff.; *Lange* in Veith/Gräfe/Gebert^3, § 21, Rn. 50; ausführlich zu Verschaffungsklauseln in D&O-Versicherungsverträgen: *Lange*, ZIP 2004, 2221, 2221 ff.

164 Zur internen Zuständigkeit für den D&O-Versicherungsabschluss: *Ihlas* in MünchKomm VVG, 3. Band^2, 320 D&O, Rn. 47, m.w.N.

165 *Looschelders/Derkum*, ZIP 2017, 1249, 1250; *Finkel/Seitz* in Seitz/Finkel/Klimke, Einf., Rn. 87; *Haehling von Lanzenauer/Kreienkamp* in Looschelders/Pohlmann^3, Anhang C, Rn. 47; *Hemeling* in FS Michael Hoffmann-Becking (2013), 491, 492; *Ingwersen*, S. 32; *Thomas*, S. 298 f.; *Arnold/Rothenburg* in Kubis/Semler/Peltzer^2, § 11, Rn. 138; *Ulmer* in FS Claus-Wilhelm Canaris (2007), 2. Band, 451, 460.

166 *Finkel/Seitz* in Seitz/Finkel/Klimke, Einf., Rn. 87; *Haehling von Lanzenauer/Kreienkamp* in Looschelders/Pohlmann^3, Anhang C, Rn. 47; *Hemeling* in FS Michael Hoffmann-Becking (2013), 491, 492; *Möhrle*, S. 16; *Ingwersen*, S. 31 f.; *Thomas*, S. 295 ff.; *Arnold/Rothenburg* in Kubis/Semler/Peltzer^2, § 11, Rn. 138; *Ulmer* in FS

Abschluss einer D&O-Versicherung darauf ab, eine gute Unternehmensführung durch die versicherten Personen sicherzustellen. Zusätzlich dazu steigt für die Versicherungsnehmerin mit Abschluss einer D&O-Versicherung die Wahrscheinlichkeit, in einem Organhaftungsfall einem solventen Schuldner gegenüberzustehen.[167] Der Abschluss einer D&O-Versicherung dient somit auch dem Bilanzschutz der Versicherungsnehmerin.[168] Ihr Abschluss ist Teil des Risikomanagements der Versicherungsnehmerin.[169] Für die Bejahung eines Bilanzschutzinteresses ist unerheblich, ob die D&O-Versicherung vollumfänglich den Schadensausgleich sicherstellt oder aufgrund der beschränkten Versicherungssummen nur begrenzt dazu geeignet ist.[170]

II. D&O-Versicherung als Haftpflichtversicherung

Für die D&O-Versicherung finden sich keine diesen Versicherungstypus beschreibenden gesetzlichen Normen. Nichtsdestotrotz könnte es sich bei der D&O-Versicherung um einen gesetzlich geregelten Versicherungszweig handeln.[171] Der D&O-Versicherer soll die versicherte Person von Vermögensschadensersatzansprüchen freistellen oder diese abwehren. Es liegt deshalb nahe, die D&O-Versicherung als eine freiwillige Haftpflichtversicherung im Sinne der §§ 100 bis 112 VVG einzuordnen. Das führt aber zu der Frage, ob es nicht den Parteiinteressen mehr entsprechen würde, die D&O-Versicherung als einen Versicherungstypus sui generis einzuordnen, sodass die §§ 100 bis 112 VVG nicht direkt anwendbar wären.

Um zu überprüfen, ob es sich bei der D&O-Versicherung tatsächlich um eine freiwillige Haftpflichtversicherung handelt, sollen zunächst die freiwillige Haftpflichtversicherung definiert und ihre Besonderheiten aufgezeigt werden.

Claus-Wilhelm Canaris (2007), 2. Band, 451, 460; *Hoffmann-Becking*, ZHR 181 (2017), 737, 739 f.

167 *Ruttmann*, S. 10; *Looschelders/Derkum*, ZIP 2017, 1249, 1250; *Hemeling* in FS Michael Hoffmann-Becking (2013), 491, 492; *Arnold/Rothenburg* in Kubis/Semler/Peltzer², § 11, Rn. 138; *Ulmer* in FS Claus-Wilhelm Canaris (2007), 2. Band, 451, 460; OLG Hamm v. 19.8.2019 - I-8 W 6/19, BeckRS 2019, 19580, Rn. 13.

168 *Thomas*; S. 293; *Cyrus*, NZG 2018, 7, 9; *Ingwersen*, S. 33 f.

169 *Looschelders/Derkum*, ZIP 2017, 1249, 1250; *Lange* in Veith/Gräfe/Gebert³, § 21, Rn. 9; *v. Arnim*, D&O-Versicherung und öffentliche Hand (2018), S. 112.

170 *Ingwersen*, S. 33 f.

171 Bzgl. der unterschiedlichen und nicht einheitlichen Verwendung der Begriffe „Versicherungstyp" und „Versicherungszweig": *Wandt*⁶, Rn. 29 ff.

1. *Freiwillige Haftpflichtversicherung*

a) *Doppelfunktion*

Für die Haftpflichtversicherung ist eine Dreiecksstruktur, bestehend aus Versicherer, Versicherungsnehmerin[172] und einem geschädigten Dritten, charakteristisch.[173] Zweck der Haftpflichtversicherung ist es, die Versicherungsnehmerin vor „den wirtschaftlichen Folgen einer Haftpflicht gegenüber Dritten" zu schützen.[174] Dieses Konzept des Schutzes Einzelner vor Ansprüchen Dritter durch eine Risikogemeinschaft fand sich schon in antiken griechischen, römischen und germanischen Rechtskreisen.[175] Das Versicherungsprodukt Haftpflichtversicherung entstand jedoch erst durch die voranschreitende Industrialisierung in der zweiten Hälfte des 19. Jahrhunderts und wurde durch die damit einhergehende ansteigende Haftungsgefahr bedingt.[176] Um diese angestiegene Haftungsgefahr zu reduzieren, waren die ersten Haftpflichtversicherungen allein darauf gerichtet, eine Belastung der Versicherungsnehmerin zu verhindern.[177] Der Haftpflichtversicherung standen deshalb Bedenken gegenüber: Die Versicherung einer Haftung, die durch eine Schädigung Dritter verursacht wurde, sei „unmoralisch".[178] Hierbei wurde jedoch verkannt, dass die Haftpflichtversicherung auch die „Schadensausgleichsfunktion des Haftungsrechts" verstärkt und

---

172 Zur Veranschaulichung beschränkt sich die Darstellung zu Beginn auf die Konstellation: VN = vP und lässt damit eine mögliche Mitversicherung oder eine reine Fremdversicherung zugunsten Dritter außen vor.

173 *Piontek*, Haftpflichtversicherung – Grundlagen und Praxis (2016), § 1, Rn. 24; *Schneider* in Beckmann/Matusche-Beckmann[3], § 24, Rn. 3; *Retter* in Schwintowski/Brömmelmeyer[3], Praxiskommentar zum Versicherungsvertragsgesetz (2017), Vor §§ 100-112 VVG, Rn. 8.

174 *v. Rintelen* in Späte/Schimikowski[2], Haftpflichtversicherung – Kommentar zu den AHB und weiteren Haftpflichtbedingungen (2015), Einl., Rn. 2; *R. Koch* in Bruck/Möller, 4. Band[9], Vor §§ 100-112 VVG, Rn. 1; *Piontek*, § 1, Rn. 1.

175 *Sieg*, Ausstrahlungen der Haftpflichtversicherung (1952), S. 17; *R. Koch* in Bruck/Möller, 4. Band[9], Vor §§ 100-112 VVG, Rn. 23; *Littbarski* in MünchKomm VVG, 2. Band[2], §§ 100-216 (2017), Vor §§ 100-112 VVG, Rn. 3.

176 *Sieg*, S. 41; *Piontek*, § 1, Rn. 10; *R. Koch* in Bruck/Möller, 4. Band[9], Vor §§ 100-112 VVG, Rn. 24.

177 *R. Koch* in Bruck/Möller, 4. Band[9], Vor §§ 100-112 VVG, Rn. 28; *Piontek*, § 1, Rn. 13, m.w.N.; *Sieg*, S. 57 ff.

178 *Schulze Schwienhorst* in Looschelders/Pohlmann[3], Vor §§ 100 ff. VVG, Rn. 3; *v. Rintelen* in Späte/Schimikowski[2], Einl., Rn. 27.

somit ebenfalls dem Dritten zugutekommen kann.[179] Auch die Sozialversicherungssysteme profitieren von einem Schutz vor existenzvernichtender Haftung sowie von einem gesicherten Schadensausgleich.[180] Die Haftpflichtversicherung ist deshalb für die Volkswirtschaft bedeutsam.[181] Im Laufe der Jahrzehnte wurde die Stellung der Geschädigten durch Gesetzesänderungen immer weiter verstärkt.[182] Die Rechtsprechung spricht aus diesen Gründen auch von der „Sozialbindung der Haftpflichtversicherung".[183] Aufgrund der Sozialbindung wird der Geschädigten ein Feststellungsinteresse, im Sinne des § 256 Abs. 1 ZPO, am Bestehen des Versicherungsanspruchs zugesprochen.[184] Folglich ermöglicht die Sozialbindung der Haftpflichtversicherung ein, wenn auch begrenztes, unmittelbares Vorgehen der Geschädigten gegen den Versicherer.[185]

Zusammenfassend lässt sich feststellen, dass der Haftpflichtversicherung eine Doppelfunktion, Schutz der Versicherungsnehmerin sowie Sicherung des Schadensausgleichs, innewohnt.

b) Übergeordnete Versicherungszweige

Gemeinsamer Sinn und Zweck einer jeden Haftpflichtversicherung ist der Vermögensschutz der Versicherungsnehmerin vor einer Belastung durch Haftpflichtansprüche.[186] Es gilt das „Prinzip der konkreten Bedarfsdeckung".[187] Der Umfang der im Versicherungsfall geschuldeten Leistung bestimmt sich folglich nach den geltend gemachten Haftpflichtansprüchen und ist nicht schon im

---

179 *Wandt*[6], Rn. 1045; *Sieg*, S. 57; *Schulze Schwienhorst* in Looschelders/Pohlmann[3], Vor §§ 100 ff. VVG, Rn. 4.

180 *R. Koch* in Bruck/Möller, 4. Band[9], Vor §§ 100-112 VVG, Rn. 38.

181 *Bruns*, § 22, Rn. 2; *R. Koch* in Bruck/Möller, 4. Band[9], Vor §§ 100-112 VVG, Rn. 36 ff., m.w.N.

182 *Piontek*, § 1, Rn. 13; *R. Koch* in Bruck/Möller, 4. Band[9], Vor §§ 100-112 VVG, Rn. 29 f.

183 BGH v. 15.11.2000, VersR 2001, 90, 91; v. 5.4.2017, BGHZ 214, 314, Rn. 23 f.; v. 13.4.2016, BGHZ 209, 373, Rn 25; v. 7.7.1993, VersR 1993, 1222, 1223 und v. 8.4.1987, VersR 1987, 655, 655.

184 BGH v. 15.11.2000, VersR 2001, 90, 91; v. 5.4.2017, BGHZ 214, 314, Rn. 23 f.; *Piontek*, § 1, Rn. 15.

185 BGH v. 5.4.2017, BGHZ 214, 314, Rn. 24, m.w.N.

186 BGH v. 18.12.1979, NJW 1980, 1623, 1624; *Armbrüster*[2], Rn. 1819; *Littbarski* in MünchKomm VVG, 2. Band[2], Vor §§ 100-112 VVG, Rn. 65; *Lücke* in Prölss/Martin[31], § 100 VVG, Rn. 71; *Schimikowski* in Rüffer/Halbach/Schimikowski[4], Vor §§ 100-124 VVG, Rn. 1.

187 *v. Rintelen* in Späte/Schimikowski[2], Einl., Rn. 14.

Vorhinein festgelegt. Die Haftpflichtversicherung ist somit eine Schadensversicherung.[188] Des Weiteren schützt die Haftpflichtversicherung das Vermögen der Versicherungsnehmerin als Ganzes vor einer Belastung mit Verbindlichkeiten. Sie ist somit eine Passivenversicherung.[189]

c) Fremdschaden

Die charakteristische Dreiecksstruktur besteht aus einem Haftpflichtverhältnis zwischen Versicherungsnehmerin und Geschädigter und einem Deckungsverhältnis zwischen Versicherungsnehmerin und Versicherer.[190] So ist zwingende Voraussetzung für einen Versicherungsanspruch, dass ein Haftpflichtanspruch gegen die Versicherungsnehmerin geltend gemacht wird. Folglich muss ein Fremdschaden vorliegen.[191] „Echte Eigenschäden", auch bezeichnet als „reine Eigenschäden", sind deshalb über eine Haftpflichtversicherung nicht versicherbar.[192]

(1) Versicherungsschutz im Falle einer Innenhaftung

Problematisch ist, ob die Versicherungsnehmerin auch Dritte sein kann, wenn ihr ein Haftpflichtanspruch gegen eine (mit-)versicherte Person zusteht. In einer solchen Konstellation ist die in Anspruch nehmende Dritte mit der Versicherungsnehmerin personenidentisch. Käme es nun zu einer Freistellung, würden „unechte Eigenschäden" bei der Versicherungsnehmerin ausgeglichen.[193] Es erscheint fraglich, ob das noch generell dem Sinn einer Haftpflichtversicherung

---

188 BGH v. 30.10.1954, BGHZ 15, 154, 158; *Lücke* in Prölss/Martin³¹, § 100 VVG, Rn. 71; *Schulze Schwienhorst* in Looschelders/Pohlmann³, Vor §§ 100 ff. VVG, Rn. 7; *Bruns*, § 22, Rn. 1; *R. Koch* in Bruck/Möller, 4. Band⁹, Vor §§ 100-112 VVG, Rn. 5, m.w.N.

189 *v. Rintelen* in Späte/Schimikowski², Einl., Rn. 16; *Bruns*, § 22, Rn. 1; *Schulze Schwienhorst* in Looschelders/Pohlmann³, Vor §§ 100 ff., Rn. 7; *R. Koch* in Bruck/Möller, 4. Band⁹, Vor §§ 100-112 VVG, Rn. 5, m.w.N.

190 *Schneider* in Beckmann/Matusche-Beckmann³, § 24, Rn. 4; *Littbarski* in MünchKomm VVG, 2. Band², Vor §§ 100-112 VVG, Rn. 102; *Wandt*⁶, Rn. 1087.

191 *R. Koch* in Bruck/Möller, 4. Band⁹, Vor §§ 100-112 VVG, Rn. 1.

192 *Baumann* in Honsell, Berliner Kommentar zum Versicherungsvertragsgesetz – Kommentar zum deutschen und österreichischen VVG (1999), § 149 VVG [a.F.], Rn. 115; *Retter* in Schwintowski/Brömmelmeyer³, § 100 VVG, Rn. 35; *Heinrichs* in Staudinger/Halm/Wendt², § 100 VVG, Rn. 16; *Littbarski* in MünchKomm VVG, 2. Band², § 100 VVG, Rn. 75.

193 *Baumann* in Honsell, § 149 VVG [a.F.], Rn. 119; *Retter* in Schwintowski/Brömmelmeyer³, § 100 VVG, Rn. 37.

entspricht. Des Weiteren würde sich durch die (meist) enge Beziehung zwischen Versicherungsnehmerin und versicherter Person die Manipulationsgefahr zulasten des Versicherers erhöhen.[194] Das Gesagte führt zu der Frage, ob die Versicherungsnehmerin „Dritte“ im Sinne des § 100 VVG sein kann.

Nach dem Wortlaut des § 100 VVG muss ein „Dritter“ durch ein Verhalten des „Versicherungsnehmers“ anspruchsberechtigt sein. Eine Personenidentität von Versicherungsnehmerin und Geschädigter widerspricht folglich dem Wortlaut des § 100 VVG.[195] Hierbei ist jedoch zum einen zu beachten, dass es sich bei § 100 VVG um eine dispositive Norm handelt und deshalb eine abweichende vertragliche Regelung möglich ist.[196] Zum anderen ist darauf hinzuweisen, dass bei einer solchen engen Auslegung des § 100 VVG jedwede Fremdversicherung ausscheiden würde.[197] Zusätzlich dazu wäre es der Versicherungsnehmerin in Innenhaftungsfällen verwehrt, auf einen solventen Schädiger, gesichert durch die Versicherung, zurückzugreifen.[198] Ein solches Ergebnis wäre aber nur schwer mit der Sozialbindung der Haftpflichtversicherung zu vereinbaren. Außerdem würde ein genereller Ausschluss einer Innenhaftung die versicherte Person in solchen Fällen schutzlos stellen.[199] Die Interessenlage erfordert es, dass auch im Innenverhältnis Deckung zu gewähren ist.[200] Deshalb ist „Versicherungsnehmer[in]“ im Sinne des § 100 VVG gleichzusetzen mit der versicherten Person.[201] Es kommt für eine Haftpflichtversicherung allein darauf an, dass die Geschädigte und die konkret in Anspruch genommene versicherte Person nicht

---

194 *v. Rintelen* in Späte/Schimikowski[2], 1 AHB, Rn. 337.

195 *Schulze Schwienhorst* in Looschelders/Pohlmann[3], § 100 VVG, Rn. 21; *Kramer*, VersR 1964, 1220, 1220.

196 *Schulze Schwienhorst* in Looschelders/Pohlmann[3], § 100 VVG, Rn. 21.

197 *Heinrichs* in Staudinger/Halm/Wendt[2], § 100 VVG, Rn. 17.

198 *Schulze Schwienhorst* in Looschelders/Pohlmann[3], § 100 VVG, Rn. 21.

199 *Schulze Schwienhorst* in Looschelders/Pohlmann[3], § 100 VVG, Rn. 21.

200 BGH v. 10.6.1986, VersR 1986, 1010, 1010; so im Ergebnis auch: BGH v. 7.1.1964, BGHZ 43, 42, 44; *Langheid* in Langheid/Rixecker[6], Versicherungsvertragsgesetz mit Einführungsgesetz und VVG-Informationspflichtverordnung (2019), § 100 VVG, Rn. 23.

201 Darauf hinweisend, dass das VVG grds. von „Versicherungsnehmer“ spricht, aber dies (sofern eine Fremdversicherung vorliegt) auch die versicherte Person umfasst: *Klimke* in Prölss/Martin[31], Vor §§ 43-48 VVG, Rn. 13; *Hübsch* in Schwintowski/Brömmelmeyer[3], Vor §§ 43-48 VVG, Rn. 8; BGH v. 28.11.1957, BGHZ 26, 133, 137. Im Folgenden soll daher von versicherter Person gesprochen werden und Versicherungsnehmerin nur dann verwendet werden, wenn die Vertragspartnerin des Versicherers gemeint ist.

identisch sind.[202] Bei einer solchen Personenidentität würde nämlich schon kein Anspruch, der zwingend für das Bejahen eines Haftpflichtversicherungsanspruches ist, bestehen.[203] Möglich bleibt, die Innenhaftung aus dem sachlichen Versicherungsschutzbereich einer Haftpflichtversicherung durch AVB oder Individualabreden auszuschließen.[204]

(2) *Deckung der Innenhaftung als Ausnahme*

Obwohl die Haftpflichtversicherung auch einen Innenhaftungsfall decken kann, ist die Innendeckung nicht der Regelfall. Haftpflichtversicherungen, die auch die Innenhaftung umfassen, wurden erst ab der zweiten Hälfte des 20. Jahrhunderts entwickelt.[205] Beispiele hierfür sind Vermögensschadenshaftpflichtversicherungen für Banken sowie Projekthaftpflichtversicherungen.[206] Aber auch diese Haftpflichtversicherungen umfassen weiterhin eine Außenverhältnisdeckung. Der haftpflichtversicherungsrechtliche Regelfall ist damit die Außenverhältnisdeckung. Die Innenhaftung ist demgegenüber eine bekannte „Abweichung vom eigentlichen Schutzzweck einer Haftpflichtversicherung“, gleichsam eine Anomalie.[207]

---

202 *R. Koch* in Bruck/Möller, 4. Band[9], § 100 VVG, Rn. 137; *Sieg*, S. 240 ff.; *Langheid* in Langheid/Rixecker[5], § 100 VVG, Rn. 23, m.w.N.

203 *Retter* in Schwintowski/Brömmelmeyer[3], § 100 VVG, Rn. 35.

204 Vgl.: Ziff. 4 Allgemeine Versicherungsbedingungen für die Haftpflichtversicherung (AHB) des GDV, Stand Februar 2016, https://www.gdv.de/resource/blob/6132/6a2283f21432edcdf9291a53e9967fd0/01-allgemeine-versicherungsbedingungen-fuer-die-haftpflichtversicherung--ahb--data.pdf, abgerufen am 27.4.2019; A 1.5.7 Allgemeine Bedingungen für die Kfz-Versicherung - AKB 2015, abgerufen am 22.12.2019, Stand 12.10.2017, https://www.gdv.de/resource/blob/6178/d28c3de7b24b415ad67976ff4c0bf1e5/01-allgemeine-bedingungen-fuer-die-kfz-versicherung--akb-2015--data.pdf; wie auch die alte Fassung der AVB-AVG von Mai 2013, abgedruckt in: *Lange*, S. 1016 ff., Ziff. 1.1 („von Dritten, also nicht von der Versicherungsnehmerin“).

205 Vgl. zu der noch bis in die 1960er Jahre vorherrschenden Meinung, dass die VN nicht Dritte i.S.d. Haftpflichtversicherung sein könnte: *Schütz*, VersR 1968, 29, 30; *Kramer*, VersR 1964, 1220, 1221; *v. Rintelen* in Späte/Schimikowski[2], 1 AHB, Rn. 337 f.

206 *v. Rintelen* in Späte/Schimikowski[2], 1 AHB, Rn. 338.

207 *Burghardt/Bauer* in Höra[4], § 21, Rn. 73. Ebenso: *Herdter*, ZVersWiss 2011, 655, 656; *Ihlas* in MünchKomm VVG, 3. Band[2], 320 D&O, Rn. 641.

d) Beziehung zwischen Haftpflicht- und Deckungsverhältnis

Die Haftpflicht wird als Einstandspflicht der versicherten Person beschrieben, die „unabhängig vom Willen der beteiligten Parteien" entsteht.[208] Nur wenn eine solche Einstandspflicht vorliegt, kann die versicherte Person einen Versicherungsanspruch gegen den Versicherer erfolgreich durchsetzen.[209] Das Deckungsverhältnis hängt somit vom Haftpflichtverhältnis ab. Es zeigt sich also, dass beide Verhältnisse in einer engen Beziehung zueinander stehen. Folglich scheint es auf den ersten Blick naheliegend, die Haftpflicht der versicherten Person direkt im Deckungsverhältnis zu klären. Dem steht jedoch grundsätzlich das Trennungsprinzip des Haftpflichtversicherungsrechts entgegen.[210] Das prozessuale Trennungsprinzip besagt, dass die Haftpflichtfrage in einem selbständigen Prozess zu klären und der Deckungsprozess auf die Einstandspflicht des Versicherers zu beschränken ist.[211] Zusätzlich dazu gibt das materielle Trennungsprinzip vor, dass der Versicherungsanspruch erst nach der Haftpflicht geprüft werden kann.[212] Durch das Trennungsprinzip soll sichergestellt werden, dass die versicherte Person „unverkürzt[en]" Versicherungsschutz erhält.[213] Eine Entscheidung bezüglich der Haftpflichtfrage außerhalb der Beziehung zwischen versicherter Person und Geschädigter hat grundsätzlich keinerlei Bindungswirkung für den Haftpflichtprozess und würde damit den Schutz der versicherten Person beschränken.[214] Des Weiteren soll das Trennungsprinzip auch den Versicherer vor kollusiven Handlungen schützen.[215]

---

208 BGH v. 20.11.1970, NJW 1971, 429, 430; v. 8.12.1999, NJW 2000, 1194, 1195; v. 11.12.2002, BGHZ 153, 182, 184; *v. Rintelen* in Späte/Schimikowski², 1 AHB, Rn. 254, m.w.N.

209 *Wandt*⁶, Rn. 1098.

210 BGH v. 13.12.1977, BGHZ 71, 339, 344; v. 18.5.2011, NJW 2011, 3303, Rn. 16, m.w.N.; v. 20.4.2016, VersR 2016, 783, Rn. 14; *Armbrüster*², Rn. 1836.

211 *Piontek*, § 1, Rn. 26; *R. Koch* in Bruck/Möller, 4. Band⁹, Vor §§ 100-112 VVG, Rn. 93; *v. Rintelen* in Späte/Schimikowski², 5 AHB, Rn. 66.

212 *R. Koch* in Bruck/Möller, 4. Band⁹, Vor §§ 100-112 VVG, Rn. 92; *Armbrüster*², Rn. 1835; *Wandt*⁶, Rn. 1088.

213 BGH v. 18.3.1992, BGHZ 117, 345, 350; *Piontek*, § 1, Rn. 27; *Schneider* in Beckmann/Matusche-Beckmann³, § 24, Rn. 4.

214 BGH v. 18.3.1992, BGHZ 117, 345, 350; *Piontek*, § 1, Rn. 27; *v. Rintelen* in Späte/Schimikowski², 5 AHB, Rn. 66.

215 *Langheid* in Langheid/Rixecker⁶, § 100 VVG, Rn. 33.

Hervorzuheben ist, dass sich das Trennungsprinzip „aus dem Wesen der Haftpflichtversicherung ergibt", aber nicht positiv-rechtlich normiert ist.[216] Eine „notwendige Ergänzung" des Trennungsprinzips ist die Bindungswirkung der im Haftpflichtprozess getroffenen Feststellungen für den Deckungsprozess.[217] Demnach sind die Entscheidung des Haftpflichtprozesses und die dieser zugrunde liegenden Feststellungen für den Deckungsprozess verbindlich.[218] Die Bindungswirkung wird durch Auslegung als Teil des Leistungsversprechens des Versicherers dem Versicherungsvertrag entnommen.[219] Durch die Bindung an den Haftpflichtprozess besteht die Gefahr, dass die versicherte Person und die Geschädigte im vorgelagerten Haftpflichtprozess kollusiv zum Nachteil des Versicherers zusammenwirken.[220] Diese Gefahr steigt besonders im Falle einer Innenhaftung.

e) *Haftpflichtversicherungsanspruch der versicherten Person*

Der versicherten Person steht mit Eintritt des Versicherungsfalls ein einheitlicher Versicherungsanspruch zu, bestehend aus einem Freistellungsanspruch sowie einem Abwehranspruch.[221] Sofern Versicherungsschutz greift, liegen das Haftpflicht- sowie das Prozessrisiko aus wirtschaftlicher Sicht bei dem Versicherer.[222] Der Versicherer kann dann im Rahmen seines pflichtgemäßen Ermessens entscheiden, ob er die versicherte Person direkt freistellt oder ob er versucht, den Haftpflichtanspruch abzuwehren.[223] Ihm steht im Hinblick auf

---

216 BGH v. 18.3.1992, BGHZ 117, 345, 350; v. 13.4.2016, BGHZ 209, 373, Rn. 21; *v. Rintelen* in Späte/Schimikowski[2], 5 AHB, Rn. 66.

217 BGH v. 18.3.1992, BGHZ 117, 345, 350; v. 20.6.2001, VersR 2001, 1103, 1104; *Piontek*, § 1, Rn. 37.

218 BGH v. 18.3.1992, BGHZ 117, 345, 350 f.; *Schneider* in Beckmann/Matusche-Beckmann[3], § 24, Rn. 4; *Bruns*, § 22, Rn. 5.

219 BGH v. 30.9.1992, BGHZ 119, 276, 280 f.; v. 20.6.2001, VersR 2001, 1103, 1104; *Bruns*, § 22, Rn. 5.

220 *Schimikowski* in Rüffer/Halbach/Schimikowski[4], Vor §§ 100-124 VVG, Rn. 17; *Schneider* in Beckmann/Matusche-Beckmann[3], § 24, Rn. 6a; *Langheid* in Langheid/Rixecker[6], § 100 VVG, Rn. 41.

221 *Lücke* in Prölss/Martin[31], Vor §§ 100-112 VVG, Rn. 4; *Schimikowski* in Rüffer/Halbach/Schimikowski[4], § 100 VVG, Rn. 1; *Langheid* in Langheid/Rixecker[6], § 100 VVG, Rn. 1; *R. Koch* in Bruck/Möller, 4. Band[9], § 100 VVG, Rn. 84.

222 *Armbrüster*[2], Rn. 1819.

223 BGH v. 20.2.1956, NJW 1956, 826, 827; v. 20.11.1980, VersR 1981, 180, 181; *Piontek*, § 3, Rn. 3 f.; *Armbrüster*[2], Rn. 1827; *Harsdorf-Gebhardt* in Späte/Schimikowski[2], 5 AHB, Rn. 5, m.w.N.

die Vorgehensweise ein Wahlrecht zu.[224] Das Wahlrecht ergibt sich daraus, dass durch den Versicherungsvertrag das wirtschaftliche Haftungsrisiko auf den Versicherer übertragen wurde.[225] Dem Versicherer als Träger des wirtschaftlichen Risikos muss freistehen, wie und im Zweifel in welcher Reihenfolge er seine vertragliche Pflicht erfüllt.[226] Des Weiteren ergibt sich das Wahlrecht des Versicherers aus dessen Abwicklungsvollmacht und seiner im Innenverhältnis bestehenden Geschäftsführungsbefugnis.[227] Der versicherten Person ist deshalb grundsätzlich nur möglich, Feststellungsklage gegen den Versicherer mit dem Ziel zu erheben, das Bestehen des Versicherungsanspruchs feststellen zu lassen.[228] Eine Leistungsklage auf Abwehr oder Freistellung scheidet dagegen grundsätzlich aus.[229] Ferner steht der versicherten Person ein direkter Zahlungsanspruch gegen den Versicherer, zum Schutz der Geschädigten,[230] nicht zu.[231]

Bei der Ausübung seines Wahlrechts ist der Versicherer verpflichtet, die Interessen der versicherten Person zu berücksichtigen.[232]

2. *D&O-Versicherung als Haftpflichtversicherung besonderer Art*

Fraglich ist, ob die D&O-Versicherung als Haftpflichtversicherung besonderer Art eingeordnet werden sollte. Es soll deshalb analysiert werden, wo es zu Konflikten und Widersprüchen zwischen der Struktur der D&O-Versicherung und dem allgemeinen Recht der Haftpflichtversicherung kommt.

---

224 *R. Koch* in Bruck/Möller, 4. Band[9], § 100 VVG, Rn. 85; *Armbrüster*[2], Rn. 1827; OLG Düsseldorf v. 13.12.2019, r+s 2020, 271, Rn. 59.

225 *Lange*, § 14, Rn. 5; *Armbrüster*, r+s 2010, 441, 443.

226 *Armbrüster*, r+s 2010, 441, 443; *Lange*, § 14, Rn. 5.

227 *Baumann* in Bruck/Möller, 4. Band[9], Ziff. 4 AVB-AVG, Rn. 4; *Armbrüster*, r+s 2010, 441, 443; OLG Düsseldorf v. 13.12.2019, r+s 2020, 271, Rn. 60.

228 BGH v. 26.3.2014, NJW 2014, 2038, Rn. 20; v. 21.9.1983, NJW 1984, 370; v. 4.12.1980, BGHZ 79, 76, 78.

229 BGH v. 26.3.2014, NJW 2014, 2038, Rn. 20; v. 21.9.1983, NJW 1984, 370; v. 4.12.1980, BGHZ 79, 76, 78.

230 *Armbrüster*[2], Rn. 1837.

231 *R. Koch* in Bruck/Möller, 4. Band[9], § 100 VVG, Rn. 84; *Harsdorf-Gebhardt* in Späte/Schimikowski[2], 5 AHB, Rn. 2, m.w.N.; *Piontek*, § 3, Rn. 6.

232 BGH v. 20.2.1956, NJW 1956, 826, 827; *R. Koch* in Bruck/Möller, 4. Band[9], § 100 VVG, Rn. 86 f.; *Harsdorf-Gebhardt* in Späte/Schimikowski[2], 5 AHB, Rn. 5.

a) D&O-Versicherung als Haftpflichtversicherung

Die D&O-Versicherung gewährt Versicherungsschutz, sobald gegen die versicherte Person ein Haftpflichtanspruch geltend gemacht wird. Der Versicherungsschutz umfasst die Abwehr von unbegründeten und die Freistellung von begründeten Haftpflichtansprüchen. Der D&O-Versicherungsschutz stimmt somit mit dem Versicherungsschutz einer Haftpflichtversicherung überein. Der Umfang des konkret geschuldeten Versicherungsschutzes ist nicht bei Vertragsschluss bekannt, sondern hängt von dem im Einzelfall geltend gemachten Haftpflichtanspruch ab. Die D&O-Versicherung ist deshalb eine Schadensversicherung.[233] Auch wird das Vermögen der versicherten Person als Ganzes vor einer Belastung mit Verbindlichkeiten geschützt. Folglich ist die D&O-Versicherung als eine Passivenversicherung einzuordnen.[234] Es zeigt sich also, dass die D&O-Versicherung alle Wesensmerkmale einer Haftpflichtversicherung erfüllt und daher als solche einzuordnen ist.

Obwohl die D&O-Versicherung als Haftpflichtversicherung anzusehen ist, bestehen bedeutende Unterschiede zwischen dem Grundkonzept einer Haftpflichtversicherung und dem Konzept der D&O-Versicherung.

b) Konflikte und Widersprüche

(1) Innenhaftung als Regelfall

Die Innenhaftung löst die meisten D&O-Versicherungsfälle aus. Somit ist die Innenhaftung der Hauptanwendungsfall der D&O-Versicherung. Dies führt dazu, dass die Versicherungsnehmerin mittelbar für ihren eigenen Schadensausgleich zahlt.[235]

Allerdings finanziert die geschädigte Versicherungsnehmerin ebenso die Abwehr ihrer eigenen Ansprüche.[236] Die Versicherungsnehmerin erkauft sich also durch den Abschluss einer D&O-Versicherung auch eine „Erschwernis bei der Durchsetzung [ihrer] Ansprüche“.[237] Sofern die Anrechnung der Abwehrkosten wirksam vereinbart wurde, droht der geschädigten Versicherungsnehmerin zusätzlich, dass sich die Versicherungssumme erschöpft.[238]

---

233 *Lange* in Veith/Gräfe/Gebert[4], § 21, Rn. 2.

234 *Baumann*, VersR 2006, 455, 457.

235 *Bayer/Scholz*, NZG 2014, 926, 928.

236 *Armbrüster* in *Lorenz* (Hrsg.), Karlsruher Forum 2009, Diskussion, S. 85, 113; *Peltzer* NZG 2009, 970, 971.

237 *Peltzer* in FS Harm Peter Westermann (2008), 1257, 1268.

238 *Säcker*, VersR 2005, 10, 14; *Peltzer*, NZG 2009, 970, 971; *Bayer/Scholz*, NZG 2014, 926, 928.

Zu den bisher aufgeführten Kritikpunkten an der Struktur der D&O-Versicherung muss jedoch auch hinzugefügt werden, dass es zu der besagten Problematik immer kommt, wenn die Versicherungsnehmerin durch die versicherte Person geschädigt wurde und nun diese in Anspruch nimmt. Eine solche Innenhaftungskonstellation ist auch der allgemeinen Haftpflichtversicherung nicht fremd.[239] Folglich ist das Deckungskonzept der D&O-Versicherung nicht allein deshalb besonders kritikwürdig, weil auch die Innenhaftung gedeckt wird. Die Besonderheit der D&O-Versicherung liegt vielmehr darin, dass ihr Hauptanwendungsfall die Innenhaftung ist. Damit kommt es bei der D&O-Versicherung regelmäßig zu einer für die Haftpflichtversicherung untypischen Identität von Versicherungsnehmerin und Geschädigter.[240] Sofern die versicherte Person freigestellt wird, sichert die D&O-Versicherung den Schadenersatzanspruch der geschädigten Versicherungsnehmerin. Die Versicherungsnehmerin profitiert somit regelmäßig selbst von der D&O-Versicherung. Dieser Schutz ihres eigenen Aktivvermögens ist ein Grund für den Abschluss der D&O-Versicherung.[241] Die D&O-Versicherung trägt damit Grundzüge einer Aktivenversicherung im Sinne einer Forderungsausfallversicherung in sich.[242] Der bezweckte mittelbare Schutz der Versicherungsnehmerin steht dem Abwehrinteresse der versicherten Person schon bei Vertragsschluss entgegen.

(2) Versicherbarkeit von Innenhaftungsfällen

Teilweise wird bezweifelt, ob Innenhaftungsfälle durch eine als Haftpflichtversicherung ausgestaltete D&O-Versicherung überhaupt versicherbar sind.[243] Gegen eine Einordnung der D&O-Versicherung als Haftpflichtversicherung in Innenhaftungsfällen wird eingewandt, dass in einer solchen Konstellation die für eine Haftpflichtversicherung notwendige Unterscheidung zwischen dem Schädiger und der Geschädigten de jure nicht mehr bestehe.[244] Das schädigende Organmitglied war (oder ist immer noch) Teil der geschädigten Versicherungsnehmerin.

---

239 Vgl. hierzu die Ausführungen unter: Erster Teil, B, II, 1, b.

240 *Ihlas* in MünchKomm VVG 3. Band^2, 320 - D&O, Rn. 641; *Herdter*, ZVersWiss 2011, 655, 656.

241 *Baumann*, VersR 2006, 455, 457; *Thomas*, S. 293; *Cyrus*, NZG 2018, 7, 9; *Ingwersen*, S. 33 f.

242 *Baumann*, VersR 2006, 455, 457.

243 *Ihlas* in MünchKomm VVG 3. Band^2, 320 - D&O, Rn. 635, der das Problem aber als theoretisch bezeichnet und letztendlich von einer praktischen Versicherbarkeit des Innenverhältnisses (Rn. 637) ausgeht.

244 *Ihlas/Stute*, Beil. zu PHi 4/2003, 7.

Die geschädigte Versicherungsnehmerin braucht als juristische Person für eine jede Handlung das Tätigwerden eines Organmitglieds. Das Organmitglied schädigt „bei Ausübung“ ihrer Organtätigkeit die Versicherungsnehmerin. Einen solchen internen Schaden möchte die Versicherungsnehmerin nun von dem Versicherer ersetzt haben. Es sei daher von einem „unechten Eigenschaden“ und darauf aufbauend von einer „unechten Eigenschadenversicherung“ auszugehen.[245] Die D&O-Versicherung entfernt sich folglich von der Grundkonzeption der Haftpflichtversicherung, die vor Ansprüchen von Personen außerhalb der Risikogemeinschaft schützen soll. Die D&O-Versicherung rückt daher näher an eine Aktivenversicherung heran.

(3) *Sozialbindung der D&O-Versicherung*

Haftpflichtversicherungen sind von erheblicher Bedeutung für eine entwickelte Volkswirtschaft.[246] Sie mildern die wirtschaftlichen Folgen eines Haftpflichtfalls für die versicherte Person und die Geschädigte ab. Die Sozialbindung der Haftpflichtversicherung steht damit in einer unmittelbaren Verbindung zum Schadensausgleichsgedanken, der dem Haftungsrecht zugrunde liegt.

Auch durch eine D&O-Versicherung werden die wirtschaftlichen Folgen eines Haftpflichtfalls abgemildert. Die Freistellung der versicherten Person durch den D&O-Versicherer führt dazu, dass das Organmitglied vor einem wirtschaftlich existenzvernichtenden Eingriff bewahrt und die geschädigte Versicherungsnehmerin nicht in wirtschaftliche Schwierigkeiten gebracht wird. Das Organmitglied und die geschädigte Versicherungsnehmerin werden folglich in eine Lage versetzt, die wirtschaftlich mit der Lage vor der Schädigung vergleichbar ist.

Dieses Ergebnis kann aber dem Präventionsgedanken des Organhaftungsrechts entgegenstehen. Eine Haftungsfreistellung durch den D&O-Versicherer versetzt die Versicherungsnehmerin und die versicherte Person wirtschaftlich wieder in die Ausgangslage, sodass diese ihre risikobehafteten Verhaltensweisen beibehalten oder wiederaufnehmen können. Das Organhaftungsrecht zielt aber

---

245 *Ihlas/Stute*, Beil. zu PHi 4/2003, 7. *Wagner*, ZHR 178 (2014), 227, 254 f.: „Im wirtschaftlichen Ergebnis handelt es sich um eine Eigenschadenversicherung“; *Doralt*, ZGR 2019, 996, 1011: „die Interessenlage [ist] damit für die Gesellschaft die einer Eigenschadenversicherung“; *Langheid*, VersR 2017, 1365, 1367, bejaht zwar eine Eigenversicherung („mit gleichzeitigen Elementen einer Eigenversicherung“), verneint aber eine Eigenschadensversicherung.

246 *Bruns*, § 22, Rn. 2; *R. Koch* in Bruck/Möller, 4. Band[9], Vor §§ 100-112 VVG, Rn. 36 ff., m.w.N.

nicht nur darauf ab, den erlittenen Schaden beim geschädigten Unternehmen zu kompensieren, sondern bezweckt auch, den Wirtschaftsverkehr präventiv vor einem schädigenden Eingriff zu bewahren.[247] Obwohl jeder Schaden für die Versicherungsnehmerin erst einmal Unsicherheit begründet (im Hinblick darauf, ob die Versicherung überhaupt Deckung übernimmt) und eine Leistung des Versicherers zu höheren Versicherungsprämien und zu einer erschwerten Versicherbarkeit von Risiken führen kann, wird die Präventionswirkung des Organhaftungsrechts durch die D&O-Versicherung jedenfalls reduziert.[248] Unter dem Blickwinkel der Schadensprävention ist daher fraglich, inwieweit die D&O-Versicherung einer Volkswirtschaft tatsächlich nützt.

(4) Anwendung des Trennungsprinzips

Sofern – wie bei der D&O-Versicherung meist – eine besonders enge Beziehung zwischen den Beteiligten des Haftpflichtverhältnisses und den am Versicherungsverhältnis Beteiligten besteht, könnte eine Abwicklung beider Verhältnisse in einem Prozess sinnvoll sein. Bei einer Innenhaftung bestehen andere Interessenkonflikte und -kollisionen der Beteiligten als bei einer auf die Außenverhältnisdeckung gerichteten Haftpflichtversicherung.[249] Daher ließe sich erwägen, gerade die Nähebeziehung zwischen der versicherten Person als Schädigerin, der Versicherungsnehmerin als Geschädigten und dem Versicherer für eine direkte Inanspruchnahme als schnelle, kostengünstige und alle Seiten zufriedenstellende Abwicklung des Innenhaftungsfalls zu nutzen. Das für den haftpflichtversicherungsrechtlichen Regelfall entwickelte Trennungsprinzip sollte daher nicht pauschal auf die D&O-Versicherung angewendet werden.[250]

(5) Sonstiges

Abschließend stellt sich die Frage, ob die Einstandspflicht der versicherten Person tatsächlich „unabhängig von dem Willen der beteiligten Parteien" eintritt,[251] beruht der Eintritt des Versicherungsfalls in Fällen der Innenhaftung

---

247 *Bachmann*, 70. DJT, 1. Band, S. E 21; *Fleischer* in Spindler/Stilz, 1. Band[4], § 93 AktG, Rn. 2, m.w.N.

248 *Bayer/Scholz*, NZG 2014, 926, 928; *Baumann*, VersR 2006, 455, 460 f.

249 *Peltzer*, NZG 2009, 970, 971 ff.

250 Vertiefend hierzu: Dritter Teil, A, IV, 2.

251 Die willensunabhängige Eintrittspflicht als Voraussetzung eines Haftpflichtanspruchs: BGH v. 20.11.1970, NJW 1971, 429, 430; v. 8.12.1999, NJW 2000, 1194, 1195; v. 11.12.2002, BGHZ 153, 182, 184; *v. Rintelen* in Späte/Schimikowski[2], 1 AHB, Rn. 254, m.w.N.

doch auf der Inanspruchnahme durch die Versicherungsnehmerin und somit gerade auf ihrem Willen. Dem lässt sich jedoch entgegenhalten, dass sich die Einstandspflicht nicht aus der Anspruchserhebung ergibt, sondern in der zeitlich vorgelagerten Pflichtverletzung begründet ist.[252] Folglich tritt auch bei D&O-Versicherungen die Einstandspflicht unabhängig vom Willen der Beteiligten ein.

3. *Zwischenergebnis*

Es hat sich gezeigt, dass die D&O-Versicherung die wesentlichen Eigenschaften einer Haftpflichtversicherung aufweist. Die D&O-Versicherung ist folglich eine freiwillige Haftpflichtversicherung, sodass §§ 100 bis 112 VVG grundsätzlich Anwendung finden. Die D&O-Versicherung ist jedoch primär auf die Innenhaftung gerichtet. Sie weicht deshalb wesentlich von anderen Haftpflichtversicherungen ab. Aufgrund dieser Abweichung verbietet es sich, die allgemeinen haftpflichtversicherungsrechtlichen Grundsätze, wie etwa das Trennungsprinzip, pauschal anzuwenden. Es lässt sich daher feststellen, dass die D&O-Versicherung eine Haftpflichtversicherung besonderer Art ist.

III. Versicherung für fremde Rechnung

Die versicherte Gefahr ist bei einem D&O-Versicherungsvertrag die Geltendmachung von Haftpflichtansprüchen gegen das Organmitglied. Es liegt deshalb nahe, die D&O-Versicherung als eine Versicherung für fremde Rechnung i.S.d. §§ 43 bis 48 VVG einzuordnen.

Wie aber bereits dargestellt, hat auch die Versicherungsnehmerin ein erhebliches Eigeninteresse am Abschluss einer D&O-Versicherung. Die Versicherungsnehmerin bezweckt mit dem Versicherungsabschluss, sich vor einem Ausfall des Organmitglieds als Haftpflichtschuldner zu schützen. Schon 2002 hat das Finanzministerium Niedersachsen in Abstimmung mit den anderen Landesfinanzbehörden und dem Bundesfinanzministerium hinsichtlich der steuerrechtlichen Bewertung der D&O-Versicherung festgestellt, dass diese im überwiegenden Interesse der Gesellschaft als Versicherungsnehmerin abgeschlossen wird und daher nicht als Vergütung des Organmitglieds angesehen werden kann.[253] Für

---

252 *Baumann* in Bruck/Möller, 4. Band[9], Ziff. 2 AVB-AVG, Rn. 4; ausführlicher zur Vereinbarkeit des claims-made-Prinzips mit dem deutschen Versicherungsrecht: *Finkel/Seitz* in Seitz/Finkel/Klimke, Ziff. 2, Rn. 6 f.

253 BMF v. 24.1.2002, IV C 5 – S 2332 – 8/02, abgerufen am 21.12.2019 unter: https://do-rechner.de/files/Rundschreiben-BMF-DO-Prmie-2002-01-24.pdf; FinMin. Niedersachen v. 25.1.2002 – S 2332 – 161 – 35 / S 2245 – 21 – 31 2, abgedruckt in DB

eine Eigenschadensversicherung spricht auch die Prämienkalkulation. Die Höhe der von der Versicherungsnehmerin zu zahlenden Prämie richtet sich nach dem bestellenden Unternehmen und nicht nach einzelnen Risikomerkmalen des Organmitglieds.[254]

Somit erscheint es durchaus problematisch, die D&O-Versicherung als Fremdversicherung einzuordnen. Vielmehr spricht das hohe Eigeninteresse der Versicherungsnehmerin dafür, die D&O-Versicherung zumindest auch als Eigenversicherung zu bewerten. Sollte auch eine Eigenversicherung der Versicherungsnehmerin vorliegen, würde ihr ein eigener Anspruch gegen den Versicherer zustehen. Deshalb soll im Folgenden untersucht werden, ob es sich bei der D&O-Versicherung um eine reine Fremdversicherung handelt oder ob sie gleichzeitig eine Eigenversicherung der Versicherungsnehmerin ist.

Die Einordnung einer Versicherung als Fremd- oder Eigenversicherung bestimmt sich nach dem versicherten Interesse. Es soll daher zu Beginn der Begriff des versicherten Interesses näher definiert werden. Anschließend werden die Wesensmerkmale einer Fremdversicherung herausgearbeitet. Hiernach kann dargestellt werden, wie die Abgrenzung der Fremdversicherung von der Eigenversicherung vollzogen wird. Mit den gewonnenen Erkenntnissen soll dann die D&O-Versicherung eingeordnet werden.

1. Versichertes Interesse

Das versicherte Interesse ist die durch den Versicherungsvertrag geschützte Beziehung „einer Person zu einem Vermögensgut, deren Beeinträchtigung ihr einen wirtschaftlichen Nachteil bringt".[255] Das versicherte Interesse kann nur ein nach der Rechtsordnung versicherbares Interesse sein.[256] So wird unter anderem die „Unversicherbarkeit des Unternehmerrisikos" teilweise damit erklärt, dass eine hierbei erstrebte Gewinngarantie nicht schützenswert sei.[257] Die Unversicherbarkeit des Unternehmensrisikos ergibt sich aber schon aus rein praktischen Erwägungen. Eine Prämienkalkulation für eine Versicherung des

---

2002, 399 f.; *Hemeling* in FS Michael Hoffmann-Becking (2013), 491, 492; *R. Koch*, VP 9/2015, 10, 10.

254 *Thomas*, S. 303 f.; *Dreher*, AG 2008, 429, 436; *Mertens/Cahn* in KölnerKomm AktG, 2/1. Band³, §§ 76-94 AktG (2009), § 93 AktG, Rn. 246.

255 *Wandt*⁶, Rn. 688; vgl. auch: BGH v. 20.1.1988, NJW-RR 1988, 727, 727; *Armbrüster*², Rn. 86; *Ingwersen*, S. 25 f.

256 *Wandt*⁶, Rn. 690.

257 *Wandt*⁶, Rn. 695; *Armbrüster*², Rn. 454 f.

Unternehmensrisikos ist zu unsicher und eine solche faktische Gewinngarantie für Versicherer wirtschaftlich nicht tragbar.[258] Einzelne unternehmerische Risiken sind zwar sehr wohl kalkulierbar und schützenswert, sodass diese auch in anerkannter Weise versichert werden, ein „Rundum-Sorglos-Paket" für unternehmerisches Handeln im Sinne einer Versicherung jeglicher unternehmerischen Risiken ist jedoch nicht realisierbar.[259]

2. *Wesensmerkmale einer Fremdversicherung*

Die Fremdversicherung ist in den §§ 43 bis 48 VVG normiert. Gemäß der Legaldefinition in § 43 Abs. 1 VVG liegt eine Versicherung für fremde Rechnung vor, wenn ein „Versicherungsvertrag im eigenen Namen für einen anderen" abgeschlossen wird. Damit sind die beiden Grundelemente einer Fremdversicherung genannt. Erste Voraussetzung ist, dass sich die Vertragsschließende selbst als Vertragspartnerin und somit als Versicherungsnehmerin binden will. Zweites Element einer Fremdversicherung ist die (mindestens Mit-)Versicherung eines für die Versicherungsnehmerin fremden Interesses.[260]

a) Vertrag zugunsten Dritter

Nach § 44 Abs. 1 S. 1 VVG ist für die Annahme einer Fremdversicherung zwingend, dass „die Rechte aus dem Versicherungsvertrag dem Versicherten" zustehen.[261] Die versicherte Person muss folglich Inhaberin eines Versicherungsanspruchs gegenüber dem Versicherer sein.[262] Somit handelt es sich bei einer Fremdversicherung um einen echten Vertrag zugunsten Dritter im Sinne der §§ 328 ff. BGB.[263] Da jedoch die spezielleren versicherungsrechtlichen Normen

---

258 *Wandt*[6], Rn. 695, 695; BGH v. 21.2.1957, BGHZ 23, 349, 353; *Ihlas* in MünchKomm VVG, 3. Band[2], 320 - D&O, Rn. 463; *Armbrüster*[2], Rn. 455.

259 *Bogner*, S. 283 ff., 399.

260 *Bruns*, § 17, Rn. 5; *R. Koch* in Looschelders/Pohlmann[3], § 43 VVG, Rn. 1; *Klimke* in Prölss/Martin[31], Vor §§ 43-48 VVG, Rn. 2.

261 Begr. RegE, BT-Drs. 16/3945, S. 73; *Klimke* in Prölss/Martin[31], Vor §§ 43-48 VVG, Rn. 2; *R. Koch* in Looschelders/Pohlmann[3], § 44 VVG, Rn. 33; *Brand* in Bruck/Möller, 2. Band[9], § 44 VVG, Rn. 36.

262 *Dageförde* in MünchKomm VVG, 1. Band[2], §§ 1–99, VVG-InfoV (2016), Vor §§ 43-48 VVG, Rn. 1; *Rixecker* in Langheid/Rixecker[6], § 44 VVG, Rn. 4; *Muschner* in Rüffer/Halbach/Schimikowski[4], § 44 VVG, Rn. 2.

263 *Dageförde* in MünchKomm VVG, 1. Band[2], Vor §§ 43-48 VVG, Rn. 1; *Wandt*[6], Rn. 721; *Krause*, Der Begriff des versicherten Interesses und seine Auswirkungen auf die Versicherung für fremde Rechnung (1997), S. 23 f.

die allgemeineren Regeln des BGB zum Teil verdrängen, wird die Fremdversicherung als „ein gesetzlich geregelter Sonderfall eines Vertrages zugunsten Dritter" bezeichnet.[264] Einem echten Vertrag zugunsten Dritter entsprechend bestehen separate Beziehungen zwischen den drei Beteiligten – Versicherungsnehmerin, Versicherer und versicherter Person –, die in einem „Wechselwirkungsverhältnis" zueinander stehen.[265] Dabei ist die Rechtsstellung der versicherten Person akzessorisch zum Deckungsverhältnis, folglich akzessorisch zu dem zwischen Versicherungsnehmerin und Versicherer bestehenden Versicherungsvertrag.[266] Die in einem Fremdversicherungsvertrag enthaltenen AVB sind objektiv, also nach verständiger Würdigung vom Standpunkt einer durchschnittlichen versicherten Person auszulegen.[267] Das zwischen Versicherungsnehmerin und versicherter Person bestehende Valutaverhältnis stellt den Rechtsgrund für den Abschluss der Fremdversicherung dar.[268] Aus dem zwischen Versicherer und versicherter Person bestehenden vertragsähnlichen Vertrauensverhältnis können sich gegenseitige Schutzpflichten ergeben.[269] Gemäß § 47 VVG gelten die im Versicherungsvertrag normierten Obliegenheiten auch für die versicherte Person.

b) *Gesetzliches Treuhandverhältnis*

Die §§ 44 Abs. 2, 45 Abs. 1 VVG enthalten eine bedeutsame Abweichung von einem üblichen Vertrag zugunsten Dritter.[270] Gemäß §§ 44 Abs. 2, 45 Abs. 1 VVG fallen bei einer Fremdversicherung die materielle Anspruchsinhaberschaft und die formelle Verfügungsbefugnis hinsichtlich des Versicherungsanspruchs

264 *Brand* in Bruck/Möller, 2. Band[9], Vor §§ 43-48 VVG, Rn. 14; vgl. auch: *Prölss*, r+s 1997, 221, 221; *Armbrüster* in Beckmann/Matusche-Beckmann[3], § 6, Rn. 91; *Trautmann*, Das Innenverhältnis zwischen Versicherungsnehmer und Versichertem bei der der Versicherung für fremde Rechnung (1971), S. 15 ff.

265 *Wandt*[6], Rn. 727.

266 *R. Koch* in Looschelders/Pohlmann[3], § 43 VVG, Rn. 14; *Brand* in Bruck/Möller, 2. Band[9], § 44 VVG, Rn. 6; vgl. auch den Wortlaut des § 44 Abs. 1 VVG: „die Rechte aus dem Versicherungsvertrag".

267 BGH v. 4.3.2020, NZI 2020, 445, Rn. 12; v. 8.10.2014, VersR 2014, 1367, Rn. 16; *Hübsch* in Schwintowski/Brömmelmeyer[3], § 43 VVG, Rn. 19.

268 *Brand* in Bruck/Möller, 2. Band[9], Vor §§ 43-48 VVG, Rn. 2; *R. Koch* in Looschelders/Pohlmann[3], § 43 VVG, Rn. 10.

269 *Bruns*, § 17, Rn. 18.

270 *Brand* in Bruck/Möller, 2. Band[9], Vor §§ 43-48 VVG, Rn. 3, bezeichnet es als „wesensbestimmende[s] Merkmal der Versicherung für fremde Rechnung".

auseinander.[271] Durch diese Trennung sollen die Versicherungsvertragsparteien geschützt werden. Mögliche Forderungen der Versicherungsnehmerin gegen die versicherte Person werden hierdurch gesichert.[272] Ebenso ist das Interesse des Versicherers, vorrangig mit seinem Vertragspartner den Versicherungsfall abzuwickeln, geschützt.[273] Eine Trennung von materieller Anspruchsinhaberschaft und Verfügungsberechtigung ist charakteristisch für ein Treuhandverhältnis.[274] Daher entsteht bei einer Fremdversicherung ein gesetzliches Treuhandverhältnis zwischen der verfügungsbefugten Versicherungsnehmerin und der versicherten Person als materieller Inhaberin des Versicherungsanspruchs.[275] Da der Versicherungsanspruch mit Eintritt des Versicherungsfalls entsteht, besteht ein gesetzliches Treuhandverhältnis somit erst ab diesem Zeitpunkt.[276]

Das gesetzliche Treuhandverhältnis wird als „wesensbestimmende[s] Merkmal der Versicherung für fremde Rechnung" bezeichnet.[277] Durch das gesetzliche Treuhandverhältnis ist die Versicherungsnehmerin verpflichtet, die Rechte der versicherten Person gegenüber dem Versicherer durchzusetzen.[278] Verstößt

---

271 *Klimke* in Prölss/Martin[31], § 44 VVG, Rn. 1; *Dageförde* in MünchKomm VVG, 1. Band[2], § 43 VVG, Rn. 2; *v. Rintelen* in Späte/Schimikowski[2], 1 AHB, Rn. 24; *Bruns*, § 17, Rn. 11.

272 *R. Koch* in Looschelders/Pohlmann[3], § 44 VVG, Rn. 1; *Schramm/Kassing* in Staudinger/Halm/Wendt[2], § 44 VVG, Rn. 1.

273 *R. Koch* in Looschelders/Pohlmann[3], § 44 VVG, Rn. 1; *Schramm/Kassing* in Staudinger/Halm/Wendt[2], § 44 VVG, Rn. 1; *Armbrüster* in Beckmann/Matusche-Beckmann[3], § 6, Rn. 98.

274 *Bitter*, Rechtsträgerschaft für fremde Rechnung: Außenrecht der Verwaltungstreuhand (2006), S. 518; *Löhnig*, Treuhand: Interessenwahrnehmung und Interessenkonflikte (2006), S. 117 f.; *R. Koch* in Looschelders/Pohlmann[3], § 46 VVG, Rn. 3.

275 BGH v. 7.5.1975, BGHZ 64, 260, 264; v. 12.6.1991, VersR 1994, 1101, 1102; *Koch*, ZVersWiss 2012, 151, 155; *Hübsch* in Schwintowski/Brömmelmeyer[3], Vor §§ 43-48 VVG, Rn. 9; *Armbrüster* in Beckmann/Matusche-Beckmann[3], § 6, Rn. 111; *v. Rintelen* in Späte/Schimikowski[2], 1 AHB, Rn. 25; *Dageförde* in MünchKomm VVG, 1. Band[2], Vor §§ 43-48 VVG, Rn. 5; *Brand* in Bruck/Möller, 2. Band[9], § 46 VVG, Rn. 6, m.w.N.

276 *R. Koch* in Looschelders/Pohlmann[3], § 46 VVG, Rn. 11; *Brand* in Bruck/Möller, 2. Band[9], § 46 VVG, Rn. 11, der eine treuhänderische Bindung der VN auch erst ab Eintritt des Versicherungsfalls annimmt.

277 *Brand* in Bruck/Möller, 2. Band[9], Vor §§ 43-48 VVG, Rn. 3.

278 *Bruns*, § 17, Rn. 13; bspw. die Verpflichtung den Versicherungsschutz geltend zu machen und diese (je nach Leistung) an die versicherte Person auszukehren, vgl.: BGH v. 12.6.1991, VersR 1994, 1101, 1102; *R. Koch* in Looschelders/Pohlmann[3], § 43 VVG, Rn. 10.

die Versicherungsnehmerin gegen sich aus dem gesetzlichen Treuhandverhältnis ergebende Pflichten, kann sie sich nach § 280 Abs. 1 BGB schadensersatzpflichtig machen.[279] Das gesetzliche Treuhandverhältnis kann durch Vertrag zwischen Versicherungsnehmerin und versicherter Person ergänzt und modifiziert werden.[280] Möglich ist auch, dass der versicherten Person durch AVB die Verfügungsbefugnis über den Versicherungsanspruch zugewiesen wird.[281] Sofern die Versicherungsnehmerin schon von Beginn an auf ihre Verfügungsberechtigung verzichtet, entsteht kein gesetzliches Treuhandverhältnis.[282]

3. *Abgrenzung zur Eigenversicherung*

Grundsätzlich kann ein Versicherungsvertrag eine kombinierte Eigen- und Fremdversicherung enthalten.[283] Gleichwohl ist es notwendig, beide Vertragsteile voneinander abzugrenzen.[284] Nur auf den Vertragsteil, der die Versicherung des Fremdinteresses betrifft, sind die §§ 43 ff. VVG anwendbar.[285] Das bedeutet auch, dass sich Obliegenheitsverletzungen der versicherten Person grundsätzlich nicht auf den Versicherungsanspruch der Versicherungsnehmerin auswirken.[286] Die Einordnung einer Versicherung als Fremdversicherung ist somit bedeutsam für die Abwicklung des Versicherungsfalls. Es ist deshalb zu untersuchen, ob fremde Interessen in der D&O-Versicherung versichert sind. Die Versicherung

---

279 *Armbrüster* in Beckmann/Matusche-Beckmann[3], § 6, Rn. 114; *Hübsch* in Schwintowski/Brömmelmeyer[3], Vor §§ 43-48 VVG, Rn. 28.

280 *Brand* in Bruck/Möller, 2. Band[9], Vor §§ 43-48 VVG, Rn. 2; *Armbrüster* in Beckmann/Matusche-Beckmann[3], § 6, Rn. 111; *R. Koch* in Looschelders/Pohlmann[3], § 43 VVG, Rn. 10.

281 BGH v. 5.4.2017, BGHZ 214, 314, Rn. 15; *Armbrüster* in Beckmann/Matusche-Beckmann[3], § 6, Rn. 117, 108; *Schramm/Kassing* in Staudinger/Halm/Wendt[2], § 44 VVG, Rn. 15.

282 *Armbrüster* in Beckmann/Matusche-Beckmann[3], § 6, Rn. 117, 108.

283 BGH v. 5.3.2008, BGHZ 175, 374, Rn. 18; *Armbrüster* in Beckmann/Matusche-Beckmann[3], § 6, Rn. 123, 141; *Dageförde* in MünchKomm VVG, 1. Band[2], § 43 VVG, Rn. 7; *Brand* in Bruck/Möller, 2. Band[9], Vor §§ 43-48 VVG, Rn. 5; *Prölss*, r+s 1997, 221, 221; *R. Koch* in Looschelders/Pohlmann[3], § 43 VVG, Rn. 4.

284 BGH v. 14.12.1967, BGHZ 49, 130, 133; *Brand* in Bruck/Möller, 2. Band[9], § 47 VVG, Rn. 31; *R. Koch* in Looschelders/Pohlmann[3], § 47 VVG, Rn. 20.

285 *Schramm/Kassing* in Staudinger/Halm/Wendt[2], § 43 VVG, Rn. 8.

286 BGH v. 29.1.2003, NJW-RR 2003, 600, 601; v. 13.6.1957, BGHZ 24, 378, 381 f.; *Dageförde* in MünchKomm VVG, 1. Band[2], § 47 VVG, Rn. 5; *Brand* in Bruck/Möller, 2. Band[9], § 47 VVG, Rn. 32; *Armbrüster* in Beckmann/Matusche-Beckmann[3], § 6, Rn. 124; *R. Koch* in Looschelders/Pohlmann[3], § 47 VVG, Rn. 21.

fremder Interessen muss sich durch eine Vertragsauslegung unter Berücksichtigung der Umstände ergeben.[287] Dabei ist im Zweifel auch auf die ergänzende Vertragsauslegung zurückzugreifen.[288]

Die Intentionen und die Beweggründe der Vertragspartner, Versicherungsnehmerin und Versicherer, sind für die Auslegung maßgeblich.[289] Es ist deshalb danach zu fragen, ob die Vertragsparteien dem Dritten tatsächlich einen eigenen Versicherungsanspruch zukommen lassen möchten. Der konkrete Versicherungsvertrag der Parteien ist hierbei Ausgangspunkt für die Auslegung.[290] Grundsätzlich ist gemäß §§ 133, 157, 242 BGB danach zu fragen, ob durchschnittliche und vernünftige Versicherungsvertragsparteien nach der Verkehrssitte und unter Berücksichtigung des Grundsatzes von Treu und Glauben einen eigenen Anspruch eines Dritten annehmen würden.[291] Die besondere Bedeutung von AVB in Versicherungsverträgen rückt die Auslegung durch einen objektiven Empfänger in den Vordergrund. Die vom Versicherer aufgenommenen AVB sind daher so auszulegen, wie sie eine durchschnittliche Versicherungsnehmerin verstehen durfte.[292] Gerade bei D&O-Versicherungen kommt es selten zu Individualvereinbarungen, vielmehr wird der Leistungsumfang in der Regel durch AVB bestimmt. Der D&O-Versicherungsvertrag ist deshalb meist aus Sicht eines durchschnittlichen Empfängers der AVB auszulegen.[293]

Sofern aus dem Versicherungsvertrag die Versicherung fremder Interessen nicht hergeleitet werden kann, ist zu untersuchen, ob sich aus den Umständen eine Versicherung fremder Interessen ergibt. Eine Fremdversicherung wird aus

---

287 BGH v. 5.3.2008, BGHZ 175, 374, Rn. 18; v. 20.1.1988, NJW-RR 1988, 727, 727; *Schramm/Kassing* in Staudinger/Halm/Wendt², § 43 VVG, Rn. 9; *Prölss*, r+s 1997, 221, 221.

288 BGH v. 5.3.2008, BGHZ 175, 374, Rn. 22; *Klimke* in Prölss/Martin³¹, § 43 VVG, Rn. 2; *R. Koch* in Looschelders/Pohlmann³, § 43 VVG, Rn. 45; *Lorenz*, VersR 2001, 96, 97.

289 BGH v. 5.3.2008, BGHZ 175, 374, Rn. 22; v. 16.3.1994, VersR 1994, 1103, 1104; v. 8.11.2099, VersR 2001, 94, 96; *Klimke* in Prölss/Martin³¹, § 43 VVG, Rn. 2a; *Bruns*, § 17, Rn. 9.

290 *Wandt⁶*, Rn. 705; *Bruns*, § 17, Rn. 9.

291 *Bruns*, § 17, Rn. 9.

292 BGH v. 5.4.2017, BGHZ 214, 314, Rn. 15; v. 26.3.2014, VersR 2014, 625, Rn. 37; v. 24.5.2006, VersR 2006, 1066, Rn. 10 ff.; *Armbrüster²*, Rn. 545; *Wandt⁶*, Rn. 226; *Bruns*, § 10, Rn. 5, 7.

293 In der D&O-Versicherungspraxis werden die AVB auch von Versicherungsmaklern vorgegeben (*Thiel*, r + s 2011, 1, 1: „komplette Maklerbedingungswerke [kommen] praktisch häufig vor"). In einem solchen Fall kann die VN als Verwenderin der AVB gelten (BGH v. 22.7.2009, NJW-RR 2010, 39, Rn. 4).

den Umständen angenommen, wenn „ein verständiger Versicherungsnehmer ein erkennbares Interesse am Schutz eines Dritten hat“ und diesem Interesse keine Interessen eines durchschnittlichen Versicherers gegenüberstehen.[294] Nur für den Fall, dass es selbst durch die ergänzende Vertragsauslegung zu keinem klaren Ergebnis bezüglich des versicherten Interesses oder der versicherten Interessen kommt, stellt § 43 Abs. 3 VVG die Vermutung einer ausschließlichen Versicherung eigener Interessen auf.[295]

Kein zuverlässiges Indiz für die Abgrenzung ist das wirtschaftliche Interesse am Versicherungsabschluss. In aller Regel hat nämlich auch bei einer Fremdversicherung die Versicherungsnehmerin ein wirtschaftliches Interesse an einem Versicherungsschutz des Dritten.[296] Dennoch bleiben die wirtschaftlichen Hintergründe für die Auslegung bedeutsam.[297]

4. *Einordnung der D&O-Versicherung*

Die Side B-Deckung sowie die Side C-Deckung einer D&O-Versicherung schützen die Interessen der Versicherungsnehmerin unmittelbar.[298] Fraglich bleibt, ob die D&O-Versicherung im Rahmen ihrer Side A-Deckung (auch) fremde Interessen versichert. Es ist deshalb zu prüfen, ob die D&O-Versicherungsnehmerin das Interesse verfolgt, in einer für den Versicherer erkennbaren und zumutbaren Weise den Versicherungsschutz auf ein Interesse des Organmitglieds zu erstrecken, sodass dem Organmitglied ein eigener Versicherungsanspruch zustehen soll. Sofern dies zu bejahen ist, ist weiterhin zu untersuchen, ob ebenfalls Interessen der Versicherungsnehmerin mitversichert sind. In einem solchen Fall würde eine kombinierte Eigen- und Fremdversicherung vorliegen.

Das versicherte Interesse lässt sich in aller Regel den AVB entnehmen. In den AVB ist geregelt, wofür und für wen Versicherungsschutz gewährt werden soll.

---

294 *Bruns*, § 17, Rn. 9; *Brand* in Bruck/Möller, 2. Band[9], § 43 VVG, Rn. 66; *Dageförde* in MünchKomm VVG, 1. Band[2], § 43 VVG, Rn. 47; *Klimke* in Prölss/Martin[31], § 43 VVG, Rn. 4; *Krause*, S. 26.

295 *Schramm/Kassing* in Staudinger/Halm/Wendt[2], § 43 VVG, Rn. 9 f.

296 BVerwG v. 11.11.1986, VersR 1987, 273, 276; *Dageförde* in MünchKomm VVG, 1. Band[2], § 43 VVG, Rn. 7; *Klimke* in Prölss/Martin[31], § 43 VVG, Rn. 3.

297 *Wandt*[6], Rn. 706.

298 Dementsprechend bezogen sich die Finanzbehörden auf D&O-Versicherungen mit Side B-Deckung und nicht allein auf D&O-Versicherungen mit reiner Side A-Deckung: BMF v. 24.1.2002, IV C 5 – S 2332 – 8/02, abgerufen am 21.12.2019: unter https://do-rechner.de/files/Rundschreiben-BMF-DO-Prmie-2002-01-24.pdf; FinMin. Niedersachen v. 25.01.2002 – S 2332 – 161 – 35 / S 2245 – 21 – 31 2, DB 2002, 399, 400.

Deshalb werden zu Beginn die AVB D&O des GDV hinsichtlich des versicherten Interesses untersucht. Das dort gefundene Ergebnis soll anschließend dahingehend überprüft werden, ob es auch den tatsächlichen Umständen eines D&O-Versicherungsvertrags entspricht. Da im Rahmen einer D&O-Versicherung die Interessen der Versicherungsvertragsparteien erheblich davon abhängen, ob ein Fall der Außen- oder der Innenhaftung vorliegt, wird diese Überprüfung getrennt zwischen Außen- und Innenhaftung vollzogen.

a) Regelung in den AVB

Schon Ziff. A-1 Abs. 1 AVB D&O legt fest, dass D&O-Versicherungsschutz greift, sofern ein Organmitglied, definiert als versicherte Person, auf Schadensersatz in Anspruch genommen wird. Aus Ziff. A-8.1 AVB D&O ergibt sich, dass die „Ausübung der Rechte aus dem Versicherungsvertrag [...] ausschließlich" der versicherten Person zusteht. Dementsprechend lautet die Überschrift für Ziff. A-8 AVB D&O „Versicherung für fremde Rechnung". Dies gilt nach Ziff. A-8.1 Hs. 2 AVB D&O nur dann nicht, wenn es sich um eine Side B-Deckung handelt.

Die AVB D&O sprechen demnach klar dafür, dass nur das Interesse eines Organmitglieds, vor einer Belastung mit Haftpflichtansprüchen geschützt zu sein, versichert ist. Dennoch könnte sich aus den Umständen ergeben, dass die Side A-Deckung aus einer kombinierten Eigen- und Fremdversicherung besteht.

b) Außenhaftung

Im Falle einer Außenhaftung kann eine D&O-Versicherung auch mittelbar die geschäftliche Beziehung zum geschädigten Dritten schützen. Ob es sich dabei überhaupt um ein versicherbares Interesse handelt, ist fraglich. In jedem Fall würde ein solches versichertes Interesse im Widerspruch zu dem ausdrücklich geschützten Abwehrinteresse der versicherten Person stehen. Folglich liegt für den Fall einer Außenhaftung immer eine reine Fremdversicherung im Sinne einer Vermögensschaden-Haftpflichtversicherung vor.[299]

c) Innenhaftung

Fraglich ist, ob sich das Ergebnis auch auf die Fälle der Innenhaftung übertragen lässt. Hier hat nämlich die Versicherungsnehmerin ein unmittelbares Interesse an einem gesicherten Schadensausgleich. Das Bilanzschutzinteresse der

---

299 OLG München v. 15.3.2015, VersR 2005, 540, 541; *Staudinger/Friesen* in Staudinger/Halm/Wendt², AVB-AVG, Rn. 3.

Versicherungsnehmerin ist wesentlicher Antrieb für den Abschluss einer D&O-Versicherung.[300] Es könnte daher sein, dass die Versicherungsnehmerin dieses Bilanzschutzinteresse auch versichert haben möchte.

Dementsprechend wurde vertreten, dass „das Interesse des Versicherungsnehmers an einer Schadloshaltung" dominiere.[301] Eine Zahlung an die geschädigte Versicherungsnehmerin erfülle demnach die eigentliche Leistungspflicht des Versicherers in einem Innenhaftungsfall.[302] Folglich sei die D&O-Versicherung in der Innenhaftung eine Eigenschadensversicherung.[303]

Es erscheint fraglich, ob dieses Ergebnis üblichen D&O-Versicherungsverträgen entspricht. Sofern in den AVB bei der Bestimmung des Versicherungsgegenstandes nicht zwischen Innen- und Außenverhältnis unterschieden wird, spricht dies für eine einheitliche Einordnung als Vermögensschaden-Haftpflichtversicherung für fremde Rechnung.[304] Ebenso kann aus der ausdrücklichen Nennung eines eigenen Anspruchs der Versicherungsnehmerin im Rahmen der Side B-Deckung gefolgert werden, dass ein eigener Anspruch der Versicherungsnehmerin auch nur in den ausdrücklich genannten Fällen besteht.[305] Außerdem legt ein Blick auf die geschuldete Versicherungsleistung dasselbe Ergebnis nahe.[306] Der D&O-Versicherungsanspruch umfasst die Freistellung und die Verteidigung des in Anspruch genommenen Organmitglieds.[307] Eine Abwehr von Haftungsansprüchen der geschädigten Versicherungsnehmerin würde dem Zweck einer Eigenschadensversicherung, Bilanzschutz, widersprechen. Um daher eine widerspruchsfreie Leistungspflicht des Versicherers zu erhalten, müsste man dessen Leistungspflicht gegenüber der versicherten Person in Innenhaftungsfällen auf die der Freistellung begrenzen. Ein Ausschluss der Abwehrpflicht würde aber einer erfolgreichen Akquise von Organmitgliedern und dem Ziel, Organmitglieder von risikoscheuem Verhalten abzuhalten, entgegenstehen. Organmitglieder müssten dann in einem Innenhaftungsprozess ihre Verteidigung selbst finanzieren und organisieren. Selbst wenn auch ein

---

300 *Finkel/Seitz* in Seitz/Finkel/Klimke, Einf., Rn. 86; *Staudinger/Friesen* in Staudinger/Halm/Wendt², AVB-AVG, Rn. 4; *Baumann* in Bruck/Möller, Einf. AVB-AVG, Rn. 14; *Haehling von Lanzenauer/Kreienkamp* in Looschelders/Pohlmann³, Anhang C, Rn. 47.

301 *Wissmann/Adolphs*, StudZR 2005, 489, 502.

302 *Kiethe*, BB 2003, 537, 539.

303 *Wissmann/Adolphs*, StudZR 2005, 489, 500 ff.; *Kiethe*, BB 2003, 537, 539.

304 *Dreher*, DB 2005, 1669, 1673.

305 *Lange*, § 3 Rn. 26; vgl. Ziff. A-8.1 AVB D&O.

306 *Dreher*, DB 2005, 1669, 1673.

307 *Mitterlechner/Wax/Witsch²*, § 2, Rn. 21; vgl. Ziff. A-6.1 AVB D&O.

Regressverzicht vereinbart worden wäre, würde weiterhin ein hohes Abwehrinteresse der Organmitglieder bestehen, um durch die Anspruchsabwehr ihre Reputation zu schützen.[308] Sollte das Abwehrinteresse ausnahmsweise nicht bestehen, droht dem Versicherer, dass auch unbegründete Haftpflichtansprüche von ihm erfüllt werden.

Ein Hybridcharakter der Side A-Deckung würde auch zu schwierigen Abgrenzungsfragen führen, sobald Konzern- und Beteiligungsgesellschaften betroffen sind.[309] Ebenso spricht die im Vergleich zu einem möglichen Schaden in Milliardenhöhe geringe Versicherungssumme für eine Fremd- und damit gegen eine vollumfängliche Bilanzschutzversicherung.[310]

Außerdem ist für den Versicherer nicht erkennbar, dass sich entgegen dem eindeutigen Wortlaut der AVB auch eine Eigenschadensversicherung aus den Umständen ergeben soll. Die Versicherungsnehmerin hat es als Vertragspartnerin selbst in der Hand, eine Eigenschadensversicherung abzuschließen.

Somit lässt sich feststellen, dass die D&O-Versicherung im Rahmen ihrer Side A-Deckung allein fremde Interessen versichert.[311]

d) Bedeutung „unechter Eigenschäden“

Wie festgestellt, handelt es sich bei der D&O-Versicherung um eine Haftpflichtversicherung besonderer Art.[312] Die D&O-Versicherung wird auch abgeschlossen, um einen Haftpflichtanspruch der Versicherungsnehmerin zu schützen. Außerdem wird die versicherte Person geschützt, sobald sie für einen Schaden in Anspruch genommen wird, den sie „bei Ausübung“ ihrer Tätigkeit für die Versicherungsnehmerin verursacht hat. Die D&O-Versicherung ist deshalb darauf gerichtet, „unechte Eigenschäden“ zu ersetzen. Sie weist daher teilweise

308 *Doralt*, ZGR 2019, 996, 1028.

309 *Dreher*, DB 2005, 1669, 1673.

310 *Staudinger/Friesen* in Staudinger/Halm/Wendt², AVB-AVG, Rn. 5 f. Dem steht aber nicht entgegen, dass die D&O-Versicherung aus Sicht der VN trotzdem, in begrenzter Höhe, dem Bilanzschutz dienen soll, so richtigerweise: *Ingwersen*, S. 33 f.

311 BGH v. 5.4.2017, BGHZ 214, 314, Rn. 13; v. 13.4.2016, AG 2016, 395, Rn. 27; v. 13.4.2016, BGHZ 209, 373, Rn. 20; *Haehling von Lanzenauer/Kreienkamp* in Looschelders/Pohlmann³, Anhang C, Rn. 45; *Baumann* in Bruck/Möller, 4. Band⁹, Einf. AVB-AVG, Rn. 11, 13; *Mitterlechner/Wax/Witsch*², § 2, Rn. 21.; *Terno*, SpV 2014, 2, 3; *Lange*, § 3, Rn. 35, m.w.N.

312 Siehe hierzu: Erster Teil, B, II.

die „charakteristischen Merkmale einer Eigenversicherung auf".[313] Dies führt aber nicht dazu, dass der Versicherungsnehmerin ein eigener Versicherungsanspruch zusteht. Die D&O-Versicherung wird deshalb keine Eigenschadensversicherung im versicherungsrechtlichen Sinne. Vielmehr handelt es sich bei der D&O-Versicherung im Rahmen der Side A-Deckung um eine Fremdversicherung mit Elementen einer Eigenschadensdeckung. In anderen Worten: Die D&O-Versicherung ist eine Fremdversicherung besonderer Art.

e) *Eigenschadensklausel*

Dem Bilanzschutzinteresse der Versicherungsnehmerin entsprechend wird der Versicherungsschutz in D&O-Versicherungsverträgen stetig ausgeweitet.[314] Damit einhergehend werden neuartige Versicherungsschutzelemente entwickelt. Ein solch neues Produkt ist die sogenannte Eigenschadensklausel.[315] Diese Klausel beinhaltet für Innenhaftungsfälle, sofern wegen eines Haftungsausschlusses, einer Haftungsbegrenzung oder eines Durchsetzungshindernisses kein (vollständiger) Ausgleich von der versicherten Person verlangt werden kann, einen eigenen und direkten Ausgleichsanspruch der Versicherungsnehmerin gegen den Versicherer.[316] Diese neuartigen Eigenschadensklauseln sind folglich von den kaum noch verwendeten Eigenschadensklauseln zu unterscheiden, die den Versicherungsschutz eingrenzen und somit Ausschlussklauseln sind.[317] Problematisch an den neuen, den Versicherungsschutz ausweitenden Klauseln ist mehrerlei. Solche Klauseln führen zur Gewährung von Versicherungsschutz, selbst wenn die versicherte Person keinem (durchsetzbaren) Haftpflichtanspruch

---

313 *Finkel/Seitz* in Seitz/Finkel/Klimke, Einf., Rn. 86; so auch: *Looschelders/Derkum*, ZIP 2017, 1249, 1250; in diese Richtung: *Arnold*, Schriftenreihe der e+s rück Nr. 13 2008, 58, 58.

314 *Cyrus*, NZG 2018, 7, 9; *Wirtz/Seyer*, PHi 2017, 236, 236.

315 *Klotz*, r+s 2020, 425, 425 ff.; Cyrus, NZG 2018, 7, 9; *Lange*, § 20, Rn. 27; *Wirtz/Seyer*, PHi 2017, 236, 236 ff.; *Schaloske/Hauff* in Illert/Ghassemi-Tabar/Cordes, § 21, Rn. 56; *Doralt*, ZGR 2019, 996, 1018; *Bonn*, D&O-Versicherung und Eigenschadendeckung (2017), S. 34 ff.

316 *Klotz*, r+s 2020, 425, 426; *Cyrus*, NZG 2018, 7, 9; *Wirtz/Seyer*, PHi 2017, 236, 236 ff.

317 *Ramharter*, Rn. 5/26. Hinsichtlich der den Versicherungsschutz eingrenzenden Eigenschadensklauseln: *Beckmann* in Beckmann/Matusche-Beckmann^3, § 28, Rn. 93 ff.; *Lange* in Veith/Gräfe/Gebert^4, § 21, Rn. 149; *Terno*, SpV 2014, 2, 4; *Finkel/Seitz* in Seitz/Finkel/Klimke, Ziff. 4, Rn. 35 ff.; ausführlich dazu: *Lange*, ZIP 2003, 466, 466 ff. *Lange*, § 16, Rn. 13, und *Bonn*, S. 22, führen aus, dass diese eingrenzenden Eigenschadensklauseln kaum mehr verwendet werden.

ausgesetzt ist.[318] Die versicherte Person wäre dann weniger an einer Zusammenarbeit mit dem Versicherer interessiert. Ebenso gestaltet sich die Definition des Versicherungsfalls beim Vorliegen solcher Klauseln schwierig.[319] Anders als bei der D&O-Versicherung üblich wäre eine Inanspruchnahme der versicherten Person mangels Haftung für die Versicherungsnehmerin nicht sinnvoll.[320] Des Weiteren führen solche Eigenschadensklauseln zu einer paradoxen Situation. Der Schadensausgleich könnte, wenn keine (vollumfängliche) Haftung der versicherten Person gegeben ist, einfacher und schneller direkt über den Versicherer abgewickelt werden, als wenn die versicherte Person tatsächlich haften würde. Außerdem führen solche Klauseln für den Versicherer zu einem kaum kalkulierbaren Risiko.[321] Es erscheint daher mehr als fraglich, ob sich solche Klauseln tatsächlich durchsetzen und standardmäßig in D&O-Versicherungsverträgen aufgenommen werden.[322] Sofern eine solche Eigenschadensklausel jedoch vorliegt, handelt es sich bei der Side A-D&O-Versicherung um eine kombinierte Eigen- und Fremdversicherung.[323]

5. *Zwischenergebnis*

Zusammenfassend lässt sich feststellen, dass es sich bei der D&O-Versicherung im Rahmen der Side A-Deckung um eine Fremdversicherung besonderer Art handelt.

IV. Verfügungsbefugnis über den Deckungsanspruch

1. *Allgemeines*

Bei einer Versicherung für fremde Rechnung weisen die §§ 44 Abs. 2, 45 Abs. 1 VVG die Verfügungsbefugnis über den Versicherungsanspruch der Versicherungsnehmerin zu.[324] Daraus ergibt sich auch eine gesetzliche Prozessstandschaft der Versicherungsnehmerin.[325] Allein die Versicherungsnehmerin kann

---

318 *Klotz*, r+s 2020, 425, 426; *Cyrus*, NZG 2018, 7, 9 f.; *Doralt*, ZGR 2019, 996, 1018.

319 *Doralt*, ZGR 2019, 996, 1018; *Klotz*, r+s 2020, 425, 427.

320 *Cyrus*, NZG 2018, 7, 10; *Doralt*, ZGR 2019, 996, 1018.

321 *Cyrus*, NZG 2018, 7, 11.

322 *Cyrus*, NZG 2018, 7, 9 ff.

323 *Cyrus*, NZG 2018, 7, 9 f.; *Klotz*, r+s 2020, 425, 428 f.

324 *Klimke* in Prölss/Martin[31], § 45 VVG, Rn. 19 ff.; *Brand* in Bruck/Möller, 2. Band[9], § 45 VVG, Rn. 4 ff.; *R. Koch* in Looschelders/Pohlmann[3], § 45 VVG, Rn. 3.

325 BGH v. 5.4.2017, BGHZ 214, 314, Rn. 13, m.w.N.; *Klimke* in Prölss/Martin[31], § 45 VVG, Rn. 22; *Dageförde* in MünchKomm VVG, 1. Band[2], § 45 VVG, Rn. 4.

den Versicherungsanspruch im eigenem Namen vor Gericht durchsetzen.[326] Die Versicherungsnehmerin kann deshalb, sofern ein durchsetzbarer Zahlungsanspruch vorliegt, Zahlung an sich verlangen und auf Leistung klagen.[327] Die Zuweisung der Verfügungsberechtigung soll den Interessen des Versicherers sowie der Versicherungsnehmerin dienen.[328] Der Versicherer kann dadurch den Versicherungsfall primär mit seinem Vertragspartner abwickeln und würde so vor einer ausufernden sowie unübersichtlichen Inanspruchnahme durch eine Vielzahl (vermeintlich) versicherter Personen geschützt.[329] Die Zuweisung der Verfügungsbefugnis soll außerdem Forderungen der Versicherungsnehmerin gegen die versicherte Person sichern.[330] Deshalb enthält § 44 Abs. 2 VVG eine Verfügungsbeschränkung, die grundsätzlich zur Unwirksamkeit von Verfügungen der versicherten Person führt.[331]

2. *Abweichung in der D&O-Versicherungspraxis*

In der D&O-Versicherungspraxis ist es der „absolute Regelfall", dass die gesetzliche Trennung von Verfügungsbefugnis und Inhaberschaft vertraglich abbedungen wird.[332] Die versicherte Person ist folglich

---

326 *Dageförde* in MünchKomm VVG, 1. Band[2], § 45 VVG, Rn. 4; *Brand* in Bruck/Möller, 2. Band[9], § 44 VVG, Rn. 16.

327 *Klimke* in Prölss/Martin[31], § 45 VVG, Rn. 27; *Rixecker* in Langheid/Rixecker[6], § 45 VVG, Rn. 3; *R. Koch* in Looschelders/Pohlmann[3], § 45 VVG, Rn. 4; *Brand* in Bruck/Möller, 2. Band[9], § 45 VVG, Rn. 11; *Armbrüster* in Beckmann/Matusche-Beckmann[3], § 6, Rn. 107; *Dageförde* in MünchKomm VVG, 1. Band[2], § 45 VVG, Rn. 4.

328 *R. Koch* in Looschelders/Pohlmann[3], § 44 VVG, Rn. 1; *Schramm/Kassing* in Staudinger/Halm/Wendt[2], § 44 VVG, Rn. 1; *Armbrüster* in Beckmann/Matusche-Beckmann[3], § 6, Rn. 98; *Wandt*[6], Rn. 731 f.

329 *Brand* in Bruck/Möller, 2. Band[9], § 44 VVG, Rn. 3; *Schramm/Kassing* in Staudinger/Halm/Wendt[2], § 44 VVG, Rn. 1; *Rixecker* in Langheid/Rixecker[6], § 44 VVG, Rn. 1.

330 *Brand* in Bruck/Möller, 2. Band[9], § 44 VVG, Rn. 3; *Schramm/Kassing* in Staudinger/Halm/Wendt[2], § 44 VVG, Rn. 1; *Rixecker* in Langheid/Rixecker[6], § 44 VVG, Rn. 1; *Klimke*, r+s 2014, 105, 115.

331 *R. Koch* in Looschelders/Pohlmann[3], § 44 VVG, Rn. 15; *Hübsch* in Schwintowski/Brömmelmeyer[3], § 44 VVG, Rn. 17.

332 *Baumann* in Bruck/Möller, 4. Band[9], Ziff. 10 AVB-AVG, Rn. 6; vgl. auch: *Lange*, § 3, Rn. 45; *R. Koch* in Looschelders/Pohlmann[3], § 45 VVG, Rn. 13; *Lehmann*, r+s 2018, 6, 10; *Looschelders/Derkum*, ZIP 2017, 1249, 1251; *Ramharter*, Rn. 3/100; *Vos*, NZI 2020, 447, 448; *Buntenbroich/Schneider*, r+s 2020, 270, 270. Vgl. ebenso: Ziff. A-8.1 AVB D&O; BGH v. 5.4.2017, BGHZ 214, 314, Rn. 15, und v. 4.3.2020, NZI 2020, 445, Rn. 12.

verfügungsbefugt.[333] Da es sich bei der durch §§ 45 Abs. 1, 44 Abs. 2 VVG vorgegebenen Trennung um keine zwingende Vorgabe handelt, ist eine solche vertragliche Abweichung zulässig.[334] Der Versicherungsnehmerin verbleibt dann kein Recht der versicherten Person zu treuen Händen. In der D&O-Versicherung besteht folglich regelmäßig kein gesetzliches Treuhandverhältnis zwischen Versicherungsnehmerin und versicherter Person.[335]

Durch die Abbedingung soll verhindert werden, dass die versicherte Person in Innenhaftungsfällen auf die Mitwirkung der sie in Anspruch nehmenden Person – der Versicherungsnehmerin – angewiesen ist.[336] Dieser aus Sicht der versicherten Person nachvollziehbare Zweck der vertraglichen Regelung widerspricht jedoch dem Bilanzschutzinteresse der Versicherungsnehmerin. Sofern nämlich die versicherte Person den Versicherungsanspruch nicht geltend macht, ist der mittelbare Zugriff auf die Versicherungssumme gefährdet. Auch wenn es sich bei dem Bilanzschutzinteresse der Versicherungsnehmerin nicht um ein versichertes Interesse handelt, erscheint es erstaunlich, dass die Versicherungsnehmerin eine Abweichung von der sie begünstigenden gesetzlichen Regel der §§ 45 Abs. 1, 44 Abs. 2 VVG akzeptiert.

Als Verwender der AVB könnte der Versicherer eine solche Regel aus Eigeninteresse durchgesetzt haben. Eine befürchtete Missbrauchsgefahr könnte ein Grund für die vertragliche Abweichung sein. Ob sich aber die Versicherer in einem weichen D&O-Versicherungsmarkt mit einer solchen den Interessen der Versicherungsnehmerin im Versicherungsfall widersprechenden Regelung durchsetzen könnten, erscheint fraglich. Naheliegender ist es, die Begünstigte einer solchen Regelung in den Blick zu nehmen. Von der Abweichung profitiert unmittelbar die versicherte Person. Sie ist im Versicherungsfall unabhängiger von der Versicherungsnehmerin und zugleich in einer stärkeren Verhandlungsposition gegenüber dieser. Dass die damit einhergehende starke Position der versicherten Person und nicht eine vermeintliche Missbrauchsgefahr zu der Regelung geführt hat, zeigt ein Vergleich mit abweichenden D&O-AVB. Nicht

---

333 BGH v. 4.3.2020, NZI 2020, 445, Rn. 12; *Lange*, § 3, Rn. 45; *Looschelders*, VersR 2021, 337, 340.

334 BGH v. 4.3.2020, NZI 2020, 445, Rn. 12; *Ingwersen*, S. 124; *R. Koch* in Looschelders/Pohlmann[3], § 45 VVG, Rn. 16; *Muschner* in Rüffer/Halbach/Schimikowski[4], § 45 VVG, Rn. 9 sowie § 44 VVG, Rn. 19 f.

335 So auch: *R. Koch*, ZVersWiss 2012, 151, 169.

336 BGH v. 5.4.2017, BGHZ 214, 314, Rn. 18; *Finkel/Seitz* in Seitz/Finkel/Klimke, Ziff. 10, Rn. 8 f.; *Lange*, § 3, Rn. 46; *Looschelders/Derkum*, ZIP 2017, 1249, 1252; *Ramharter*, Rn. 3/100; *Herdter*, ZVersWiss 2011, 655, 661.

regelmäßig, aber doch „gelegentlich" wird auch der Versicherungsnehmerin ein Forderungsrecht an dem Versicherungsanspruch durch die AVB zugewiesen.[337] Demgegenüber wird „höchst selten" entsprechend der fremdversicherungsrechtlichen Ausgangslage die Verfügungsbefugnis bei der Versicherungsnehmerin belassen.[338] Hauptgrund für die Abweichung von der fremdversicherungsrechtlichen Ausgangslage dürfte daher der bezweckte Schutz der versicherten Person sein. Dass sich dieses Schutzinteresse der versicherten Person gegenüber dem Bilanzschutzinteresse der Versicherungsnehmerin durchsetzt zeigt, wie relevant die Interessen der versicherten Person bei Abschluss der D&O-Versicherung sind.[339]

V. Obliegenheiten bis zum Eintritt des Versicherungsfalls

Für die Versicherungsnehmerin und die versicherten Personen sind die sich aus dem Versicherungsvertrag ergebenden Obliegenheiten bedeutsam. Im Falle einer Obliegenheitsverletzung drohen die sofortige Kündigung sowie der Verlust beziehungsweise die Kürzung des Versicherungsschutzes für alle versicherten Personen.[340] Somit kann eine Obliegenheitsverletzung dazu führen, dass nicht nur die versicherte Person im Haftpflichtfall ungeschützt ist, sondern auch, dass die geschädigte Versicherungsnehmerin nicht mehr auf die Versicherungssumme als Befriedungsobjekt zugreifen kann. Die Obliegenheiten von Versicherungsnehmerin und versicherter Person lassen sich in drei Zeitabschnitte – vor Abschluss des Vertrages, bis zum Eintritt des Versicherungsfalls und ab Eintritt des Versicherungsfalls – unterteilen. Vor Vertragsschluss und bis zum Eintritt des Versicherungsfalls ist die Anzeigepflicht von Gefahrumständen und Gefahrerhöhungen eine besonders relevante Obliegenheit.[341] Die Versicherungsnehmerin muss sich Kenntnis oder grob fahrlässige Unkenntnis ihrer Vertreter und auch „typischerweise aktenmäßig festgehaltene[s] Wissen"[342] weiterer Mitarbeiter zurechnen lassen.[343] Folglich kann sich der Versicherer zur Abwehr etwaiger

337 *Lange*, VersR 2007, 893, 895, mit AVB aus der Versicherungspraxis in Fn. 31.
338 *Lange*, VersR 2007, 893, 895.
339 Dies aufgrund der üblichen Ausgestaltung der Side A-Deckung annehmend: *Doralt*, ZGR 2019, 996, 1012.
340 Vgl. Ziff. B3-3.3 AVB D&O sowie §§ 24, 26 VVG.
341 *Mitterlechner/Wax/Witsch*[2], § 9, Rn. 1 ff.; vgl. Ziff. B3-1, B3-2 AVB D&O. Zur Einordnung der „Anzeigepflicht" als Obliegenheit: *Armbrüster* in Prölss/Martin[31], § 19 VVG, Rn. 60.
342 BGH v. 8.12.1989, NJW 1990, 975, 976.
343 *Armbrüster* in Prölss/Martin[31], § 28 VVG, Rn. 132 ff.; *Lange*, § 12, Rn. 33 f.

Deckungsansprüche auf eine Obliegenheitsverletzung berufen, die durch eine Vielzahl verschiedener Personen begangen worden sein kann.

VI. Zusammenfassung

Zum Abschluss der vorangegangenen Untersuchung lassen sich drei Ergebnisse hervorheben. Es konnte festgestellt werden, dass es sich bei der D&O-Versicherung um eine Haftpflichtversicherung besonderer Art handelt. Deshalb ist das haftpflichtversicherungsrechtliche Trennungsprinzip nicht pauschal auf die D&O-Versicherung übertragbar. Des Weiteren wurde aufgezeigt, dass die D&O-Versicherung auch Elemente einer Eigenschadensdeckung beinhaltet. Somit handelt es sich bei der D&O-Versicherung um eine Fremdversicherung besonderer Art. Darauf aufbauend zeigte sich, dass in den meisten D&O-Verträgen die Verfügungsbefugnis entgegen der gesetzlichen Ausgangslage für Fremdversicherungen der versicherten Person zugewiesen wird. Ein gesetzliches Treuhandverhältnis zwischen Versicherungsnehmerin und versicherter Person entsteht dann nicht.

Zweiter Teil: Eintritt des Versicherungsfalls

Das zentrale Ereignis einer Versicherung ist der Eintritt des Versicherungsfalls. Mit seinem Eintritt entsteht der Versicherungsanspruch der versicherten Person. Gleichzeitig werden Auskunfts- und Belegobliegenheiten sowohl für die versicherte Person als auch für die Versicherungsnehmerin begründet und dem Versicherer erwachsen Kosten. Außerdem steht mit Eintritt des Versicherungsfalls die geschädigte Versicherungsnehmerin ihrem durch sie versicherten Schädiger gegenüber. Diese besondere Dreiecksstruktur der D&O-Versicherung führt zu widerstreitenden Interessen im Versicherungsverhältnis. Während der Versicherer an einer kostensparenden Abwicklung interessiert ist, möchte die versicherte Person ihr Vermögen schadlos halten. Die geschädigte Versicherungsnehmerin will hingegen ihren Schaden vollständig ausgeglichen bekommen. Zugleich besteht durch die besondere Nähe zwischen Geschädigter und Schädigerin eine gewisse Missbrauchsgefahr.

Unter Beachtung dieser Missbrauchsgefahr und der widerstreitenden Interessen ist zu untersuchen, unter welchen Voraussetzungen der D&O-Versicherungsfall eintritt, welche Obliegenheiten im Falle einer Innenhaftung gelten und ob eine Kostenanrechnungsklausel auch in einem Innenhaftungsfall gilt. Des Weiteren ist zu prüfen, ob die besondere Dreiecksstruktur für eine Abwicklung durch Vergleich genutzt werden kann.

A. Voraussetzungen für den Eintritt des Versicherungsfalls

Die Voraussetzungen für den Eintritt des Versicherungsfalls sind entscheidend dafür, ob die geschädigte Versicherungsnehmerin mittelbar auf die Versicherungssumme zugreifen kann. Neben den allgemeinen Voraussetzungen für den Eintritt des Versicherungsfalls stellt sich die Frage, ob der Versicherungsfall auch dann eintritt, wenn die Versicherungsnehmerin direkt den Versicherer in Anspruch nimmt, oder ob die Versicherungsnehmerin vielmehr darlegen und beweisen muss, dass sie die versicherte Person ernsthaft in Anspruch genommen hat. Im Anschluss daran sind den Versicherungsfall einschränkende Klauseln aufzuzeigen, und es ist zu bewerten, ob diese eine sinnvolle Möglichkeit für den Versicherer darstellen, um eine ausufernde Inanspruchnahme zu verhindern.

I. Allgemeines

Unter dem Begriff des Versicherungsfalls versteht man den Eintritt einer im Versicherungsvertrag vereinbarten Tatsache, an die die Entstehung des Versicherungsanspruchs geknüpft ist.[344] Der Versicherungsfall tritt deshalb unabhängig vom versicherten Zeitraum ein.[345] Mit dem Eintritt des Versicherungsfalls „verwirklicht sich die versicherte Gefahr".[346] Der Eintritt des Versicherungsfalls ist dabei Bezugspunkt für mehrere deckungsrechtliche Prüfungen.[347] Beispielsweise setzt die Deckungspflicht des Versicherers den Eintritt des Versicherungsfalls im versicherten Zeitraum voraus.[348] Des Weiteren lässt der Eintritt des Versicherungsfalls Obliegenheiten entstehen und führt zu einer veränderten Gewichtung der Interessen der Beteiligten.

II. Das den Eintritt auslösende Ereignis

Im Rahmen der großen VVG-Reform im Jahr 2007 wurde bewusst darauf verzichtet, die den Versicherungsfall auslösende Tatsache in § 100 VVG zu definieren.[349] Begründet wurde dieser Verzicht mit einer Vielzahl an innerhalb der Versicherungspraxis gebräuchlichen Tatsachen beziehungsweise Ereignissen.[350] Im Bereich der Haftpflichtversicherung sind vier unterschiedliche den Versicherungsfall auslösende Anknüpfungspunkte üblich.[351] Dies ist zum frühesten Zeitpunkt der Pflichtverstoß, darauf zeitlich folgend das Schadensereignis, dann die Manifestation des Schadens und letztendlich die Geltendmachung eines Haftpflichtanspruchs.[352] Je nach Anknüpfungspunkt verändert sich der Umfang des Versicherungsschutzes und es stellen sich unterschiedliche Folgefragen.

---

344 *Baumann* in Bruck/Möller, 4. Band[9], Ziff. 2 AVB-AVG, Rn. 1; *Lange*, § 9, Rn. 2.

345 *Lange*, § 9, Rn. 2.

346 *Armbrüster*[2], Rn. 1298; *Wandt*[6], Rn. 907, der von „versichertem Risiko" spricht.

347 *Finkel*/Seitz in Seitz/ Finkel/Klimke, Ziff. 2 AVB-AVG, Rn. 1; Lange, § 9, Rn. 2.

348 *Wandt*[6], Rn. 911, 462; *Beckmann* in Beckmann/Matusche-Beckmann[3], § 28, Rn. 99; *Lange*, § 9, Rn. 2.

349 Begr. RegE, BT-Drs. 16/3945, S. 85.

350 Begr. RegE, BT-Drs. 16/3945, S. 85.

351 *Schimikowski* in Rüffer/Halbach/Schimikowski[4], § 100 VVG, Rn. 10; *Heinrichs* in Staudinger/Halm/Wendt[2], § 100 VVG, Rn. 3; *Schulze/Schwienhorst* in Looschelders/Pohlmann[3], § 100 VVG, Rn. 4.

352 *Schimikowski* in Rüffer/Halbach/Schimikowski[4], § 100 VVG, Rn. 1 ff.; *Heinrichs* in Staudinger/Halm/Wendt[2], § 100 VVG, Rn. 3; *Schulze Schwienhorst* in Looschelders/Pohlmann[3], § 100 VVG, Rn. 4.

In Ziff. A-2 AVB D&O wird als Voraussetzung für den Eintritt des Versicherungsfalls „die erstmalige Geltendmachung eines Haftpflichtanspruchs gegen eine versicherte Person" genannt. Damit folgt die D&O-Versicherung dem sogenannten Claims-made-Prinzip.[353] Der Begriff Claims-made-Prinzip wird größtenteils als „Anspruchserhebungsprinzip" übersetzt.[354] Teilweise wird aber auch vom „Inanspruchnahmeprinzip" gesprochen.[355]

Wie schon die Bezeichnung Claims-made-Prinzip nahelegt, handelt es sich um ein Rechtskonstrukt aus dem angloamerikanischen Rechtskreis.[356] In den meisten anderen Konstellationen einer Vermögensschaden-Haftpflichtversicherung, wie etwa bei Berufshaftpflichtversicherungen,[357] wird in Deutschland das Verstoßprinzip verwendet.[358] Anderen Haftpflichtversicherungen, die nicht Vermögensschäden decken, liegt in der Regel das Schadensereignisprinzip zugrunde.[359] Somit stellt das Claims-made-Prinzip eine Besonderheit im deutschen Haftpflichtversicherungsrecht dar. Aufgrund dieser Sonderstellung standen dem Claims-made-Prinzip zunächst Wirksamkeitsbedenken entgegen, welche sich insbesondere auf seine AGB-rechtliche Zulässigkeit stützten.[360] In der Begründung zu § 100 VVG in der Fassung des VVG-Reformgesetzes wurde jedoch klargestellt, dass das Claims-made-Prinzip im Bereich der Haftpflichtversicherungen anerkannt wird.[361] Für die Versicherungsnehmerin besteht ein Vorteil des Claims-made-Prinzips darin, dass Deckung für in unterschiedlichen Versicherungsperioden erhobene Schadensersatzansprüche geltend gemacht werden

---

353 *Baumann* in Bruck/Möller, 4. Band[9], Ziff. 2 AVB-AVG, Rn. 1; *Voit* in Prölss/Martin[31], AVB D&O, A-2, Rn. 1; *Ihlas* in MünchKomm VVG, 3. Band[2], 320 - D&O, Rn. 14.

354 *Ihlas* in MünchKomm VVG, 3. Band[2], 320 - D&O, Rn. 244; *Baumann* in Bruck/Möller, 4. Band[9], Ziff. 2 AVB-AVG, Rn. 1; *Lange*, § 9, Rn. 9; *Heße*, NZI 2009, 790, 790.

355 *Haehling von Lanzenauer/Kreienkamp* in Looschelders/Pohlmann[3], Anhang C, Rn. 64.

356 *Staudinger/Friesen* in Staudinger/Halm/Wendt[2], AVB-AVG Rn. 66; *Lange* in Veith/Gräfe/Gebert[3], § 21, Rn. 75.

357 *Ihlas* in MünchKomm VVG, 3. Band[2], 320 - D&O, Rn. 240.

358 *Ihlas*[2], S. 366; *Schulze Schwienhorst* in Looschelders/Pohlmann[3], § 100 VVG, Rn. 5. Allgemein zum Verstoßprinzip: *Schimikowski* in Rüffer/Halbach/Schimikowski[4], § 100 VVG, Rn. 11

359 *Schulze Schwienhorst* in Looschelders/Pohlmann[3], § 100 VVG, Rn. 6. Grundsätzlich zum Schadensereignisprinzip: *Schimikowski* in Rüffer/Halbach/Schimikowski[4], § 100 VVG, Rn. 12.

360 *Heinrichs* in Staudinger/Halm/Wendt[2], § 100 VVG, Rn. 11; *Langheid* in Langheid/Rixecker[6], § 100 VVG, Rn. 65.

361 BT-Drucks 16/3945, S.85, federführend war das Bundesministerium der Justiz; *Haehling von Lanzenauer/Kreienkamp* in Looschelders/Pohlmann[3], Anhang C, Rn. 66.

kann, um so eine vollständige Deckung des Schadens durch die Versicherung zu erreichen.[362] Des Weiteren ist der Zeitpunkt, zu dem der Versicherungsfall eingetreten ist, so leichter zu bestimmen.[363]

III. Einschränkende Auslegung – Die ernstliche Inanspruchnahme

Obwohl das Claims-made-Prinzip den Versicherungsfall präzise zu definieren scheint, war umstritten, ob der D&O-Versicherungsfall nur bei einer ernstlichen Inanspruchnahme eintritt. Eine solche zusätzliche Voraussetzung für den Eintritt des Versicherungsfalls könnte den Versicherer vor einem missbräuchlichen Verhalten schützen. Gleichzeitig würde sie aber dazu führen, dass gegen den Direktanspruch eingewendet werden könnte, mangels Eintritts des Versicherungsfalls noch nicht entstanden zu sein. Die Versicherungsnehmerin müsste dann, um den Direktanspruch erfolgreich durchzusetzen, darlegen und beweisen, dass sie die versicherte Person ernsthaft in Anspruch genommen hat. Eine ernstliche Inanspruchnahme im Direktprozess zu beweisen, dürfte sich schwierig gestalten, da mit der direkten Inanspruchnahme die Durchsetzung des Haftpflichtanspruchs umgangen werden soll. Im Vergleich dazu dürfte die ernstliche Inanspruchnahme spätestens mit Erhebung einer Haftungsklage zu bejahen sein. Folglich würde die Voraussetzung einer ernstlichen Inanspruchnahme faktisch nur für die direkte Inanspruchnahme ein zusätzliches Hindernis darstellen.

2013 entschied das OLG Düsseldorf in zwei Deckungsprozessen, dass eine bindungsgemäße Inanspruchnahme nur vorliege, wenn die geschädigte Versicherungsnehmerin die versicherte Person ernstlich in Anspruch nimmt.[364] Eine solche ernstliche Inanspruchnahme sei demnach nur gegeben, sofern die geschädigte Versicherungsnehmerin zumindest auch in das private Vermögen der versicherten Person vollstrecken möchte.[365] Als Begründung führte das Gericht an, dass die Versicherung primär dazu diene, das private Vermögen der

362 *v. Rintelen* in Späte/Schimikowski², 1 AHB, Rn. 104, nennt dies als Nachteil für den VR; *Lange*, § 9, Rn. 36.

363 *v. Rintelen* in Späte/Schimikowski², 1 AHB, Rn. 104.

364 OLG Düsseldorf v. 31.1.2014, r+s 2014, 122; v. 12.7.2013, VersR 2013, 1522. Ebenso: *Haehling von Lanzenauer/Kreienkamp* in Looschelders/Pohlmann³, Anhang C, Rn. 92; *Finkel/Seitz* in Seitz/Finkel/Klimke, Ziff. 1, Rn. 170; *Gärtner*, BB 2013, 2898, 2898; *Sieg*, ZWH 2014, 124, 125; *Lenz/Weitzel*, PHi 2013, 171, 171 ff.

365 OLG Düsseldorf v. 12.7.2013, VersR 2013, 1522, 1523; v. 31.1.2014, r+s 2014, 122, 124. Ebenso: *Sieg*, ZWH 2014, 124, 125; *Lenz/Weitzel*, PHi 2013, 171, 172.

versicherten Person zu schützen.[366] Sofern nun aber die Inanspruchnahme der versicherten Person allein dazu diene, den Versicherungsfall auszulösen, um so auf die Versicherungssumme zugreifen zu können, liege keine Gefahr für das versicherte Interesse vor.[367] Vielmehr gehe es in einem solchen Fall primär darum, über die D&O-Versicherung einen Schadensausgleich zu erlangen. Die D&O-Versicherung könnte also entgegen ihrer eigentlichen Ausrichtung als Bilanzschutz missbraucht werden.[368] Um dieser Gefahr hinreichend zu begegnen, müsse die Versicherungsnehmerin in einem Direktprozess die ernstliche Inanspruchnahme darlegen und beweisen.[369] Das Erfordernis einer ernstlichen Inanspruchnahme würde letztendlich dazu führen, dass eine freundliche Inanspruchnahme der versicherten Person, die selbst noch nicht kollusiv wäre, aus dem Versicherungsschutz fallen würde.[370]

Dieser einschränkenden Auslegung der Inanspruchnahme hat der BGH zu Recht eine Absage erteilt.[371] Schon die Auslegung der Versicherungsfallklausel lässt eine solch weitreichende Voraussetzung an die Inanspruchnahme der versicherten Person nicht erkennen.[372] Dem Haftpflichtgläubiger steht es frei, „ob und inwieweit er den Schädiger für einen eingetretenen Schaden in Anspruch und auf welche seiner Vermögenswerte er im Rahmen einer möglichen Zwangsvollstreckung Zugriff nimmt".[373] Das Vermögen der versicherten Person ist deshalb solange bedroht, wie der Haftpflichtanspruch gegen sie besteht.[374] Die

366 OLG Düsseldorf v. 12.7.2013, VersR 2013, 1522, 1523; v. 31.1.2014, r+s 2014, 122, 124; Ebenso: *Sieg*, ZWH 2014, 124, 125; *Lenz/Weitzel*, PHi 2013, 171, 172.

367 OLG Düsseldorf v. 12.7.2013, VersR 2013, 1522, 1523; v. 31.1.2014, r+s 2014, 122, 124; Ebenso: *Sieg*, ZWH 2014, 124, 125; *Lenz/Weitzel*, PHi 2013, 171, 172.

368 *Sieg*, ZWH 2014, 124, 125; *Beckmann*, jM 2016, 403, 405; *Schimikowski*, r+s 2014, 125, 126, so solle verhindert werden, dass das unternehmerische Risiko auf den D&O-VR abgewälzt wird.

369 OLG Düsseldorf v. 12.7.2013, VersR 2013, 1522, 1523; v. 31.1.2014, r+s 2014, 122, 123; *Sieg*, ZWH 2014, 124, 125.

370 *Lenz/Weitzel*, PHi 2013, 171, 173.

371 BGH v. 13.4.2016, BGHZ 209, 373 und AG 2016, 395. Dem BGH zustimmend: *Voit* in Prölss/Martin[31], AVB D&O, A-2, Rn. 10; *Harzenetter*, NZG 2016, 728, 729; *Beckmann*, jM 2016, 403, 406; *Winkelbauer*, ZWH 2017, 73, 74 f.; *Staudinger/Friesen* in Staudinger/Halm/Wendt[2], AVB-AVG, Rn. 71; *Piontek*, § 2, Rn. 11 m.w.N. Kritisch: *Armbrüster*, NJW 2016, 2155, 2156 f.

372 BGH v. 13.4.2016, BGHZ 209, 373, Rn. 31; *Schimikowski*, r+s 2014, 125, 126.

373 BGH v. 13.4.2016, BGHZ 209, 373, Rn. 25.

374 *Staudinger/Richters*, DB 2013, 2725, 2728.

versicherte Person ist folglich „tatsächlich einem Haftungsrisiko ausgesetzt".[375] Unerheblich sind dabei subjektive Erwägungen der Versicherungsnehmerin.[376] Des Weiteren ist es nur schwer ersichtlich, warum die Vereinbarung des Claims-made-Prinzips die geschädigte Versicherungsnehmerin schlechterstellen sollte. Anders als bei dem in der Haftpflichtversicherung üblicherweise vereinbarten Verstoßprinzip hat die Versicherungsnehmerin beim Claims-made-Prinzip die Dispositionshoheit über den Eintritt des Versicherungsfalls.[377] Außerdem ist dem Versicherer das Bilanzschutzinteresse der Versicherungsnehmerin schon bei Vertragsschluss bekannt.[378] Sollte er die aktive Durchsetzung des Haftpflichtanspruchs wünschen, kann er den Eintritt des Versicherungsfalls beispielsweise an eine gerichtliche Inanspruchnahme binden.

Abschließend lässt sich deshalb feststellen, dass die direkte Inanspruchnahme nicht einer zusätzlichen Voraussetzung für den Eintritt des Versicherungsfalls unterliegt. Die Ernsthaftigkeit einer Inanspruchnahme der versicherten Person ist nur nach den §§ 116 bis 118 BGB und § 134 BGB zu beurteilen.[379] Einer darüber hinausgehenden besonderen Ernsthaftigkeit der Inanspruchnahme bedarf es dagegen nicht. Nichtsdestotrotz steht es den Parteien grundsätzlich frei, den Eintritt des Versicherungsfalls an weitere Voraussetzungen zu knüpfen.[380] Möglich sind unter anderem Trennungs- und Gerichtsklauseln.[381]

IV. Trennungsklausel

Um die Hemmschwelle für eine Inanspruchnahme des Versicherers zu erhöhen und so einen Missbrauch zu verhindern, könnte der Versicherer eine

375 Anders: OLG Düsseldorf v. 12.7.2013, VersR 2013, 1522, 1523, und v. 31.1.2014, r+s 2014, 122, 124, das bei einer bloßen Inanspruchnahme, die allein den Versicherungsfall auslösen soll, das tatsächliche Haftungsrisiko verneint.

376 *R. Koch*, VersR 2016, 765, 768.

377 *Lange* in Veith/Gräfe/Gebert^3, § 21, Rn. 86.

378 In diese Richtung auch BGH v. 13.4.2016, BGHZ 209, 373, Rn. 32, der die Missbrauchsgefahr „der Risikosphäre des Versicherers" zuordnet.

379 *R. Koch*, VersR 2013, 1525, 1526, verweist darauf, dass der VR i.S.d. §§ 116 ff. BGB die Darlegungs- und Beweislast hinsichtlich fehlender Ernstlichkeit habe; ebenso der BGH v. 13.4.2016, BGHZ 209, 373, Rn. 28.

380 BGH v. 13.4.2016, BGHZ 209, 373, Rn. 31.

381 Der Klauselvorschlag von *Peltzer* in FS Harm Peter Westermann (2008), 1257, 1279, Fn. 107, enthält sowohl eine Gerichts- als auch eine Trennungsklausel.

Trennungsklausel in den Versicherungsvertrag aufnehmen.[382] Eine solche Trennungsklausel würde dazu führen, dass der Versicherungsfall nur eintritt, wenn die in Anspruch genommene versicherte Person von ihrer Organstellung enthoben und der Dienstvertrag beendet wird.[383] Ob eine Trennungsklausel aber überhaupt einer Missbrauchsgefahr entgegenwirkt, ist fraglich. Durch eine anderweitige Beschäftigung im Unternehmen oder im Konzern könnte die Trennungsklausel umgangen werden.[384] Gegen die Vereinbarung einer Klausel spricht ebenso, dass sie bei einem niedrigen Schaden den Zugriff auf den Versicherungsschutz erschwert.[385] Eine Trennungsklausel würde selbst bei einfacher Fahrlässigkeit und einem niedrigen Schaden eine Abberufung vorrausetzen, da nur dann Versicherungsschutz gewährt wird. Während bei einer schwerwiegenden Pflichtverletzung der versicherten Person eine Abberufung die Regel sein dürfte, wird bei einer geringen Pflichtverletzung eine Weiterbeschäftigung im Interesse der Versicherungsnehmerin sein.[386] Außerdem wird gerade bei fahrlässiger Pflichtverletzung eine Kündigung meist ausscheiden, sodass nur unter der Verpflichtung, Abfindung zu zahlen, ein Aufhebungsvertrag zustande kommen wird.[387] Aufgrund der genannten Schwierigkeiten wird eine Trennungsklausel kaum mehr verwendet.[388]

V. Gerichtsklausel

Weiterhin wäre es möglich, durch eine Gerichtklausel allzu leichtfertige oder kollusive Inanspruchnahmen des Versicherers einzudämmen.[389] Eine

382 *Schimikowski*, r+s 2014, 125, 126; *Schmitt*, Organhaftung und D&O-Versicherung – Zu haftungs- und deckungsrechtlichen Problemen der Managerhaftung (2007), S. 172.

383 Mit einem Praxisbeispiel: *Lange*, § 9, Rn. 111. *Schmitt*, S. 172; *Pammler*, S. 200; *Harzenetter*, NZG 2016, 728, 730.

384 *Lange*, § 9, Rn. 111; auch hinsichtlich weiterer Umgehungsmöglichkeiten: *Ihlas* in MünchKomm VVG, 3. Band[2], 320 - D&O, Rn. 673 und *Gruber/Mitterlechner/Wax*[1], D&O-Versicherung mit internationalen Bezügen (2012), § 7, Rn. 175. *Thomas*, S. 396, schlägt ein Wiedereinstellungsverbot vor.

385 *Ihlas* in MünchKomm VVG, 3. Band[2], 320 - D&O, Rn. 675.

386 *Ihlas* in MünchKomm VVG, 3. Band[2], 320 - D&O, Rn. 675; *Pammler*, S. 201; *Lange*, § 9, Rn. 111.

387 *Schmitt*, S. 172.

388 *Schimikowski*, r+s 2014, 125, 126; *Lange*, § 9, Rn. 111. *Harzenetter*, NZG 2016, 728, 730, und *Melot de Beauregard/Gleich*, NJW 2013, 824, 829, halten es jedoch für möglich, dass Trennungsklauseln wieder mehr verwendet werden.

389 *Finkel/Seitz* in Seitz/Finkel/Klimke, Ziff. 1, Rn. 201; *Lange*, § 9, Rn. 106 f.; *Pammler*, S. 206.

Gerichtsklausel würde nur dann den Versicherungsfall eintreten lassen, wenn die versicherte Person gerichtlich von der Versicherungsnehmerin in Anspruch genommen wird.[390] Eine solche Gerichtsklausel bedeutet aber auch, dass eine außergerichtliche Einigung erschwert wird.[391] Diese Konsequenz steht der D&O-Versicherungspraxis entgegen, in der die meisten Versicherungsfälle durch einen Vergleich beendet werden.[392] Des Weiteren würde eine gerichtliche Geltendmachung des Haftpflichtanspruchs eine direkte Inanspruchnahme unattraktiver machen, da durch die Erhebung der Haftungsklage zusätzliche Gerichtskosten entstehen und ebenso das Verhältnis zur versicherten Person belastet wird. Gegen die Verwendung von Gerichtsklauseln spricht außerdem, dass sich der Versicherer im Rahmen seiner Regulierungshoheit für die Anspruchsabwehr entscheiden und so mittelbar die geschädigte Versicherungsnehmerin zur gerichtlichen Durchsetzung des Haftpflicht- beziehungsweise des Direktanspruchs zwingen kann.[393] Eine Gerichtsklausel ist daher nicht notwendig, um das Drohszenario eines Gerichtsprozesses aufzubauen. Gerichtsklauseln sind deshalb kaum noch in D&O-Versicherungsverträgen enthalten.[394]

B. Stellung des Versicherers in der Innenhaftung

Liegt ein Innenhaftungsfall vor, ist der Versicherer mit Eintritt des Versicherungsfalls einem Schadensausgleichsinteresse seiner Vertragspartnerin, der Versicherungsnehmerin, und einem Abwehr- und Freistellungsinteresse der versicherten Person ausgesetzt. Das wirft die Frage auf, ob sich diese besondere Konstellation auf die Stellung des Versicherers auswirkt. Außerdem erscheint es

---

390 *Finkel/Seitz* in Seitz/Finkel/Klimke, Ziff. 1, Rn. 201; *von Westphalen*, VersR 2006, 17, 18. Laut *Pammler*, S. 205 f., setze die Gerichtklausel mindestens die erstinstanzliche Feststellung der Haftpflicht voraus; *Ihlas* in MünchKomm VVG, 3. Band[2], 320 - D&O, Rn. 682: „fast alle Gerichtsklauseln knüpfen die Pflicht zur Freistellung an das Erfordernis einer rechtskräftig festgestellten Haftung".

391 *Schmitt*, S. 170; *Lange*, § 9, Rn. 107.

392 *Ramharter*, Rn. 6/28; *Dilling*, VersR 2018, 332, 335, m.w.N.; *Lange*, § 19, Rn. 1; *Knöfel*, VersR 2018, 513, 521, „Ziel der deckungsrechtlichen Auseinandersetzung ist nahezu immer ein Deckungsvergleich".

393 *Ihlas* in MünchKomm VVG, 3. Band[2], 320 - D&O, Rn. 684; *Gruber/Mitterlechner/Wax*[1], § 7, Rn. 160.

394 *Lenz* in van Bühren[7], § 25, Rn. 101; *Lange*, § 9, Rn. 107; *Armbrüster*, NJW 2016, 2155, 2158; *Harzenetter*, NZG 2016, 728, 730. *Finkel/Seitz* in Seitz/Finkel/Klimke, Ziff. 1, Rn. 201, gehen hingegen davon aus, dass Gerichtsklauseln in der Praxis verwendet werden.

problematisch, wenn der Versicherer in der gleichen Weise wie in einem Außenhaftungsfall Auskunft von der Versicherungsnehmerin verlangen kann. Wenn nämlich der Versicherer direkt in Anspruch genommen wird, wäre die Versicherungsnehmerin grundsätzlich verpflichtet, ihren Anspruchsgegner mit Auskunft und Belegen bei der Anspruchsabwehr zu unterstützen. Der Versicherer könnte somit durch Auskunfts- und Belegobliegenheiten gegenüber der geschädigten Versicherungsnehmerin in einem Innenhaftungsfall bessergestellt sein als in einem Außenhaftungsfall.

I. Versicherer als Interessenvertreter der versicherten Person

Grundsätzlich ist ein Haftpflichtversicherer zur Verteidigung und/oder Freistellung der versicherten Person verpflichtet. Ein Haftpflichtversicherer kann daher dem Kreis der versicherten Person zugeordnet werden. Etwas anderes könnte sich jedoch aus dem Fremdversicherungscharakter der D&O-Versicherung in Fällen der Innenhaftung ergeben. Der Versicherer ist Vertragspartner der Versicherungsnehmerin und somit nach § 241 Abs. 2 BGB zur Rücksichtnahme gegenüber seiner Versicherungsnehmerin verpflichtet. Dabei ist auch zu beachten, dass über das Konstrukt einer Fremdversicherung der geschädigten Versicherungsnehmerin versicherungsvertragliche Auskunfts- und Mitwirkungspflichten obliegen.[395] Es erscheint also zweifelhaft, in einem Innenhaftungsfall den D&O-Versicherer auf der Seite der versicherten Person und damit auf der Gegenseite der Versicherungsnehmerin einzuordnen. Insbesondere aufgrund der Tatsache, dass die Innenhaftung bei Abschluss der D&O-Versicherung den erkennbaren Regelfall darstellt, wird dem D&O-Versicherer eine Mediatorfunktion zugewiesen.[396] Diese Ansicht weist zu Recht auf die besonderen Beziehungen innerhalb einer D&O-Versicherung hin. Nichtsdestotrotz ist das versicherte Interesse die Schadloshaltung des Vermögens der versicherten Person. Dieser Prämisse folgend hat der Versicherer das Vermögen der in Anspruch genommenen versicherten Person zu schützen und darf hiervon nicht zum Nachteil der versicherten Person abweichen. Daran ändert auch eine vertragliche Beziehung zur geschädigten Versicherungsnehmerin nichts. Im Rahmen seiner eingeräumten Regulierungshoheit muss der Versicherer den Interessen der versicherten Person im Zweifel auch unter Zurückstellung eigener Interessen entsprechen.[397]

---

395 *Lange* in Veith/Gräfe/Gebert^3, § 21, Rn. 54.
396 *Lange* in Veith/Gräfe/Gebert^4, § 21, Rn. 148; ausführlich auch: *ders.*, § 3, Rn. 54 ff.
397 *Herdter*, ZVersWiss 2011, 655, 666; BGH v. 16.11.2005, VersR 2006, 258, 259; BGH v. 30.9.1992, NJW 1993, 68, 69.

Es würde daher zu weit gehen, den Versicherer nicht mehr dem Kreis der versicherten Person zuzuordnen.[398] Trotzdem kann der Versicherer, ausgelöst durch die der D&O-Versicherung zugrunde liegende Dreiecksstruktur, eine gewisse Mediationsfunktion übernehmen, die den Interessen aller beteiligten Personen entspricht.[399]

II. Obliegenheiten von Versicherungsnehmerin und versicherter Person

Mit dem Eintritt des Versicherungsfalls treffen die Versicherungsnehmerin und die versicherte Person neue Obliegenheiten.

1. Allgemeines

Der Versicherer ist als an dem Haftpflichtverhältnis unbeteiligte Person auf Informationen der Beteiligten angewiesen. Um die zwischen Versicherungsnehmerin und versicherter Person auf der einen Seite und dem Versicherer auf der anderen Seite bestehende Informationsasymmetrie auszugleichen, gelten für die Versicherungsnehmerin und die versicherte Person Auskunfts- und Belegobliegenheiten.[400]

Nach § 31 VVG sind die Versicherungsnehmerin und die versicherte Person dazu verpflichtet, auf Verlangen des Versicherers „jede Auskunft“ zu erteilen, „die zur Feststellung des Versicherungsfalles oder des Umfanges der Leistungspflicht des Versicherers erforderlich ist“, und betreffende Belege vorzulegen. Selbst ohne Auskunftsverlangen des Versicherers kann sich aus § 242 BGB eine „spontane Aufklärungspflicht“ ergeben, wenn die Informationen für den Versicherer offenkundig besonders wesentlich sind.[401] Die Versicherungsnehmerin und die versicherte Person unterliegen bei ihren Angaben einer Wahrheitspflicht.[402] Folglich sind auch solche Auskünfte zu erteilen, die zu einer Deckungsablehnung führen

398 *Ihlas* in MünchKomm VVG, 3. Band², 320 - D&O, Rn. 378: „stets auf Seiten der versicherten Person“.

399 In diese Richtung auch: *Ramharter*, Rn. 2/43, und *Armbrüster*, NJW 2016, 897, 899.

400 *Gädtke* in Bruck/Möller, 4. Band⁹, Ziff. 7/8 AVB-AVG, Rn. 98; *Armbrüster* in Prölss/Martin³¹, § 31 VVG, Rn. 6.

401 BGH v. 19.5.2011, VersR 2011, 1549, Rn. 3; *Looschelders* in Looschelders/Pohlmann³, § 31 VVG, Rn. 15; *Armbrüster* in Prölss/Martin³¹, § 31 VVG, Rn. 27; *Lange* in Veith/Gräfe/Gebert⁴, § 21, Rn. 129.

402 *Armbrüster* in Prölss/Martin³¹, § 31 VVG, Rn. 36; *Schwintowski* in Schwintowski/Brömmelmeyer³, § 31 VVG, Rn. 1; *Lange* in Veith/Gräfe/Gebert⁴, § 21, Rn. 132.

können.[403] Im Jahr 2017 stellte der BGH klar, dass sich die Auskunftspflicht ebenfalls auf Tatsachen erstrecken kann, die eine Verletzung vorvertraglicher Anzeigepflichten nahelegen.[404] Die in § 31 VVG genannten Obliegenheiten sollen eine sachgemäße Abwicklung des Versicherungsfalls ermöglichen.[405] Die Auskunfts- und Belegobliegenheiten enden daher erst mit abschließender Abwicklung des Versicherungsfalls oder mit endgültiger Leistungsverweigerung.[406]

Zur Leistungsfreiheit des Versicherers kann die Verletzung einer Auskunfts- oder Belegobliegenheit nur dann führen, wenn diese, wie regelmäßig, vertraglich vereinbart wurde.[407] Werden die Auskunfts- und die Belegobliegenheit erfüllt und entstehen dabei Kosten, sind diese nicht vom Versicherungsschutz gedeckt und verbleiben daher bei den auskunftspflichtigen Personen.[408] Dem Versicherer steht folglich mit den umfangreichen und für ihn grundsätzlich kostenarmen Auskunfts- und Belegobliegenheiten ein nicht unbedeutendes Druckmittel gegenüber der Versicherungsnehmerin und der versicherten Person zur Verfügung.[409]

2. *Einschränkung der Auskunfts- und Belegobliegenheiten*

Tritt der Versicherungsfall ein, wird der Versicherer aufgrund seiner Regulierungsvollmacht für die versicherte Person tätig.[410] Folglich steht in Innenhaftungsfällen der Versicherer auch im Haftpflichtverhältnis der geschädigten Versicherungsnehmerin gegenüber. Die Auskunfts- und Belegobliegenheiten würden dann dazu führen, dass die Versicherungsnehmerin den Vertreter ihres

---

403 BGH v. 16.11.2005, VersR 2006, 258, 259; *Brömmelmeyer* in Bruck/Möller, 1. Band[9], § 31 VVG, Rn. 46, 61; *Lange* in Veith/Gräfe/Gebert[4], § 21, Rn. 130.

404 BGH v. 22.2.2017, NJW 2017, 1391, Rn. 14 ff.; differenziert: *Wandt* in MünchKomm VVG, 1. Band[2], § 31 VVG, Rn. 39.

405 *Brömmelmeyer* in Bruck/Möller, 1. Band[9], § 31 VVG, Rn. 2; *Wandt* in MünchKomm VVG, 1. Band[2], § 31 VVG, Rn. 4; *Gädtke* in Bruck/Möller, 4. Band[9], Ziff. 7/8 AVB-AVG, Rn. 98.

406 BGH v. 13.3.2013, NJW 2013, 1883, Rn. 18; *Looschelders* in Looschelders/Pohlmann[3], § 31 VVG, Rn. 22; *Wandt* in MünchKomm VVG, 1. Band[2], § 31 VVG, Rn. 24.

407 *Rixecker* in Langheid/Rixecker[6], § 31 VVG, Rn. 1; *Wandt* in MünchKomm VVG, 1. Band[2], § 31 VVG, Rn. 10 ff.; *Looschelders* in Looschelders/Pohlmann[3], § 31 VVG, Rn. 2.

408 *Lange* in Veith/Gräfe/Gebert[4], § 21, Rn. 125; *Ruchatz*, AG 2015, 1, 6.

409 In diese Richtung: *Gädtke* in Bruck/Möller, 4. Band[9], Ziff. 7/8 AVB-AVG, Rn. 99.

410 Allgemein zur Regulierungsvollmacht in der Haftpflichtversicherung: *Armbrüster*, r + s 2010, 441, 443 f.; bspw.: Ziff. A-6.2 AVB D&O.

Anspruchsgegners mit Informationen versorgen müsste. Die Versicherungsnehmerin wäre, anders als eine geschädigte Dritte, zur Kooperation mit dem Versicherer verpflichtet. In Innenhaftungsfällen würden solche Auskunfts- und Belegobliegenheiten folglich dazu führen, dass der Versicherer im Vergleich zu einer Außenhaftung bevorzugt wäre, wohingegen die geschädigte Versicherungsnehmerin schlechtergestellt wäre als eine geschädigte Dritte.[411]

Andererseits würde ein Verneinen der Auskunfts- und Belegobliegenheiten zu einer Schlechterstellung des Versicherers im Vergleich zu einer sonstigen Schadenversicherung führen. Auch dort wird dem Versicherer nur durch die Auskünfte der Versicherungsnehmerin eine ordnungsgemäße Abwicklung des Versicherungsfalls ermöglicht. Darüber hinaus wäre der Versicherer auch im Vergleich zu einem Außenhaftungsfall schlechtergestellt. In einem Außenhaftungsfall müsste die Versicherungsnehmerin als Vertragspartnerin des Versicherers Auskunft erteilen und Dokumente sowie Unterlagen herausgeben. Das ist insbesondere dann von Bedeutung, wenn die versicherte Person aus der Versicherungsnehmerin ausgeschieden ist und selbst keinen direkten Zugriff mehr auf die relevanten Dokumente und Unterlagen hat.

a) Vergleich mit gesellschaftsrechtlichem Auskunftsanspruch

Um zu entscheiden, ob die Auskunfts- und Belegobliegenheiten im Falle einer Innenhaftung einzuschränken sind, ist ein Blick auf den gesellschaftsrechtlichen Auskunftsanspruch eines ehemaligen Organmitglieds gegen die Gesellschaft hilfreich. Damit ein ausgeschiedenes Organmitglied seiner in § 93 Abs. 2 S. 2 AktG (analog) normierten Darlegungs- und Beweislast nachkommen kann, steht ihm ein Auskunftsanspruch gegen die Gesellschaft zu.[412] Eine Informationsasymmetrie zwischen dem Haftpflichtgläubiger und dem Schuldner rechtfertigt es somit, die bestehende Darlegungs- und Beweislast mittelbar einzuschränken. Da der Auskunftsanspruch auch von dem Versicherer im Rahmen seiner Regulierungsmacht geltend gemacht werden kann, könnten ebenfalls im Falle einer Innenhaftung Auskunfts- und Belegobliegenheiten anwendbar sein. Dieser Schlussfolgerung steht jedoch die geringere Reichweite des gesellschaftsrechtlichen Auskunftsanspruchs entgegen. Inhaltlich ist der Anspruch auf solche Informationen beschränkt, die während der aktiven Zeit des Organmitglieds

---

411 *Herdter*, ZVersWiss 2011, 655, 662.

412 Ausführlich und m.w.N.: *Grooterhorst*, AG 2011, 398, sowie *Meckbach*, NZG 2015, 580, 582 f.; *Freund*, NZG 2015, 1419, 1421; BGH v. 4.11.2002, BGHZ 152, 280, 285; *Born* in Krieger/Schneider[3], § 14, Rn. 14.20; *Ruchatz*, AG 2015, 1, 2.

entstanden sind.[413] Der gesellschaftsrechtliche Auskunftsanspruch ist daher in seiner Reichweite beschränkter als die versicherungsrechtlichen Auskunfts- und Belegobliegenheiten.[414]

b) Lösungsmöglichkeiten

Teilweise wird vertreten, dass sich in Innenhaftungsfällen die Auskunfts- und Belegobliegenheiten der Versicherungsnehmerin nicht auf haftungsrechtliche Fragen erstrecken.[415] Eine solche Einschränkung der Auskunfts- und Belegobliegenheiten würde aber diese Obliegenheiten der Versicherungsnehmerin für Innenhaftungsfälle faktisch abschaffen. Durch die Auskunfts- und Belegobliegenheiten soll dem Versicherer ermöglicht werden, den Versicherungsfall zu prüfen und eine pflichtgemäße Ermessensentscheidung zwischen der Anspruchsabwehr und der Freistellung zu treffen. Hierfür sind primär solche Informationen relevant, die die Haftpflicht betreffen.

Weniger weitreichend wird argumentiert, dass die Auskunfts- und Belegobliegenheiten dann enden, wenn die Versicherungsnehmerin Klage erhebt und daraufhin der Haftpflichtprozess eröffnet wird.[416] Spätestens mit dem im Rahmen der Regulierungshoheit gestellten Klageabweisungsantrag sei der Versicherer „endgültig dem Lager" der versicherten Person zuzuordnen.[417] Eine Prüfungsbereitschaft bestehe dann auf Seiten des Versicherers nicht mehr.[418] Der Versicherer benötige ab diesem Zeitpunkt keine Informationen mehr von der Versicherungsnehmerin. Des Weiteren drohe eine nicht hinnehmbare Verletzung des zivilprozessualen Beibringungsgrundsatzes, da die Versicherungsnehmerin mittelbar die der versicherten Person zugewiesene Darlegungs- und Beweislast tragen müsste. Das rechtfertige über § 242 BGB ein Erlöschen der Auskunfts- und Belegobliegenheiten.[419]

---

413 *Ruchatz*, AG 2015, 1, 3; *Grooterhorst*, AG 2011, 398, 396, verweist darauf, dass sich das Einsichtsrecht auf Unterlagen, „die seinem Handeln" zugrunde lagen, beschränkt.

414 *Finkel/Seitz* in Seitz/Finkel/Klimke, Ziff. 7, Rn. 124; *Ruchatz*, AG 2015, 1, 7; hinsichtlich der erschwerten Durchsetzbarkeit eines auf § 810 BGB gestützten Anspruchs: *Herdter*, ZVersWiss 2011, 655, 665.

415 *Mitterlechner/Wax/Witsch*[2], § 9, Rn. 103.

416 *Mitterlechner/Wax/Witsch*[2], § 9, Rn. 104.

417 *Herdter*, ZVersWiss 2011, 655, 661.

418 *Herdter*, ZVersWiss 2011, 655, 666.

419 So: *v. Westphalen*, VersR 2006, 17, 19, der bei einer Gerichtsklausel eine Verwirkung der Auskunftsobliegenheit wegen eines Verstoßes gegen den Beibringungsgrundsatz annimmt.

Diese Argumente greifen zu kurz. Dem Versicherer soll es durch die Auskunftsobliegenheit ermöglicht werden, „Ursache und Umfang des Schadens“[420] zu ermitteln und so den Versicherungsfall sachgerecht zu regulieren.[421] Kommen daher noch während des Haftpflichtprozesses Indizien auf, die einen Deckungsausschluss nahelegen oder den Haftpflichtanspruch begründet erscheinen lassen, muss der Versicherer in der Lage sein, auf die vorhandenen Informationen seiner Vertragspartnerin – der Versicherungsnehmerin – zurückzugreifen. Ebenso ist es verfehlt, davon zu sprechen, dass der Versicherer erst ab der Gewährung von Abwehrschutz klar dem Lager der versicherten Person zuzuordnen ist. Die vertragliche Hauptleistungspflicht des Versicherers ist der Schutz des Vermögens der versicherten Person, das versicherte Interesse lässt sich folglich der versicherten Person zuordnen. In diesem Sinne ist das Handeln des Versicherers immer am Interesse der versicherten Person auszurichten. Daher überzeugt es nicht, die Auskunfts- und Belegobliegenheiten der Versicherungsnehmerin von der gewählten Art der Leistungspflichterfüllung des Versicherers abhängig zu machen. Außerdem ist es nicht überzeugend, das Erlöschen von Auskunfts- und Belegobliegenheiten daran zu binden, ob die Versicherungsnehmerin schon Klage erhoben hat. Anderenfalls könnte die Versicherungsnehmerin ihre Auskunfts- und Belegobliegenheiten umgehen, indem sie die Inanspruchnahme der versicherten Person erst durch eine Klageerhebung auslöst.[422]

Trotzdem muss sichergestellt werden, dass der Versicherer nicht in unbilliger Weise Auskunft und Mitwirkung verlangt. Ob im Einzelfall konkrete Auskunfts- und Belegobliegenheiten bestehen, sollte deshalb durch Abwägung der widerstreitenden Interessen bestimmt werden.[423] Um eine interessengerechte Lösung zu erreichen, sollte es der Versicherungsnehmerin erlaubt sein, Geschäfts- und Betriebsgeheimnisse innerhalb der auszugebenden Dokumente zu schwärzen.[424] Die Auskunfts- und Belegobliegenheiten beschränken sich auf für die Versicherungsschutzpflicht relevanter Dokumente und Angaben. Sollte das Schwärzen der Dokumente nicht ausreichen,

---

420 BGH v. 13.4.2016, NJW-RR 2016, 921, Rn. 14.

421 BGH v. 13.4.2016, NJW-RR 2016, 921, Rn. 14; *Armbrüster* in Prölss/Martin[31], § 31 VVG, Rn. 6; *Schwintowski* in Schwintowski/Brömmelmeyer[3], § 31 VVG, Rn. 21.

422 In diese Richtung: *Lange*, § 12, Rn. 123.

423 *Herdter*, ZVersWiss 2011, 655, 663 f.

424 *Herdter*, ZVersWiss 2011, 655, 663 f.

um die Interessen der Versicherungsnehmerin hinreichend zu berücksichtigen, kann sie die Auskunft und Herausgabe hinsichtlich konkreter Dokumente und Angaben unter Berufung auf den Grundsatz von Treu und Glauben verweigern.[425] Nur so lässt sich gewährleisten, dass der Versicherer zwar die notwendigen Informationen bekommt, die er sonst auch im Falle einer Außenhaftung oder bei einer Eigenschadensversicherung der Versicherungsnehmerin erhalten würde,[426] aber gleichzeitig nicht die geschädigte Versicherungsnehmerin unangemessen belasten und ausforschen kann. Eine damit einhergehende Rechtsunsicherheit könnte durch eine separate Regelung der Obliegenheiten für Innenhaftungsfälle minimiert werden.

c) Sonstiges

Zuletzt ist noch darauf hinzuweisen, dass die Vertragsparteien – Versicherer und Versicherungsnehmerin – aufgrund der Ausgestaltung des D&O-Versicherungsvertrags als Vertrag zugunsten Dritter keine Regulierungs- und Prozessführungsvollmacht im Namen der versicherten Person an den Versicherer vereinbaren können.[427] Deshalb wird Ziff. A-6.2 AVB D&O dahingehend ausgelegt, dass den versicherten Personen eine Obliegenheit zur Erteilung der Regulierungs- und Prozessführungsvollmacht auferlegt wird.[428]

C. Anrechnung der Abwehrkosten

Sobald der Versicherungsanspruch entstanden ist, hat der Versicherer in aller Regel Abwehrkosten zu tragen. Bei D&O-Versicherungsverträgen drohen häufig sehr hohe und schwer kalkulierbare Kosten, sodass sich eine Kostenanrechnungsklausel für den Versicherer in besonderem Maße anbietet. Eine solche Kostenanrechnungsklausel würde aber auch dazu führen, dass der Versicherer

---

425 *Voit* in Prölss/Martin[30], Ziff. 7.3.2. AVB-AVG, Rn. 1, nur „ausnahmsweise [könne] wegen Unzumutbarkeit" die Auskunfts- und Belegpflicht verneint werden; *Gädtke* in Bruck/Möller, 4. Band[9], Ziff. 7/8 AVB-AVG, Rn. 103, weist ebenso auf die besondere Bedeutung von Treu und Glauben in der Haftpflichtversicherung hin.

426 Z.B. hinsichtlich der Reichweite der Auskunfts- und Belegobliegenheit bei der Vertrauensschadensversicherung: *Looschelders/Waiblinger* in Looschelders/Pohlmann[3], Anhang D, Rn. 87.

427 *Voit* in Prölss/Martin[31], AVB D&O, A-6, Rn. 1.

428 *Baumann* in Bruck/Möller, 4. Band[9], Ziff. 4 AVB-AVG, Rn. 64 f.; *Voit* in Prölss/Martin[31], AVB D&O, A-6, Rn. 1.

Abwehrkosten, die ihm bei der Abwehr des Haftpflichtanspruchs entstehen, auf die Versicherungssumme anrechnen könnte, wodurch das bei Vertragsschluss erkennbare Schadensausgleichsinteresse der Versicherungsnehmerin erheblich gefährdet wäre. Es ist daher zu prüfen, ob Kostenanrechnungsklauseln auch für einen Innenhaftungsfall wirksam vereinbart werden können.

I. Allgemeines

Die mit Eintritt des Versicherungsfalls entstehende Hauptleistungspflicht des Versicherers ist durch die vertragliche Festlegung der Versicherungssumme grundsätzlich begrenzt.[429] Bei Erfüllung seiner Hauptleistungspflicht können dem D&O-Versicherer Kosten zum einen durch die Freistellung der versicherten Person von Haftpflichtansprüchen und zum anderen durch die Abwehr von Haftpflichtansprüchen entstehen. Unproblematisch ist die Anrechnung von Freistellungskosten auf die Versicherungssumme. Strittig ist hingegen, ob auch Kosten des Versicherers, die durch die Abwehr des Haftpflichtanspruchs entstehen, auf die Versicherungssumme angerechnet werden können. Die meisten D&O-Versicherungsverträge enthalten eine solche Kostenanrechnungsklausel.[430] Bei komplexen Organhaftungsprozessen drohen hohe Abwehrkosten. Im Falle ihrer Anrechnung kann daher die Versicherungssumme verbraucht oder erheblich gemindert sein, bevor überhaupt das Bestehen der Haftpflicht rechtskräftig festgestellt werden konnte.[431] Andererseits droht dem Versicherer bei einer Unwirksamkeit der Kostenanrechnungsklausel ein kaum kalkulierbares Risiko. Die Wirksamkeit solcher Klauseln hat daher erhebliche Bedeutung für alle Beteiligten. Sollte eine solche wirksam sein, wird sie das Interesse der versicherten Person und der Versicherungsnehmerin an einer effizienten, kostengünstigen und verbindlichen Klärung der Haftpflicht steigen lassen.

---

429 Allgemein zur Vereinbarung einer Versicherungssumme: *Wandt*[6], Rn. 774 ff.

430 *Ihlas* in MünchKomm VVG, 3. Band[2], 320 - D&O, Rn. 512; *Langheid* in Langheid/Rixecker[6], § 101 VVG, Rn. 23; *Terno*, r+s 2013, 577, 578.

431 *Fassbach/Rahlmeyer*, VP 9/2015, 15, 15, gehen davon aus, dass 50 % bis 70 % der Versicherungsleistung auf die Abwehr entfällt; *Hendricks*, zitiert von *Birkner* in: FAZ Studie zur Managerhaftung (2014), S. 7, abgerufen am 11.6.2020: https://www.dualdeutschland.com/fileadmin/PDFs/Aktuelles/Managerhaftung_2014.pdf, der annimmt, dass 70 % der finanziellen Leistung des VR für den Abwehrschutz aufgewendet wird.

II. Wirksamkeit der Kostenanrechnungsklausel

Fraglich ist, ob eine solche Abweichung vom gesetzlichen Leitbild des § 101 Abs. 2 S. 1 VVG zulässig ist und auch der AGB-rechtlichen Kontrolle des § 307 BGB standhält. Im Rahmen dieser Untersuchung ist auf die Bedeutung des Abwehranspruchs und daraus folgend auf die Relevanz von Kostenanrechnungsklauseln für den Versicherer einzugehen.

Gemäß § 310 Abs. 1 S. 2 Hs. 2 BGB sind bei einer AGB-Kontrolle die in dem einschlägigen Wirtschaftsbereich bestehenden „Gewohnheiten und Gebräuche" in angemessener Weise zu berücksichtigen. Maßgeblich sind daher die Besonderheiten der D&O-Versicherungspraxis.

1. *Zulässige Abweichung vom gesetzlichen Leitbild*

Gegen die Wirksamkeit einer Anrechnungsklausel wird angeführt, dass diese dem gesetzlichen Leitbild des § 101 Abs. 2 S. 1 VVG widerspreche.[432] Ein Ziel des § 101 Abs. 2 S. 1 VVG sei es nämlich auch, den Versicherer zu einer kostengünstigen Regulierung des Versicherungsfalls zu bewegen.[433] Dies sei aber bei hohen Haftungssummen aufgrund der Kostenanrechnungsklausel nicht möglich.[434] Des Weiteren würde die Anrechnungsklausel dazu führen, dass die versicherte Person das Risiko für eine Fehlentscheidung des Versicherers, Abwehr einer letztendlich begründeten Forderung, zumindest teilweise, nämlich ab erschöpfter Versicherungssumme tragen würde.[435] Der versicherten Person drohe dann, dass nach einem Unterliegen in einem aufwendigen Haftpflichtprozess keine ausreichende Freistellung gewährt würde.[436] Die Freistellungskomponente wäre somit durch eine Anrechnungsklausel erheblich eingeschränkt.[437]

Dagegen spricht aber, dass es sich bei § 101 Abs. 2 S. 1 VVG um eine dispositive Norm im Gefüge zwingender, halbzwingender und dispositiver

---

432 *Terno*, r+s 2013, 577, 579 f.

433 *Terno*, r+s 2013, 577, 581.

434 *Säcker*, VersR 2005, 10, 15; *Terno*, r+s 2013, 577, 581.

435 *Terno*, r+s 2013, 577, 581; *Heinrichs* in Staudinger/Halm/Wendt[2], § 101 VVG, Rn. 19; in diese Richtung auch: *Beckmann* in Beckmann/Matusche-Beckmann[3], § 28, Rn. 91. *Peppersack*, Das Kürzungs- und Verteilungsverfahren in der D&O-Versicherung – Auswirkungen unzureichender Deckungssummen und deren Lösungsmöglichkeiten (2017), S. 78; weist auch darauf hin, wobei er dieses Risiko als notwendig erachtet, um so dem VR zu ermöglichen, sein Wahlrecht auszuüben (S. 79 f.).

436 *Terno*, r+s 2013, 577, 581; *Heinrichs* in Staudinger/Halm/Wendt[2], § 101 VVG, Rn. 19.

437 *Lücke* in Prölss/Martin[31], § 101 VVG, Rn. 33; *Terno*, r+s 2013, 577, 581.

Normen des VVG handelt.[438] Daraus ergibt sich, dass die Norm einer Anpassung an das Bedürfnis verschiedener Deckungskonzepte grundsätzlich offen gegenübersteht.[439]

Wie der Wortlaut des § 100 VVG zeigt, geht das Gesetz von einem klaren Haftpflichtversicherungsfall aus, in dem eine Unterscheidung zwischen begründeten und unbegründeten Ansprüchen realisierbar erscheint.[440] Dem steht die übliche Komplexität eines D&O-Versicherungsfalls gegenüber. Der einer Organhaftung zugrunde liegende Sachverhalt ist meist vielschichtig und nur schwer vollumfassend aufklärbar. Ebenso schwierig gestaltet sich die häufig äußerst komplexe rechtliche Bewertung des Sachverhalts. Folglich ist in den seltensten Fällen eine klare Einordnung des Anspruchs als begründet oder unbegründet möglich. Dies zeigt sich auch daran, dass die gesellschaftsrechtliche Verpflichtung, Schadensersatzansprüche gegen eigene Organmitglieder zu verfolgen, schon bei der Möglichkeit eines solchen Schadensersatzanspruchs besteht.[441] Es ist also bei Geltendmachung des Anspruchs meist unklar, ob dieser tatsächlich besteht. Die Entscheidung des Versicherers, zunächst die erhobenen Ansprüche abzuwehren, ist deshalb der Regelfall.[442]

Die Besonderheiten der D&O-Versicherung rechtfertigen folglich eine Abweichung von § 101 Abs. 2 S. 1 VVG.

2. *Keine Gefährdung des Vertragszwecks*

Eine Kostenanrechnungsklausel könnte zu einer den Vertragszweck gefährdenden Einschränkung im Sinne des § 307 Abs. 2 Nr. 2 BGB führen. Wie bereits angesprochen, schließt die Gesellschaft eine D&O-Versicherung auch ab, um bei Innenhaftungsfällen von der Freistellungskomponente zu profitieren. Ebenso dient eine jede Haftpflichtversicherung dazu, der Geschädigten einen vollständigen Schadensausgleich zu ermöglichen. Dieser Schadensausgleichsgedanke könnte durch eine Kostenanrechnungsklausel gefährdet sein.

Mit einer Kostenanrechnungsklausel könnte der Versicherer in die Lage versetzt werden, durch ansteigende Abwehrkosten die Handlungsmöglichkeiten der

---

438 *Werber*, VersR 2014, 1159, 1161 f.

439 *Ihlas* in MünchKomm VVG, 3. Band^2, 320 - D&O, Rn. 521; *Werber*, VersR 2014, 1159, 1162.

440 *Werber*, VersR 2014, 1159, 1162.

441 *Werber*, VersR 2014, 1159, 1164; *Peppersack*, S. 75, m.w.N.

442 *Herdter*, ZVersWiss 2011, 655, 661; *Peppersack*, S. 34, 87; *Werber*, VersR 2014, 1159, 1162.

geschädigten Versicherungsnehmerin einzuschränken.[443] Dem Versicherer wäre es durch die Klausel und seine – in der Regel vereinbarte – Prozessführungsbefugnis möglich, ein Obsiegen der Versicherungsnehmerin im Haftpflichtprozess mangels ausreichender Versicherungssumme in einen „Pyrrhussieg" zu verwandeln.[444]

Fraglich ist zu Beginn schon, ob diese Gefahr überhaupt besteht. Ein Versicherer, der sich unredlich auf die Abwehr begründeter Ansprüche stützt, setzt sich Schadensersatzforderungen aus[445] und schädigt seinen eigenen Ruf auf dem D&O-Versicherungsmarkt. Damit würde der Versicherer die beabsichtigte Türöffner-Funktion der D&O-Versicherung konterkarieren.

Des Weiteren ist die Anspruchsabwehr in der D&O-Versicherungspraxis verglichen mit der Freistellungskomponente bedeutsamer.[446] Ob tatsächlich und wenn ja in welcher Höhe ein Haftpflichtanspruch besteht, ist aufgrund der schwierigen Sachverhaltsaufklärung und der meist komplexen Rechtsfragen bei Eintritt des Versicherungsfalls in der Regel unklar. Die Anspruchsabwehr ist auch wegen häufig horrender, die Versicherungssumme übersteigender Schadensersatzforderungen sowie der bedrohten Reputation für die versicherte Person äußerst wichtig. Potenzielle Abwehrkosten sind folglich bei der Prämienkalkulation besonders zu gewichten. Bedingt durch die Komplexität der einem D&O-Versicherungsfall zugrunde liegenden Haftpflichtfrage und die hohen geltend gemachten Forderungen werden meist qualifizierte Anwälte auf Honorarbasis beauftragt.[447] Die dabei entstehenden Abwehrkosten müssen von der unterliegenden Partei aber nur bis zur Höhe der sich aus dem RVG ergebenden

---

443 *Säcker*, VersR 2005, 10, 14 f.; *Beckmann* in Beckmann/Matusche-Beckmann[3], § 28, Rn. 91.

444 *Säcker*, VersR 2005, 10, 14 f.; *Beckmann* in Beckmann/Matusche-Beckmann[3], § 28, Rn. 91.

445 *Peppersack*, S. 80; *R. Koch* in Bruck/Möller, 4. Band[9], § 101 VVG, Rn. 75; *Werber*, VersR 2014, 1159, 1164.

446 Hinsichtlich des Überwiegens der Abwehrkomponente: *Ihlas* in MünchKomm VVG, 3. Band[2], 320 - D&O, Rn. 528; *Haehling von Lanzenauer/Kreienkamp* in Looschelders/Pohlmann[3], Anhang C, Rn. 128; *Hoffmann-Becking*, ZHR 181 (2017), 737, 741; *Herdter*, ZVersWiss 2011, 655, 661; so auch: *Michael Hendricks* auf dem 20. Euroforum-Jahrestagung Haftpflicht 2018, Versicherungs-Journal.de Ausgabe v. 2.2.2018, dauerhafte Adresse des Dokuments: http://www.wiso-net.de/document/VERS__131300, abgerufen am 17.3.2018.

447 *Peppersack*, r+s 2018, 117, 118; *Ihlas*[2], S. 436.

Kosten erstattet werden.[448] Somit entstehen bei D&O-Versicherungen in aller Regel Abwehrkosten, die selbst bei einer Klageabweisung beim Versicherer verbleiben. Die meist nur schwer zu beantwortende Haftpflichtfrage bedingt eine beschwerliche Kalkulation potenzieller Abwehrkosten und kann, ohne Anrechnung der Abwehrkosten, die Kalkulation der Versicherungsprämien unmöglich machen.[449] Eine Prämienkalkulation ist aber zwingende Voraussetzung für die Versicherbarkeit eines Risikos.[450] Die Kostenanrechnungsklauseln sichern daher die Versicherbarkeit der Organhaftung.

3. *Vereinbarkeit mit dem Transparenzgebot*

Gegen eine Wirksamkeit wird eingewandt, dass allein aus dem Wortlaut der Klausel heraus ein Abschätzen der anzurechnenden Abwehrkosten nicht möglich sei und deshalb ein Verstoß gegen das AGB-rechtliche Transparenzgebot aus § 307 Abs. 1 S. 2 BGB vorliege.[451] Der Einwand überzeugt aus zweierlei Gründen nicht: Für eine durchschnittlich verständige Versicherungsnehmerin ergibt sich aus der Anrechnungsklausel, dass ein vollständiger Verbrauch der Versicherungssumme durch Abwehrkosten möglich ist, wodurch sich die wirtschaftliche Konsequenz der Klausel als für sie klar erweist.[452] Des Weiteren würde diese Ansicht aufgrund der selten eindeutig abschätzbaren Abwehrkosten jedwede formularmäßige Abweichung von § 101 Abs. 2 S. 1 VVG faktisch ausschließen, sodass § 101 Abs. 2 S. 1 VVG letztendlich, entgegen § 112 VVG, eine de facto zwingende Norm würde.

---

448 *Fiedler*, PHi 2013, 94, 103; *Lange*, § 15, Rn. 22; *Ihlas* in MünchKomm VVG, 3. Band², 320 - D&O, Rn. 53; *Peppersack*, S. 76. Denkbar wäre lediglich, dass die Mandatierung spezialisierter Rechtsanwälte, welche nur auf Honorarbasis tätig werden, als „erforderlich und zweckmäßig" zur Rechtsverfolgung anzusehen ist (ausführlich zur „Erstattung von Rechtsanwaltskosten bei Honorarvereinbarungen": *Mediger*, MDR 2017, 245). Sollte man dies bejahen, könnte man die über den RVG-Sätzen liegenden Kosten als ersatzfähige Schäden i.S.v. § 249 BGB einordnen.

449 *Werber*, VersR 2014, 1159, 1165; *Ihlas* in MünchKomm VVG, 3. Band², 320 - D&O, Rn. 522; *Sieg* in Höra⁴, § 17, Rn. 140; *Armbrüster* in *Koch/Weber/Winter* (Hrsg.), 100 Jahre Hamburger Seminar für Versicherungswissenschaft und Versicherungswissenschaftlicher Verein in Hamburg e. V. (2016), 313, 326; *Peppersack*, S. 72; *Finkel/Seitz* in Seitz/Finkel/Klimke, Ziff. 4, Rn. 65; *Hemeling* in FS Michael Hoffmann-Becking (2013), 491, 503; *Fiedler*, PHi 2013, 94, 100.

450 *Ihlas* in MünchKomm VVG, 3. Band², 320 - D&O, Rn. 522.

451 *Säcker*, VersR 2005, 10, 14; OLG Frankfurt (Main) v. 9.6.2011, r+s 2011, 509, Rn. 44.

452 *Terno*, r+s 2013, 577, 578; *Peppersack*, S. 94 ff.

4. *Keine unangemessene Benachteiligung*

Ein Argument für die Angemessenheit von Kostenanrechnungsklauseln ist, dass es der Versicherungsnehmerin obliegt, eine ausreichende Versicherungssumme zu wählen.[453] Die Versicherungsnehmerin ist selbst für die Wahl des richtigen und ausreichenden Versicherungsprodukts verantwortlich. Ein über den Vertrag weitergehender und nicht in die Prämienkalkulation eingeflossener Schutz würde die Versicherungsnehmerin ohne Notwendigkeit und zulasten des Versicherers besserstellen. Die unbegrenzte Übernahme der Abwehrkosten durch den Versicherer würde nämlich zu einer Ausweitung der Hauptleistungspflicht ohne adäquate Gegenleistung der Versicherungsnehmerin führen.[454]

Schließlich spricht gegen die Einordnung der Kostenanrechnungsklausel als unangemessene Benachteiligung auch, dass in der D&O-Versicherungspraxis meist weitere Klauseln die starre Anrechnung der Abwehrkosten auf die Versicherungssumme aufweichen.[455] Um insbesondere bei Versicherungsfällen, die nach Verbrauch der Versicherungssumme eintreten, zumindest einen Abwehrschutz durch den Versicherer sicherzustellen, bieten manche Versicherer den Abschluss eines Abwehrkostenzusatzlimits an.[456] Insgesamt muss die Wirksamkeit von Kostenanrechnungsklauseln in D&O-Versicherungsverträgen daher grundsätzlich bejaht werden.[457]

---

453 *Werber*, VersR 2014, 1159, 1164; *Ihlas* in MünchKomm VVG, 3. Band², 320 - D&O, Rn. 524; *Peppersack*, S. 84; *Finkel/Seitz* in Seitz/Finkel/Klimke, Ziff. 4, Rn. 64.

454 *Ihlas* in MünchKomm VVG, 3. Band², 320 - D&O, Rn. 520; *Werber*, VersR 2014, 1159, 1164.

455 *Ihlas* in MünchKomm VVG, 3. Band², 320 - D&O, Rn. 518; *Lange*, § 15, Rn. 24; *Sieg* in Höra⁴, § 17, Rn. 140; *Peppersack*, S. 85.

456 *Werner*, CB 2018, 114, 117; *Cyrus*, NZG 2018, 7, 13; *Peppersack*, S. 84; *Finkel/Seitz* in Seitz/Finkel/Klimke, Ziff. 4, Rn. 64.

457 So auch: *Haehling von Lanzenauer/Kreienkamp* in Looschelders/Pohlmann³, Anhang C, Rn. 128; *Peppersack*, S. 96 f.; *Ihlas* in MünchKomm VVG, 3. Band², 320 - D&O, Rn. 514 ff.; *Langheid* in Langheid/Rixecker⁶, § 101 VVG, Rn. 23; *Lange*, § 15, Rn. 21 ff.; *Sieg* in Höra⁴, § 17, Rn. 140; *Armbrüster*, NJW 2016, 897, 898; *Retter* in Schwintowski/Brömmelmeyer³, § 101 VVG, Rn. 16; *Hoffmann-Becking*, ZHR 181 (2017), 737, 741; *R. Koch* in Bruck/Möller, 4. Band⁹, § 101 VVG, Rn. 75; *Doralt*, ZGR 2019, 996, 1038; wohl auch: *Cyrus*, NZG 2018, 7, 13. Das OLG Düsseldorf hat die Frage nach der Wirksamkeit von Kostenanrechnungsklauseln offengelassen, v. 13.12.2019, r+s 2020, 271, Rn. 43. Das OLG Düsseldorf hat aber in dieser Entscheidung klargestellt, dass Zinsen, die nicht ausdrücklich in einer Anrechnungsklausel genannt werden, nicht auf die Deckungssumme angerechnet werden können (Rn. 54 ff.).

III. Zwischenergebnis

Zielt die geschädigte Versicherungsnehmerin mit einer Inanspruchnahme der versicherten Person letztendlich auf die Versicherungssumme, muss sie eine möglicherweise vereinbarte Anrechnung der Abwehrkosten auf die Versicherungssumme bedenken. Ebenso führt die Anrechnung von Abwehrkosten dazu, dass der Haftpflichtcharakter der D&O-Versicherung dem Schadensausgleichsinteresse der Versicherungsnehmerin entgegensteht.

D. Bedeutung des Vergleichs

Vom Eintritt des Versicherungsfalls an bis zu einer rechtskräftigen Entscheidung kann der D&O-Versicherungsfall durch einen Vergleich abgewickelt werden. Das ist in der Praxis ein häufiges Szenario.[458] Nicht selten werden dabei Haftungs- und Deckungsvergleich miteinander verbunden[459] oder gleichzeitig abgeschlossen.[460] Wie und von welchen Parteien der Haftungs- sowie der Deckungsvergleich abgeschlossen werden können, soll im Folgenden untersucht werden.

I. Haftungsvergleich

Grundsätzlich kann das Haftpflichtverhältnis durch einen Vergleich zwischen Haftpflichtgläubigerin (Versicherungsnehmerin) und Haftpflichtschuldner (versicherter Person) beendet werden. Um zu verhindern, dass der Versicherer die Haftpflicht nach einem solchen Haftungsvergleich erfolgreich bestreiten kann, sollte die versicherte Person die Zustimmung des Versicherers zum Haftungsvergleich einholen.[461] Ebenso kann der D&O-Versicherer aufgrund seiner

---

458 *Ramharter*, Rn. 6/28; *Dilling*, VersR 2018, 332, 335; *Böttcher/Kuntze*, PHi 2016, 164, 181; *Peppersack*, S. 316 f., m.w.N.

459 *Dietz-Vellmer*, NZG 2011, 248, 253; *Sieg* in Krieger/Schneider[3], § 18, Rn. 18.58. Z.B. Tagesordnungspunkt 5 zur Hauptversammlung 2014 der MAN SE, abgerufen am 1.11.2019: https://www.corporate.man.eu/man/media/de/content_medien/doc/global_corporate_website_1/investor_relations_1/hv/2014_8/man_hv_2014_d_o_vergleich_d.pdf.

460 Beispielsweise: Tagesordnungspunkt 10 zur Hauptversammlung 2016 der Deutschen Bank AG, S. 4 ff. und S. 8 ff. https://hauptversammlung.db.com/de/docs/HV2016_Tagesordnung_de_2016-03-31.pdf, abgerufen am 1.11.2019; Tagesordnung der Siemens AG zur Hauptversammlung 2010, S. 41 ff. und S. 88 ff., https://assets.new.siemens.com/siemens/assets/api/uuid:153c1246-a926-466c-903e- 97d67763b622/version:1565188819/einladung-hv2010-d.pdf, abgerufen am 1.11.2019.

461 *Sieg* in Krieger/Schneider[3], § 18, Rn. 18.56; *Lange*, § 19, Rn. 26.

Regulierungsvollmacht im Namen der versicherten Personen einen Haftungsvergleich schließen.[462] Die Regulierungsvollmacht dient dazu, umfassend und abschließend das Haftpflichtverhältnis zu regulieren, sodass der Versicherer hinsichtlich des gesamten Haftpflichtanspruchs einen Vergleich abschließen kann.[463] Der Versicherer kann deshalb im Namen der versicherten Person einen Haftungsvergleich abschließen, der die versicherte Person bezüglich eines vereinbarten Selbstbehalts und über die Versicherungssumme hinausgehend bindet.[464] Die versicherte Person ist an einen solchen Haftungsvergleich im Verhältnis zur geschädigten Versicherungsnehmerin selbst dann gebunden, wenn der Versicherer mit dem Vergleichsabschluss eine im Innenverhältnis bestehende Pflicht verletzt.[465] Geht die versicherte Person davon aus, dass der Versicherer mit dem konkreten Haftungsvergleich seine Versicherungsschutzpflicht verletzt hat, obliegt es ihr, den Versicherer auf Schadensersatz in Anspruch zu nehmen.[466] Die versicherte Person kann somit erst nach einem aus ihrer Sicht nachteiligen Haftungsvergleich gegen den Versicherer vorgehen, während die Versicherungsnehmerin schon aus dem Haftungsvergleich heraus gegen die versicherte Person vollstrecken kann.

Durch § 93 Abs. 4 S. 3 AktG wird die Möglichkeit, einen Haftungsvergleich abzuschließen, eingeschränkt. Demnach kann ein Haftungsvergleich grundsätzlich erst „drei Jahre nach der Entstehung des Anspruchs" abgeschlossen werden. Das führt dazu, dass in Innenhaftungsfällen einer AG eine außergerichtliche Einigung erst mit Verzögerung verhandelt werden kann.[467] Durch das ebenso in § 93 Abs. 4 S. 3 AktG enthaltene Zustimmungserfordernis der Hauptversammlung wird der Vergleich zwangsläufig öffentlich.[468]

---

462 *Lange*, § 19, Rn. 32.

463 BGH v. 11.10.2006, BGHZ 169, 232, Rn. 21; *Retter* in Schwintowski/Brömmelmeyer^3, § 100 VVG, Rn. 48.

464 BGH v. 11.10.2006, BGHZ 169, 232, Rn. 21; *Armbrüster*, r+s 2010, 441, 443; *Retter* in Schwintowski/Brömmelmeyer^3, § 100 VVG, Rn. 48.

465 *Retter* in Schwintowski/Brömmelmeyer^3, § 100 VVG, Rn. 49; *Lange*, § 19, Rn. 33.

466 *Retter* in Schwintowski/Brömmelmeyer^3, § 100 VVG, Rn. 49.

467 *Peltzer*, NZG 2009, 970, 974 f., nimmt deshalb an, dass es im Bereich der Innenhaftung einer AG kaum zu Vergleichen komme.

468 Z.B. die Vergleiche der Deutschen Bank AG (Fn. 460), der Siemens AG (Fn. 460) und der MAN SE (Fn. 459).

II. Deckungsvergleich

Ein Deckungsvergleich kann über den konkreten Versicherungsanspruch der in Anspruch genommenen versicherten Person allein mit dieser vereinbart werden, wenn die versicherte Person wie üblich die Verfügungsbefugnis über den Versicherungsanspruch innehat.[469] An einem solchen Deckungsvergleich ist problematisch, dass sich die Einigung nur auf den konkreten Deckungsanspruch bezieht. Die geschädigte Versicherungsnehmerin könnte daher eine andere versicherte Person in Anspruch nehmen, um so auf die volle Versicherungssumme zuzugreifen. Des Weiteren ist ein ausschließlich zwischen versicherter Person und Versicherer vereinbarter Deckungsvergleich nach § 108 Abs. 1 S. 1 VVG gegenüber der geschädigten Versicherungsnehmerin unwirksam.[470]

Es bietet sich daher an, den Deckungsvergleich unter Beteiligung des Versicherers, der geschädigten Versicherungsnehmerin und der versicherten Person zu vereinbaren.[471] Schwierigkeiten kann es hierbei aber bereiten, alle betroffenen versicherten Personen zu beteiligen und sich mit diesen auf einen Vergleich zu einigen.

Eine Alternative stellt ein den gesamten D&O-Versicherungsvertrag betreffender Deckungsvergleich zwischen der geschädigten Versicherungsnehmerin und dem Versicherer dar.[472] Die Versicherungsnehmerin ist als Vertragspartnerin des Versicherers grundsätzlich befugt, den D&O-Versicherungsvertrag als Ganzes zu beenden.[473] Über die Versicherungsschutzansprüche, die aber vor diesem Vergleich schon entstanden sind, kann grundsätzlich nur die betroffene versicherte Person verfügen.[474] Dennoch

---

469 *Sieg* in Krieger/Schneider³, § 18, Rn. 18.57; *Lange*, § 19, Rn. 93.

470 *Lange*, § 19, Rn. 95.

471 *Lange*, § 19, Rn. 97; wie etwa der Deckungsvergleich der Deutschen Bank AG (Fn. 460), S. 9.

472 So z.B. die Deckungsvergleiche der Siemens AG (Fn. 460), S. 95, § 5. Hinsichtlich eines kombinierten Haftungs- und Deckungsvergleichs: Einladung zur außerordentlichen Hauptversammlung am 15./16. Dezember 2009 der Constantin Medien AG, S. 11, Ziff. 3.1, www.constantin-medien.de/dasat/images/3/100973-to-neu-constantinmedien1109-web.pdf, abgerufen am 1.11.2019.

473 *Brand* in Bruck/Möller, 2. Band⁹, § 44 VVG, Rn. 8; *R. Koch* in Looschelders/Pohlmann³, § 44 VVG, Rn. 4; *Hübsch* in Schwintowski/Brömmelmeyer³, § 44 VVG, Rn. 7.

474 *Lange*, § 19, Rn. 119. BGH v. 8.5.2013, VersR 2013, 853, Rn. 34 ff., geht hingegen davon aus, dass die VN einer Gruppenversicherung auch schon entstandene

könnten die schon entstandenen Deckungsansprüche erlöschen, sobald die geschädigte Versicherungsnehmerin erklärt, bis zur Höhe der Versicherungssumme nicht oder ausschließlich den Selbstbehalt geltend zu machen.[475] Eine solche Vereinbarung führt dazu, dass die versicherte Person mindestens bis zur Versicherungssumme oder bis zum verbleibenden Selbstbehalt freigestellt und somit so gestellt wird, wie wenn der Versicherer auf die Haftpflichtschuld gezahlt hätte. Der Freistellungsanspruch erlischt folglich, sobald die Versicherungsnehmerin aufgrund des Deckungsvergleichs wirksam auf den Haftpflichtanspruch in Höhe eines maximal bestehenden Freistellungsanspruchs verzichtet hat.[476] Schwieriger zu beantworten ist die Frage, ob sich der Deckungsvergleich auch auf den schon entstandenen Abwehranspruch auswirken kann. Ein mit einem haftungsrechtlichen Verzicht kombinierter Deckungsvergleich ändert nichts daran, dass der Haftpflichtanspruch, soweit dieser den Versicherungsschutz etwa wegen eines Selbstbehalts oder einer erschöpften Versicherungssumme übersteigt, weiterhin besteht. Die versicherte Person ist somit in aller Regel weiterhin an einer Abwehr dieses verbleibenden Haftpflichtanspruchs interessiert. Dennoch führt ein solcher mit einem haftungsrechtlichen Verzicht kombinierter Deckungsvergleich auch zu einem Erlöschen des Abwehranspruchs. Der Versicherer gibt mit Abschluss eines solchen Vergleichs zu erkennen, dass er die Haftpflichtforderung für begründet erachtet und deswegen freistellt. Folglich macht der Versicherer von seinem Ermessen, zwischen Abwehr und Freistellung zu wählen, Gebrauch.

III. Zwischenergebnis

Selbst wenn die versicherte Person die Verfügungsbefugnis über den Versicherungsanspruch innehat, muss sie damit rechnen, dass Deckungs- und Haftungsvergleich gegen ihren Willen abgeschlossen werden. Die geschädigte Versicherungsnehmerin kann durch einen kombinierten Deckungs- und

---

Versicherungsschutzansprüche zum Erlöschen bringen kann, sofern dies nicht treuwidrig ist. Kritisch zur Ansicht des BGH: *Wandt*, VersR 2013, 856, 856 ff.

475 Z.B. die Vergleiche bei der Siemens AG (Fn. 460), S. 95, § 4, und der Constantin Median AG (Fn. 472), Ziff. 3.1.

476 Kritisch: *Lange*, § 19, Rn. 120. Sollte die VN verfügungsbefugt sein, nimmt auch *Peppersack*, S. 319, an, dass ein Vergleich ohne Zustimmung wirksam ist, wenn die vP bis zur „Grenze der Deckungssumme freigestellt“ wird.

Haftungsvergleich einen direkten Zahlungsanspruch gegen den Versicherer erlangen und gleichzeitig den außerhalb des Versicherungsschutzes liegenden Teil des Haftpflichtanspruchs gegenüber der versicherten Person geltend machen. Die versicherte Person kann den Direktanspruch nicht verhindern und ist dem verbleibenden Haftpflichtanspruch ohne Versicherungsschutz ausgesetzt. Um ihre Interessen zu wahren, hat die versicherte Person nur die Möglichkeit, den Versicherer oder die Versicherungsnehmerin auf Schadensersatz in Anspruch zu nehmen.

Allein in den ersten drei Jahren ab Entstehung des Haftpflichtanspruchs ist die versicherte Person gemäß § 93 Abs. 4 S. 3 AktG vor einem durch Vergleich entstandenen Direktanspruch und dem damit einhergehenden Verlust des Versicherungsanspruchs geschützt. In dieser Zeitspanne kann die geschädigte Versicherungsnehmerin nur durch eine Abtretung des Freistellungsanspruchs einen Direktanspruch erlangen.

E. Zusammenfassung

Der aufgrund einer Innenhaftung ausgelöste Versicherungsfall ist nicht wesentlich anders zu behandeln als ein durch Außenhaftung ausgelöster Versicherungsfall.

Der Versicherungsfall tritt auch ein, wenn die geschädigte Versicherungsnehmerin die versicherte Person nur in Anspruch nimmt, um eine direkte Inanspruchnahme des Versicherers zu ermöglichen. Die Versicherungsnehmerin muss somit im Falle einer direkten Inanspruchnahme nicht darlegen und beweisen, dass sie die versicherte Person ernstlich in Anspruch genommen hat. Den Eintritt des Versicherungsfalls an weitere Voraussetzungen, wie etwa die Trennung oder gerichtliche Geltendmachung, zu knüpfen, würde die Attraktivität des Versicherungsprodukts ohne relevanten Mehrwehrt für den Versicherer mindern.

Die Versicherungsnehmerin ist als Vertragspartnerin des Versicherers selbst in einem Innenhaftungsfall weiterhin Auskunfts- und Belegobliegenheiten unterworfen. Diese können nur unter dem Gebot von Treu und Glauben im Einzelfall eingeschränkt werden. Der Versicherer ist folglich in einem Innenhaftungsfall bessergestellt als in einem Außenhaftungsfall.

Durch die zulässige Anrechnung der Abwehrkosten auf die Versicherungssumme steigt das Interesse der Versicherungsnehmerin und der versicherten Person an einer effizienten Klärung der Haftpflichtfrage. Für den Versicherer ist die Anrechnungsklausel für die Prämienkalkulation elementar, sodass der

Versicherer kaum eine Abwicklung des Versicherungsfalls ohne Anrechnung der Abwehrkosten akzeptieren kann.

Ein kombinierter Haftungs- und Deckungsvergleich ermöglicht es der Versicherungsnehmerin und dem Versicherer, den Versicherungsfall ohne direkte Beteiligung der versicherten Person abzuwickeln. Zusätzlich dazu kann durch einen solchen Vergleich der Versicherer seine Versicherungsschutzpflicht abschließend erfüllen. Die versicherte Person ist dann dem verbleibenden Haftpflichtanspruch ohne Versicherungsschutz ausgesetzt.

Dritter Teil: Die direkte Inanspruchnahme des Versicherers nach der derzeitigen Versicherungspraxis

Wie im ersten Teil dieser Arbeit dargestellt, bestehen schon Schwierigkeiten, die D&O-Versicherung in das VVG einzuordnen. Diese Schwierigkeiten beruhen auf der Ausgestaltung der D&O-Versicherung als Haftpflichtversicherung bei einem gleichzeitig bestehenden hohen Eigeninteresse der Versicherungsnehmerin an der Versicherungssumme. Obwohl das Interesse der Versicherungsnehmerin schon bei Vertragsschluss erkennbar ist, wird es im Rahmen der Vertragsgestaltung nicht unmittelbar berücksichtigt. Tritt der Versicherungsfall ein, endet jedoch mit einem möglicherweise versicherten Innenhaftungsanspruch die Passivität der Versicherungsnehmerin. Ab Schadenseintritt bestimmt das Bilanzschutzinteresse das Verhalten der Versicherungsnehmerin. Ein vollständiger Schadensausgleich lässt sich dann meist nur noch durch die Versicherungssumme realisieren. Die Versicherungsnehmerin ist daher ab einem Innenhaftungsfall an der Versicherungssumme als Befriedungsobjekt interessiert. Daneben kann ein Innenhaftungsfall aber auch zu unternehmensinternen Konflikten und reputationsschädigender Aufmerksamkeit führen. Um diese mit Eintritt des Versicherungsfalls akut gewordenen Interessen zu verfolgen, könnte sich eine direkte Inanspruchnahme des Versicherers anbieten.

Wie aber bereits festgestellt, steht der Versicherungsnehmerin kein eigener Versicherungsanspruch aus der D&O-Versicherung zu. Nach der derzeitigen Versicherungspraxis hat die versicherte Person die Verfügungsbefugnis inne. Ein Direktanspruch der Versicherungsnehmerin könnte sich daher nur durch eine Abtretung des Versicherungsanspruchs ergeben. Ob und wie ein durch Abtretung ermöglichter Direktanspruch entsteht, soll in diesem Kapitel analysiert werden. Im Anschluss daran soll geprüft werden, ob die Versicherungsnehmerin auch dann einen Direktanspruch erlangt, wenn sie, der fremdversicherungsrechtlichen Ausgangslage entsprechend, die Verfügungsbefugnis innehat. Unabhängig von der konkreten Begründung des Direktanspruchs könnte einer abschließenden Schadensregulierung ein zwingender Selbstbehalt entgegenstehen. Es soll daher ebenso geprüft werden, wie die Selbstbehaltsproblematik gelöst werden kann.

Bevor es zu den genannten Untersuchungen kommt, ist in einem ersten Schritt in die Thematik der direkten Inanspruchnahme einzuführen.

A. Einführung

Die direkte Inanspruchnahme des Versicherers ist Gegenstand kontroverser Diskussionen in der Wissenschaft und der Rechtsprechung.[477] Dabei fällt auf, dass regelmäßig dieselben Begriffe unterschiedlich verwendet werden. Die Begriffe sollen daher zu Beginn definiert werden. Daran anschließend sind die unterschiedlichen Interessen der Beteiligten an einer direkten Inanspruchnahme zu erörtern. Eine direkte Inanspruchnahme muss aber nicht nur den Interessen der Beteiligten entsprechen, sondern auch rechtlich zulässig sein. Deshalb soll die Zulässigkeit einer inzidenten Haftpflichtprüfung in einem versicherungsrechtlichen Direktprozess untersucht werden.

Ehe die dargestellten Punkte im Zusammenhang mit der direkten Inanspruchnahme erörtert werden, soll eine alternative Möglichkeit zur Sicherung des Versicherungsanspruchs aufgezeigt werden. Neben einer direkten Inanspruchnahme auf Leistung könnte die geschädigte Versicherungsnehmerin auch eine Feststellungsklage gegen den Versicherer erheben.

I. Feststellungsklage

Eine vorgezogene deckungsrechtliche Feststellungsklage kann immer dann besonders ratsam sein, wenn die Haftpflichtforderung die Solvenz der versicherten Person übersteigt und dadurch der Versicherungsanspruch als Befriedungsobjekt bedeutsamer wird. Durch eine vorgezogene Feststellungsklage kann eine drohende Verjährung des Versicherungsanspruchs verhindert werden.[478] Zudem lässt sich durch eine vorgezogene deckungsrechtliche Feststellungsklage einschätzen, inwieweit sich die gerichtliche Verfolgung und Durchsetzung des Haftpflichtanspruchs finanziell lohnt.

Die Stellung der Versicherungsnehmerin in der D&O-Versicherungspraxis, in der meist der versicherten Person die formelle Verfügungsbefugnis und Prozessführungsbefugnis zugewiesen sind, unterscheidet sich von den gesetzlichen Vorgaben für die Fremdversicherung, in der ihr die formelle Verfügungsbefugnis und die Prozessführungsbefugnis zustehen. Es soll deshalb die Zulässigkeit einer vorgezogenen deckungsrechtlichen Feststellungklage nach

---

477 Beispielsweise: BGH v. 13.4.2016, BGHZ 209, 373; *Baumann* in Bruck/Möller, 4. Band[9], Ziff. 10 AVB-AVG, Rn. 22 ff.; *R. Koch* in Bruck/Möller, 4. Band[9], § 108 VVG, Rn. 35 ff.; *Ihlas* in MünchKomm VVG, 3. Band[2], 320 - D&O, Rn. 455 f.; *Lange* in Veith/Gräfe/Gebert[3], § 21, Rn. 61.

478 *Lücke* in Prölss/Martin[31], § 108 VVG, Rn. 3; *Lange*, § 21, Rn. 6.

der fremdversicherungsrechtlichen Ausgangslage und im Rahmen der D&O-Versicherungspraxis getrennt untersucht werden. Bevor dies jedoch geschehen kann, ist der Gegenstand einer solchen vorgezogenen deckungsrechtlichen Feststellungsklage zu bestimmen. Ebenso ist die Trennung zwischen den zwei Sachentscheidungsvoraussetzungen Prozessführungsbefugnis und Feststellungsinteresse meist unscharf, sodass für die weitere Prüfung diese Begriffe abgegrenzt werden sollen.

1. Gegenstand der Feststellungsklage

Gegenstand einer deckungsrechtlichen Feststellungsklage ist das sich aus dem Versicherungsanspruch ergebende Rechtsverhältnis.[479] Die Haftpflicht ist im Rahmen einer deckungsrechtlichen Feststellungsklage nicht inzident zu prüfen.[480] Tatsachenfeststellungen, die im Zuge eines Haftpflichtprozesses relevant werden, sind grundsätzlich nicht im deckungsrechtlichen Feststellungsprozess zu entscheiden. Nur sofern diese Tatsachen im Rahmen der Prüfung des sachlichen, zeitlichen und örtlichen Umfangs des Versicherungsschutzes relevant werden und es sich hierbei nicht um den „Grund des [Haftpflicht-]Anspruches" handelt, findet eine gerichtliche Überprüfung statt.[481] Die geschädigte Versicherungsnehmerin muss sich bei der Erhebung einer vorgezogenen Feststellungsklage bewusst sein, dass Entscheidungen im Rahmen des vorgezogenen Deckungsprozesses auch hinsichtlich voraussetzungsidentischer Tatsachen keine Bindungswirkung auf den Haftpflichtprozess haben. Deshalb kann derselbe Sachverhalt im Haftpflichtprozess anders als im Deckungsprozess, und zwar auch zum Nachteil der Versicherungsnehmerin, bewertet werden.[482]

2. Prozessführungsbefugnis und Feststellungsinteresse

Als Sachentscheidungsvoraussetzungen sollen die Prozessführungsbefugnis und das Feststellungsinteresse den Kreis der Klageberechtigten eingrenzen. Bei

479 *Piontek*, § 3, Rn. 37; *Schneider* in Beckmann/Matusche-Beckmann[3], § 24, Rn. 144a; *Harsdorf-Gebhardt* in Späte/Schimikowski[2], 5 AHB, Rn. 60 f., m.w.N.

480 LG Berlin v. 29.10.2002, NJW-RR 2003, 460, 461; *R. Koch* in Bruck/Möller, 4. Band[9], § 100 VVG, Rn. 149.

481 *Lücke* in Prölss/Martin[31], § 100 VVG, Rn. 48; *Langheid/Müller-Frank*, NJW 2017, 2318, 2320; hinsichtlich der Prüfung von Tatsachen, welche für den Versicherungsschutz relevant sind: *Retter* in Schwintowski/Brömmelmeyer[3], § 100 VVG, Rn. 75.

482 *Retter* in Schwintowski/Brömmelmeyer[3], § 100 VVG, Rn. 75; *Heinrichs* in Staudinger/Halm/Wendt[2], § 100 VVG, Rn. 34; *Lücke* in Prölss/Martin[31], § 100 VVG, Rn. 56.

Feststellungsklagen von nicht am festzustellenden Rechtsverhältnis beteiligten Dritten kommt es in der Rechtsprechung meist zu einer Vermischung der beiden genannten Voraussetzungen.[483] Beide Voraussetzungen überschneiden sich zwar teilweise, sie verfolgen jedoch einen jeweils eigenen Zweck.

Die Prozessführungsbefugnis dient im Grundsatz dazu, nur dem vermeintlichen Inhaber des materiellen Rechts die Möglichkeit einer Klage zu eröffnen und so eine für die Beteiligten verbindliche Klärung der streitigen Frage sicherzustellen.[484] Davon kann nur im Rahmen der gesetzlichen sowie der gewillkürten Prozessstandschaft abgewichen werden.[485] Ein Beispiel hierfür ist die in §§ 45 Abs. 1, 44 Abs. 2 VVG normierte gesetzliche Prozessstandschaft der Versicherungsnehmerin.[486]

Demgegenüber dient das Feststellungsinteresse dazu, die „staatlichen Rechtspflegeinteressen" zu schützen. Mit anderen Worten soll durch diese Voraussetzung eine vermeidbare Belastung der Gerichte durch anschließende Klagen verhindert werden.[487] Bei dem Feststellungsinteresse handelt es sich um eine qualifizierte Form des allgemein notwendigen Rechtsschutzbedürfnisses.[488] Es besteht nur dann, wenn dem Kläger „kein einfacherer und billigerer Weg" zur Erreichung seiner Ziele zur Verfügung steht[489] und die Feststellungsklage geeignet ist, eine Unsicherheit bezüglich des infrage stehenden subjektiven Rechts zu beseitigen.[490] Folglich ist das Feststellungsinteresse zu verneinen, wenn eine mögliche Leistungsklage zweckdienlicher ist oder wenn die Feststellungsklage nur einzelne Elemente des eigentlich streitigen Rechtsverhältnisses betrifft.[491]

---

483 *Becker-Eberhard* in MünchKomm ZPO, 1. Band[5], §§ 1–354 (2016), § 256 ZPO, Rn. 36; *Saenger* in Saenger[9], Zivilprozessordnung (2021), § 256 ZPO, Rn. 6.

484 *Braun*, Lehrbuch des Zivilprozeßrechts (2014), S. 335 f.; *Becker-Eberhard* in MünchKomm ZPO, 1. Band[5], § 256 ZPO, Rn. 36.

485 *Becker-Eberhard* in MünchKomm ZPO, 1. Band[5], § 256 ZPO, Rn. 36; *Saenger* in Saenger[9], § 256 ZPO, Rn. 6.

486 *Brand* in Bruck/Möller, 2. Band[9], § 45 VVG, Rn. 11, 14.

487 *Lücke* in FS Wolfram Henckel (1995), 563, 572.

488 *Foerste* in Musielak/Voit[18], Zivilprozessordnung (2021), § 256 ZPO, Rn. 7; *Becker-Eberhard* in MünchKomm ZPO, 1. Band[5], § 256 ZPO, Rn. 37.

489 BGH v. 22.6.1977, NJW 1977, 1881, 1882.

490 *Greger* in Zöller[33], Zivilprozessordnung (2020), § 256 ZPO, Rn. 7 ff.; *Rosenberg/Schwab/Gottwald*[18], Zivilprozessrecht (2018), § 91, Rn. 19 ff.

491 *Lücke* in FS Wolfram Henckel (1995), 563, 577.

3. *Verfügungsbefugnis bei der Versicherungsnehmerin*

Eine nach § 256 Abs. 1 ZPO denkbare Feststellungsklage der Versicherungsnehmerin könnte, bedingt durch ihre starke Außenstellung innerhalb einer Fremdversicherung, zulässig sein. Probleme könnten jedoch hinsichtlich der Prozessführungsbefugnis und des Feststellungsinteresses bestehen.

a) Prozessführungsbefugnis

Gemäß §§ 45 Abs. 1, 44 Abs. 2 VVG hat die Versicherungsnehmerin die gesetzliche Prozessstandschaft über den Versicherungsanspruch der versicherten Person, sodass die Versicherungsnehmerin diesbezüglich prozessführungsbefugt ist.[492] Die Prozessführungsbefugnis erstreckt sich hierbei auch auf die gerichtliche Feststellung des Bestehens des Versicherungsanspruchs.[493] Zu beachten ist aber, dass die Versicherungsnehmerin bei der Ausübung ihrer formellen Verfügungs- und Prozessführungsbefugnis im Verhältnis zur versicherten Person durch das gesetzliche Treuhandverhältnis beschränkt ist. Demnach muss die Versicherungsnehmerin die Interessen der versicherten Person bei der Ausübung ihrer Befugnisse berücksichtigen. Diese im Innenverhältnis zur versicherten Person bestehende Pflicht könnte verletzt sein, wenn die Kosten, die dem Versicherer im Rahmen der Abwehr der Feststellungsklage entstehen, auf die Versicherungssumme angerechnet werden. Dem steht jedoch entgegen, dass es im Rahmen der vorgezogenen deckungsrechtlichen Feststellungsklage zu keiner Prüfung des Haftpflichtanspruchs kommt und dem Versicherer somit keine anrechenbaren Abwehrkosten entstehen. Somit ist die versicherte Person bei einer vorgezogenen deckungsrechtlichen Feststellungsklage der geschädigten Versicherungsnehmerin keinem Kostenrisiko ausgesetzt.[494] Die Versicherungsnehmerin ist folglich zur vorgezogenen deckungsrechtlichen Feststellungsklage prozessführungsbefugt.

b) Feststellungsinteresse

Des Weiteren stellt sich die Frage, ob die Versicherungsnehmerin über ein hinreichendes Feststellungsinteresse verfügt. Sofern der Versicherer untätig bleibt,

---

492 BGH v. 5.4.2017, BGHZ 214, 314, Rn. 13, m.w.N.; *Klimke* in Prölss/Martin[31], § 45 VVG, Rn. 22; *Dageförde* in MünchKomm VVG, 1. Band[2], § 45 VVG, Rn. 4.

493 *Brand* in Bruck/Möller, 2. Band[9], § 45 VVG, Rn. 10; *Hübsch* in Schwintowski/Brömmelmeyer[3], § 45 VVG, Rn. 7.

494 BGH v. 5.4.2017, BGHZ 214, 314, Rn. 34.

hat die Versicherungsnehmerin ein unmittelbares Feststellungsinteresse am Versicherungsanspruch.[495] Wie oben definiert, liegt jedoch kein hinreichendes Feststellungsinteresse vor, wenn dem Kläger unter prozesswirtschaftlichen Erwägungen eine Leistungsklage in zumutbarer und erfolgversprechender Weise offensteht.[496] Im Rahmen einer Fremdversicherung bei gleichzeitigem Besitz des Versicherungsscheins ist die Versicherungsnehmerin grundsätzlich befugt, bei Fälligkeit eine Leistungsklage zu erheben und Auszahlung der Versicherungsleistung an die versicherte Person oder sich selbst zu fordern.[497] Eine vorgezogene deckungsrechtliche Feststellungsklage könnte daher aus Subsidiaritätsgründen unzulässig sein.

Im Rahmen der Feststellungsklage strebt die Versicherungsnehmerin schon eine Entscheidung über die Deckungspflicht an, bevor überhaupt die Haftpflichtfrage entschieden wurde. Da der Freistellungsanspruch selbst jedoch erst nach einer bindenden Feststellung der Haftpflichtfrage fällig wird, stellt sich die Frage, ob der geschädigten und verfügungsbefugten Versicherungsnehmerin unmittelbar ein durchsetzbarer Zahlungsanspruch zusteht. Sollte ein solcher direkter Zahlungsanspruch bestehen, wäre dieser im Wege einer unmittelbaren Leistungsklage durchsetzbar. In einem solchen Fall müsste eine Feststellungsklage aus Gründen der Subsidiarität als unzulässig abgewiesen werden.

c) Zwischenergebnis

Eine vorgezogene deckungsrechtliche Feststellungsklage der geschädigten Versicherungsnehmerin hat bei einer Fremdversicherung grundsätzlich nur dann Aussicht auf Erfolg, wenn der Versicherungsnehmerin kein direkter Zahlungsanspruch zusteht.

4. Verfügungsbefugnis bei der versicherten Person

Es stellt sich nun die Frage, ob dieses Ergebnis auch auf die regelmäßig in der D&O-Versicherungspraxis vorliegende Ausgangslage übertragbar ist. Wie bereits angesprochen, werden in D&O-Versicherungsverträgen die Verfügungs- und

495 *R. Koch* in Bruck/Möller, 4. Band[9], § 100 VVG, Rn. 143.

496 *Foerste* in Musielak/Voit[18], § 256 ZPO, Rn. 12; *Becker-Eberhard* in MünchKomm ZPO, 1. Band[5], § 256 ZPO, Rn. 54 f., m.w.N.

497 *Klimke* in Prölss/Martin[31], § 45 VVG, Rn. 27; *Rixecker* in Langheid/Rixecker[6], § 45 VVG, Rn. 3; *R. Koch* in Looschelders/Pohlmann[3], § 45 VVG, Rn. 4; *Brand* in Bruck/Möller, 2. Band[9], § 45 VVG, Rn. 11; *Armbrüster* in Beckmann/Matusche-Beckmann[3], § 6, Rn. 107; *Dageförde* in MünchKomm VVG, 1. Band[2], § 45 VVG, Rn. 4.

die Prozessführungsbefugnis in der Regel ausschließlich der versicherten Person durch eine Klausel zugewiesen.[498] Die Versicherungsnehmerin ist somit nicht „zur Ausübung der Rechte aus dem Versicherungsvertrag" befugt.[499] Ein gesetzliches Treuhandverhältnis zwischen Versicherungsnehmerin und versicherter Person liegt deshalb nicht vor. Die Rolle der Versicherungsnehmerin als Geschädigte rückt folglich mehr in den Vordergrund. Es erscheint daher denkbar, die Prozessführungsbefugnis der Versicherungsnehmerin nach den im Haftpflichtversicherungsrecht für eine geschädigte Dritte entwickelten Grundsätzen zu lösen.

a) Problem – Versicherungsnehmerin bloß geschädigte Dritte

Aufgrund der Zuweisungsklausel kann die Versicherungsnehmerin gleich einer geschädigten Dritten grundsätzlich nicht über den Versicherungsanspruch verfügen. Eine Feststellungsklage der geschädigten Versicherungsnehmerin gegen den Versicherer müsste folglich als unzulässig abgewiesen werden. Sollte nun aber die versicherte Person nicht ausreichend solvent und zudem noch nicht willens sein, den Versicherungsanspruch geltend zu machen, droht der Versicherungsnehmerin, den Versicherungsanspruch als Befriedungsobjekt zu verlieren. Ohne direkte Klage gegen den Versicherer würden der Versicherungsnehmerin dann grundsätzlich nur zwei umständliche und zeitintensive Wege verbleiben, um den Versicherungsanspruch als Befriedungsobjekt zu erhalten.

Die Versicherungsnehmerin könnte zum einen die versicherte Person wegen einer Pflichtverletzung verklagen und beantragen, die versicherte Person zu verpflichten, den Versicherungsanspruch gegenüber dem Versicherer geltend zu machen.[500] Eine solche Klage hat aber nur Aussicht auf Erfolg, wenn der Versicherungsanspruch mit hinreichender Wahrscheinlichkeit besteht. Es würde deshalb in einem solchen Prozess zu einer inzidenten Prüfung der Haftpflichtfrage kommen.[501]

Als eine zweite Möglichkeit bliebe der Versicherungsnehmerin nur noch, den Haftpflichtanspruch gegen die versicherte, aber nicht ausreichend solvente versicherte Person durchzusetzen, den Versicherungsanspruch gegen

---

498 Siehe hierzu: Erster Teil, B, IV, 2. Im Folgenden wird die Klausel, die die Verfügungs- und Prozessführungsbefugnis zuweist, als „Zuweisungsklausel" bezeichnet.

499 Ziff. A-8.1 AVB D&O.

500 BGH v. 5.4.2017, BGHZ 214, 314, Rn. 20; *Looschelders/Derkum*, ZIP 2017, 1249, 1252.

501 BGH v. 5.4.2017, BGHZ 214, 314, Rn. 20; *Looschelders/Derkum*, ZIP 2017, 1249, 1252.

den D&O-Versicherer zu pfänden und sich diesen im Anschluss überweisen zu lassen.[502] Aber selbst dieses Vorgehen ist letztendlich erfolglos, wenn der Versicherungsanspruch gegen den Versicherer bereits verjährt ist. Die drohende Verjährung des Versicherungsanspruchs könnte nur durch eine Feststellungsklage gehemmt werden.[503]

Es erscheint daher unbillig, die geschädigte Versicherungsnehmerin auf diese beiden umständlichen und unsicheren Möglichkeiten zu verweisen. Für die geschädigte Dritte wird daher die Zulässigkeit einer deckungsrechtlichen Feststellungsklage ausnahmsweise angenommen. Darauf aufbauend könnte sich eine Prozessführungsbefugnis der geschädigten Versicherungsnehmerin ebenfalls aus den für die geschädigte Dritte entwickelten Grundsätzen ergeben.

(1) Prozessführungsbefugnis einer geschädigten Dritten

Ein Wesensmerkmal der Haftpflichtversicherung ist ihre Sozialbindung, die sich in dem in §§ 108 Abs. 1, 110 VVG angeordneten Schutz der Geschädigten zeigt.[504] Die Sozialbindung der Haftpflichtversicherung zielt darauf, dass bei Bejahung des Haftpflichtanspruchs die Versicherungsleistung der Geschädigten zugutekommen soll.[505] Dies ist aber immer dann in Gefahr, wenn der Versicherer die Deckung verweigert und die versicherte Person nicht gegen den Versicherer vorgeht. In einem solchen Fall droht der Geschädigten, dass ihr in Gestalt des Versicherungsanspruchs bestehendes Befriedungsobjekt untergeht. Daher begründet die Rechtsprechung dann ausnahmsweise die Zulässigkeit einer deckungsrechtlichen Feststellungsklage mit einem durch die Sozialbindung vermittelten hinreichenden Feststellungsinteresse der geschädigten Dritten.[506] Woraus sich die Prozessführungsbefugnis der geschädigten Dritten ergeben soll, wird von der Rechtsprechung und Lehre hingegen nicht erörtert.[507] Naheliegend

---

502 *Looschelders/Derkum*, ZIP 2017, 1249, 1252; *Lange*, § 21, Rn. 4; *Sieg* in Höra[4], § 17, Rn. 184.

503 *Looschelders/Derkum*, ZIP 2017, 1249, 1252 f.; *Lange*, § 21, Rn. 6.

504 BGH v. 5.4.2017, BGHZ 214, 314, Rn. 24; v. 15.11.2000, VersR 2001, 90, 91, noch zu §§ 156 Abs. 1, 157 VVG a.F.; *Lücke* in Prölss/Martin[31], § 100 VVG, Rn. 21.

505 BGH v.15.11.2000, VersR 2001, 90, 91, m.w.N.

506 BGH v. 5.4.2017, BGHZ 214, 314, Rn. 24, m.w.N.; v. 22.7.2009, VersR 2009, 1485, Rn. 2; BGH v. 15.11.2000, VersR 2001, 90, unter Nr. 2 b); *Heinrichs* in Staudinger/Halm/Wendt[2], § 100 VVG, Rn. 39; *Lücke* in Prölss/Martin[31], § 100 VVG, Rn. 21.

507 Vgl.: BGH v. 22.7.2009, VersR 2009, 1485, Rn. 2; v. 15.11.2000, VersR 2001, 90, 91; *Lehmann*, r+s 2018, 6, 11; *Heinrichs* in Staudinger/Halm/Wendt[2], § 100 VVG, Rn. 39; *Lücke* in Prölss/Martin[31], § 100 VVG, Rn. 21.

ist es, eine gesetzliche Prozessstandschaft der geschädigten Dritten aufgrund der Sozialbindung der Haftpflichtversicherung anzunehmen.

(2) Übertragbarkeit auf die D&O-Versicherungspraxis

Diese Herleitung einer Prozessführungsbefugnis der Geschädigten könnte auf die D&O-Versicherungspraxis übertragbar sein. Zunächst könnte es der Annahme einer Prozessführungsbefugnis entgegenstehen, dass die Versicherungsnehmerin als Vertragspartnerin des Versicherers auf ihre durch §§ 45 Abs. 1, 44 Abs. 2 VVG gegebene Verfügungs- und Prozessführungsbefugnis verzichtet hat. Der BGH hat hingegen in seinem Urteil vom 5. April 2017 eine Prozessführungsbefugnis der geschädigten D&O-Versicherungsnehmerin bejaht.[508] Er begründete dies damit, dass der Einwand einer fehlenden Prozessführungsbefugnis gegen den Grundsatz von Treu und Glauben verstoßen würde.[509] Eine solche Unvereinbarkeit liege demnach immer dann vor, wenn der Versicherer den Versicherungsschutz verweigert, die versicherte Person diesbezüglich untätig bleibt und einer vorgezogenen deckungsrechtlichen Feststellungsklage keine schützenswerten Interessen des Versicherers entgegenstehen.[510] Dieser Treuwidrigkeitsprüfung legt der BGH die Sozialbindung des Haftpflichtversicherungsrechts zugrunde.[511]

Ein solcher Rückgriff auf die Sozialbindung der Haftpflichtversicherung ist jedoch bei D&O-Versicherungsverträgen regelmäßig nicht notwendig. Bei D&O-Versicherungen ist für die Treuwidrigkeit vielmehr ausschlaggebend, dass der Versicherer durch seine Deckungsablehnung und gleichzeitige Geltendmachung der Zuweisungsklausel als Prozesshindernis im Deckungsprozess in „nicht hinnehmbarer Weise" einen Vertragszweck der Versicherungsnehmerin gefährdet.[512] Für den Versicherer ist erkennbar, dass es sich bei der D&O-Versicherung um eine Fremdversicherung mit Elementen einer Eigenschadensdeckung handelt. Der Versicherer hat sich bewusst auf die für eine D&O-Versicherung typische Dreieckskonstellation eingelassen, sodass es treuwidrig wäre, wenn er nun im Deckungsprozess die Relativität des Versicherungsschutzverhältnisses geltend machen würde.[513] Sollte der Versicherer in treuwidriger Weise an der

508 BGH v. 5.4.2017, BGHZ 214, 314 = VersR 2017, 683 = NJW 2017, 2466.
509 BGH v. 5.4.2017, BGHZ 214, 314, Rn. 17 ff.
510 BGH v. 5.4.2017, BGHZ 214, 314, Leitsatz.
511 BGH v. 5.4.2017, BGHZ 214, 314, Rn. 23 ff.
512 *Looschelders/Derkum*, ZIP 2017, 1249, 1254.
513 *Looschelders/Derkum*, ZIP 2017, 1249, 1255.

Zuweisungsklausel festhalten, verstößt er gegen seine sich aus § 241 Abs. 2 BGB ergebende vertragliche Treuepflicht.[514]

Wie der BGH richtig ausführt, kommt über die Unanwendbarkeit der Zuweisungsklausel die gesetzliche Ausgangslage wieder zum Zuge.[515] Demnach ist die geschädigte Versicherungsnehmerin über §§ 45 Abs. 1, 44 Abs. 2 VVG prozessführungsbefugt.[516]

Von Bedeutung ist außerdem, dass durch die Anwendung der §§ 45 Abs. 1, 44 Abs. 2 VVG ein gesetzliches Treuhandverhältnis zwischen versicherter Person und Versicherungsnehmerin entsteht. Die Versicherungsnehmerin ist deshalb bei der Klage im Innenverhältnis an die Interessen der versicherten Person gebunden. Denkbar wäre daher, dass eine geschädigte Versicherungsnehmerin mit einer gegen den Willen der versicherten Person betriebenen deckungsrechtlichen Feststellungsklage das gesetzliche Treuhandverhältnis verletzen könnte. Dem steht jedoch entgegen, dass die versicherte Person durch einen solchen Prozess keine Nachteile erleidet. Das mit der Klage verfolgte Interesse der Versicherungsnehmerin deckt sich mit dem Interesse der versicherten Person am Versicherungsschutz. Die versicherte Person ist meist allein deswegen untätig, weil sie eine Gewährung des Versicherungsschutzes für unwahrscheinlich hält und deshalb das Prozessrisiko und die damit verbundenen Kosten scheut.

Eine Klausel, die die Prozessführungsbefugnis der versicherten Person zuweist, steht unter den genannten Voraussetzungen einer Prozessführungsbefugnis der Versicherungsnehmerin nicht entgegen.

b) *Hinreichendes Feststellungsinteresse*

Ein hinreichendes Feststellungsinteresse könnte aufgrund der Subsidiarität der Feststellungsklage verneint werden. Für die Versicherungsnehmerin wäre es möglich, sich den Versicherungsanspruch abtreten zu lassen, um eine direkte Leistungsklage zu ermöglichen.[517] Ein durch Abtretung entstehender Zahlungsanspruch steht der Versicherungsnehmerin aber bei Erhebung der Feststellungsklage noch nicht zu. Die bloß hypothetische Möglichkeit, durch ein weiteres

514 *Bachmann* in MünchKomm BGB, 2. Band[8], Schuldrecht – Allgemeiner Teil (2019), § 241 BGB, Rn. 101, weist demensprechend darauf hin, dass ein treuwidriges Verhalten einer Vertragspartei gegenüber der anderen Vertragspartei schon gegen § 241 Abs. 2 BGB verstößt und daher nicht auf § 242 BGB zurückgegriffen werden muss.

515 Vgl. BGH v. 5.4.2017, BGHZ 214, 314, Rn. 14, 31; *Lehmann*, r+s 2018, 6, 12.

516 BGH v. 5.4.2017, BGHZ 214, 314, Rn. 14, 31; *Lehmann*, r+s 2018, 6, 12.

517 In diese Richtung: *Lange*, § 21, Rn. 4, Fn. 13.

Rechtsgeschäft einen einklagbaren Anspruch zu erlangen, kann nicht dem aktuell vorliegenden Feststellungsinteresse entgegenstehen. Deshalb muss in der genannten Konstellation ein hinreichendes Feststellungsinteresse der geschädigten Versicherungsnehmerin bejaht werden.

c) Zwischenergebnis

Eine vorgezogene deckungsrechtliche Feststellungsklage der geschädigten Versicherungsnehmerin ist zulässig.

5. Zusammenfassung

Die geschädigte Versicherungsnehmerin kann auch dann das Bestehen des Versicherungsanspruchs feststellen lassen, wenn sie nicht über den Versicherungsanspruch verfügungsbefugt ist. Dies ist aber nur unter eingeschränkten Voraussetzungen möglich. Insbesondere kann die geschädigte Versicherungsnehmerin nur dann eine zulässige Feststellungsklage erheben, wenn die versicherte Person passiv bleibt. Des Weiteren ist auch nach einer Feststellungsklage eine erfolgreiche Haftungsklage weiterhin erforderlich. Die Feststellungsklage der geschädigten Versicherungsnehmerin kann somit allein und nur subsidiär die Versicherungssumme als Befriedungsobjekt erhalten.

II. Begriffsbestimmungen

Bei der Diskussion um eine direkte Inanspruchnahme werden dieselben Begriffe regelmäßig unterschiedlich verwendet. Um einen einheitlichen Ausgangspunkt für die kommende Untersuchung zu haben, sollen der Direktanspruch, die Missbrauchsgefahr sowie die freundliche Inanspruchnahme näher bestimmt werden. Anschließend soll erörtert werden, ob ein vorhandener D&O-Versicherungsschutz tatsächlich Haftung schafft.

1. Direktanspruch

Der Direktanspruch der D&O-Versicherungsnehmerin kann unterschiedlich hergeleitet und ausgestaltet werden.[518] Gemein ist den Direktansprüchen, dass sie auf die direkte Inanspruchnahme des Versicherers durch die geschädigte Versicherungsnehmerin gerichtet sind. Auch soll im Folgenden nur dann von

518 *Finkel/Seitz* in Seitz/Finkel/Klimke, Ziff. 10, Rn. 22 ff.; *Lange*, § 21, Rn. 8 ff., trennt zwischen haftungsrechtlichem und deckungsrechtlichem Direktanspruch.

einem Direktanspruch gesprochen werden, wenn es (auch) zu einer Prüfung der Haftpflicht im Direktprozess kommt, eine vorherige Klärung der Haftpflicht also nicht notwendig ist.

2. *Missbrauchsgefahr*

Ein Missbrauch der Versicherung ist ein vertragswidriges Verhalten von Versicherungsnehmerin und/oder versicherter Person, das auf den Versicherungsschutz abzielt.[519] Ein Missbrauch der Versicherung liegt hingegen noch nicht vor, wenn die geschädigte Versicherungsnehmerin der versicherten Person zusichert, nicht in ihr Vermögen zu vollstrecken, sondern allein Befriedung aus der Versicherungssumme zu suchen.[520] Diese erlaubte „freundliche Inanspruchnahme" ist also nicht mit dem verbotenen Missbrauch der Versicherung gleichzusetzen.[521]

3. *Freundliche Inanspruchnahme*

Eine freundliche Inanspruchnahme ist darauf aufbauend eine durch erlaubte Abstimmung zwischen Versicherungsnehmerin und versicherter Person flankierte Inanspruchnahme des Versicherers.[522] Sie liegt insbesondere dann vor, wenn die geschädigte Versicherungsnehmerin auf eine an die direkte Inanspruchnahme des Versicherers anschließende Inanspruchnahme der versicherten Person von Beginn an verzichtet.[523] Die Inanspruchnahme der versicherten Person würde daher nur dazu dienen, den Versicherungsfall auszulösen. In Anbetracht des § 93 Abs. 4 S. 3 AktG wird ein solcher Verzicht auf eine anschließende Inanspruchnahme selten mit dem Aktienrecht vereinbar sein. Es rücken

519 *Lange*, § 9, Rn. 26; *Armbrüster*², Rn. 308. Wie etwa vorsätzlich einen nicht existierenden Schadensersatzanspruch vorzutragen, um die Versicherungssumme zu erlangen, *Mitterlechner/Wax/Witsch*², § 10, Rn. 42.

520 *Lange*, § 9, Rn. 25; *ders.* in Veith/Gräfe/Gebert³, § 21, Rn. 57, spricht dort hingegen davon, dass eine freundliche Inanspruchnahme nicht vom Versicherungsschutz umfasst sei, meint dabei aber wohl die kollusive Inanspruchnahme.

521 *Lange*, § 9, Rn. 25 f.; *Nissen*, KTS 2018, 29, 36. Anders hingegen: *R. Koch*, r+s 2009, 133, 134, dieser definiert „freundliche Inanspruchnahme" mit Missbrauchsgefahr. BGH v. 13.4.2016, VersR 2016, 786, Rn. 18, setzt kollusives Verhalten mit einem „friendly understanding" gleich; ebenso: *Böttcher*, NZG 2008, 645, 648; *Harzenetter*, NZG 2016, 728, 729, und *Ihlas* in MünchKomm VVG, 3. Band², 320 - D&O, Rn. 646.

522 *Pammler*, S. 201.

523 *Lange*, § 9, Rn. 25.

damit solche Absprachen in den Vordergrund, die zwar auf eine direkte Inanspruchnahme des Versicherers zielen, ohne aber dabei eine anschließende Inanspruchnahme auszuschließen. Die versicherte Person muss bei solchen Absprachen äußerste Vorsicht walten lassen, da sie aufgrund ihrer Obliegenheiten den Versicherer bei der Wahrnehmung seiner Versicherungsschutzpflicht unterstützen muss und Anschlussprozesse gegen sie drohen. Für den Versicherer bieten sich insbesondere Selbstbehaltsklauseln an, um das Abwehrinteresse der versicherten Person zu erhalten und so freundliche Inanspruchnahmen unattraktiv zu machen.[524]

4. Auswirkung von Versicherungsschutz auf die Haftung

In Diskussionen um die D&O-Versicherung wird regelmäßig ein bestehender D&O-Versicherungsschutz für eine Zunahme an Haftungsfällen verantwortlich gemacht. Inwieweit schon eine D&O-Versicherung Einfluss auf die Haftung hat, soll im Folgenden untersucht werden. Dieses Ergebnis kann dann auch in der Diskussion um einen Direktanspruch genutzt werden.

a) Bedeutung der Schadensregulierung durch einen D&O-Versicherer

Je einfacher und risikoärmer der Zugriff auf die Versicherungssumme ist, desto mehr steigt die Gefahr, dass vermehrt unbegründete Haftpflichtansprüche geltend gemacht werden. Die Versicherungsnehmerin könnte daher versuchen, jede Einbuße als ersatzfähigen Schaden beim Versicherer geltend zu machen. Ein bestehender D&O-Versicherungsschutz könnte sich deswegen „als Treiber von Organhaftungsprozessen" erweisen.[525] Die D&O-Versicherung könnte also Haftung schaffen.[526]

Wie bereits dargelegt, kam es in den letzten Jahren zu einer merklichen Verschärfung des Organhaftungsrechts.[527] Organmitglieder, die von einer Verfolgung möglicherweise bestehender Haftpflichtansprüche absehen, setzen sich

524 *Rubin*, WuB 2017, 104, 105.

525 *Hoffmann-Becking*, ZHR 181 (2017), 737, 744; in diese Richtung auch: *Habersack*, ZHR 177 (2013), 782, 796; *Hemeling*, 69. DJT, II/1. Band, 2013, S. N 31, 37; *v. Schenck*, NZG 2015, 494, 495; *Bachmann*, NJW-Beil. 2014, 43, 43. *Peppersack*, r+s 2018, 117, 123, hält eine Zunahme an Haftungsfällen aufgrund hoher Versicherungssummen für möglich.

526 *Hoffmann-Becking*, ZHR 181 (2017), 737, 744: „Deckung schafft Haftung"; *Bachmann*, NJW-Beil. 2014, 43, 43.

527 Siehe: Erster Teil, A, VIII.

immer der Gefahr aus, selbst eine eigene Schadensersatzpflicht zu begründen.[528] Hauptantrieb für die Geltendmachung auch nur potenzieller Haftpflichtansprüche dürfte demnach das strenge Organhaftungsrecht sein.[529] Die zuständigen Organmitglieder werden daher selten aufgrund einer bestehenden Nähebeziehung von einer Inanspruchnahme absehen.[530] Des Weiteren kann bei der D&O-Versicherung nicht davon gesprochen werden, dass die direkte Inanspruchnahme des Versicherers risikoarm ist. Eine leichtfertige Inanspruchnahme des Versicherers wird zu kaum kalkulierbaren Risiken (wie etwa hohen Prozesskosten, Reputationsschäden und innerbetrieblichen Konflikten) führen. Es dürfte für die D&O-Versicherungsnehmerin wegen der damit verbundenen Risiken wenig attraktiv sein, allein aufgrund einer bestehenden Versicherung eine Inanspruchnahme zu versuchen.[531] Ein bestehender D&O-Versicherungsschutz führt folglich nicht per se zu mehr Inanspruchnahmen.[532]

Sollte der D&O-Versicherungsvertrag jedoch so ausgestaltet werden, dass die D&O-Versicherungsnehmerin faktisch ohne Risiken den Versicherer kostengünstig direkt in Anspruch nehmen kann, droht eine Zunahme an geltend gemachten Haftpflichtansprüchen.

b) Solventer Schuldner – Deep pockets

Denkbar bleibt indes, dass die Zahlungsfähigkeit des Versicherers die Zahl der begründeten Inanspruchnahmen ansteigen lässt.

Durch einen bestehenden D&O-Versicherungsschutz werden begründete Haftpflichtansprüche von dem Versicherer befriedigt. Ein begründeter Haftpflichtanspruch der geschädigten Versicherungsnehmerin wird somit von einem solventen Schuldner abgesichert. Dementsprechend kann es für die geschädigte Versicherungsnehmerin sinnvoll sein, gegen ein nicht solventes Organmitglied vorzugehen, um so auf die Versicherungssumme zugreifen zu können. Die „deep

---

528 *Held*, CB 2014, 29, 33; *Reichert*, ZHR (2013), 756, 757; *Lange*, § 1, Rn. 77.

529 *Lange*, § 1, Rn. 75 ff.; *Held*, CB 2014, 29, 33.

530 *Bachmann*, NJW-Beil. 2014, 43, 43, spricht von einer „geringeren Verfilzung von Vorständen und Aufsichtsräten".

531 *Held*, CB 2014, 29, 33, der einzig bei Insolvenzverwaltern eine besondere Bereitschaft erkennt, die Forderungshöhe im Falle einer bestehenden D&O-Versicherung hoch anzusetzen.

532 *Lange* in Veith/Gräfe/Gebert[3], § 21, Rn. 49, 51.

pockets" des D&O-Versicherers könnten deshalb die haftungsrechtlichen Inanspruchnahmen ansteigen lassen.[533]

Ob sich eine D&O-Versicherung jedoch signifikant auf die Anzahl der Inanspruchnahmen auswirkt, erscheint fraglich. Selten wird sich bereits bei der Geltendmachung des Haftpflichtanspruchs klar abzeichnen, ob sich für die geschädigte Versicherungsnehmerin eine Inanspruchnahme der versicherten Person als kostenintensiver und damit als wirtschaftlich sinnlos erweist. Die für die Anspruchsdurchsetzung zuständigen Organmitglieder werden meist schon wegen einer drohenden eigenen Haftung die Haftpflichtansprüche geltend machen. Die mittelbare Absicherung der Haftpflichtforderung durch den D&O-Versicherer führt im Bereich der aktienrechtlichen Organhaftung somit nicht zu einer merklichen Steigerung an Inanspruchnahmen.[534]

III. Interessengerechte Abwicklung

Eine direkte Inanspruchnahme ist nur interessengerecht, wenn die unterschiedlichen Interessen der Beteiligten hinreichend berücksichtigt werden. Die Interessen der Beteiligten sind jedenfalls dann hinreichend berücksichtigt, wenn die direkte Inanspruchnahme für jeden Beteiligten vorteilhafter ist als eine getrennte Abwicklung des D&O-Versicherungsfalls. Um dies bewerten zu können, sollen die möglichen Vorteile wie auch die drohenden Nachteile einer direkten Inanspruchnahme vergleichend dargestellt werden. Ob die direkte Inanspruchnahme tatsächlich für alle Beteiligten vorteilhafter ist, kann erst bei der Prüfung der konkreten Ausgestaltung der direkten Inanspruchnahme beantwortet werden. Es geht in diesem ersten Schritt daher allein darum, aufzuzeigen, wie die Interessen an der direkten Inanspruchnahme gelagert sind und ab wann für welchen Beteiligten nicht mehr tragbare Nachteile drohen.

---

533 In diese Richtung: *J. Koch* in Hüffer/Koch[15], § 93 AktG, Rn. 1; *Fleischer* in Spindler/Stilz, 1. Band[4], § 93 AktG, Rn. 5a; *Hemeling*, 69. DJT, II/1. Band, 2013, S. N 31, 38; *Doralt*, ZGR 2019, 996, 1010; *Gädtke*, VP 2/2015, 26, 28.

534 *Lange*, § 1, Rn. 73. Eine andere Frage ist, ob sich die D&O-Versicherung auf die Forderungshöhe und die tatsächliche Durchsetzungsbereitschaft auswirkt. Die Bedeutung einer D&O-Versicherung auf die Geltendmachung von Haftpflichtansprüchen relativiert auch: *Gädtke*, VP 2/2015, 26, 28.

1. *Vor- und Nachteile einer direkten Abwicklung*

a) Versicherungsnehmerin

Für die geschädigte Versicherungsnehmerin bedeutet ein Direktanspruch gegen den Versicherer die Möglichkeit, den Versicherungsfall diskreter, effizienter und kostensparender abzuwickeln.[535] Ein Direktprozess anstelle von zwei Prozessen erspart die Gerichtskosten für den Haftungsprozess. Eine Kosten- und Effizienzersparnis ergibt sich ebenso daraus, dass nur in einem Verfahren der meist umfangreiche Sachverhalt dargestellt werden muss. Es muss somit nicht zwei Spruchkörpern der gleichen Instanz ein komplexer und größtenteils überschneidender Verfahrensgegenstand aufgearbeitet und dieser auch nicht mehrfach erörtert werden. Außerdem nimmt durch die geringere Anzahl an beteiligten Personen die Indiskretionsgefahr ab. Hinzu kommt, dass mit nur einem Prozess zumindest einmal die meist lange Wartezeit bis zur mündlichen Verhandlung umgangen wird. Vorteilhaft ist für die geschädigte Versicherungsnehmerin insbesondere, dass sie so direkt auf die Versicherungssumme zugreifen kann und nicht auf ein ordnungsgemäßes Tätigwerden der versicherten Person gegenüber dem Versicherer angewiesen ist.[536] Die geschädigte Versicherungsnehmerin versetzt sich so ebenfalls in die Lage, deckungsrechtliche Einwendungen selbst und direkt mit dem Versicherer zu klären. Damit stehen sich bei deckungsrechtlichen Einwendungen wieder die Versicherungsvertragsparteien gegenüber. Des Weiteren kann die Versicherungsnehmerin durch die direkte Inanspruchnahme des Versicherers einen Haftpflichtprozess, der das Verhältnis zum Organmitglied belasten

---

535 *Looschelders/Derkum*, ZIP 2017, 1249, 1251; *Brinkmann*, ZIP 2017, 301, 303 f.; *Franck*, Der Direktanspruch gegen den Haftpflichtversicherer – Eine rechtsvergleichende Untersuchung zum deutschen und skandinavischen Recht (2014), S. 46; *Peltzer* in FS Harm Peter Westermann (2008), 1257, 1276 ff.; *Wussow*, WI 1989, 9, 9; *Nissen*, KTS 2018, 29, 30, nennt den Direktprozess „ein probates Mittel" zur Anspruchsdurchsetzung.

536 Für den Fall einer Außenhaftung stellte der BGH am 12.3.1975, VersR 1975, 655, 657, hinsichtlich eines Direktanspruchs fest, dass „sich Haftpflichtgläubiger und Versicherer als Gläubiger und Schuldner im Deckungsverhältnis selbst unmittelbar gegenübertreten, ohne daß dagegen von [der versicherten Person] […] sachliche oder zeitliche Schranken aufgerichtet werden könnten".

würde, vermeiden.[537] Die Abwicklung kann dadurch auch entemotionalisiert werden.[538]

Probleme ergeben sich für die geschädigte Versicherungsnehmerin jedoch immer dann, wenn durch die direkte Abwicklung kein vollständiger Schadensausgleich erreicht wird. In einem solchen Fall ist der Aufsichtsrat, um einer eigenen Haftpflicht zu entgehen, verpflichtet, den (verbleibenden) Haftpflichtanspruch bei der versicherten Person durchzusetzen. Sollte es in einem solchen Anschlussprozess notwendig sein, erneut die Haftpflicht zu darzulegen und zu beweisen, könnte die direkte Abwicklung sogar die Belastung steigern.

b) Versicherer

Für den Versicherer ist eine direkte Abwicklung insofern vorteilhaft, als er nun selbst den Rechtsanwalt für die Anspruchsabwehr wählen darf und einen denkbaren Direktprozess als Partei eigenständig führen kann.[539] Dies bedeutet auch, dass er unmittelbar deckungsrechtliche Einwendungen geltend machen kann und damit direkt gehört wird.[540] Der Versicherer ist also, anders als ein bloßer Nebenintervenient im Haftpflichtprozess, nicht mehr nach § 67 ZPO durch den Stand des Hauptprozesses und den Vorrang der Hauptpartei beschränkt. Sofern deckungsrechtliche Einwendungen bestehen, umgeht der Versicherer so die Gefahr, zum Beispiel aufgrund einer Insolvenz der versicherten Person für einen zuvor durchgeführten Haftpflichtprozess finanziell aufkommen zu müssen. Des Weiteren wird der versicherten Person die Möglichkeit genommen, ein (unwahres) Geständnis nach § 288 ZPO abzugeben.[541] Außerdem hat ebenso der Versicherer ein grundsätzliches Interesse an einer diskreten, effizienten und kostensparenden Abwicklung, die durch eine abschließende Klärung der Haftpflicht- und Deckungsfrage in einem Prozess erreicht werden könnte. Kosten lassen sich für den Versicherer insbesondere dadurch einsparen, dass in einem Haftpflichtprozess meist von jeder versicherten Person eigene Anwälte

537 *Grooterhorst/Looman*, NZG 2015, 215, 215; *Brinkmann*, ZIP 2017, 301, 304; *Dreher/Thomas*, ZGR 2009, 31, 37; *R. Koch*, VersR 2013, 1522, 1527.

538 *Franck*, S. 46 f.; *Bangert*, Der Direktanspruch im deutschen und englischen Haftpflichtversicherungsrecht (2018), S. 95.

539 *Franck*, S. 48; *Winkelbauer*, ZWH 2017, 73, 75; *Bangert*, S. 97.

540 *Winkelbauer*, ZWH 2017, 73, 75.

541 *Langheid*, NJW 2007, 3745, 3746; *Armbrüster*, r+s 2010, 441, 450; *Hösker*, VersR 2013, 952, 955.

mandatiert werden.[542] Im Direktprozess muss der Versicherer nur für die von ihm gewählten Anwälte die Kosten tragen.

Als Nachteil wird die gesteigerte Gefahr eines kollusiven Zusammenwirkens von versicherter Person und Versicherungsnehmerin aufgeführt.[543] Ungeachtet einer möglichen Missbrauchsgefahr wird ein Direktanspruch als „Bedrohung" für den Versicherer beschrieben.[544] Diese vermeintliche Bedrohung wird mit der durch einen Direktanspruch bezweckten erleichterten Durchsetzbarkeit der Ansprüche begründet.[545] Aufgrund dieser könnte das unternehmerische Risiko auf den Versicherer verlagert werden.[546]

Zusammenfassend lässt sich feststellen, dass für den Versicherer die direkte Abwicklung bedeutsame Vorteile bietet. Bedroht werden diese jedoch von einer denkbaren Verlagerung des unternehmerischen Risikos. Der Versicherer wird daher eine direkte Abwicklung nur aktiv unterstützen, wenn sichergestellt ist, dass es zu keiner Risikoerhöhung kommt oder er diese in höhere Prämien einspeisen kann.

c) Versicherte Person

Wie die Versicherungsnehmerin kann auch die versicherte Person daran interessiert sein, das Verhältnis zur Versicherungsnehmerin nicht durch einen Haftpflichtprozess zu belasten.[547] Das ist insbesondere dann der Fall, wenn die versicherte Person weiterhin bei der Versicherungsnehmerin oder bei einem mit ihr verbundenen Unternehmen angestellt ist. Für die versicherte Person ist ebenfalls vorteilhaft, dass die Versicherungsnehmerin die Durchsetzung des Versicherungsanspruchs betreibt und die versicherte Person nicht selbst den Versicherungsanspruch geltend machen muss.[548] Ebenso wird die versicherte

---

542 Hinsichtlich der Rechtsanwaltswahl durch die vP: *Lange* in Veith/Gräfe/Gebert[4], § 21, Rn. 63.

543 Vgl. *Armbrüster*, NJW 2016, 2155, 2156, m.w.N.

544 *Löbbe* in FS Reinhard Marsch-Barner (2018), 317, 321; *Ihlas* in MünchKomm VVG, 3. Band[2], 320 - D&O, Rn. 651: „Sehr viel größer als das Manipulationsrisiko" sei die Gefahr, dass sich das unternehmerische Risiko verlagere.

545 *Löbbe* in FS Reinhard Marsch-Barner (2018), 317, 321.

546 *Ihlas* in MünchKomm VVG, 3. Band[2], 320 - D&O, Rn. 651.

547 Hiergegen wendet *Hartwig* in van Bühren[7], § 9, Rn. 126, ein, dass die vP weiterhin zur Unterstützung der Anspruchsabwehr verpflichtet bleibt. *Reuter* in FS Klaus Pannen (2017), 655, 665, weist darauf hin, dass die emotionale Belastung trotzdem hoch sei, da weiterhin eine persönliche Haftung drohe.

548 *Franck*, S. 201; *Wax*, CFO aktuell 2015, 134, 136.

Person nicht unmittelbar mit einem Haftpflichtprozess „überzogen".[549] Ein weiterer positiver Effekt einer direkten Abwicklung zwischen geschädigter Versicherungsnehmerin und Versicherer ist die schnellere Klärung und Beendigung des Sachverhalts, sodass die psychische Belastung des Organmitglieds von kürzerer Dauer ist.[550] Außerdem kann durch eine effizientere und diskretere Abwicklung die Reputation der versicherten Person besser geschont werden.[551] Sie kann durch einen Direktprozess auch insoweit geschont werden, als die versicherte Person nicht selbst Beklagte ist und somit weniger direkt mit dem Schadensfall in Verbindung gebracht wird.

Sollte die versicherte Person kein Interesse an einer Abwehr der erhobenen Ansprüche haben und selbst eine Freistellung anstreben, überwiegen daher die Vorteile einer direkten Inanspruchnahme.

Fraglich ist aber, ob dies auch gilt, wenn die versicherte Person die geltend gemachten Haftpflichtansprüche abwehren möchte. Nachteilig ist für die versicherte Person insbesondere, dass sie bei einer direkten Abwicklung ihre eigenen Interessen nicht mehr als Partei unmittelbar geltend machen kann.[552] Nicht mehr im Interesse der versicherten Person ist die direkte Abwicklung dann, wenn ihr Abwehranspruch aufgrund der direkten Abwicklung untergeht oder faktisch ausgehöhlt wird. Hierbei muss berücksichtigt werden, dass eine Abwehr auch die Reputation schützt.

Weitere Probleme könnten sich für die versicherte Person ergeben, wenn die direkte Abwicklung zu keinem (vollständigen) Schadensausgleich bei der Versicherungsnehmerin führt. Dann besteht die Gefahr, im Anschluss an den Direktprozess doch selbst in Anspruch genommen zu werden und dabei ohne Versicherungsschutz dem Haftpflichtanspruch gegenüberzustehen. Damit kann sich die direkte Abwicklung auch dann zum Nachteil der versicherten Person auswirken, wenn sie zwar an einer Freistellung interessiert ist, eine eigene finanzielle Belastung aber vermeiden möchte.

549 *Brinkmann*, ZIP 2017, 301, 303; *Wissmann/Adolphs*, StudZR 2005, 489, 498, sprechen von der „Schmach" eines Haftpflichtprozesses.

550 In diese Richtung: *Peltzer* in FS Harm Peter Westermann (2008), 1257, 1278.

551 *Ihlas* in MünchKomm VVG, 3. Band^2, 320 - D&O, Rn. 402, weist zu Recht darauf hin, dass in einem Direktprozess gegen den VR der Reputationsschaden für die vP geringer ausfällt.

552 *Franck*, S. 57. *Löbbe* in FS Reinhard Marsch-Barner (2018), 317, 321, spricht im Falle einer Abtretung davon, dass sich die vP ihres Versicherungsschutzes „entkleidet", was besonders schwer wiege, falls sie nicht am Direktprozess beteiligt werde.

2. Zwischenergebnis

Eine effiziente, diskrete, schnelle und abschließende Abwicklung des D&O-Versicherungsfalls liegt grundsätzlich im Interesse aller Beteiligten. Dies wird nur erreicht, wenn die direkte Inanspruchnahme zu einer endgültigen Klärung von Haftpflicht und Deckungspflicht führt. Daher liegt eine interessengerechte Abwicklung nur vor, wenn Haftpflicht und Deckungspflicht abschließend geklärt wurden.

Die geschädigte Versicherungsnehmerin hat von den Beteiligten grundsätzlich das größte Interesse an einer direkten Abwicklung. Die direkte Abwicklung ist für sie nur dann unattraktiv, wenn die Anspruchsdurchsetzung durch die konkrete Ausgestaltung im Vergleich zu einem getrennten Vorgehen erschwert wird[553] oder die Prämien durch ein erhöhtes Risiko für den Versicherer merklich steigen.

Der Versicherer wird eine direkte Abwicklung nur dann unterstützen, wenn sich weder das unternehmerische Risiko verlagert noch das Missbrauchsrisiko steigt.

Sollte der Versicherer die Deckung bestreiten, obliegt es der Versicherungsnehmerin in einem Direktprozess die Deckungspflicht durchzusetzen. Im Falle einer Deckungsablehnung entlastet eine direkte Inanspruchnahme die versicherte Person. Sollte jedoch die direkte Abwicklung zu keinem vollständigen Schadensausgleich führen, droht der versicherten Person ein vollständiger Verlust ihres Versicherungsschutzes. Dies wäre nur dann für die versicherte Person hinnehmbar, wenn die Versicherungsnehmerin an haftungsrechtliche Feststellungen, die im Direktprozess gemacht wurden, gebunden bleibt. Hat die versicherte Person ein Interesse an einer Abwehr, ist eine direkte Abwicklung nur dann in ihrem Interesse, wenn auch während der direkten Inanspruchnahme weiterhin Abwehrschutz gewährt wird.

Abschließend kann festgehalten werden, dass eine direkte Abwicklung grundsätzlich den Interessen aller Beteiligten entsprechen kann. Ein solcher Anspruch birgt für die Beteiligten aber auch Gefahren. Ob diese Gefahren bisher in ausreichendem Maße reduziert werden, wird später geprüft.

IV. Zulässigkeit einer inzidenten Haftpflichtprüfung

Voraussetzung für eine Freistellungspflicht des Versicherers ist ein begründeter Haftpflichtanspruch. Ein sich aus dem Haftpflichtversicherungsanspruch

553 *Nissen*, KTS 2018, 29, 36.

ergebender Direktanspruch ist daher nur dann durchsetzbar, wenn die Haftpflicht inzident geprüft beziehungsweise schlüssig behauptet werden kann und nicht schon vorher bindend festgestellt sein muss. Die Frage nach der Zulässigkeit einer inzidenten Prüfung der Haftpflicht wird relevant, wenn die geschädigte Versicherungsnehmerin durch Abtretung den Versicherungsanspruch erlangt hat oder die Verfügungsbefugnis über den Versicherungsschutz innehat.

Die versicherte Person selbst kann gemäß § 106 S. 1 VVG erst nach einer für den Versicherer bindenden Feststellung der Haftpflicht den Freistellungsanspruch durchsetzen. Gegen eine direkte Inanspruchnahme des Versicherers durch die versicherte Person werden das Wahlrecht des Versicherers und das Trennungsprinzip aufgeführt. Es könnte daher sein, dass ebenso das Wahlrecht des Versicherers und das Trennungsprinzip einem Direktanspruch der geschädigten Versicherungsnehmerin entgegenstehen.

1. Wahlrecht des Versicherers

Der Haftpflichtversicherer kann im Rahmen seines pflichtgemäßen Ermessens frei entscheiden, ob er einen geltend gemachten Haftpflichtanspruch abwehrt oder die versicherte Person hiervon freistellt.[554] Dieses Wahlrecht führt dazu, dass die Versicherungsnehmerin den Versicherer grundsätzlich nicht zur Abwehr oder zur Freistellung verpflichten kann.[555] Anderenfalls würde die Stellung des Versicherers als Träger des wirtschaftlichen Risikos verschlechtert. Es wird daher argumentiert, dass eine direkte Inanspruchnahme das Wahlrecht des Versicherers in unzulässiger Weise beschneidet.[556]

Diese Bedenken überzeugen jedoch nicht. Der Versicherer kann sich auch bei einer direkten Inanspruchnahme frei entscheiden, ob er die Haftpflicht bestreitet oder die Haftpflicht anerkennt und die Geschädigte befriedigt.[557] Für den

---

554 BGH v. 20.11.1956, NJW 1956, 826, 827; *R. Koch* in Bruck/Möller, 4. Band[9], § 108 VVG, Rn. 85 ff.

555 BGH v. 26.3.2014, NJW 2014, 2038, Rn. 20; v. 21.9.1983, NJW 1984, 370, 370; v. 4.12.1980, BGHZ 79, 76, 78.

556 *Lange*, § 21, Rn. 58; *Schramm/Wolf*, r+s 2009, 358, 361; LG Marburg v. 3.6.2004, DB 2005, 437, 438; *Bank*, VW 2008, 730, 733; *Sieg* in *Dörner/Ehlers/Pohlmann/Schulze Schwienhorst/Steinmeyer* (Hrsg.), 33. und 34. Münsterischer Versicherungstag (2017), 55, 90; *Dreher/Thomas*, ZGR 2009, 31, 39, die aber eine direkte Inanspruchnahme nach einer Abtretung als zulässig erachten (S. 41 ff.).

557 *Lücke* in Prölss/Martin[31], § 108 VVG, Rn. 26; *Peltzer* in FS Harm Peter Westermann (2008), 1257, 1268; *Klimke*, r+s 2014, 105, 114; *Baumann*, VersR 2010, 984, 985; *Thomas*, S. 457; *Hösker*, VersR 2013, 952, 954; *Felsch* in *Kollhosser/Dörner/Ehlers/*

Versicherer ändert sich allein „die Art der Anspruchsabwehr".[558] Das Wahlrecht des Versicherers bleibt somit auch bei einer direkten Inanspruchnahme bestehen und kann daher einer inzidenten Prüfung der Haftpflichtfrage im Deckungsprozess nicht entgegengehalten werden.[559]

2. *Anwendung des Trennungsprinzips*

Das im Haftpflichtversicherungsrecht geltende Trennungsprinzip verpflichtet dazu, die Haftpflicht in einem vom Deckungsprozess selbständigen Prozess zu klären.[560] Das Trennungsprinzip steht folglich einer inzidenten Prüfung der Haftpflicht im Deckungsprozess entgegen. Hierbei ist jedoch von Bedeutung, dass das Trennungsprinzip nicht zwingender Natur ist.[561] Es kann daher durch einen vertraglich vereinbarten Direktanspruch der Geschädigten abbedungen werden.[562] Des Weiteren ist hervorzuheben, dass das Trennungsprinzip für einen haftungsrechtlichen Grundfall entwickelt wurde, bei dem die Aktivlegitimation in Bezug auf den Haftpflichtanspruch von der Aktivlegitimation in

---

Pohlmann/Schulze Schwienhorst/Steinmeyer (Hrsg.), Workshop zur Haftpflichtversicherung der Münsterischen Forschungsstelle für Versicherungswissenschaft (2010), 1, 1 f.

558 *v. Rintelen*, r+s 2010, 133, 135; vgl. auch: *Armbrüster* r+s 2010, 441, 449.

559 *Armbrüster*, r+s 2010, 441, 449; *Baumann*, VersR 2010, 984, 985; *Lücke* in Prölss/Martin[31], § 108 VVG, Rn. 26; *Thomas*, S. 457; *Hösker*, VersR 2013, 952, 954. Kritisch: *Sieg* in Höra[4], § 17, Rn. 190. *R. Koch* in Bruck/Möller, 4. Band[9], § 108 VVG, Rn. 42, spricht hingegen davon, dass das Wahlrecht erlischt, sobald Inhaberschaft am Abwehr- und am Freistellungsanspruch auseinanderfallen; für ein Untergehen des Wahlrechts auch: *Staudinger/Friesen* in Staudinger/Halm/Wendt[2], AVB-AVG, Rn. 231; *Langheid* in Langheid/Rixecker[6], § 108 VVG, Rn. 21. *Retter* in Schwintowski/Brömmelmeyer[3], § 108 VVG, Rn. 39, geht davon aus, dass sich der VR nicht mehr auf sein Wahlrecht berufen kann. *Klimke*, r+s 2014, 105, 112, weist darauf hin, dass der Zweck des Wahlrechts, die Vermeidung von Mehrkosten für den Versicherer, auch innerhalb eines Direktprozesses erfüllt werden kann.

560 BGH v. 20.6.2001, NJW-RR 2001, 1311, 1312; *Piontek*, § 1, Rn. 26; *R. Koch* in Bruck/Möller, 4. Band[9], Vor §§ 100-112 VVG, Rn. 93; *v. Rintelen* in Späte/Schimikowski[2], 5 AHB, Rn. 66.

561 OLG München v. 15.3.2005, VersR 2005, 540, 542; BGH v. 13.2.1980, NJW 1980, 2021, 2021; v. 15.4.2016, BGHZ 209, 373, Rn. 21; *Baumann*, VersR 2010, 984, 988; *Hösker*, VersR 2013, 952, 954; *Johannsen*, VersR 1978, 108, 108 f.

562 OLG München v. 15.3.2005, VersR 2005, 540, 542; *Dreher/Thomas*, ZGR 2009, 31, 40 f.; *Finkel/Seitz* in Seitz/Finkel/Klimke, Ziff. 10, Rn. 25.

Bezug auf den Versicherungsanspruch abweicht.[563] Demgegenüber wird durch eine Abtretung die Geschädigte zusätzlich zur Inhaberschaft am Haftpflichtanspruch auch Inhaberin des Freistellungsanspruchs. Sie ist somit hinsichtlich des Freistellungsanspruchs aktivlegitimiert.[564] Damit kann die Geschädigte eine abschließende Klärung beider Ansprüche erzwingen. Sie in einer solchen Situation auf eine zuerst durchzuführende Inanspruchnahme der versicherten Person zu verweisen ist nicht mehr sinnvoll.[565] In einer vergleichbaren Lage befindet sich ebenso eine über §§ 44 Abs. 2, 45 Abs. 1 VVG verfügungsbefugte geschädigte Versicherungsnehmerin, sodass auch in diesen Fällen eine Anwendung des Trennungsprinzips nicht mehr sinnvoll erscheint.[566]

Hinzu kommt, dass bei einer Anwendung des ungeschriebenen Trennungsprinzips auf die direkte Inanspruchnahme durch die Geschädigte der Zweck des § 108 Abs. 2 VVG bedeutend eingeschränkt würde.[567] Für die D&O-Versicherung ist weiterhin bedeutsam, dass dem Versicherer schon bei Vertragsschluss das mitverfolgte Schadensausgleichsinteresse der Versicherungsnehmerin bekannt ist. Sollte nun die geschädigte Versicherungsnehmerin auch über den Freistellungsanspruch verfügungsbefugt sein, wäre eine Ablehnung des Direktanspruchs aufgrund eines vermeintlich geltenden Trennungsprinzips treuwidrig.

Folglich ist das Trennungsprinzip auf Fälle, in denen die Geschädigte selbst Inhaberin des Freistellungsanspruchs ist, nicht anwendbar.[568] Ebenso ist das

---

563 *Dreher/Thomas*, ZGR 2009, 31, 42; BGH v. 13.2.1980, NJW 1980, 2021, 2021; v. 12.3.1975, VersR 1975, 655, 656 f.; *Piontek*, § 3, Rn. 49; *Franck*, S. 54; *Harsdorf-Gebhardt* in Späte/Schimikowski[2], 5 AHB, Rn. 66; *Baumann*, VersR 2010, 984, 988; *Heinrichs* in Staudinger/Halm/Wendt[2], § 100 VVG, Rn. 35; *Lehmann*, r+s 2018, 6, 7.

564 *Dreher/Thomas*, ZGR 2009, 31, 42; *Finkel/Seitz* in Seitz/Finkel/Klimke, Ziff. 10, Rn. 29.

565 BGH v. 20.4.2016, VersR 2016, 783, Rn. 18; *Heinrichs* in Staudinger/Halm/Wendt[2], § 100 VVG, Rn. 35; *Lehmann*, r+s 2018, 6, 7; *Schulze Schwienhorst* in Looschelders/Pohlmann[3], § 108 VVG, Rn. 17 f.: „das Trennungsprinzip [sei] überholt"; *Peltzer* in FS Harm Peter Westermann (2008), 1257, 1277 f., spricht davon, dass die Anwendung des Trennungsprinzips den „ordnungspolitischen Anforderungen" nicht genügt.

566 *Ingwersen*, S. 77 f.

567 *Mitterlechner/Wax/Witsch*[2], § 10, Rn. 29.

568 BGH v. 20.4.2016, VersR 2016, 783, Rn. 17 ff.; v. 13.2.1980, VersR 1980, 522, NJW 1980, 2021, 2021; v. 12.3.1975, VersR 1975, 655, 657; *Piontek*, § 3, Rn. 49; *Retter* in Schwintowski/Brömmelmeyer[3], § 108 VVG, Rn. 35; *Lücke* in Prölss/Martin[31], § 108 VVG, Rn. 8 f.; *Staudinger/Friesen* in Staudinger/Halm/Wendt[2], AVB-AVG, Rn. 15; *Hösker*, VersR 2013, 952, 954; *Klimke*, r+s 2014, 105, 111.; *Finkel/Seitz* in Seitz/Finkel/Klimke, Ziff. 10, Rn. 29; *Schulze Schwienhorst* in Looschelders/Pohlmann[3], § 108 VVG, Rn. 17 f.

Trennungsprinzip nicht anwendbar, wenn die geschädigte Versicherungsnehmerin die Verfügungsbefugnis an dem Versicherungsanspruch innehat.[569] Das Trennungsprinzip steht somit mangels Anwendbarkeit einer inzidenten Prüfung der Haftpflichtfrage nicht entgegen.

3. Zwischenergebnis

Zusammenfassend lässt sich festhalten, dass weder das Trennungsprinzip noch das Wahlrecht einer inzidenten Prüfung der Haftpflicht in einem Direktprozess per se entgegenstehen.

B. Abtretung an die geschädigte Versicherungsnehmerin

Die verfügungsbefugte versicherte Person könnte den Versicherungsanspruch an die geschädigte Versicherungsnehmerin abtreten. Die Inhaberschaft am Haftpflichtanspruch würde dann mit der Inhaberschaft am Versicherungsanspruch zusammenfallen. Dieses Zusammenfallen könnte einen versicherungsrechtlichen Direktanspruch der geschädigten Versicherungsnehmerin entstehen lassen.

I. Auswirkung der Abtretung auf den Haftpflichtanspruch

Der Versicherungsanspruch könnte erfüllungshalber oder an Erfüllungs statt an die geschädigte Versicherungsnehmerin abgetreten werden.

Sofern die versicherte Person den Versicherungsanspruch erfüllungshalber abtritt, erlischt der Haftpflichtanspruch nur bei einer vollständigen Befriedigung der geschädigten Versicherungsnehmerin durch den Versicherer. Eine solche Abtretung erfüllungshalber bringt für die Versicherungsnehmerin den Vorteil, weiterhin Gläubigerin eines Haftpflichtanspruchs zu bleiben und im Falle eines verlorenen Direktprozesses weiterhin die versicherte Person in Anspruch nehmen zu können.

Für die versicherte Person hat dies jedoch spiegelbildlich den Nachteil, dass sie nach einem Direktprozess weiterhin selbst in Anspruch genommen werden kann und den Haftpflichtanspruch dann ohne Unterstützung des Versicherers abwehren müsste.

---

569 *Ingwersen*, S. 77 f.; OLG München v. 3.2.1993, VersR 1994, 422, 422.

Es wird deshalb der versicherten Person empfohlen, den Versicherungsanspruch allein an Erfüllungs statt abzutreten.[570] Gegen eine Abtretung an Erfüllungs statt wird eingewandt, dass die Geschädigte als außenstehende Dritte keinen Einblick in das Deckungsverhältnis habe und deshalb nicht das Risiko der Werthaltigkeit des Freistellungsanspruchs übernehmen möchte.[571] Dieser Einwand trifft in der D&O-Versicherung jedoch meist nicht zu, da es sich bei der Geschädigten in aller Regel um die Versicherungsnehmerin oder um eines ihrer Tochterunternehmen handelt. Dennoch wird eine Abtretung regelmäßig nur erfüllungshalber erfolgen.[572] Das Risiko, nach einer Abtretung den Direktanspruch, etwa wegen eines verwirklichten Risikoausschlusses, nicht durchsetzen zu können, lässt sich nicht durch die Vorteile einer direkten Inanspruchnahme aufwiegen. Darüber hinaus würde durch eine Abtretung an Erfüllungs statt der Haftpflichtanspruch erlöschen, während die AG im Gegenzug einen Versicherungsanspruch erhält, der möglicherweise nicht besteht oder nicht durchsetzbar ist. Die Abtretung an Erfüllungs statt würde somit gegen das Vergleichs- und Verzichtsverbot des § 93 Abs. 4 S. 3 AktG (analog) verstoßen.[573] Ebenso würde sich durch eine Abtretung an Erfüllungs statt das Interesse der versicherten Person an einer erfolgreichen Abwehr des Direktanspruchs reduzieren. Eine Abtretung an Erfüllungs statt würde deshalb die Missbrauchsgefahr erhöhen.

Bei einer Abtretung erfüllungshalber wird in aller Regel ein *pactum de non petendo* hinsichtlich des Haftpflichtanspruchs vereinbart.[574] Dadurch wird

---

570 *Retter* in Schwintowski/Brömmelmeyer³, § 108 VVG, Rn. 21; *Langheid/Georgen*, VP 9/2007, 161, 166; *Staudinger/Friesen* in Staudinger/Halm/Wendt², AVB-AVG, Rn. 236; *Reuter* in FS Klaus Pannen (2017), 655, 665; *Harzenetter*, NZG 2016, 728, 733, weist gleichzeitig darauf hin, dass bei Publikumsgesellschaften eine Abtretung an Erfüllungs statt „kaum umsetzbar“ sei.

571 *Hösker*, VersR 2013, 952, 956; *Klimke*, r+s 2014, 105, 113.

572 BGH v. 13.4.2016, BGHZ 209, 373, Rn. 26; *Schulze Schwienhorst* in Looschelders/Pohlmann³, § 108 VVG, Rn. 15; *Armbrüster*, r+s 2010, 441, 445; *Lange*, r+s 2007, 401, 403; *Brinkmann*, ZIP 2017, 301, 303; *Herdter*, VP 9/2012, 168, 174, Fn. 21; *Retter* in Schwintowski/Brömmelmeyer³, § 108 VVG, Rn. 20: „im Zweifel“ liege eine Abtretung erfüllungshalber vor. Bspw. die Abtretung des Freistellungsanspruchs eines ehemaligen Vorstandsmitglieds an ein Unternehmen der Schwerindustrie, Ziff. 3.3 (https://www.corporate.man.eu/man/media/de/content_medien/doc/global_corporate_website_1/investor_relations_1/hv/2014_8/man_hv_2014_individualvergleich_samuelsson_d.pdf, abgerufen am 22.11.2019).

573 *Thomas*, S. 479 f.; *Harzenetter*, NZG 2016, 728, 730 f.; *Brinkmann*, ZIP 2017, 301, 303.

574 *Lange*, r+s 2011, 185, 188; *Harzenetter*, NZG 2016, 728, 730; *Brinkmann*, ZIP 2017, 301, 303; *Grote/Schneider*, BB 2007, 2689, 2698; *Thomas*, S. 464, Fn. 144;

sichergestellt, dass die Versicherungsnehmerin nicht gegen die versicherte Person während des Direktprozesses vorgehen kann.[575] Außerdem wird damit die Verjährung des Haftpflichtanspruchs nach § 205 BGB gehemmt.[576]

II. Umfang und unmittelbare Folgen der Abtretung

Die versicherte Person ist verfügungsbefugte Inhaberin eines aus einer Abwehr- und einer Freistellungskomponente bestehenden Versicherungsanspruchs. Es ist daher fraglich, ob der gesamte Versicherungsanspruch überhaupt abgetreten werden kann oder ob möglicherweise allein der Freistellungsanspruch übertragbar ist.[577] Es ist daher zunächst der Umfang der Abtretung zu bestimmen. Darauf aufbauend sollen die unmittelbaren Folgen einer Abtretung analysiert werden.

1. Abtretungsgegenstand

Vereinzelt wird angenommen, dass es sich bei dem Versicherungsanspruch um einen unteilbaren Anspruch handele.[578] Dieser Ansicht steht jedoch schon entgegen, dass die Regierungsbegründung zu § 108 Abs. 2 VVG von der Abtretung des „Befreiungsanspruch[s]“ spricht und sich § 108 VVG ausdrücklich auf den Freistellungsanspruch bezieht.[579] Außerdem geht der Abwehranspruch nach § 275 Abs. 1 BGB unter, sobald die Haftpflicht bindend festgestellt oder der Haftpflichtanspruch erfüllt wurde.[580] In einem solchen Fall kann die versicherte Person somit allein den Freistellungs- beziehungsweise Zahlungsanspruch

---

Grooterhorst/Looman, NZG 2015, 215, 220. Kritisch zur Vereinbarkeit mit § 93 Abs. 4 S. 3 AktG: *Schumacher*, NZG 2016, 969, 973. *R. Koch* in Bruck/Möller, 4. Band[9], § 108 VVG, Rn. 71, nimmt eine Stundung an; ebenso *Klimke*, r+s 2014, 105, 113.

575 *Grote/Schneider*, BB 2007, 2689, 2698; *Thomas*, S. 464, Fn. 144.

576 *Schumacher*, NZG 2016, 969, 973, Fn. 34. Ohne Verweis auf § 205 BGB: *Grote/Schneider*, BB 2007, 2689, 2698; *Thomas*, S. 464, Fn. 144.

577 Hinsichtlich der unterschiedlichen Ansichten: *Grooterhorst/Looman*, NZG 2015, 215, 220.

578 *Schramm/Wolf*, r+s 2009, 358, 358 f.; so wohl auch: *Böttcher* NZG 2008, 645, 649.

579 *Armbrüster*, r+s 2010, 441, 449; *R. Koch* in Bruck/Möller, 4. Band[9], § 108 VVG, Rn. 31; *v. Rintelen*, r+s 2010, 133, 134; *Hösker*, VersR 2013, 952, 953 f.; vgl. Begr. RegE., BT-Drs. 16/3945, S. 86 f.

580 *Lange*, r+s 2007, 401, 402; *Ingwersen*, S. 164; *R. Koch* in Bruck/Möller, 4. Band[9], § 108 VVG, Rn. 106.

abtreten. Es ist daher von einer Teilbarkeit auszugehen, sodass der Abwehranspruch selbständig bei der versicherten Person verbleiben kann.[581]

Der Abwehranspruch verbleibt immer dann bei der versicherten Person, wenn er nicht mitübertragen werden kann. Nach den allgemeinen zivilrechtlichen Grundsätzen können gemäß § 399 Alt. 1 BGB nur solche Forderungen Abtretungsgegenstand sein, die nicht an die Person des Gläubigers gebunden sind.[582] Bei dem Abwehranspruch der versicherten Person handelt es sich um eine Verpflichtung des Versicherers, die versicherte Person gegen unbegründete Ansprüche zu verteidigen. Für die ordnungsgemäße Erfüllung seiner Abwehrpflicht ist es für den Versicherer von Bedeutung, welche Personengruppe er vor einer Inanspruchnahme schützen muss.[583] Folglich ist der Abwehranspruch an die versicherte Person gebunden und kann nicht mitübertragen werden.[584] Selbst wenn man den Abwehranspruch als grundsätzlich übertragbar ansieht,[585] besteht bei der geschädigten Versicherungsnehmerin kein Interesse an einem Abwehranspruch gegen ihren eigenen Haftpflichtanspruch, gleichzeitig ist die versicherte Person weiterhin daran interessiert, selbst Inhaberin des Abwehranspruchs zu bleiben.[586] Alleiniger Abtretungsgegenstand ist deshalb in jedem Fall der Freistellungsanspruch.[587]

---

581 *Retter* in Schwintowski/Brömmelmeyer[3], § 108 VVG, Rn. 22 ff.; *Armbrüster*, r+s 2010, 441, 449; *R. Koch* in Bruck/Möller, 4. Band[9], § 108 VVG, Rn. 31; *v. Rintelen*, r+s 2010, 133, 134; *Ingwersen*, S. 191.

582 *Roth/Kieninger* in MünchKomm BGB, 3. Band[8], Schuldrecht – Allgemeiner Teil II (2019), § 399 BGB, Rn. 7; *Busche* in Staudinger, 2. Buch, §§ 397–432 (2017), § 399 BGB, Rn. 4 ff.; *Rohe* in BeckOK BGB[58], Beck'scher Online-Kommentar BGB (1.5.2021), § 399 BGB, Rn. 7, mit einer Darstellung, wann doch personengebundene Ansprüche abgetreten werden können.

583 *Lange*, § 21, Rn. 29; *Werner*, ZWH 2017, 124, 129.

584 *R. Koch* in Bruck/Möller, 4. Band[9], § 108 VVG, Rn. 31; *Ingwersen*, S. 192; *Lange*, § 21, Rn. 29; *Lücke* in Prölss/Martin[31], § 108 VVG, Rn. 31; *Schulze Schwienhorst* in Looschelders/Pohlmann[3], § 108 VVG, Rn. 15; *Retter* in Schwintowski/Brömmelmeyer[3], § 108 VVG, Rn. 23; *Wandt* in MünchKomm VVG, 2. Band[2], § 108 VVG, Rn. 89; *Werner*, ZWH 2017, 124, 129; *Armbrüster*, r+s 2010, 441, 448; *Grooterhorst/Looman*, NZG 2015, 215, 220; *Hösker*, VersR 2013, 952, 956; *Mitterlechner/Wax/Witsch*[2], § 10, Rn. 12.

585 So: *Baumann*, VersR 2010, 984, 986; *Böttcher* NZG 2008, 645, 649.

586 *Hösker*, VersR 2013, 952, 956; *Lange*, § 21, Rn. 30; *Ingwersen*, S. 192; *Lücke* in Prölss/Martin[31], § 108 VVG, Rn. 31; *Werner*, ZWH 2017, 124, 129.

587 *R. Koch* in Bruck/Möller, 4. Band[9], § 108 VVG, Rn. 31; *Ingwersen*, S. 192; *Lange*, § 21, Rn. 29; *Lücke* in Prölss/Martin[31], § 108 VVG, Rn. 31; *Schulze Schwienhorst* in Looschelders/Pohlmann[3], § 108 VVG, Rn. 15; *Retter* in Schwintowski/Brömmelmeyer[3],

Gleiches gilt auch für den Fall, dass der gegenüber einem Exzedentenversicherer bestehende Versicherungsanspruch abgetreten wird.[588] Dieser Versicherungsanspruch aus der Exzedentenversicherung ist auf die Freistellung festgestellter Haftpflichtansprüche begrenzt, weil der Exzedentenversicherer aufgrund seiner Schadensferne von vornherein keine Abwehr unbegründeter Haftpflichtansprüche schuldet.[589]

2. *Zahlungsanspruch*

Als neue Inhaberin des Freistellungsanspruchs wird die geschädigte Versicherungsnehmerin von dem Versicherer Zahlung direkt an sich verlangen. Das erscheint auf den ersten Blick problematisch. Der versicherten Person selbst steht als Inhaberin des Freistellungsanspruchs kein unmittelbarer Zahlungsanspruch zu. Diese Ausgestaltung bezweckt jedoch den Schadensausgleich bei der Geschädigten zu sichern[590] und die versicherte Person von der Haftpflicht zu befreien.[591] Ein eigener Zahlungsanspruch der Versicherungsnehmerin sichert den Schadensausgleich bei dieser. Ebenso kann vereinbart werden, dass die Erfüllung des Zahlungsanspruchs den Haftpflichtanspruch erlöschen lässt. Ein Zahlungsanspruch der geschädigten Versicherungsnehmerin gewährt somit einen mit dem Freistellungsanspruch vergleichbaren Schutz. Folglich bestehen keine Einwände gegen eine Umwandlung in einen Zahlungsanspruch.

Dieser Zahlungsanspruch ist rein versicherungsrechtlicher Natur und kein neuer, durch „Konfusion von Haftpflicht- und Deckungsanspruch" entstandener

---

§ 108 VVG, Rn. 23; *Wandt* in MünchKomm VVG, 2. Band[2], § 108 VVG, Rn. 89; *Werner*, ZWH 2017, 124, 129; *Thomas*, S. 468. Als ein Beispiel aus der Praxis: die Abtretungsvereinbarung zwischen einem Unternehmen der Schwerindustrie und ihrem ehemaligen Vorstandsmitglied, Ziff. 3.3 (https://www.corporate.man.eu/man/media/de/content_medien/doc/global_corporate_website_1/investor_relations_1/hv/2014_8/man_hv_2014_individualvergleich_samuelsson_d.pdf, abgerufen am 22.11.2019), danach verbleiben alle Abwehransprüche bei der vP.

588 Ein Beispiel für die ausschließliche Abtretung des Versicherungsanspruchs gegen den Exzedentenversicherer: Tagesordnungspunkt 10, § 2 Abs. 1, der Deutschen Bank AG zur Hauptversammlung 2016, S. 7, https://hauptversammlung.db.com/de/docs/HV2016_Tagesordnung_de_2016-03-31.pdf, abgerufen am 1.11.2019.

589 *Knöfel*, VersR 2018, 513, 519.

590 *Armbrüster*[2], Rn. 1837; *Ingwersen*, S. 166.

591 *Retter* in Schwintowski/Brömmelmeyer[3], § 100 VVG, Rn. 40; BGH v. 30.10.1954, BGHZ 15, 154 158.

Anspruch[592] der Geschädigten.[593] Dies ergibt sich schon daraus, dass der Versicherer ohne seine Zustimmung oder eine klare gesetzliche Regelung nicht zum Schuldner der Haftpflichtforderung gemacht werden kann.[594] Daher handelt es sich, wie zu Recht durch Rechtsprechung und Lehre anerkannt, bei dem Zahlungsanspruch um den ursprünglichen deckungsrechtlichen Freistellungsanspruch.[595]

3. *Auswirkung auf den Abwehranspruch*

Schwierigkeiten bereitet das weitere Schicksal des Abwehranspruchs.

a) *Hemmung während des Direktprozesses?*

Der Abwehranspruch könnte während der versicherungsrechtlichen Direktinanspruchnahme des Versicherers gehemmt sein.[596] Hierdurch wäre sichergestellt, dass sich der Versicherer nicht während des Direktprozesses einem Zahlungsanspruch der Versicherungsnehmerin und gleichzeitig einem Abwehranspruch der versicherten Person ausgesetzt sieht. Erst wenn die Direktklage keinen Erfolg hat und die geschädigte Versicherungsnehmerin anschließend die versicherte Person in Anspruch nimmt, könnte der Abwehranspruch wiederaufleben.[597] Dass der Abwehranspruch nach einem Direktprozess wiederauflebt,

---

592 So aber: *Langheid* in Langheid/Rixecker[6], § 108 VVG, Rn. 16.

593 BGH v. 13.4.2016, BGHZ 209, 373, Rn. 22, m.w.N.; *Schulze Schwienhorst* in Looschelders/Pohlmann[3], § 108 VVG, Rn. 12; *Retter* in Schwintowski/Brömmelmeyer[3], § 108 VVG, Rn. 26; *R. Koch* in Bruck/Möller, 4. Band[9], § 108 VVG, Rn. 36; *Armbrüster*, r+s 2010, 441, 449; *Hösker*, VersR 2013, 952, 955 f.; *Wandt* in MünchKomm VVG, 2. Band[2], § 108 VVG, Rn. 119; *Langheid/Georgen*, VP 9/2007, 161, 166.

594 *Retter* in Schwintowski/Brömmelmeyer[3], § 108 VVG, Rn. 28 f.; *Wandt* in MünchKomm VVG, 2. Band[2], § 108 VVG, Rn. 119; *Armbrüster*, r+s 2010, 441, 449; *Finkel/Seitz* in Seitz/Finkel/Klimke, Ziff. 10, Rn. 16.

595 BGH v. 13.4.2016, BGHZ 209, 373, Rn. 22, m.w.N.; *Schulze Schwienhorst* in Looschelders/Pohlmann[3], § 108 VVG, Rn. 12; *Retter* in Schwintowski/Brömmelmeyer[3], § 108 VVG, Rn. 26; *R. Koch* in Bruck/Möller, 4. Band[9], § 108 VVG, Rn. 36; *Armbrüster*, r+s 2010, 441, 449; *Hösker*, VersR 2013, 952, 955 f.; *Wandt* in MünchKomm VVG, 2. Band[2], § 108 VVG, Rn. 119; *v. Rintelen* in Späte/Schimikowski[2], 1 AHB, Rn. 358.

596 *Lange*, r+s 2011, 185, 188 f., der aber über § 404 BGB dem VR ein Recht einräumt, die vorherige und selbständige Klärung der Haftpflichtfrage zu verlangen; *Werner*, ZWH 2017, 124, 129.

597 *Armbrüster*, r+s 2010, 441, 450; *Lange*, r+s 2011, 185, 188 f.; *Werner*, ZWH 2017, 124, 129.

wird unter anderem mit der Beschränkung des Direktprozesses auf den Freistellungsanspruch begründet. Der Versicherungsanspruch als Ganzes sei daher von einer Entscheidung im Direktprozess nicht betroffen.[598] Des Weiteren wird angeführt, dass die Feststellungen im Direktprozesses die versicherte Person nicht binden.[599] Eine bloße Hemmung des Abwehranspruchs birgt aber für den Versicherer die Gefahr, dass er sich selbst nach einer erfolgreichen Abwehr des Direktanspruchs erneut mit dem Haftpflichtanspruch auseinandersetzen muss.

Eine erneute Inanspruchnahme des Versicherers erscheint in besonderer Weise unbillig, wenn der Versicherer in einem Direktprozess die Haftpflicht der versicherten Person erfolgreich bestritten hat. Zu seinem Schutz könnte der Versicherer eine Widerklage mit dem Ziel der Feststellung des Nichtbestehens des Haftpflichtanspruchs erheben.[600] Diese gerichtliche Feststellung bindet die versicherte Person jedoch nicht.[601] Es wird daher vertreten, eine an den Direktprozess anschließende Geltendmachung des Abwehranspruchs unter § 242 BGB als treuwidrig einzustufen.[602] Das hätte aber zur Folge, dass die versicherte Person im Falle einer Abtretung ihren Abwehranspruch faktisch verlieren würde. Somit zeigt sich, dass die Hemmung des Abwehranspruchs während einer direkten Inanspruchnahme entweder den Versicherer oder die versicherte Person benachteiligen würde. Ein solcher den Parteiinteressen widersprechender Ansatz ist daher abzulehnen.

b) Untergang des Abwehranspruchs?

Denkbar wäre, dass der Abwehranspruch mit Abtretung des Freistellungsanspruchs untergeht. Ein solcher Untergang des Anspruchs wird zu Teilen mit einer drohenden Doppelbelastung des Versicherers begründet. Befürchtet wird, dass sich der Versicherer erst einmal selbst gegen den Zahlungsanspruch und in einem weiterhin möglichen Haftpflichtprozess die versicherte Person verteidigen müsste.[603] Darüber hinaus wird der Untergang des Abwehranspruchs mit einer „angemessenen Kompensation" des Versicherers für den vermeintlichen Verlust seines Erfüllungswahlrechts gerechtfertigt.[604] Der Untergang

598 *Werner*, ZWH 2017, 124, 129.

599 *Lange*, r+s 2011, 185, 188 f.

600 *Lange*, r+s 2011, 185, 197; *Hösker*, VersR 2013, 952, 961; *Werner*, ZWH 2017, 124, 129.

601 *Baumann* in Bruck/Möller, 4. Band[9], Ziff. 10 AVB-AVG, Rn. 46.

602 *Retter* in Schwintowski/Brömmelmeyer[3], § 108 VVG, Rn. 50.

603 *Staudinger/Richters*, DB 2013, 2725, 2727.

604 *Staudinger/Richters*, DB 2013, 2725, 2726 f.

des Abwehranspruchs wird hiernach allein mit einer Benachteiligung des Versicherers begründet. Sollte eine solche Benachteiligung des Versicherers aber überhaupt nicht drohen,[605] ist die mit einem Untergang einhergehende Schlechterstellung der versicherten Person nicht zu rechtfertigen.

c) Erfüllung während der direkten Inanspruchnahme

Der Versicherer könnte seine Abwehrpflicht auch erfüllen, indem er den inzident geltend gemachten Haftpflichtanspruch abwehrt.[606] In einem durch Abtretung ermöglichten versicherungsrechtlichen Direktprozess kann der Versicherer Einwendungen geltend machen, die gegen den Haftpflichtanspruch bestehen.[607] Der Versicherer ist also in einem Direktprozess in der Lage zu entscheiden, ob er den Haftpflichtanspruch für begründet hält und deswegen den Direktanspruch erfüllt, oder ob er den Haftpflichtanspruch als unbegründet betrachtet und deshalb bestreitet. Somit ändert sich durch die Abtretung allein „die Art der Anspruchsabwehr".[608] Außerdem würde der Versicherer durch die Erfüllung seiner Abwehrpflicht während der direkten Inanspruchnahme davor geschützt, in einem anschließenden Haftpflichtprozess gegen die versicherte Person erneut den Haftpflichtanspruch abwehren zu müssen.[609] Im Bereich der Pflichtversicherung knüpft § 124 Abs. 2 Hs. 2 VVG die Bindungswirkung zugunsten des direkt in Anspruch genommenen Versicherers daran, dass der Versicherer die „Pflicht zur Abwehr" ordnungsgemäß erfüllt hat. Dies zeigt, dass selbst bei einem gestörten Versicherungsverhältnis der Versicherer seine Abwehrpflicht im haftungsrechtlichen Direktprozess erfüllen muss. Erst recht muss dann bei einem intakten Versicherungsverhältnis die Abwehrpflicht im Direktprozess weiterhin bestehen. Der deckungsrechtliche Direktanspruch dient wie der gesetzliche haftungsrechtliche Direktanspruch dazu, die Haftpflichtfrage im Verhältnis von Versicherer und Geschädigter zu klären. Ebenso entspricht es den Interessen der versicherten Person, wenn der Versicherer auch im Direktprozess zu einem

---

605 Dazu sogleich unter: Dritter Teil, B, II, 4, b.

606 *v. Rintelen*, r+s 2010, 133, 135; *Lücke* in Prölss/Martin[31], § 108 VVG, Rn. 26, 31; *Ingwersen*, S. 217 ff.; *Mitterlechner/Wax/Witsch*[2], § 10, Rn. 12.

607 *v. Rintelen*, r+s 2010, 133, 135; *Lücke* in Prölss/Martin[31], § 108 VVG, Rn. 26. Darauf weist zwar auch *Armbrüster*, r+s 2010, 441, 449, hin, jedoch geht dieser weiterhin davon aus, dass der VR auch nach erfolgreicher Abwehr der Haftpflicht im Direktprozess in einem anschließenden Haftpflichtprozess zw. vP und VN Versicherungsschutz schulde (r+s 2010, 441, 451).

608 *v. Rintelen*, r+s 2010, 133, 135.

609 *Ingwersen*, S. 218 f.

vollständigen Versicherungsschutz verpflichtet bleibt. Der Versicherer müsste dann nämlich innerhalb der inzidenten Prüfung der Haftpflicht im Interesse der versicherten Person unbegründete Haftpflichtansprüche abwehren sowie von begründeten Haftpflichtansprüchen freistellen.[610]

Der vorgeschlagene Lösungsweg würde folglich dazu führen, dass der Versicherer, nachdem er den Haftpflichtanspruch im Direktprozess substantiiert bestritten hat, nicht erneut zu einer Abwehr der Haftpflicht verpflichtet wäre. Dem steht nicht entgegen, dass die versicherte Person grundsätzlich weiterhin von der Versicherungsnehmerin in Anspruch genommen werden kann. Durch ihre Abtretung hat die versicherte Person die abschließende Abwicklung des Versicherungsfalls ermöglicht. Ihr obliegt es, in der Abtretungsvereinbarung eine Bindungswirkung haftungsrechtlicher Feststellungen aufzunehmen und so die Wirkung einer erfolgreichen Abwehr auch auf sich zu erstrecken.

4. *Koexistenz von Zahlungs- und Abwehranspruch*

Eine Koexistenz von Zahlungs- und Abwehranspruch könnte in Anbetracht der zuvor durchgeführten Abtretung bedenklich sein. Ebenso wird befürchtet, dass der Versicherer bei einer Koexistenz der beiden Ansprüche zu widersprüchlichen Handlungen gezwungen wäre.

a) *Vereinbarkeit mit der Stellung als Zedent*

Grundsätzlich ist jeder Zedent über § 242 BGB dazu verpflichtet, ein Verhalten, das die Durchsetzung der abgetretenen Forderung erschwert, zu unterlassen.[611] Es wird deshalb vertreten, dass die versicherte Person während des Direktprozesses den Abwehranspruch gar nicht geltend machen kann.[612]

Diese Ansicht berücksichtigt jedoch nicht ausreichend die inzident zu prüfende Haftpflicht. Die versicherte Person bezweckt mit der Abtretung des Freistellungsanspruchs, den Versicherungsfall im Verhältnis von geschädigter Versicherungsnehmerin und Versicherer abzuwickeln. Die versicherte Person möchte mit der Abtretung jedoch in aller Regel nicht die Haftpflicht anerkennen. Die Abtretung ist also vielmehr so zu verstehen, dass der Versicherungsnehmerin ein Versicherungsanspruch übertragen wird, der unter dem Vorbehalt einer tatsächlichen Haftpflicht steht. Die Versicherungsnehmerin als Zessionarin des

---

610 Gegen eine im Direktprozess bestehende Pflicht des VR, die Interessen der vP zu berücksichtigen: *Hösker*, VersR 2013, 952, 961.

611 *Lange*, r+s 2007, 401, 405; *Klimke*, r+s 2014, 105, 111.

612 *Klimke*, r+s 2014, 105, 110 f.; *Hösker*, VersR 2013, 952, 956; *Lange*, r+s 2007, 401, 405.

umgewandelten Freistellungsanspruchs kann daher von ihrem Zedenten nur verlangen, jedwedes Verhalten zu unterlassen, das deckungsrechtliche Einwendungen entstehen lassen könnte. Demgegenüber ist die versicherte Person aus dem Versicherungsvertrag dem Versicherer gegenüber verpflichtet, diesen bei der Abwehr des Haftpflichtanspruchs zu unterstützen. Die versicherte Person ist folglich nicht aufgrund ihrer Stellung als Zedent darin gehindert, eine ordnungsgemäße Abwehr des Zahlungsanspruchs zu fordern oder den Versicherer zu unterstützen.

b) Keine Schlechterstellung des Versicherers

Problematischer könnte sein, dass der Versicherer nun gleichzeitig einem Abwehranspruch der versicherten Person und einem – auf dem Freistellungsanspruch beruhenden – Zahlungsanspruch der Versicherungsnehmerin ausgesetzt ist. Während also die Versicherungsnehmerin den ursprünglichen Freistellungsanspruch geltend macht, könnte die versicherte Person zugleich die Abwehr des vormals eigenen Freistellungsanspruchs verlangen. Man könnte daher befürchten, dass der Versicherer im Rahmen seiner Versicherungsschutzpflicht zu zwei widersprüchlichen Handlungen gezwungen wäre.[613]

Dazu kommt es aber nicht. Auch wenn der Versicherer einem direkten deckungsrechtlichen Zahlungsanspruch ausgesetzt ist, hat er immer noch die Wahl zwischen einer Abwehr der dort geltend gemachten Haftpflicht und einer Erfüllung des Zahlungsanspruchs. Die Abtretung des Freistellungsanspruchs ändert nichts an der Regulierungshoheit des Versicherers. Die versicherte Person beabsichtigt mit der Abtretung, dass die Haftpflichtfrage im Verhältnis Geschädigte und Versicherer geklärt wird. Die versicherte Person ist somit wie bei einer separaten Klärung der Haftpflichtfrage nicht befugt, den pflichtgemäß handelnden Versicherer zu einer Abwehr zu verpflichten und so dessen Wahlrecht zu beeinträchtigen. Sofern sich der Versicherer für eine Erfüllung des Zahlungsanspruchs entscheidet, kommt er seiner Versicherungsschutzpflicht nach. Der Haftpflichtanspruch erlischt aufgrund der Abtretung erfüllungshalber und der Abwehranspruch geht unter.

Sollte der Versicherer jedoch die Haftpflicht bestreiten, kann er ebenso seine Versicherungsschutzpflicht erfüllen, nun aber in Form der Abwehr. Das Wahlrecht des Versicherers endet erst dann endgültig, wenn die Haftpflicht der

613 *Klimke*, r+s 2014, 105, 111; *Hösker*, VersR 2013, 952, 956.

versicherten Person bindend festgestellt, anerkannt, erfüllt oder erfolgreich bestritten worden ist, sodass eine Abwehr nicht weiter in Betracht kommt.[614]

c) Nebenintervention bei Deckungsablehnung

Sollte der Versicherer jedoch deckungsrechtliche Einwendungen geltend machen, erfüllt er nicht den Versicherungsanspruch und ein Wahlrecht zwischen Anspruchsabwehr und Freistellung, welches der Durchsetzung des Abwehranspruchs entgegenstehen würde, besteht nicht. In einem solchen Fall wäre es dennoch unbillig, wenn der Versicherer gleichzeitig zwei Prozessen, die beide seine Deckungspflicht zum Gegenstand hätten, ausgesetzt wäre. Die versicherte Person muss sich daher immer dann auf ihr Recht zur Nebenintervention im Direktprozess beschränken, wenn der Versicherer die Deckung ablehnt, und kann nicht separat den Abwehranspruch einklagen.

d) Zwischenergebnis

Damit kann festgehalten werden, dass der Abwehranspruch der versicherten Person auch während eines Direktprozesses besteht und deshalb erfüllt werden kann. Wie aber auch bei einer Klärung der Haftpflicht in einem separaten Prozess ist die versicherte Person aufgrund des Wahlrechts des Versicherers grundsätzlich daran gehindert, den Abwehranspruch gerichtlich durchsetzen.

III. Zu beteiligende Organe der Versicherungsnehmerin

Der Aufsichtsrat vertritt gemäß § 112 S. 1 AktG die AG gegenüber ihren Vorstandsmitgliedern. Fraglich ist, ob die Hauptversammlung einer Abtretung zustimmen muss.

Nach § 93 Abs. 4 S. 3 AktG ist die Zustimmung der Hauptversammlung erforderlich, wenn die Durchsetzbarkeit des Haftpflichtanspruchs erschwert oder vereitelt wird.[615] Die Abtretung des Freistellungsanspruchs erfüllungshalber wirkt sich also als solche nicht auf den Haftpflichtanspruch aus, sondern gibt der Versicherungsnehmerin nur eine weitere Befriedungsmöglichkeit.[616] Die Durchsetzbarkeit des Haftpflichtanspruchs könnte aber durch das bei der Abtretung erfüllungshalber getroffene Stillhalteabkommen erschwert werden.

---

614 Allgemein zum Erlöschen des Wahlrechts: *Schneider* in Beckmann/Matusche-Beckmann^3, § 24, Rn. 131.

615 *J. Koch* in Hüffer/Koch^{15}, § 93 AktG, Rn. 77; *Hölters* in Hölters^3, § 93 AktG, Rn. 309.

616 *Löbbe* in FS Reinhard Marsch-Barner (2018), 317, 327.

Grundsätzlich wohnt jedem vorübergehenden Durchsetzungshindernis die Gefahr inne, dass sich die tatsächlichen Umstände verschlechtern. Beispielsweise könnten sich während des Direktprozesses die Solvenz der versicherten Person verschlechtern oder Beweisschwierigkeiten, etwa aufgrund abnehmender Erinnerungsfähigkeit der Zeugen, zunehmen.[617] Ein Stillhalteabkommen könnte daher einen zustimmungsbedürftigen Teilverzicht darstellen.[618] Dem steht jedoch entgegen, dass sich die tatsächlichen Umstände auch während des Direktprozesses verbessern können. Während des Direktprozesses könnten zum Beispiel neue Beweise zu Tage treten, die dann im anschließenden Haftpflichtprozess genutzt werden können. Außerdem zielt die durch das Stillhalteabkommen erst ermöglichte Abtretung darauf, den erlittenen Schaden vollständig durch den solventen Versicherer ersetzt zu bekommen.[619] Durch die im Rahmen des Stillhalteabkommens vereinbarte Verjährungshemmung wird die Durchsetzung des Haftpflichtanspruchs, im Falle eines unvollständigen Schadensausgleichs, nur zeitlich aufgeschoben und gerade nicht endgültig vereitelt.[620] Deshalb handelt es sich bei dem im Rahmen der Abtretung erfüllungshalber vereinbarten temporären Stillhalteabkommen um kein nach § 93 Abs. 4 S. 3 AktG zustimmungsbedürftiges Verhalten.[621]

Obwohl die Hauptversammlung einer Abtretungsvereinbarung nicht zustimmen muss, sollten bei der Abtretung die in §§ 147 f. AktG normierten Aktionärsrechte berücksichtigt werden.[622] Demnach können die Hauptversammlung oder ein Teil der Aktionäre die Geltendmachung von Organhaftungsansprüchen erzwingen. Die Versicherungsnehmerin sollte daher in die Abtretungsvereinbarung das Recht aufnehmen, das Stillhalteabkommen zu beenden, sofern die Hauptversammlung oder Teile der Aktionäre eine Geltendmachung der Organhaftungsansprüche nach §§ 147 f. AktG anstreben.[623] Darauf wird sich die versicherte Person aber nur einlassen, wenn im Gegenzug eine

---

617 *Löbbe* in FS Reinhard Marsch-Barner (2018), 317, 327.

618 *Fleischer* in Spindler/Stilz, 1. Band[4], § 93 AktG, Rn. 287; *Werner*, VersR 2016, 1352, 1354; *Mertens/Cahn* in KölnerKomm AktG, 2/1. Band[3], § 93 AktG, Rn. 171; *Hölters* in Hölters[3], § 93 AktG, Rn. 309; *J. Koch* in Hüffer/Koch[15], § 93 AktG, Rn. 77.

619 *Löbbe* in FS Reinhard Marsch-Barner (2018), 317, 327.

620 *Löbbe* in FS Reinhard Marsch-Barner (2018), 317, 327.

621 *Thomas*, S. 461; *Löbbe* in FS Reinhard Marsch-Barner (2018), 317, 327; *Harzenetter*, NZG 2016, 728, 731; *Grooterhorst/Looman*, NZG 2015, 215, 217 f.; *Dreher/Thomas*, ZGR 2009, 31, 44.

622 *Löbbe* in FS Reinhard Marsch-Barner (2018), 317, 328.

623 *Löbbe* in FS Reinhard Marsch-Barner (2018), 317, 328.

Rückübertragungsverpflichtung des Freistellungsanspruchs in die Abtretungsvereinbarung aufgenommen wird.[624]

IV. Ausschluss der Abtretung durch AVB

Wie nun festgestellt wurde, ist die Abtretung des Freistellungsanspruchs an die geschädigte Versicherungsnehmerin grundsätzlich möglich. Gegen eine solche Abtretung wird jedoch eine gesteigerte Missbrauchsgefahr zulasten des Versicherers angeführt.[625] Es wird daher versucht, eine solche Abtretung an die geschädigte Versicherungsnehmerin durch AVB auszuschließen. Da das Hauptargument solcher Abtretungsverbote eine vermeintliche Steigerung der Missbrauchsgefahr ist, soll zu Beginn untersucht werden, inwieweit eine Abtretung tatsächlich die Missbrauchsgefahr ansteigen lässt.

1. Missbrauchsgefahr

Ob eine Abtretung und die damit ermöglichte direkte Inanspruchnahme tatsächlich die Missbrauchsgefahr erhöht, ist strittig. Eine erhöhte Missbrauchsgefahr wird insbesondere damit begründet, dass es der versicherten Person durch eine Abtretung ermöglicht wird, als Zeugin im Direktprozess aufzutreten.[626] Hiergegen muss jedoch eingewendet werden, dass die versicherte Person in einem separaten Haftpflichtprozess ein gerichtliches Geständnis nach § 288 ZPO ablegen kann und so auch bei getrennter Abwicklung eine reale Missbrauchsgefahr für den Versicherer besteht.[627] Zusätzlich dazu kann sich die versicherte Person

---

624 *Löbbe* in FS Reinhard Marsch-Barner (2018), 317, 328.

625 *Armbrüster*, NJW 2016, 2155, 2156; *R. Koch*, r+s 2009, 133, 134; *Schimmer*, VersR 2008, 875, 878 f.

626 GDV, Stellungnahme zum Abschlussbericht der Kommission zur Reform des Versicherungsvertragsrechts vom 19.4.2004, abgerufen am 9.8.2018 unter: https://www.jura.uni-hamburg.de/media/einrichtungen/sem-versicherungsrecht/gesetzesaenderungen/gdv-stellungnahme-zum-abschlussbericht-2004-06-07.pdf, S. 65 f.; OLG München v. 15.3.2005, VersR 2005, 540, 541; *Bank*, VW 2008, 730, 732. In diese Richtung: BGH v. 21.4.2004, NJW-RR 2004, 1100, 1102; v. 26.3.1997, r+s 1997, 325, 326; v. 13.7.1983, VersR 1983, 945, 945, ansonsten werde der VR „in der Beweisführung benachteiligt".

627 *Langheid*, NJW 2007, 3745, 3746; *Armbrüster*, r+s 2010, 441, 450; *Hösker*, VersR 2013, 952, 955; *Böttcher*, NZG 2008, 645, 648; *Franck*, S. 61; *Finkel/Seitz* in Seitz/Finkel/Klimke, Ziff. 10, Rn. 19, 37; *Thomas*, S. 473; *Retter* in Schwintowski/Brömmelmeyer[3], § 108 VVG, Rn. 62. Allgemein zum höheren Beweiswert eines Geständnisses: *Hartwig* in van Bühren[7], § 9, Rn. 125.

bei einer Falschaussage als Zeuge nach §§ 153 ff. StGB strafbar machen.[628] Des Weiteren obliegt es der freien Beweiswürdigung des Gerichts, wie stark eine Zeugenaussage der versicherten Person gewichtet wird.[629] Daher kann argumentiert werden, dass aufgrund der Zeugenstellung der versicherten Person die Missbrauchsgefahr „eher noch gemindert" wird.[630]

Dennoch könnte man eine gestiegene Missbrauchsgefahr damit begründen, dass die versicherte Person durch eine direkte Inanspruchnahme und einen flankierenden Vollstreckungsverzicht faktisch aus der Haftung genommen und deshalb im Interesse der Versicherungsnehmerin handeln würde. Die Gefahr eines solchen Zusammenwirkens besteht aber grundsätzlich immer bei einem Innenhaftungsfall und somit unabhängig von der Direktabwicklung.[631] Das die Missbrauchsgefahr steigernde Element ist nicht die direkte Inanspruchnahme des Versicherers, sondern vielmehr die Nähebeziehung zwischen versicherter Person und geschädigter Versicherungsnehmerin. Deshalb handelt es sich bei der vorhandenen Missbrauchsgefahr um kein D&O-versicherungsrechtliches Sonderproblem. Eine gewisse Missbrauchsgefahr besteht grundsätzlich auch bei anderen Haftpflichtversicherungen, wenn versicherte Person und Geschädigte in einer Nähebeziehung zueinander stehen.[632] Hinzu kommt, dass bei einer AG Vollstreckungsverzichte regelmäßig an § 93 Abs. 4 S. 3 AktG scheitern werden. Abschließend muss darauf hingewiesen werden, dass ein verbotenes kollusives Verhalten, insbesondere in Anbetracht der strafrechtlichen, öffentlichkeitsschädlichen und versicherungsschutzrechtlichen Konsequenzen,

628 *Böttcher*, NZG 2008, 645, 648; *Finkel/Seitz* in Seitz/Finkel/Klimke, Ziff. 10, Rn. 37; *Peltzer*, NZG 2009, 970, 973; *Mitterlechner/Wax/Witsch*[2], § 10, Rn. 77.

629 *Böttcher*, NZG 2008, 645, 648; *Armbrüster*, r+s 2010, 441, 450; *Schimikowski* in Rüffer/Halbach/Schimikowski[4], § 108 VVG, Rn. 10; *Lange*, r+s 2011, 185, 195, Fn. 113; *Finkel/Seitz* in Seitz/Finkel/Klimke, Ziff. 10, Rn. 37; *Retter* in Schwintowski/Brömmelmeyer[3], § 108 VVG, Rn. 62.

630 *Böttcher*, NZG 2008, 645, 648; in diese Richtung ebenso: *Hösker*, VersR 2013, 952, 955; *Franck*, S. 61; *Thomas*, S. 473; *Finkel/Seitz* in Seitz/Finkel/Klimke, Ziff. 10, Rn. 37; *Retter* in Schwintowski/Brömmelmeyer[3], § 108 VVG, Rn. 62.

631 OLG Düsseldorf v. 31.1.2014, r+s 2014, 122, 123; BGH v. 13.4.2016, VersR 2016, 786, Rn. 20; *Terno*, SpV 2014, 2, 5; *Beckmann* in Beckmann/Matusche-Beckmann[3], § 28, Rn. 7b; *Mitterlechner/Wax/Witsch*[2], § 10, Rn. 77. *Schimikowski* in Rüffer/Halbach/Schimikowski[4], Vor §§ 100 - 124 VVG, Rn. 14, begründet eine erhöhte Missbrauchsgefahr in der Haftpflichtversicherung mit der dort geltenden Bindungswirkung.

632 BGH v. 13.4.2016, VersR 2016, 786, Rn. 20; *Terno*, SpV 2014, 2, 5; *R. Koch*, r+s 2009, 133, 135; *Langheid*, VersR 2009, 1043, 1043.

äußerst selten vorkommen dürfte.[633] Es ginge daher selbst dann zu weit, eine Abtretung pauschal aufgrund einer zwar bestehenden, jedoch geringen Missbrauchsgefahr auszuschließen, wenn man die Missbrauchsgefahr bei einer direkten Inanspruchnahme als gesteigert ansieht.

Zusammenfassend lässt sich deshalb festhalten, dass zwar grundsätzlich eine erhöhte Missbrauchsgefahr im Bereich der D&O-Versicherung besteht. Diese steigt aber durch eine direkte Inanspruchnahme des Versicherers nicht merklich.

2. *Versicherungsnehmerin Dritte im Sinne des § 108 Abs. 2 VVG*

Obwohl die Abtretung als solche grundsätzlich nicht die Missbrauchsgefahr steigen lässt, haben Versicherer versucht, eine Abtretung und damit eine direkte Inanspruchnahme durch AVB zu untersagen. Fraglich ist, ob eine solche abweichende Klausel mit § 108 Abs. 2 VVG vereinbar ist.

a) Anwendbarkeit auf Innenhaftungsfälle

Nach dem Wortlaut verbietet § 108 Abs. 2 VVG allein eine Abtretung „an den Dritten". Die geschädigte Versicherungsnehmerin könne deshalb als Vertragspartei schon nicht Dritte im Sinne der Norm sein, sodass ein Abtretungsverbot im Bereich der Innenhaftung zulässig sei.[634] Dem muss jedoch entgegengehalten werden, dass § 100 VVG auch von „Dritten" spricht und damit letztendlich die Geschädigte meint.[635] Anderenfalls könnten Haftpflichtversicherungen per se keine Innenhaftungsfälle abdecken. Auch bei § 108 Abs. 2 VVG kann nicht aus dem bloßen Umstand, dass der Gesetzgeber nicht ausdrücklich Innenhaftungsfälle einbezogen hat, eine generelle Unanwendbarkeit für diese Fälle hergeleitet werden. Daraus ergibt sich, dass § 108 Abs. 2 VVG einem Abtretungsverbot für Innenhaftungsfälle grundsätzlich entgegensteht.

---

633 *Schrank*, VP 7/2009, 129, 135; *Peltzer* in FS Harm Peter Westermann (2008), 1257, 1269; *Franck*, S. 61; *Böttcher*, NZG 2008, 645, 648, weist auf die in §§ 153 ff. StGB strafbewehrten Wahrheitspflichten hin; *Mesch*, VersR 2015, 1337, 1345, nennt das Interesse der vP und der VN an einem „tadellosen Ruf".

634 *Sieg*, ZWH 2014, 124, 126; *Schimmer*, VersR 2008, 875, 878; so auch noch ausdrücklich in der Altauflage: *Schimikowski* in Rüffer/Halbach/Schimikowski[3], Handkommentar Versicherungsvertragsgesetz (2015), § 108 VVG, Rn. 6.

635 BGH v. 13.4.2016, BGHZ 209, 373, Rn. 20; *Baumann* in Bruck/Möller, 4. Band[9], Ziff. 10 AVB-AVG, Rn. 23 f.; *Lenz* in van Bühren[7], § 25, Rn. 201; *Finkel/Seitz* in Seitz/Finkel/Klimke, Ziff. 10, Rn. 20; *Dreher/Thomas*, ZGR 2009, 31, 42; *Lange*, § 21, Rn. 16; *R. Koch*, ZVersWiss 2012, 151, 157.

b) *Keine teleologische Reduktion bei D&O-Versicherungen*

Dennoch könnte die der D&O-Versicherung zugrunde liegende Dreiecksstruktur eine teleologische Reduktion des § 108 Abs. 2 VVG notwendig machen.[636] Für eine solche teleologische Reduktion wird angeführt, dass es sich bei der D&O-Versicherung um ein Versicherungsprodukt handele, auf das die Erwägungen des Gesetzgebers nicht zutreffen würden.[637] Dieser Ansicht nach sei § 108 Abs. 2 VVG allein für solche Geschädigten geschaffen, die sich „quasi zufällig" in der Position als Geschädigte wiederfinden.[638] Die D&O-Versicherung sei auf eine Deckung von Innenhaftungsfällen ausgerichtet, sodass die Versicherungsnehmerin einem höheren Schadensrisiko ausgesetzt sei als eine außenstehende Dritte. Dadurch gerate die Versicherungsnehmerin eben nicht „quasi zufällig in die Position eine[r] [G]eschädigten" und sei deshalb keinem vergleichbaren Schadensrisiko wie eine außenstehende Dritte ausgesetzt.[639] Des Weiteren ziele das Verbot des § 108 Abs. 2 VVG darauf ab, eine geschädigte Dritte, welche keinen Einblick in das Versicherungsverhältnis habe, vor einer unzureichenden Anspruchsverfolgung durch die versicherte Person zu schützen.[640] Als Versicherungsvertragspartei bedürfe die geschädigte Versicherungsnehmerin aber nicht eines solchen Schutzes.[641]

Die besseren Argumente sprechen gegen eine solche teleologische Reduktion. Auch wenn es bei D&O-Versicherungen wahrscheinlicher ist, dass es zu einem Innenhaftungsfall kommt, ist die Schadensentstehung jedoch nicht weniger zufällig als bei anderen Haftpflichtfällen.[642] Ebenso ist die geschädigte Versicherungsnehmerin aufgrund der meist existenzbedrohenden Haftpflichtforderung an einer unmittelbaren Deckung interessiert, um so eine schwierigere Anspruchsverfolgung im Falle einer Privatinsolvenz der versicherten Person zu umgehen.[643] Eine teleologische Reduktion des § 108 Abs. 2 VVG würde daher

---

636 *Baumann* in Bruck/Möller, 4. Band[9], Ziff. 10 AVB-AVG, Rn. 26, trennt richtigerweise zwischen einer grundsätzlichen Anwendbarkeit auf Innenhaftungsfälle und einer denkbaren teleologischen Reduktion.

637 *Schimmer*, VersR 2008, 875, 878.

638 *Schimmer*, VersR 2008, 875, 877.

639 *Schimmer*, VersR 2008, 875, 877.

640 *Schimmer*, VersR 2008, 875, 878; *Armbrüster*, r+s 2010, 441, 448. In der Begr. RegE, BT-Drs. 16/3945, S. 87, wird ausgeführt, dass die Geschädigte „häufig keine Kenntnis vom Innenverhältnis" habe.

641 *Schimmer*, VersR 2008, 875, 878; *Armbrüster*, r+s 2010, 441, 448.

642 *Langheid*, VersR 2009, 1043, 1043; *Finkel/Seitz* in Seitz/Finkel/Klimke, Ziff. 10, Rn. 19; *Staudinger/Friesen* in Staudinger/Halm/Wendt[2], AVB-AVG, Rn. 225.

643 *Baumann* in Bruck/Möller, 4. Band[9], Ziff. 10 AVB-AVG, Rn. 30.

eine „unbillige Schlechterstellung“ der Versicherungsnehmerin bedeuten, ohne dass sich eine solche aus dem Gesetz ergibt.[644] Des Weiteren zielt § 108 Abs. 2 VVG auch darauf ab, durch eine direkte Inanspruchnahme des Versicherers die Beziehung zwischen versicherter Person und Geschädigter zu schonen.[645] Dies betrifft Innenhaftungsfälle und in besonderem Maße Versicherungsfälle in der D&O-Versicherung. Ein formularmäßiges Abtretungsverbot in D&O-Versicherungsverträgen verstößt deshalb auch gegen § 108 Abs. 2 VVG.[646]

Nur wenn der Freistellungsanspruch abgetreten wurde, um den D&O-Versicherer rechtswidrig zu schädigen, kann die Abtretung gegen §§ 242, 138 BGB verstoßen und deshalb nichtig sein.[647]

3. *Abweichung bei Großrisiken*

Etwas anderes könnte bei D&O-Versicherungen, die Großrisiken im Sinne des § 210 Abs. 2 VVG versichern, gelten. Die Voraussetzungen des § 210 Abs. 2 S. 1 Nr. 3 VVG werden bei D&O-Versicherungsnehmerinnen häufig erfüllt sein.[648] Für solche Großrisiken gelten nach § 210 Abs. 1 VVG die im Gesetz enthaltenen Einschränkungen der Vertragsfreiheit nicht. Daraus ergibt sich, dass § 108 Abs. 2 VVG auf Großrisiken unanwendbar ist.[649] Dennoch unterliegen solche Klauseln weiterhin der AGB-rechtlichen Kontrolle.[650] Fraglich ist

---

644 *Finkel/Seitz* in Seitz/Finkel/Klimke, Ziff. 10, Rn. 19; *Lange*, § 21, Rn. 16 f.

645 Begr. RegE, BT-Drs. 16/3945, S. 87; *Staudinger/Friesen* in Staudinger/Halm/Wendt², AVB-AVG, Rn. 225; *Beckmann* in Beckmann/Matusche-Beckmann³, § 28, Rn. 7c.

646 BGH v. 13.4.2016, BGHZ 209, 373, Rn. 20; *Langheid*, VersR 2009, 1043, 1043; *Finkel/Seitz* in Seitz/Finkel/Klimke, Ziff. 10, Rn. 19; *Staudinger/Friesen* in Staudinger/Halm/Wendt², AVB-AVG, Rn. 225; *Baumann* in Bruck/Möller, 4. Band⁹, Ziff. 10 AVB-AVG, Rn. 31; *Dreher/Thomas*, ZGR 2009, 31, 42; *Lenz* in van Bühren⁷, § 25, Rn. 202; *Beckmann* in Beckmann/Matusche-Beckmann³, § 28, Rn. 7c; *Voit* in Prölss/Martin³¹, AVB D&O, A-9, Rn. 1; *Lange*, § 21, Rn. 16 ff.; *Thomas*, S. 452 ff.; in diese Richtung auch: OLG Düsseldorf v. 31.1.2014; r+s 2014, 122, 123. Schimikowski

647 *Baumann* in Bruck/Möller, 4. Band⁹, Ziff. 10 AVB-AVG, Rn. 34.

648 *Mitterlechner/Wax/Witsch*², § 10, Rn. 3; *Baumann* in Bruck/Möller, 4. Band⁹, Einf. AVB-AVG, Rn. 17; *Schramm*, PHi 2008, 24, 25. *Thomas*, S. 480, weist demgegenüber darauf hin, dass bei einer „Vielzahl“ mittelständischer Unternehmen kein Großrisiko vorliege.

649 *Klär/Heyers* in Schwintowski/Brömmelmeyer³, § 210 VVG, Rn. 23; *Baumann* in Bruck/Möller, 4. Band⁹, Ziff. 10 AVB-AVG, Rn. 35.

650 Begr. RegE, BT-Drs. 16/3945, S. 115; *Finkel/Seitz* in Seitz/Finkel/Klimke, Einf., Rn. 135; *Krahe* in Staudinger/Halm/Wendt², § 210 VVG, Rn. 5.

deshalb, ob ein formularmäßiges Abtretungsverbot gegen die Inhaltskontrolle des § 307 BGB verstößt. Im Rahmen der Inhaltskontrolle ist danach zu fragen, ob die Klausel „den Vertragspartner des Verwenders entgegen dem Gebot von Treu und Glauben unangemessen" benachteiligt.

a) Vereinbarkeit mit dem gesetzlichen Leitbild

Der Gesetzgeber normiert in § 307 Abs. 2 Nr. 1 BGB, dass eine unangemessene Benachteiligung im Zweifel anzunehmen ist, wenn eine vertragliche Bestimmung mit dem wesentlichen Grundgedanken einer Regelung, von der sie abweicht, nicht zu vereinbaren ist. Bezogen auf das formularmäßige Abtretungsverbot ist hierbei allerdings schon strittig, was für die Prüfung als gesetzliches Leitbild im Sinne des § 307 Abs. 2 Nr. 1 BGB anzusehen ist. Teilweise wird vertreten, dass § 108 Abs. 2 VVG als gesetzliches Leitbild heranzuziehen sei.[651] Dies wird insbesondere mit dem im VVG enthaltenen Geschädigtenschutz begründet, der sich auch in §§ 108 Abs. 1, 109, 110 VVG zeige.[652] Dem wird jedoch zu Recht entgegengehalten, dass § 108 Abs. 2 VVG allein die Vertragsfreiheit der Parteien beschränkt und keinen auf Versicherungen für Großrisiken anwendbaren Regelungsgehalt hat.[653] § 108 Abs. 2 VVG taugt deshalb nicht als gesetzliches Leitbild im Rahmen einer AGB-Kontrolle. Nichtsdestotrotz sind die Beweggründe für die Regelung des § 108 Abs. 2 VVG bei der weiteren Inhaltskontrolle von Bedeutung.[654] Mangels anderer spezifischer Normen ist § 398 BGB als gesetzliches Leitbild heranzuziehen.[655] Wie aber § 399 Alt. 2 BGB zeigt, erlaubt das Gesetz ein Abtretungsverbot.[656] Mithin kann nicht gefolgert werden, dass ein Abtretungsverbot per se gegen ein gesetzliches Leitbild verstößt und daher gemäß § 307 Abs. 2 Nr. 1 BGB immer unangemessen ist.

---

651 *R. Koch* in Bruck/Möller, 4. Band[9], § 108 VVG, Rn. 79 ff.; Heinrichs in Staudinger/Halm/Wendt[2], § 108 VVG, Rn. 8.

652 *R. Koch* in Bruck/Möller, 4. Band[9], § 108 VVG, Rn. 79.

653 *Wandt* in MünchKomm VVG, 2. Band[2], § 108 VVG, Rn. 111; *Baumann* in Bruck/Möller, 4. Band[9], Ziff. 10 AVB-AVG, Rn. 36; *Klär/Heyers* in Schwintowski/Brömmelmeyer[3], § 210 VVG, Rn. 23; *Klimke* in Prölss/Martin[31], § 210 VVG, Rn. 18.

654 *Baumann* in Bruck/Möller, 4. Band[9], Ziff. 10 AVB-AVG, Rn. 36. Darauf weist auch *R. Koch*, ZVersWiss 2012, 151, 158, hin.

655 *Baumann* in Bruck/Möller, 4. Band[9], Ziff. 10 AVB-AVG, Rn. 36; *Klär/Heyers* in Schwintowski/Brömmelmeyer[3], § 201 VVG, Rn. 23; *Klimke* in Prölss/Martin[31], § 210 VVG, Rn. 18.

656 *Wandt* in MünchKomm VVG, 2. Band[2], § 108 VVG, Rn. 111; *Baumann* in Bruck/Möller, 4. Band[9], Ziff. 10 AVB-AVG, Rn. 36; *Mitterlechner/Wax/Witsch*[2], § 10, Rn. 6.

b) *Unangemessene Benachteiligung*

Es verbleibt daher der Rückgriff auf die allgemeine Unangemessenheitsprüfung des § 307 Abs. 1 S. 1 BGB. Wie bereits dargestellt wurde, steigt die Missbrauchsgefahr durch eine direkte Inanspruchnahme des Versicherers nicht automatisch. Wenn nun aber der Direktanspruch zu keiner gesteigerten Missbrauchsgefahr führt, könnte eine solche Beschränkung der der versicherten Person zustehenden Verfügungsbefugnis unangemessen sein.[657]

Gegen die Annahme einer unangemessenen Benachteiligung spricht die Zweckrichtung der AGB-rechtlichen Inhaltskontrolle. Die AGB-rechtliche Inhaltskontrolle soll nicht jedwede (vermeintliche) Benachteiligung der anderen Vertragsseite unterbinden, sondern nur dann die Privatautonomie einschränken, wenn eine „Benachteiligung von erheblichem Gewicht" gegeben ist.[658] Ein formularmäßiges Abtretungsverbot weicht von einer gesetzlichen Regelung ab, welche der Gesetzgeber bewusst nicht auf Großrisiken ausgedehnt hat.[659] Es wäre daher mit dem Willen des Gesetzgebers nicht vereinbar, wenn ein formularmäßiges Abtretungsverbot per se an der AGB-Kontrolle scheitern und somit faktisch eine mit § 108 Abs. 2 VVG vergleichbare Lage geschaffen würde. Bei Großrisiken sind formularmäßige Abtretungsverbote daher grundsätzlich wirksam.[660]

c) *Unwirksamkeit im Einzelfall*

Die durch den BGH entwickelte Rechtsprechung zur treuwidrigen Geltendmachung eines Abtretungsverbots gewinnt deshalb an Bedeutung.[661] Der BGH

---

657 Demgegenüber begründet *Baumann* in Bruck/Möller, 4. Band[9], Ziff. 10 AVB-AVG, Rn. 41, die Wirksamkeit der Klausel mit einer gesteigerten Missbrauchsgefahr.

658 BGH v. 6.11.2013, NZKart 2014, 31, Rn. 66. Vgl.: Bericht des Rechtsausschusses, BT-Drs. 7/5422, S. 6; *Wurmnest* in MünchKomm BGB, 2. Band[8], § 307 BGB, Rn. 31; *H. Schmidt* in BeckOK BGB[58], § 307 BGB, Rn. 1.

659 Begr. RegE, BT-Drs. 16/3945, S. 115; *Wandt* in MünchKomm VVG, 2. Band[2], § 108 VVG, Rn. 111; *Schramm*, PHi 2008, 24, 25; *Thume*, VersR 2010, 849, 853.

660 *Wandt* in MünchKomm VVG, 2. Band[2], § 108 VVG, Rn. 111; *Baumann* in Bruck/Möller, 4. Band[9], Ziff. 10 AVB-AVG, Rn. 39; *Sieg* in Höra[4], § 17, Rn. 194; *Klär/Heyers* in Schwintowski/Brömmelmeyer[3], § 210 VVG, Rn. 23; *Klimke* in Prölss/Martin[38], § 210 VVG, Rn. 18; *Finkel/Seitz* in Seitz/Finkel/Klimke, Ziff. 10, Rn. 14; *Schramm*, PHi 2008, 24, 25; *Böttcher*, NZG 2008, 645, 646; *Lange*, § 3, Rn. 23; *Dreher/Thomas*, ZGR 2009, 31, 48; *Schimikowski* in Rüffer/Halbach/Schimikowski[4], § 108 VVG, Rn. 15; *Nissen*, KTS 2018, 29, 32; *Mitterlechner/Wax/Witsch*[2], § 10, Rn. 8.

661 *Schulze Schwienhorst* in Looschelders/Pohlmann[3], § 108 VVG, Rn. 7; in diese Richtung auch: *Thume*, VersR 2010, 849, 853.

nimmt in ständiger Rechtsprechung an, dass die Geltendmachung eines Abtretungsverbots im Einzelfall gegen § 242 BGB verstoßen und deswegen rechtsmissbräuchlich sein kann.[662] Rechtsmissbräuchlich ist ein solches Verhalten des Versicherers, wenn es „nicht von einem beachtlichen, im Zweckbereich der Klausel liegenden Interesse gedeckt wird".[663] Ein Abtretungsverbot dient primär dazu, einem Versicherungsmissbrauch entgegenzuwirken.[664] Die direkte Inanspruchnahme lässt die Missbrauchsgefahr aber nicht per se steigen. Der Zweck der Klausel dürfte daher nur im Einzelfall erfüllt werden. Hinzu kommt, dass der Versicherer bei Vertragsschluss das Schadensausgleichsinteresse seiner Vertragspartnerin kennt. Der pauschale Verweis auf ein formularmäßiges Abtretungsverbot dürfte daher regelmäßig treuwidrig sein. Nur wenn der Versicherer eine konkret gesteigerte Missbrauchsgefahr geltend macht, dürfte die Geltendmachung des Abtretungsverbots zulässig sein.

Versicherer, die ein formularmäßiges Abtretungsverbot in ihre AVB aufnehmen, müssen daher immer damit rechnen, dass sie sich im Einzelfall doch nicht auf das Abtretungsverbot berufen können. Als Konsequenz aus der bestehenden Rechtsunsicherheit und bedingt durch einen regen Wettbewerb sind auch bei Großrisiken Abtretungsverbote die Ausnahme.[665]

4. *Zwischenergebnis*

Ungeachtet der grundsätzlichen Möglichkeit, bei Großrisiken formularmäßige Abtretungsverbote zu vereinbaren, müssen Versicherer mit einer wirksamen Abtretung rechnen. Des Weiteren droht bei mittelständischen Unternehmen, dass die Schwellenwerte des § 210 Abs. 2 S. 1 Nr. 3 VVG unterschritten werden und dadurch § 108 Abs. 2 VVG während der Vertragslaufzeit wieder auflebt.[666] D&O-Versicherer sollten daher eine Abtretung und eine darauf folgende direkte

---

662 BGH v. 10.3.2010 - IV ZR 336/07, BeckRS 2010, 07497, Rn. 2, m.w.N.

663 BGH v. 21.4.2004, VersR 2004, 994, 996.

664 *Schimmer*, VersR 2008, 875, 878 f.; *R. Koch*, r+s 2009, 133, 134; *Armbrüster*, NJW 2016, 2155, 2156.

665 *Harzenetter*, NZG 2016, 728, 730; *Sieg* in Höra[4], § 17, Rn. 194; *Thomas*, S. 480, spricht davon, dass Abtretungsverbote im Mittelstand kaum vereinbart werden.

666 *Klär/Heyers* in Schwintowski/Brömmelmeyer[3], § 210 VVG, Rn. 23; nach *R. Koch* in Bruck/Möller, 4. Band[9], § 108 VVG, Rn. 85, müssen die Voraussetzungen bei Eintritt des Versicherungsfalls vorliegen. *Dreher/Thomas*, ZGR 2009, 31, 48, gehen hingegen davon aus, dass die Voraussetzungen nur bei Vertragsschluss und Verlängerung gegeben sein müssen.

Inanspruchnahme in ihre Vertragsgestaltung miteinbeziehen. In Anbetracht der festgestellten gleichbleibenden Missbrauchsgefahr bietet es sich für Versicherer an, auf ein Abtretungsverbot gänzlich zu verzichten.

V. Beteiligung des Versicherers an der Abtretung

Wie soeben dargestellt, soll § 108 Abs. 2 VVG die Abtretung des Freistellungsanspruchs an die geschädigte Versicherungsnehmerin auch gegen den Willen des Versicherers ermöglichen. Ein generelles Zustimmungserfordernis des Versicherers würde diesem Gesetzeszweck entgegenstehen und kann daher nicht angenommen werden. Das könnte sich aber ändern, wenn der Versicherer schon Abwehrschutz gewährt hat.[667] Teilweise wird vertreten, dass dann die versicherte Person mit einer Abtretung die Prozessführungsbefugnis des Versicherers verletze, gegen das vertragliche Rücksichtnahmegebot aus § 241 Abs. 2 BGB verstoße und die Abtretung eine unzulässige Rechtsausübung darstelle.[668] Sollte man in der Abtretung ohne Zustimmung des Versicherers nach der Gewährung von Abwehrschutz eine unzulässige Rechtsausübung sehen, wäre die Abtretung unwirksam.[669]

1. Keine unzulässige Rechtsausübung

Eine unzulässige Rechtsausübung müsste angenommen werden, wenn die versicherte Person einen Vertrauenstatbestand geschaffen hat, den sie durch eine Abtretung nach der Gewährung von Abwehrschutz in unzulässiger Weise verletzt.[670] Die versicherte Person müsste daher bei dem Versicherer ein Vertrauen dahingehend erzeugt haben, dass sie den Freistellungsanspruch nicht mehr an die geschädigte Versicherungsnehmerin abtritt.[671]

Es ist aber zweifelhaft, ob die versicherte Person überhaupt in der Lage ist, ein solches Vertrauen zu schaffen. Im Rahmen seines Wahlrechts ist es allein der Versicherer, der ab Eintritt des Versicherungsfalls innerhalb seines pflichtgemäßen Ermessens entscheidet, ob er Abwehrschutz oder Freistellung gewährt. Die versicherte Person hat auf die Entscheidung des Versicherers keinen Einfluss. Es kann daher nicht davon gesprochen werden, dass die versicherte Person die

667 *Mitterlechner/Wax/Witsch*^{2}, § 10, Rn. 33 f., 35, 37.
668 *Mitterlechner/Wax/Witsch*^{2}, § 10, Rn. 33 f., 35, 37.
669 *Mitterlechner/Wax/Witsch*^{2}, § 10, Rn. 37.
670 *Mitterlechner/Wax/Witsch*^{2}, § 10, Rn. 37.
671 *Mitterlechner/Wax/Witsch*^{2}, § 10, Rn. 37.

Abwehr annimmt.[672] Die versicherte Person hat mit Eintritt des Versicherungsfalls allein die Wahl zwischen der von dem Versicherer gewählten Art und Weise des Versicherungsschutzes und der generellen Ablehnung des Versicherungsschutzes. Aus der Annahme des Versicherungsschutzes, nachdem der Versicherer sich für Abwehr oder Freistellung entschieden hat, kann kein Verhalten der versicherten Person gesehen werden, welches ein schützenswertes Vertrauen des Versicherers auf einen Abtretungsverzicht schafft.

Sollte man dennoch annehmen, dass die versicherte Person einen solchen Vertrauenstatbestand geschaffen hat, könnte die versicherte Person ohne Zustimmung des Versicherers nur abtreten, bevor der Versicherer Versicherungsschutz gewährt. Eine solch weitreichende Einschränkung würde jedoch die versicherte Person erheblich benachteiligen, da die geltend gemachten Ansprüche rechtlich wie tatsächlich meist nur schwer aufzuklären sind und deshalb die versicherte Person in aller Regel erstmal mit Hilfe des Versicherers gegen die Inanspruchnahme vorgehen wird. Des Weiteren würde ein solch weitreichender Ausschluss der Abtretung den Anwendungsbereich des § 108 Abs. 2 VVG bedeutend einschränken.[673]

Die Abtretung ist auch nicht deshalb treuwidrig, weil der Versicherer die versicherte Person nicht mehr „in ihrer Rolle als Partei des Haftpflichtprozesses“ verteidigen könne.[674] Der Abwehrschutz ist nicht darauf beschränkt, die versicherte Person nur dann zu verteidigen, wenn sie selbst Partei eines Haftpflichtprozesses ist. Das versicherte Interesse umfasst auch die außergerichtliche Verteidigung sowie die Verteidigung der Interessen der versicherten Person. Die Abwehrpflicht des Versicherers ist folglich nicht von der Stellung der versicherten Person als Beklagte in einem Haftpflichtprozess abhängig.

2. *Vereinbarkeit mit der Regulierungshoheit des Versicherers*

Eine Abtretung, nachdem Abwehrschutz gewährt wurde, könnte die Regulierungshoheit des Versicherers unzulässig beschränken.

Der Versicherer ist zuständig, den Versicherungsfall abzuwickeln. Die Versicherungsnehmerin und über § 47 VVG auch die versicherte Person treffen

---

672 So aber: *Mitterlechner/Wax/Witsch*², § 10, Rn. 37.

673 *Mitterlechner/Wax/Witsch*², § 10, Rn. 32, sprechen hingegen davon, dass „eine Berufung des Versicherers auf das Abtretungsverbot […] ausnahmsweise zulässig sein könnte“, wenn der VR ein beachtliches Interesse an der Fortführung der Anspruchsabwehr im Haftpflichtverhältnis habe.

674 So aber: *Mitterlechner/Wax/Witsch*², § 10, Rn. 37.

gemäß § 82 Abs. 1 VVG die Obliegenheit, „nach Möglichkeit für die Abwendung und Minderung des Schadens zu sorgen“, und nach § 82 Abs. 2 S. 1 VVG die Obliegenheit, „Weisungen des Versicherers, soweit für [sie] zumutbar, zu befolgen sowie Weisungen einzuholen, wenn die Umstände dies gestatten“. Aus diesen „Rettungsobliegenheit[en]“ ergibt sich, dass die Versicherungsnehmerin und die versicherte Person den Versicherer bei der Abwicklung des Versicherungsfalls unterstützen müssen.[675] Damit der Versicherer die Schadensabwicklung steuern kann,[676] müssen es die Versicherungsnehmerin und die versicherte Person dem Versicherer ermöglichen, Weisungen zu erteilen.[677] Eine Abtretung des Freistellungsanspruchs greift in die Regulierungshoheit des Versicherers ein. Da aber § 108 Abs. 2 VVG die Abtretung unabhängig vom Willen des Versicherers ermöglicht, stellt eine Abtretung grundsätzlich keinen unzulässigen Eingriff in die Regulierungshoheit dar. Die Rettungsobliegenheiten gegenüber dem Versicherer sind daher nicht dadurch verletzt, dass der Versicherer die Haftpflichtfrage im Direktprozess klären muss.

3. *Rücksichtnahmegebot*

Das sich aus § 241 Abs. 2 BGB ergebende Rücksichtnahmegebot[678] könnte im Einzelfall jedoch verletzt sein, wenn der Versicherer die versicherte Person schon in einem Haftpflichtprozess verteidigt, der Haftpflichtprozess noch nicht abgeschlossen und nur die Haftpflicht umstritten ist.[679] Durch die Verteidigung im Haftpflichtprozess wären dem Versicherer Abwehrkosten entstanden, ohne dass er seine Abwehrpflicht erfüllen konnte und ohne dass er in Höhe der entstandenen Abwehrkosten Kosten in einem Direktprozess einspart. In einem solchen Fall verletzt die versicherte Person das berechtigte Interesse des Versicherers, nur in einem Prozess die versicherte Person mittelbar oder unmittelbar gegen einen Haftpflichtanspruch zu verteidigen. Der Versicherer kann dann von der versicherten Person nach §§ 280 Abs. 1, 241 Abs. 2 BGB Schadensersatz in Höhe der

---

675 *Thomas*, AG 2016, 473, 480.

676 *Schmidt-Kessel* in Looschelders/Pohlmann[3], § 82 VVG, Rn. 2.

677 *Voit* in Prölss/Martin[31], § 82 VVG, Rn. 2; *Looschelders* in MünchKomm VVG, 1. Band[2], § 82 VVG, Rn. 1.

678 Hinsichtlich der Anwendung des § 241 Abs. 2 BGB auch auf das Verhältnis von begünstigtem Dritten und Versprechendem: *Klumpp* in Staudinger, 2. Buch, §§ 328–345 (2020), § 328 BGB, Rn. 25.

679 Dies bejahend: *Mitterlechner/Wax/Witsch*[2], § 10, Rn. 35; *R. Koch* in Liber amicorum Gerrit Winter (2007), 345, 356.

im Haftpflichtprozess unnötig geleisteten Abwehrkosten verlangen.[680] Gleiches gilt, wenn die versicherte Person eine beabsichtigte Abtretung dem Versicherer nicht anzeigt und der Versicherer deshalb unnötige Aufwendungen tätigt. Die versicherte Person sollte folglich dem Versicherer eine geplante Abtretung anzeigen, um nicht das vertragliche Rücksichtnahmegebot zu verletzen.[681]

4. Zwischenergebnis

Die versicherte Person ist nicht daran gehindert, den Freistellungsanspruch auch nach der Gewährung von Abwehrschutz abzutreten. Soll jedoch während eines laufenden Haftpflichtprozesses abgetreten werden, kann sich die versicherte Person durch eine Verletzung des Rücksichtnahmegebots schadensersatzpflichtig machen. Um hinreichend auf die Interessen des Versicherers Rücksicht zu nehmen, sollte die versicherte Person eine beabsichtigte Abtretung anzeigen.

VI. Rechtsgrund für die Abtretung

Einer Abtretung erfüllungshalber liegt ein Rechtsverhältnis eigener Art zugrunde.[682] Das zugrunde liegende Rechtsgeschäft ist auftragsähnlich und wird deshalb grundsätzlich nach den Normen des Auftragsrechts beurteilt.[683] Im Falle einer Abtretung des Freistellungsanspruchs werden Verpflichtungs- und Verfügungsgeschäft meist derselben schriftlichen Vereinbarung zu entnehmen sein.[684]

VII. Zwischenergebnis

Es hat sich gezeigt, dass der geschädigten Versicherungsnehmerin über eine Abtretung des Freistellungsanspruchs eine direkte Inanspruchnahme des Versicherers ermöglicht wird. Trotz der Möglichkeit einer direkten Inanspruchnahme des Versicherers wird die geschädigte Versicherungsnehmerin nicht in die Lage eines nach § 115 Abs. 1 S. 1 VVG Berechtigten versetzt. Ebenso wird durch einen

---

680 *R. Koch* in Liber amicorum Gerrit Winter (2007), 345, 356.

681 Hinsichtlich einer solchen Anzeigepflicht der VN: *R. Koch* in Liber amicorum Gerrit Winter (2007), 345, 364; *Mitterlechner/Wax/Witsch*², § 10, Rn. 38.

682 *Grüneberg* in Palandt⁸⁰, Bürgerliches Gesetzbuch (2021), § 364 BGB, Rn. 7.

683 BGH v. 12.7.1984, BGHZ 92, 123, 126 f.; *R. Koch* in Bruck/Möller, 4. Band⁹, § 108 VVG, Rn. 69; *Baumann*, VersR 2010, 984, 989; *Armbrüster*, r+s 2010, 441, 445; *Ingwersen*, S. 183, 221; *Retter* in Schwintowski/Brömmelmeyer³, § 108 VVG, Rn. 47.

684 Wenn im Folgenden von Abtretungsvereinbarung gesprochen wird, ist damit die Verpflichtungs- und Verfügungsgeschäft enthaltende schriftliche Vereinbarung gemeint.

aufgrund einer Abtretung ermöglichten Direktanspruch der Versicherer nicht in einer mit § 115 Abs. 1 S. 1 VVG vergleichbaren Weise belastet.

C. Bedeutung des Selbstbehalts

Ist ein Selbstbehalt vereinbart, entsteht der Direktanspruch nicht in Höhe des Haftpflichtanspruchs. Um einen vollständigen Schadensausgleich zu erreichen, müsste die geschädigte Versicherungsnehmerin daher selbst nach einem erfolgreichen Direktprozess gegen die versicherte Person vorgehen. Eine solche drohende Mehrbelastung der Versicherungsnehmerin könnte durch eine Selbstbehaltsversicherung abgewendet werden. Wie eine solche Selbstbehaltsversicherung ausgestaltet werden könnte, ist Gegenstand der folgenden Untersuchung. Hiervor soll kurz der organhaftungsrechtlich angeordnete Selbstbehalt skizziert werden.

I. Selbstbehalt nach § 93 Abs. 2 S. 3 AktG

Als Reaktion auf die weltweite Finanzkrise im Jahr 2008 wurde 2009 ein Gesetzesentwurf „zur Angemessenheit der Vorstandvergütung" in den deutschen Bundestag eingebracht.[685] Das daraufhin verabschiedete VorstAG[686] führte mit § 93 Abs. 2 S. 3 AktG einen verpflichtenden Selbstbehalt ein.[687] Demnach dürfen von AG abgeschlossene D&O-Versicherungen die versicherten Personen nicht mehr vollständig von deren Haftpflicht freistellen. Der Selbstbehalt bezweckt eine verhaltenssteuernde Wirkung bei Vorstandsmitgliedern.[688] Dem Selbstbehalt liegt daher ein Präventionsgedanke zugrunde, der nicht durch anderweitige Reglungen der Parteien umgangen werden darf.[689] Zulässig sind jedoch Selbstbehaltsversicherungen, solange die Prämien und damit die wirtschaftliche Last von der versicherten Person getragen werden.[690] Die Aufsichtsratsmitglieder

---

685 Gesetzentwurf der Fraktionen CDU/CSU und SPD, BT-Drs. 16/12278, S. 1.

686 Gesetz zur Angemessenheit der Vorstandsvergütung v. 31.7.2009, BGBl. I S. 2509.

687 „Ein Selbstbehalt von mindestens 10 Prozent des Schadens bis mindestens zur Höhe des Eineinhalbfachen der festen jährlichen Vergütung des Vorstandsmitglieds" ist demnach zu vereinbaren.

688 Beschlussempfehlung des Rechtsausschusses, BT-Drs. 16/13433, S. 11; *Mertens/Cahn* in KölnerKomm AktG, 2/1. Band[3], § 93 AktG, Rn. 406; *Hölters*[3], § 93 AktG, Rn. 405; *Franz*, DB 2009, 2764, 2764; *Melot de Beauregard/Gleich*, NJW 2013, 824, 828.

689 *J. Koch* in Hüffer/Koch[15], § 93 AktG, Rn. 58.

690 *Hölters*[3], § 93 AktG, Rn. 406; *Franz*, DB 2009, 2764, 2771; *Haehling von Lanzenauer/Kreienkamp* in Looschelders/Pohlmann[3], Anhang C, Rn. 164, 189; *Melot de Beauregard/Gleich*, NJW 2013, 824, 828; *Voit* in Prölss/Martin[31], AVB D&O, A-6.5, Rn. 7;

einer AG und die Geschäftsführer einer GmbH sind von der zwingenden Regelung des § 93 Abs. 2 S. 3 AktG hingegen nicht betroffen.[691]

II. Eigenversicherung der Versicherungsnehmerin

Der D&O-Versicherungsvertrag könnte so ausgestaltet werden, dass neben der Haftpflichtkomponente, deren Freistellungsanspruch durch den Selbstbehalt begrenzt ist, eine Eigenversicherung der Versicherungsnehmerin in Höhe des Selbstbehalts vereinbart wird. So könnten die Übernahme des Bonitätsrisikos der versicherten Person sowie die Durchsetzung des Haftpflichtanspruchs in Höhe des Selbstbehalts Gegenstand dieser Vermögenseigenschadensversicherung sein.[692] Der Versicherer würde demnach einen vollständigen Schadensausgleich schulden und müsste im Anschluss den Haftpflichtanspruch in Höhe des Selbstbehalts bei der versicherten Person durchsetzen.[693] Neben der damit einhergehenden Entlastung der Versicherungsnehmerin schont eine solche Selbstbehaltsversicherung auch das Verhältnis der Versicherungsnehmerin zur versicherten Person. [694]

1. Vereinbarkeit mit der Präventionswirkung des Organhaftungsrechts

Problematisch wäre an einer solchen Selbstbehaltsversicherung, dass so die organhaftungsrechtlich gewollte Belastung der versicherten Person umgangen werden könnte.[695] Anders als die Versicherungsnehmerin wäre der Versicherer

Mesch, Der Selbstbehalt für Versicherungen von Vorstandsmitgliedern gemäß § 93 II 3 AktG (2014), S. 129; *Ihrig/Wandt/Wittgens*, Beil. zu ZIP 40/2012, S. 24, m.w.N.

691 *Sieg* in Krieger/Schneider[3], § 18, Rn. 18.69; *Haehling von Lanzenauer/Kreienkamp* in Looschelders/Pohlmann[3], Anhang C, Rn. 175 ff.

692 *Haehling von Lanzenauer/Kreienkamp* in Looschelders/Pohlmann[3], Anhang C, Rn. 188; *Franz*, DB 2009, 2764, 2765; *R. Koch*, AG 2009, 637, 646. Vgl. auch: *Lange* in Veith/Gräfe/Gebert[4], § 21, Rn. 167; *Müller*, VW 2010, 106, 107, spricht von einem „Vorleistungsmodell".

693 Kritisch: *Laschet*, PHi 2009, 158, 165, der einen Verstoß gegen § 2 Abs. 2 RDG befürchtet.

694 *Haehling von Lanzenauer/Kreienkamp* in Looschelders/Pohlmann[3], Anhang C, Rn. 188.

695 *Voit* in Prölss/Martin[31], AVB D&O, A-6.5, Rn. 3; *Baumann* in Bruck/Möller, 4. Band[9], Ziff. 4 AVB-AVG, Rn. 53; *Laschet*, PHi 2009, 158, 165; *Ihrig/Wandt/Wittgens*, Beil. zu ZIP 40/2012, S. 23, Fn. 235. *Lange* in Veith/Gräfe/Gebert[4], § 21, Rn. 169, der einen Verstoß dann annehmen würde, wenn für den VR im Regress nicht § 93 Abs. 2 S. 2 AktG gelte.

nämlich nicht dazu verpflichtet, die versicherte Person anschließend in Anspruch zu nehmen.[696] Diese Bedenken könnten dadurch umgangen werden, dass sich der Versicherer im D&O-Versicherungsvertrag dazu verpflichtet, den Selbstbehalt im Anschluss bei der versicherten Person durchzusetzen.[697]

2. *Kein drohender Interessenkonflikt*

Ein Haftpflichtversicherer, der nach erfolgloser Abwehr und Erfüllung des Direktanspruchs die versicherte Person in Höhe eines Selbstbehalts in Anspruch nehmen muss, könnte in einen Interessenkonflikt geraten.[698] Er wäre nämlich verpflichtet, gegen die Person vorzugehen, welche er gerade erfolglos verteidigt hat. Dabei könnte der Versicherer von Informationen, welche die versicherte Person aufgrund ihrer Auskunftsobliegenheit weitergegeben hat, in unzulässiger Weise profitieren.[699]

Dem steht aber gegenüber, dass der Versicherer durch die zusätzliche Übernahme des Insolvenzrisikos ein gesteigertes Interesse an einer erfolgreichen Abwehr des Direktanspruchs hat. Des Weiteren benötigt der Versicherer die zuvor erlangten Information nicht zwingend. Sollte der er nämlich der versicherten Person im Direktprozess den Streit verkünden, ist diese in einem Regressprozess an die Feststellungen zur Haftpflicht gebunden.[700] Folglich bestehen keine zwingenden Argumente dagegen, dass die Versicherungsnehmerin hinsichtlich des Selbstbehalts eine Eigenschadensversicherung abschließt.[701]

3. *Akzessorische Bindung an die D&O-Versicherung*

Eine endgültige Abwicklung des Haftpflichtfalls könnte dadurch erreicht werden, dass die Selbstbehaltsversicherung akzessorisch an die D&O-Versicherung anknüpft. Eine akzessorische Selbstbehaltsversicherung macht die eigene

---

696 *Voit* in Prölss/Martin[31], AVB D&O, A-6.5, Rn. 3.

697 In diese Richtung: *Gädtke/Wax, AG* 2010, 851, 858: zulässig „solange gewährleistet ist, dass der Regress vollzogen wird"; *Mitterlechner/Wax/Witsch*[2], § 6, Rn. 44.

698 *Lange* in Veith/Gräfe/Gebert[4], § 21, Rn. 167.

699 *Lange* in Veith/Gräfe/Gebert[4], § 21, Rn. 167; hinsichtlich einer Selbstbehaltsversicherung des Organmitglieds mit Vorleistung des VR, aber zu der gleichen Problematik: *Paszek*, Die Pflicht zur Vereinbarung eines Selbstbehalts in der D&O-Versicherung nach § 93 Abs. 2 Satz 3 AktG (2011), S. 134.

700 Siehe: Vierter Teil, G, III, 1, c, (2), (a), ii.

701 *Haehling von Lanzenauer/Kreienkamp* in Looschelders/Pohlmann[3], Anhang C, Rn. 188; *Franz*, DB 2009, 2764, 2765; *R. Koch*, AG 2009, 637, 646.

Deckung von der Deckung des D&O-Versicherers abhängig.[702] In solchen Fällen findet keine erneute Prüfung der Haftpflicht statt.[703] Sofern der Selbstbehaltsversicherer dabei dem D&O-Versicherer entspricht, wäre auch eine den ganzen Schaden, inklusive Selbstbehalt, umfassende Direktklage möglich.

III. Eigenversicherung der versicherten Person

Möglich wäre ebenfalls, dass die versicherte Person selbst eine Eigenschadensversicherung zur Deckung des Selbstbehalts abschließt. Auch hier könnte die Selbstbehaltsversicherung des Organmitglieds an einen bestehenden D&O-Versicherungsschutz akzessorisch gebunden werden. Sollten beide Versicherer identisch sein, könnte der Versicherer seinen Regressanspruch gegen die versicherte Person unmittelbar gegen den Versicherungsanspruch des Organmitglieds (als Versicherungsnehmerin des Selbstbehalts) aufrechnen.[704] Für das Organmitglied hat eine solche zusätzliche Eigenversicherung des Selbstbehalts den erheblichen Vorteil, ohne unmittelbare eigene Kosten den Haftpflichtfall endgültig abzuwickeln.

Durch eine möglicherweise vorhandene, aber unzulässige „Quersubventionierung“[705] besteht aber die latente Gefahr der Unwirksamkeit einer solchen Versicherung.[706] Sollte sichergestellt sein, dass die versicherte Person tatsächlich die wirtschaftliche Last der Selbstbehaltsversicherung trägt, ist die D&O-Versicherungsnehmerin für eine abschließende Schadensregulierung von der versicherten Person abhängig. Ein Prämienverzug oder eine Obliegenheitsverletzung durch die versicherte Person könnten nämlich zur Leistungsfreiheit des Selbstbehaltsversicherers führen.

702 *Ihlas* in MünchKomm VVG, 3. Band², 320 - D&O, Rn. 148; *Haehling von Lanzenauer/Kreienkamp* in Looschelders/Pohlmann³, Anhang C, Rn. 194. Hinsichtlich einer limitierten Akzessorietät: *Lange*, r+s 2010, 92, 99, und *Paszek*, S. 135 f. Vgl. auch die AVB des GDV zur persönlichen Selbstbehaltsversicherung (Allgemeine Versicherungsbedingungen für die persönliche Absicherung des Selbstbehalts nach dem VorstAG, Stand März 2010), Präambel Abs. 2 S. 3, Ziff. 1 und 4, abgerufen am 27.4.2019 unter: https://www.gdv.de/resource/blob/6054/b6aa92fac55476934de4eee8c2ec56f1/11-allgemeine-versicherungsbedingungen-fuer-die-persoenliche-absicherung-des-selbstbehalts-nach-dem-vorstag--persoenliche-selbstbehaltsversicherung--data.pdf.

703 Vgl. etwa die AVB des GDV zur persönlichen Selbstbehaltsversicherung (Fn. 702), Präambel Abs. 2 S. 3.

704 *Gädtke/Wax, AG* 2010, 851, 858; *Paszek*, S. 134.

705 *Ihlas* in MünchKomm VVG, 3. Band², 320 - D&O, Rn. 144; *Franz*, DB 2009, 2764, 2773.

706 *Mesch*, S. 166, 167.

IV. Probleme bei akzessorischen Selbstbehaltsversicherungen

An akzessorischen Selbstbehaltsversicherungen ist problematisch, dass eine Deckung nur insoweit greift, wie der D&O-Versicherer selbst zur Zahlung verpflichtet ist. Sollte der D&O-Versicherer seine Freistellungspflicht wegen deckungsrechtlicher Einwendungen erfolgreich kürzen, schlägt dies auch auf die Deckung der Selbstbehaltsversicherung durch.[707] In einem solchen Fall ist die Versicherungsnehmerin weiterhin darauf verwiesen, die versicherte Person in einem anschließenden Prozess in Anspruch zu nehmen und dort die Haftpflicht erneut darzulegen und zu beweisen.

D. Direktanspruch der verfügungsbefugten Versicherungsnehmerin?

Sollte die Verfügungsbefugnis an dem Versicherungsanspruch nicht wirksam auf die versicherte Person übertragen worden sein, stellt sich die Frage, ob einer über §§ 44 Abs. 2, 45 Abs. 1 VVG verfügungsbefugten Versicherungsnehmerin in Innenhaftungsfällen ein Zahlungsanspruch gegen den Versicherer zusteht.

Um zu klären, ob ein Zahlungsanspruch auf diese Weise entsteht, muss zu Beginn untersucht werden, ob die bloß formelle Verfügungsbefugnis an dem Freistellungsanspruch in einer Hand mit der Inhaberschaft an dem Haftpflichtanspruch zu einem Zahlungsanspruch führt. Darauf aufbauend ist zu erörtern, ob sich Beschränkungen aus dem gesetzlichen Treuhandverhältnis ergeben.

I. Entstehung eines Zahlungsanspruchs

Legt man die Grundprinzipien einer Fremdversicherung zugrunde, ist die versicherte Person materiellrechtlich Inhaberin des Versicherungsanspruchs. Sofern nun die Haftpflicht der versicherten Person für den Versicherer verbindlich festgestellt wurde, kann die Versicherungsnehmerin als formell verfügungsbefugte Person gemäß § 106 S. 1, 2 VVG die Freistellung der versicherten Person von ihrer Haftpflicht fordern, oder, falls die versicherte Person den Haftpflichtanspruch schon erfüllt hat, Zahlung an die versicherte Person oder sich selbst verlangen. Ein Zahlungsanspruch der versicherten Person, über welchen die

---

707 *Haehling von Lanzenauer/Kreienkamp* in Looschelders/Pohlmann³, Anhang C, Rn. 194; *Lange*, r+s 2010, 92, 98 f.

Versicherungsnehmerin verfügungsbefugt ist, entsteht der gesetzlichen Regelung folgend somit nach Erfüllung des Haftpflichtanspruchs.[708]

II. Direkte Inanspruchnahme auf Zahlung

Schwieriger gestaltet sich die Herleitung eines Zahlungsanspruchs, bevor die Haftpflicht bindend festgestellt wurde.

1. Bedeutung der CMR-Entscheidung des OLG München

Zur Begründung eines direkten Zahlungsanspruchs vor Klärung der Haftpflichtfrage wird auf die zur CMR-Fremdversicherung[709] ergangene Entscheidung des OLG München[710] verwiesen.[711] 1993 hatte das OLG München einen Zahlungsanspruch der Versicherungsnehmerin, die zugleich (Dritt-)Geschädigte war, angenommen.[712] Gegen eine Übertragung dieser Rechtsprechung auf die D&O-Versicherung wird allerdings angeführt, dass sich die Entscheidung auf die besondere Situation einer Drittschadensliquidation bezog.[713] Diese Argumentation überzeugt jedoch nicht. Wenn im Rahmen einer D&O-Versicherung die Versicherungsnehmerin die Inhaberschaft an einem Schadensersatzanspruch erlangt und gleichzeitig einen Schaden erlitten hat, ist nicht ersichtlich, warum diese als unmittelbar Betroffene schlechtergestellt sein sollte als eine Anspruchsinhaberin ohne Schaden.[714] Weitergehend wird gegen eine Übertragung eingewandt, dass die CMR-Entscheidung des OLG München auf transportrechtlichen Besonderheiten beruhte.[715] Dem muss jedoch entgegengehalten werden, dass die CMR-Entscheidung einen Innenhaftungsfall in einer als Fremdversicherung ausgestalteten Haftpflichtversicherung betraf.[716] Der der CMR-Entscheidung zugrunde liegende Sachverhalt ist also mit einem Innenhaftungsfall in der D&O-Versicherung vergleichbar.

---

708 *Heinrichs* in Staudinger/Halm/Wendt[2], § 106 VVG, Rn. 18; *Lücke* in Prölss/Martin[31], § 106 VVG, Rn. 14; *R. Koch* in Bruck/Möller, 4. Band[9], § 108 VVG, Rn. 35 ff.

709 Convention relative au contrat de transport de marchandises par route (CMR), diesbezüglich: *Ingwersen*, S. 72, Fn. 264.

710 OLG München v. 3.2.1993, VersR 1994, 422.

711 *Ingwersen*, S. 71 f., 74 ff.

712 OLG München v. 3.2.1993, VersR 1994, 422, 422.

713 *Thomas*, S. 447; *von Westphalen*, DB 2005, 431, 437.

714 *Ingwersen*, S. 75 f.

715 OLG München v. 15.3.2005, VersR 2005, 540, 542.

716 *Ingwersen*, S. 74 f.

An der Entscheidung des OLG München ist problematisch, dass die Entstehung des Zahlungsanspruchs nicht begründet wird. Es ist daher weiterhin zu fragen, wie sich ein solcher Zahlungsanspruch herleiten lässt.

2. *Kein Zahlungsanspruch der verfügungsbefugten Geschädigten*

Gegen einen direkten Zahlungsanspruch wird eine damit einhergehende Beschränkung des Wahlrechts des Versicherers eingewandt.[717] Wie aber bereits dargelegt, besteht dieses Wahlrecht auch während einer direkten Inanspruchnahme fort,[718] sodass dies einer Umwandlung nicht entgegensteht.[719]

Gegen eine Umwandlung des Freistellungsanspruchs in einen Zahlungsanspruch spricht vielmehr, dass dies die versicherte Person als Inhaberin des Freistellungsanspruchs unangemessen benachteiligen würde. Sollte sich der Freistellungsanspruch in einen Zahlungsanspruch umwandeln, würde der Versicherer mit einer Zahlung an die Versicherungsnehmerin unmittelbar seine Schuld erfüllen. Eine Erfüllung der Haftpflichtforderung wäre hingegen für den Leistungserfolg nicht mehr notwendig und würde auch nicht unmittelbar eintreten.[720] Das ist der Unterschied zu dem durch Abtretung entstandenen Zahlungsanspruch. Dort enthält die Abtretungsvereinbarung eine Leistungszweckbestimmung, welche zum Erlöschen des Haftpflichtanspruchs führt.[721]

3. *Direkte Geltendmachung des Freistellungsanspruchs*

Dennoch kann die verfügungsbefugte Geschädigte direkt, und somit vor einer separaten Klärung der Haftpflicht, die Freistellung der versicherten Person verlangen.

Wie angesprochen, kann der Versicherer sein Wahlrecht in einem Direktprozess weiterhin ausüben,[722] sodass dies einer direkten Geltendmachung des

---

717 *Thomas*, S. 447 f.; *R. Koch*, ZVersWiss 2012, 151, 156; OLG München v. 15.3.2005, VersR 2005, 540, 542.

718 Siehe: Dritter Teil, A, IV, 1.

719 *Baumann* in Bruck/Möller, 4. Band[9], Ziff. 10 AVB-AVG, Rn. 10; *Ingwersen*, S. 64 ff.

720 Anders bei Erfüllung seiner Freistellungspflicht, wo der VR auf eine fremde Schuld (Haftpflichtschuld) leistet, um seine Freistellungspflicht zu erfüllen, dazu: BGH v. 28.11.1990, NJW 1991, 919, 920; *Kummer* in Höra[4], § 12, Rn. 165.

721 Allgemein zur Abtretung erfüllungshalber und der dabei vereinbarten Zweckbestimmung: *Gernhuber*[2], Die Erfüllung und ihre Surrogate sowie das Erlöschen der Schuldverhältnisse aus anderen Gründen (1994), § 9, I, 12.

722 Siehe hierzu: Dritter Teil, B, II, 3, c.

Freistellungsanspruchs durch die Geschädigte nicht entgegensteht. Die geschädigte Versicherungsnehmerin, anders als die geschädigte Inhaberin des vormaligen Freistellungsanspruchs, auf zwei umständliche Prozesse zu verweisen, ist nicht zu rechtfertigen. Die verfügungsbefugte und geschädigte Versicherungsnehmerin ist in einer vergleichbaren Position wie eine durch Abtretung aktivlegitimierte geschädigte Dritte. Ihr ist es möglich, eine verbindliche Entscheidung über den Haftpflicht- sowie den Versicherungsanspruch gerichtlich durchzusetzen. Folglich kann eine verfügungsbefugte Geschädigte den Freistellungsanspruch direkt geltend machen.

III. Vereinbarkeit mit dem Treuhandverhältnis

Dennoch ist fraglich, ob die verfügungsbefugte und geschädigte Versicherungsnehmerin den Freistellungsanspruch direkt geltend machen darf. Aufgrund des bestehenden fremdversicherungsrechtlichen Treuhandverhältnisses könnte die Versicherungsnehmerin im Innenverhältnis zur versicherten Person daran gehindert sein, den Freistellungsanspruch direkt geltend zu machen. Die geschädigte Versicherungsnehmerin ist aufgrund ihrer Pflichten aus dem Treuhandverhältnis gehalten, die im Sinne der versicherten Person zweckdienlichste Deckungsart gegenüber dem Versicherer durchzusetzen.[723] Das kann bedeuten, die Abwehr der eigenen Ansprüche durchsetzen zu müssen und somit nicht Zahlung von dem Versicherer zu verlangen.[724]

Solange der Versicherer sich für eine Abwehr des Haftpflichtanspruchs entscheidet und diese Entscheidung im pflichtgemäßen Ermessen des Versicherers liegt, ist der Treuhänder des Abwehranspruchs verpflichtet, eine ordnungsgemäße Abwehr durchzusetzen und zu unterstützen. Die direkte Geltendmachung des Freistellungsanspruchs kann folglich bei der Versicherungsnehmerin zu einem nicht lösbaren Interessenkonflikt führen. Die verfügungsbefugte und geschädigte Versicherungsnehmerin begibt sich somit bei einer direkten Inanspruchnahme immer in die Gefahr, eine Pflicht aus dem gesetzlichen Treuhandverhältnis zu verletzen und sich so schadensersatzpflichtig zu machen. Nur wenn die versicherte Person ebenfalls die Freistellung bezweckt, droht keine Verletzung von Treuepflichten.

---

723 *R. Koch*, ZVersWiss 2012, 151, 155.

724 *R. Koch*, ZVersWiss 2012, 151, 155; OLG Düsseldorf v. 21.12.2006, I-4 U 6/06, Rn. 21 (juris).

IV. Zwischenergebnis

Zusammenfassend lässt sich festhalten, dass eine verfügungsbefugte und geschädigte Versicherungsnehmerin die Freistellung der versicherten Person unmittelbar von dem Versicherer verlangen kann.[725] Als Treuhänderin des Abwehranspruchs ist sie jedoch im Innenverhältnis beschränkt und muss eine mögliche Schadensersatzpflicht fürchten. Des Weiteren wird die versicherte Person kaum bereit sein, ihren Versicherungsanspruch umfassend in die Hände der Versicherungsnehmerin zu geben.[726]

E. Zusammenfassung

Es konnte gezeigt werden, dass eine durch Abtretung ermöglichte direkte Inanspruchnahme des Versicherers auf Zahlung möglich ist und im Interesse aller Beteiligten liegen kann. Durch eine akzessorische Eigenschadensversicherung in Höhe des Selbstbehalts könnte die Versicherungsnehmerin sicherstellen, dass durch eine direkte Inanspruchnahme der gesamte Schaden reguliert wird.

Sollte die Versicherungsnehmerin im Sinne der fremdversicherungsrechtlichen Ausgangslage die Verfügungsbefugnis innehaben, kann sie auch direkt gegen den Versicherer vorgehen. In einem solchen Fall ist sie aber darauf beschränkt, die Freistellung der versicherten Person von der Haftpflicht zu verlangen.

---

725 *Baumann* in Bruck/Möller, 4. Band[9], Ziff. 10 AVB-AVG, Rn. 9 ff.; *Ingwersen*, S. 80 f.; zum Zahlungsanspruch nach bindender Entscheidung in der Haftpflicht: OLG Frankfurt (Main) v. 9.6.2011, r+s 2011, 509, 511; *Lange*, VersR 2007, 893, 897 f.; *Säcker*, VersR 2005, 10, 11.

726 Durch eine Zuweisung der Verführungsbefugnis an die VN und die vP könnte die vP weiterhin Einfluss auf Verfügungen der VN nehmen (zur grds. Möglichkeit: *Lange*, VersR 2007, 893, 895; *Hübsch* in Honsell, § 75 VVG [a.F.], Rn. 21). Ohne merkliche Vorteile würde dies aber die Abwicklung verkomplizieren.

Vierter Teil: Rechtsfragen bei direkter Inanspruchnahme nach Abtretung

Wie sich gezeigt hat, ist eine direkte Inanspruchnahme des Versicherers grundsätzlich möglich. Dennoch führt sie zu mehreren Rechtsfragen.[727] Diese sollen deshalb im Folgenden dargestellt und soweit möglich gelöst werden.[728]

A. Zuständiges Organ der Versicherungsnehmerin

Der Vorstand der AG vertritt gemäß § 78 Abs. 1 S. 1 AktG die Gesellschaft nach außen. Der Vorstand ist daher grundsätzlich dafür zuständig, Ansprüche seiner Gesellschaft gegenüber Dritten geltend zu machen. Sofern jedoch Innenhaftungsansprüche betroffen sind, ordnet § 112 AktG die Zuständigkeit des Aufsichtsrats für die Vertretung der Gesellschaft gegenüber den eigenen Vorstandsmitgliedern an. Durch diese Regelung soll sichergestellt werden, dass die Interessen der Gesellschaft bestmöglich gewahrt werden und dass die Durchsetzung von Ansprüchen der Gesellschaft nicht unter einem Interessenkonflikt des Organmitglieds leidet.[729] Da der Direktanspruch versicherungsrechtlicher und nicht haftungsrechtlicher Natur ist, kann § 112 AktG nicht direkt angewendet werden. Wenn nun aber, wie bei einem Direktanspruch, haftungsrechtliche Fragen in einem deckungsrechtlichen Anspruch als Vorfragen zu beantworten sind, erscheint die Zuständigkeit des Vorstands zur Vertretung durchaus problematisch. Es liegt daher nahe, § 112 AktG analog auf Direktansprüche gegen den D&O-Versicherer anzuwenden. Da die gesellschaftsrechtliche Zuständigkeit für die Inanspruchnahme von Vorstandsmitgliedern im Rahmen eines Anspruchs

727 *Sieg* in *Dörner/Ehlers/Pohlmann/Schulze Schwienhorst/Steinmeyer*, 33. und 34. Münsterischer Versicherungstag (2017), 55, 94, verneint deshalb „die Interessengerechtigkeit und Praktikabilität eines Direktanspruchs".

728 Sofern in diesem Kapitel der Begriff „Direktanspruch" genutzt wird, handelt es sich immer dann um den durch Abtretung entstandenen versicherungsrechtlichen Zahlungsanspruch, wenn nicht weiter spezifiziert ist.

729 BGH v. 8.2.1988, BGHZ 103, 213, 216; v. 26.6.1995, BGHZ 130, 108, 111; *Mertens/Cahn* in KölnerKomm AktG, 2/2. Band^{3}, §§ 95-117 AktG (2013), § 112 AktG, Rn. 2; *Schumacher*, NZG 2016, 969, 972; *Harzenetter*, NZG 2016, 728, 731; *Baumann* in Bruck/Möller, 4. Band^{9}, Ziff. 10 AVB-AVG, Rn. 48.

gegen einen Dritten nicht geregelt wurde, ist eine für die analoge Anwendung notwendige Regelungslücke gegeben.[730] Allerdings ist umstritten, ob eine vergleichbare Interessenlage vorliegt.

Gegen eine vergleichbare Interessenlage wird teilweise angeführt, dass bei einem Direktanspruch die Interessen der versicherten Person und der geschädigten Gesellschaft gleichlaufen und somit keine Interessenkollision drohe.[731] Begründet wird dies unter anderem mit dem ureigenen Interesse der versicherten Person an der Erfüllung des Direktanspruchs, um so von ihrer Haftpflicht befreit zu werden.[732] Die erfolgreiche Durchsetzung des Direktanspruchs liege somit auch im Interesse der versicherten Person.[733] Die für die Versicherungsnehmerin handelnden Organmitglieder seien deshalb nicht zu einer den Interessen der Gesellschaft widersprechenden Rücksichtnahme verleitet.[734] Des Weiteren wird argumentiert, dass ein durch Abtretung entstandener Direktanspruch meist sowieso auf einer Kooperation zwischen der Versicherungsnehmerin und der versicherten Person beruhe, sodass Handlungen entgegen den Gesellschaftsinteressen nicht zu befürchten seien.[735]

Diese Argumente gegen eine Analogie überzeugen nicht. Für die Versicherungsnehmerin kooperiert ihr Organ mit der versicherten Person. Eine Kooperation zwischen Organmitglied und in Anspruch genommener Person sagt aber nichts darüber aus, ob auch die Interessen der Gesellschaft wahrgenommen werden. Anderenfalls müsste man auch bei reinen Organhaftungsprozessen eine Zuständigkeit desselben Organs bejahen, da die Kooperationsbereitschaft zwischen ehemaligen oder noch aktiven Vorstandsmitgliedern meist höher sein wird als zwischen Aufsichtsrats- und Vorstandsmitgliedern. Ebenso ist es wenig überzeugend, das Interesse der versicherten Person, von der Haftpflicht befreit zu werden, gegen eine Analogie vorzubringen. Die versicherte Person hat nur dann ein Interesse an der erfolgreichen Durchsetzung des Direktanspruchs, wenn sie die Haftpflichtforderung für gerechtfertigt hält. Selbst wenn die versicherte Person die Haftpflichtforderung als begründet ansieht, hat sie aufgrund des drohenden Selbstbehalts immer noch ein gesteigertes Interesse an einem

730 Mit ausführlicher Begründung: *Ingwersen*, S. 86.
731 *Brinkmann*, ZIP 2017, 301, 304; *Ingwersen*, S. 87.
732 *Ingwersen*, S. 87.
733 *Ingwersen*, S. 87.
734 *Ingwersen*, S. 87.
735 *Brinkmann*, ZIP 2017, 301, 304.

möglichst niedrig ausfallenden Direktanspruch. Das Abwehrinteresse der versicherten Person ist deshalb regelmäßig hoch.[736]

Für eine vergleichbare Interessenlage spricht demgegenüber, dass bei einem Direktanspruch die Haftpflichtforderung realisiert werden soll.[737] Der gegen den Versicherer bestehende Direktanspruch kommt erst durch das Zusammentreffen von Freistellungs- und Organhaftungsanspruch zustande. Der Direktanspruch ist somit an den Organhaftungsanspruch gebunden. Im Rahmen eines Direktprozesses wird von den innerhalb der Versicherungsnehmerin zuständigen Organmitgliedern verlangt, dass diese den Haftpflichtanspruch darlegen und beweisen.[738] Sofern nun aber die Pflichtverletzung ihres Organs beziehungsweise ihrer aktiven oder ehemaligen Kollegen darzulegen und zu beweisen ist, droht in gleicher Weise wie in einem reinen Haftpflichtprozess ein Interessenkonflikt.[739] Außerdem würde eine Abtretung auch zu einem widersinnigen Zuständigkeitswechsel bei der Verfolgung der Haftpflichtforderung führen. Sofern nämlich die versicherte Person über den Freistellungsanspruch verfügungsbefugt ist, wäre bis zu einer Abtretung der Aufsichtsrat zuständig. Wenn nun aber der Freistellungsanspruch abgetreten und der dadurch entstehende Direktanspruch verfolgt wird, wäre ab jetzt der Vorstand zur Durchsetzung berechtigt. Die bis dato bestehende Zuständigkeit des Aufsichtsrats würde bis zur Klärung des Direktanspruchs ruhen und erst dann wieder aufleben, wenn die direkte Inanspruchnahme zu keinem vollständigen Schadensausgleich geführt hat.

Folglich ist bei einem Direktanspruch § 112 AktG analog anzuwenden.[740] Der Aufsichtsrat ist demnach zuständig, einen Direktanspruch gegen den

---

736 *Ihlas* in MünchKomm VVG, 3. Band², 320 - D&O, Rn. 522; *Haehling von Lanzenauer/Kreienkamp* in Looschelders/Pohlmann³, Anhang C, Rn. 128. *Kremer/Gülich*, VW 8/2018, 80, 81, kommen durch ihre Befragung zu dem Ergebnis, dass die Versicherungsschutzpflicht meist durch Abwehr erfüllt wird.

737 *Nissen*, KTS 2018, 29, 34.

738 *Grooterhorst/Looman*, NZG 2015, 215, 218.

739 *Baumann* in Bruck/Möller, 4. Band⁹, Ziff. 10 AVB-AVG, Rn. 48; *Grooterhorst/Looman*, NZG 2015, 215, 218; *Nissen*, KTS 2018, 29, 34, weist darauf hin, dass die Abtretung nicht die „gesellschaftsrechtliche Binnenstruktur" verändere.

740 *Grooterhorst/Looman*, NZG 2015, 215, 218; *Nissen*, KTS 2018, 29, 34; *Baumann* in Bruck/Möller, 4. Band⁹, Ziff. 10 AVB-AVG, Rn. 48; *Peltzer*, NZG 2009, 970, 974; *Schumacher*, NZG 2016, 969, 972 f. *Mitterlechner/Wax/Witsch*², § 10, Rn. 50 ff., 54, wenden § 112 AktG jedoch nur analog an, wenn der Versicherungsfall durch die Inanspruchnahme aktiver Vorstandsmitglieder ausgelöst wurde. *Lange*, § 21, Rn. 36, hält einen Beschluss des Aufsichtsrats bzw. der Gesellschafter für zwingend, belässt die Führungsbefugnis aber beim Vorstand, bzw. bei der Geschäftsführung. *Löbbe*

D&O-Versicherer, der die Haftung eines (ehemaligen) Vorstandsmitgliedes betrifft, durchzusetzen.

B. Zuständiger Spruchkörper

Schwierigkeiten bereitet es auch, den für einen Direktanspruch zuständigen Spruchkörper zu bestimmen. Gegenstand eines Direktprozesses ist neben dem Versicherungsanspruch auch die Haftpflicht als Vorfrage. Bei einem Haftpflichtprozess gegen ein Organmitglied einer Gesellschaft sind nach § 95 Abs. 1 Nr. 4 lit. a GVG die Kammern für Handelssachen zuständig.[741] Demgegenüber sind bei versicherungsrechtlichen Ansprüchen gemäß § 72a Abs. 1 Nr. 4 GVG die Spezialkammern für Versicherungsrecht zuständig.[742] Bei einer Trennung von Haftpflicht- und Deckungsprozess sind also die jeweils sachnächsten Kammern zuständig. Hingegen kann für einen Direktanspruch nur eine Kammer zuständig sein. Folglich ist bei einem Direktprozess zumindest für einen Problemschwerpunkt des Direktanspruchs ein nicht spezialisierter Spruchkörper zuständig ist.[743] Da es sich bei dem Direktanspruch um einen versicherungsrechtlichen Anspruch handelt und damit keine Handelssache im Sinne des § 95 GVG vorliegt, müssten die Kammern für Handelssachen grundsätzlich unzuständig sein.[744]

Gegen eine solche eher formale Bestimmung der Zuständigkeit kann vorgebracht werden, dass D&O-Versicherungsfällen häufig ein gesellschaftsrechtlich komplexer Sachverhalt zugrunde liegt. Sofern und solange der Versicherer keine versicherungsrechtlichen Einwendungen geltend macht, würde eine mit Versicherungsrechtlern besetzte Kammer über die strittigen Organhaftungsfragen

---

in FS Reinhard Marsch-Barner (2018), 317, 333 f., weist darauf hin, dass die Praxis Zuständigkeitsprobleme durch eine gemeinsame Vertretung von Vorstand und Aufsichtsrat umgehen könnte; ebenso *J. Koch* in Hüffer/Koch[15], § 93 AktG, Rn. 58d.

741 *Nissen*, KTS 2018, 29, 35.

742 *Nissen*, KTS 2018, 29, 35, erörterte noch die Frage, ob die Kammern für Handelssachen dann funktionell zuständig sein sollten, wenn keine Spezialkammer für Versicherungsrecht gebildet wurde. Nach dem Inkrafttreten des § 72a GVG und der obligatorischen Bildung von Spezialkammern für Versicherungsrecht stellt sich diese Frage jedoch nicht mehr.

743 *Langheid*, VersR 2009, 1043, 1045, bezeichnet es als „äußerst nachteilig" für die Parteien; *Baumann*, VersR 2010, 984, 989; *Goergen/Enger*, PHi 2008, 150, 150; *Ihlas*[2], S. 411, spricht davon, dass dies „die Gerichte überfordern" könnte.

744 So: *Grooterhorst/Looman*, NZG 2015, 215, 218; *Brinkmann*, ZIP 2017, 301, 305; *Nissen*, KTS 2018, 29, 35.

entscheiden. Man könnte daher eine funktionelle Zuständigkeit der Kammern für Handelssachen annehmen. Die Spezialkammern für Versicherungsrecht könnten daher funktionell unzuständig sein.[745]

Gegen eine funktionelle Unzuständigkeit der Spezialkammern für Versicherungsrecht spricht, dass ein Direktanspruch auch die Deckungsfrage klären soll.[746] Die geschädigte Versicherungsnehmerin bezweckt mit einer direkten Inanspruchnahme des Versicherers, dass Haftpflicht- und Deckungsfrage abschließend entschieden werden. Auch wenn zu Beginn allein haftungsrechtliche Einwendungen geltend gemacht werden, kann sich der Verfahrensschwerpunkt immer auf versicherungsrechtliche Streitigkeiten verlagern. Selbst bei einer Auseinandersetzung über rein haftungsrechtliche Streitigkeiten, sind die versicherungsrechtlich bestehenden Auskunfts- und Mitwirkungsobliegenheiten unmittelbar von Bedeutung. Eine funktionelle Unzuständigkeit der Spezialkammern für Versicherungsrecht kann daher nicht angenommen werden.[747]

Die Kammern für Handelssachen sind daher für Direktklagen unzuständig. Für die Parteien besteht somit bei einem Direktanspruch immer die grundsätzliche Unsicherheit, den Prozess vor einer im Organhaftungsrecht unerfahrenen Kammer bestreiten zu müssen.[748] Dem können die Parteien entgehen, wenn sie ein Schiedsverfahren vereinbaren oder die Sachkenntnis des Gerichts bei der Gerichtsstandswahl bedenken.

C. Fälligkeit des Direktanspruchs

Die Fälligkeit des durch Abtretung entstandenen Direktanspruchs zu bestimmen, gestaltet sich schwierig. Diskutiert werden hierzu drei Ansätze. Legt man den Akzent auf den ursprünglichen Freistellungsanspruch, könnte sich die Fälligkeit des Direktanspruchs aus § 106 S. 1 VVG ergeben. Ebenso möglich erscheint aber eine analoge Anwendung des § 106 S. 1 VVG. Außerdem könnte sich die Fälligkeit nach § 14 Abs. 1 VVG und damit nach der allgemeinen Regel für Geldleistungen bestimmen. Ausgangspunkt der Untersuchung muss die Frage sein, ob § 106 S. 1 VVG auch für den Direktanspruch als Zahlungsanspruch in Hand

---

745 Dafür eine Schwerpunktzuständigkeit in den Geschäftsverteilungsplan der Gerichte aufzunehmen: *Harsdorf-Gebhardt* in *Kollhosser/Dörner/Ehlers/Pohlmann/Schulze Schwienhorst/Steinmeyer* (Hrsg.), Workshop zur Haftpflichtversicherung der Münsterischen Forschungsstelle für Versicherungswissenschaft (2010), 25, 38.

746 *Brinkmann*, ZIP 2017, 301, 305.

747 *Brinkmann*, ZIP 2017, 301, 305; *Nissen*, KTS 2018, 29, 35.

748 *Goergen/Enger*, PHi 2018, 150, 150.

der Geschädigten gilt. Erst wenn eine Anwendbarkeit verneint wurde, kann untersucht werden, ob § 106 S. 1 VVG analog angewendet werden muss oder ob § 14 Abs. 1 VVG eingreift. In einem letzten Punkt soll analysiert werden, welche Auswirkungen das gefundene Ergebnis auf die vom Versicherer zu erstattenden Verzugs- und Prozesszinsen hat.

I. Unmittelbare Anwendung des § 106 S. 1 VVG

§ 106 S. 1 VVG regelt die Fälligkeit des Freistellungsanspruchs. Für eine unmittelbare Anwendung des § 106 S. 1 VVG spricht, dass der Direktanspruch aus dem Freistellungsanspruch der versicherten Person entstanden ist.[749] Außerdem ist auch der Freistellungsanspruch letztendlich auf eine Zahlung an die Geschädigte gerichtet. Deshalb könnte § 106 VVG abschließend „die Fälligkeit der Leistung des Versicherers in Form der Zahlung an den Dritten regel[n]".[750] In einem ersten Schritt sollen deshalb die Argumente für eine unmittelbare Anwendbarkeit analysiert und bewertet werden.

1. *Argumente für eine unmittelbare Anwendbarkeit*

Eine unmittelbare Anwendbarkeit des § 106 S. 1 VVG auf den Direktanspruch der Geschädigten wird insbesondere mit vermeintlich vergleichbaren Fallgruppen begründet.

a) *Ähnlichkeit zu Anerkenntnis oder Vergleich ohne Zustimmung des Versicherers*

In Richtung einer unmittelbaren Anwendbarkeit könnte ein Vergleich mit Anerkenntnis oder Vergleich ohne Zustimmung des Versicherers, welche ausdrücklich in § 106 S. 1 VVG genannt sind, deuten.[751] In einem Deckungsprozess nach Vergleich oder Anerkenntnis ohne Zustimmung des Versicherers stellt sich die Haftpflicht der versicherten Person ebenso als Vorfrage.[752] Anders als bei einem Direktprozess liegt einem Deckungsprozess nach Anerkenntnis oder Vergleich

---

749 *R. Koch* in Bruck/Möller, 4. Band[9], § 108 VVG, Rn. 38; *Wandt* in MünchKomm VVG, 2. Band[2], § 108 VVG, Rn. 124; *Grooterhorst/Looman*, NZG 2015, 215, 218.

750 *Wandt* in MünchKomm VVG, 2. Band[2], § 108 VVG, Rn. 124; vgl. auch: *Lange*, § 21, Rn. 61 ff.; *Haehling von Lanzenauer/Kreienkamp* in Looschelders/Pohlmann[3], Anhang C, Rn. 53; *Schramm/Wolf*, r+s 2009, 358, 360.

751 *Baumann*, VersR 2010, 984, 987.

752 *Retter* in Schwintowski/Brömmelmeyer[3], § 106 VVG, Rn. 21, m.w.N.

aber ein De-Facto-Eingeständnis der Haftpflicht vor. Obwohl ein Anerkenntnis oder ein Vergleich den Versicherer nur soweit binden, als die Haftpflichtschuld tatsächlich bestand, wirkt sich ein solches Eingeständnis auch auf den Deckungsprozess aus. Dem Versicherer wird es schwerer fallen, eine schon im Haftpflichtverhältnis zugestandene Haftpflicht zu bestreiten. Kommt es hingegen zu einem Direktprozess, bietet sich dem Versicherer die Möglichkeit, die Haftpflicht ohne eine vorbelastende Feststellung aus dem Haftpflichtverhältnis abzuwehren. Die aktive Rolle des Versicherers bei der erstmaligen Beantwortung der Haftpflichtfrage spricht demnach gegen eine Vergleichbarkeit mit einem Deckungsprozess nach Anerkenntnis oder Vergleich ohne Zustimmung.

b) Vergleich mit § 110 VVG

Ein Vergleich mit der Stellung des nach § 110 VVG berechtigten Haftpflichtgläubigers könnte eine unmittelbare Anwendbarkeit nahelegen.[753] Nach § 110 VVG hat die Geschädigte das Recht, „abgesonderte Befriedigung aus dem Freistellungsanspruch des Versicherungsnehmers" zu verlangen. Der Geschädigten steht daher ein gesetzliches Pfandrecht an dem Freistellungsanspruch zu.[754] Der BGH hat hierzu hinsichtlich der Pfandreife festgestellt, dass die Geschädigte erst die Fälligkeit des Freistellungsanspruchs im Sinne des § 106 S. 1 VVG auslösen muss.[755] Erst nachdem im Sinne von § 106 S. 1 VVG die Fälligkeit des Freistellungsanspruchs ausgelöst wurde, bestehe Pfandreife, und die Geschädigte könne den Versicherer in Anspruch nehmen. Zur Begründung wird dabei auf das im Haftpflichtversicherungsrecht geltende Trennungsprinzip verwiesen.[756] Das Trennungsprinzip solle nicht durch insolvenzrechtliche Regelungen ausgehebelt werden. Wie aber bereits dargelegt, kommt dem Trennungsprinzip keine absolute Bedeutung bei.[757] Deshalb gilt auch bei § 110 VVG, dass, sollte sich die Inhaberschaft an dem Freistellungsanspruch mit der Inhaberschaft an dem Haftpflichtanspruch decken, der Inhaberin ein direkter Zahlungsanspruch zusteht. In einem solchen Fall widerspräche es § 108 Abs. 2 VVG, wenn die Geschädigte zwei Klagen erheben müsste.

---

753 *Lange*, § 21, Rn. 64; *Schramm/Wolf*, r+s 2009, 358, 360, sowie KG Berlin v. 17.1.2006, VersR 2007, 349, 350, zu § 157 VVG a.F.

754 BGH v. 7.4.2016, VersR 2016, 913, Rn. 12, m.w.N.; *Thole*, NZI 2013, 665, 666.

755 BGH v. 7.4.2016, VersR 2016, 913, Rn. 12.

756 *Thole*, NZI 2011, 41, 41 f.; *ders.*, NZI 2013, 665, 670; KG Berlin v. 17.1.2006, VersR 2007, 349, 350.

757 Siehe hierzu: Dritter Teil, A, IV, 2.

c) Drohende Besserstellung der Geschädigten

Für eine Anwendung des § 106 S. 1 VVG auf den Direktanspruch der Geschädigten könnte dennoch sprechen, dass ansonsten die Geschädigte (anders als die versicherte Person) von der Zweiwochenfrist befreit und sie daher bessergestellt wäre als die versicherte Person.[758] Nach § 106 S. 2 VVG wird der durch Befriedung der Geschädigten entstandene Zahlungsanspruch der versicherten Person erst nach dem Ablauf von zwei Wochen fällig. Erneut liegt jedoch eine nicht unmittelbar vergleichbare Ausgangslage vor. Der Zahlungsanspruch der versicherten Person ist dadurch entstanden, dass sie die Haftpflichtforderung erfüllt hat. Diesem Zahlungsanspruch liegt somit wieder ein faktisches Eingeständnis der Haftpflicht zugrunde. Folglich ergibt sich hieraus keine Vergleichbarkeit zwischen dem Direktanspruch der Geschädigten und dem Zahlungsanspruch der versicherten Person.

d) Gleicher Zweck von Freistellungs- und Direktanspruch

Teilweise wird argumentiert, dass Freistellungs- und Direktanspruch vergleichbar seien, da beide die Haftpflichtschuld erlöschen ließen.[759] Der Direktanspruch ist jedoch nicht selbst auf die unmittelbare Erfüllung der Haftpflichtschuld gerichtet. Die versicherte Person wird von der Haftpflicht allein durch die bei der Abtretung erfüllungshalber vereinbarten Leistungszweckbestimmung befreit.[760] Der Direktanspruch der Geschädigten und der Freistellungsanspruch sind somit nicht in einer Weise vergleichbar, dass die Fälligkeitsregel des Freistellungsanspruchs auf den Direktanspruch übertragen werden müsste.

e) Zwischenergebnis

Wie sich gezeigt hat, legt bloß die Herkunft des Direktanspruchs als vormaliger Freistellungsanspruch eine unmittelbare Anwendbarkeit des § 106 S. 1 VVG nahe. Es stellt sich daher die Frage, ob nicht die besseren Argumente für eine Unanwendbarkeit des § 106 S. 1 VVG sprechen.

---

758 *Schramm/Wolf*, r+s 2009, 358, 360. So noch zur alten Rechtslage: KG Berlin v. 17.1.2006, VersR 2007, 349, 350.

759 *Baumann*, VersR 2010, 984, 987. Auch *R. Koch* in Bruck/Möller, 4. Band[9], § 108 VVG, Rn. 40, spricht davon, dass mit Zahlung auf den Zahlungsanspruch die „Freistellungspflicht" und die „Haftpflichtschuld" erfüllt seien.

760 Allgemein zur Abtretung erfüllungshalber und der dabei vereinbarten Zweckbestimmung: *Gernhuber*[2], § 9, I, 12.

2. *Unanwendbarkeit des § 106 S. 1 VVG*

Sofern teilweise argumentiert wird, dass § 106 S. 1 VVG schon keine Anwendung auf den Direktanspruch der Geschädigten finden würde, weil gegen den „Versicherer gerichtete Zahlungsansprüche [...] nicht von § 106 S. 1 VVG, sondern von § 14 VVG erfasst" werden,[761] greift dies zu kurz. Wie § 106 S. 2 VVG zeigt, gibt der Gesetzgeber auch für Zahlungsansprüche gegen den Versicherer eine Zweiwochenfrist vor und schafft somit eine lex specialis zu § 14 VVG.[762] Der Charakter des Direktanspruchs als Geldschuld begründet folglich kein stichhaltiges Argument gegen eine unmittelbare Anwendung des § 106 S. 1 VVG.

a) Prüffrist unnötig

Nach § 106 S. 1 VVG steht dem Versicherer eine zweiwöchige Prüffrist zu, um die „Berechtigung des von Dritten geltend gemachten Anspruchs zu prüfen".[763] Ist nun aber der Versicherer selbst als Partei an der erstmaligen Klärung der Haftpflichtfrage beteiligt, ist es unnötig, ihm eine erneute Prüffrist einzuräumen.[764]

b) Ausrichtung des § 106 S. 1 VVG auf getrenntes Vorgehen

Nach § 106 S. 1 VVG muss der Haftpflichtanspruch „mit bindender Wirkung für den Versicherer durch rechtskräftiges Urteil, Anerkenntnis oder Vergleich festgestellt worden" sein. Sofern eine dieser Voraussetzungen vorliegt, also die Haftpflicht im Haftpflichtverhältnis festgestellt wurde, bestimmt § 106 S. 1 VVG konstitutiv eine Zweiwochenfrist.[765] § 106 S. 1 VVG liegt somit ein nach Haftpflicht- und Deckungsverhältnis getrenntes Vorgehen zugrunde, welches sich regelmäßig dadurch ergibt, dass die Inhaberschaft an dem Haftpflicht- und die an dem Freistellungsanspruch auseinanderfallen.[766] Dieses Auseinanderfallen war vor der VVG-Reform aufgrund eines zulässigen und vielfach vereinbarten Abtretungsverbots der Regelfall. Mit der Einführung des § 108 Abs. 2 VVG kommt es nun aber vermehrt zu Abtretungen des Freistellungsanspruchs an

761 *Armbrüster*, r+s 2010, 441, 450; so auch: *R. Koch*, r+s 2009, 133, 135.

762 Vgl. *Baumann*, VersR 2010, 984, 987.

763 Begr. RegE., BT-Drs. 16/3945, S. 86.

764 *v. Rintelen*, r+s 2010, 133, 137; *Ingwersen*, S. 207; *R. Koch*, r+s 2009, 133, 135; *Hösker*, VersR 2013, 952, 955.

765 *Thomas*, S. 458.

766 *Thomas*, S. 458; *R. Koch* in Bruck/Möller, 4. Band[9], § 108 VVG, Rn. 38; in diese Richtung auch: *Staudinger/Friesen* in Staudinger/Halm/Wendt[2], AVB-AVG, Rn. 234.

die geschädigte Versicherungsnehmerin.[767] Die am Wortlaut des § 154 Abs. 1 S. 1 VVG a.F. orientierte Fälligkeitsregel des § 106 S. 1 VVG ist noch nicht auf die durch § 108 Abs. 2 VVG ermöglichte direkte Inanspruchnahme des Versicherers ausgelegt.[768]

c) Drohende Aushöhlung des § 108 Abs. 2 VVG

Sollte sich die Fälligkeit nach § 106 S. 1 VVG bestimmen, würde eine durch § 108 Abs. 2 VVG ermöglichte direkte Inanspruchnahme durch die Geschädigte faktisch ausscheiden.[769] Einem Direktprozess ist keine Klärung der Haftpflicht im Haftpflichtverhältnis vorgeschaltet. Sollte aber § 106 S. 1 VVG ebenfalls auf den Direktanspruch der Geschädigten anwendbar sein, wäre der Direktanspruch immer erst fällig, nachdem die Haftpflicht im Haftpflichtverhältnis geklärt wurde. Eine Direktklage müsste folglich mangels Fälligkeit als unbegründet abgewiesen werden. Ein solches Ergebnis widerspricht dem Zweck des § 108 Abs. 2 VVG.[770]

d) Zwischenergebnis

Somit kann festgehalten werden, dass § 106 S. 1 VVG nicht unmittelbar auf den Direktanspruch der Geschädigten anwendbar ist.[771] Eine vorherige Klärung der Haftpflicht ist somit keine zwingende Voraussetzung für die Inanspruchnahme des Versicherers.

---

767 *Ramharter*, Rn. 3/64; *Staudinger/Richters*, DB 2013, 2725, 2725.

768 *Ingwersen*, S. 206 f.

769 *Nissen*, KTS 2018, 29, 42; *Grooterhorst/Looman*, NZG 2015, 215, 218; *Klimke*, r+s 2014, 105, 112; *Armbrüster*, r+s 2010, 441, 450; *Thomas*, S. 459 f.

770 *Nissen*, KTS 2018, 29, 42; *Grooterhorst/Looman*, NZG 2015, 215, 218; *Klimke*, r+s 2014, 105, 112; *Armbrüster*, r+s 2010, 441, 450. So gehen nun *Sieg* in Höra[4], § 17, Rn. 197, und *R. Koch*, VersR 2016, 765, 766, davon aus, dass eine darauf gestützte Klageabweisung mit der Rechtsprechung des BGH unvereinbar sei.

771 *R. Koch*, VersR 2016, 765, 766; *Nissen*, KTS 2018, 29, 42; *Grooterhorst/Looman*, NZG 2015, 215, 218; *Klimke*, r+s 2014, 105, 112; *Armbrüster*, r+s 2010, 441, 450; *Staudinger/Friesen* in Staudinger/Halm/Wendt[2], AVB-AVG, Rn. 234; *Thomas*, S. 458 f.; *v. Rintelen*, r+s 2010, 133, 137 f.; *Hösker*, VersR 2013, 952, 954 f.; *Ingwersen*, S. 206 f.; *Baumann*, VersR 2010, 984, 987 f.

II. Fälligkeitszeitpunkt

Die Fälligkeit des Direktanspruchs könnte sich aus § 106 S. 1 VVG analog oder aus § 14 VVG ergeben.

1. Analoge Anwendung des § 106 S. 1 VVG

Teilweise wird vertreten, dass § 106 S. 1 VVG analog auf den Direktanspruch der Geschädigten angewendet werden muss.[772] Dies ergebe sich aus einem Vergleich mit der Rechtslage ohne Abtretung. Auch in einem Direktprozess werde, wie bei einem Haftpflichtprozess gegen die versicherte Person, die Haftpflicht in verbindlicher Weise für den Versicherer festgestellt.[773]

Richtig ist, dass sich auch in einem nach Vergleich, Anerkenntnis oder Erfüllungen des Haftpflichtanspruchs durchgeführten Deckungsprozess die Haftpflichtfrage als Vorfrage stellt. Trotzdem sind die beiden Ausgangslagen, wie gerade dargelegt, nicht vergleichbar. Insbesondere ist die Zweiwochenfrist des § 106 S. 1 VVG in einem Direktprozess weder notwendig noch sinnvoll. Deshalb wird von den Vertretern einer analogen Anwendung eine beschränkte Anwendung des § 106 S. 1 VVG in dem Sinne vorgeschlagen, dass die Zweiwochenfrist nicht gelte.[774] Der Direktanspruch würde daher entgegen dem Wortlaut „nach rechtskräftiger Feststellung der Haftpflichtforderung" fällig.[775] Als analog angewendeter Teil würde dann nur noch verbleiben, dass die Haftpflicht durch Urteil, Anerkenntnis oder Vergleich bestätigt sein muss. Erst im Anschluss daran würde der Zahlungsanspruch fällig. Wie aber bereits dargelegt, ist § 106 S. 1 VVG auf die Trennung von Haftpflicht- und Deckungsverhältnis zugeschnitten.[776] Konstitutiv ist allein die Zweiwochenfrist.[777] Deshalb kommt der Bestimmung, dass der Freistellungsanspruch erst ab Feststellung der Haftpflicht besteht, nur eine deklaratorische Funktion zu.[778] Als deklaratorische Bestimmung eignet sich dieser Teil der Norm nicht für eine Analogie.[779]

---

772 *Baumann*, VersR 2010, 984, 987 f. Dies zumindest für möglich haltend: *Grooterhorst/ Looman*, NZG 2015, 215, 218.

773 *Baumann*, VersR 2010, 984, 987 f.

774 *Baumann*, VersR 2010, 984, 987 f.

775 *Baumann*, VersR 2010, 984, 987.

776 Hierzu: Vierter Teil, C, I, 2, b.

777 *Thomas*, S. 458 f.

778 *Thomas*, S. 458.

779 Allgemein zur Analogieunfähigkeit deklaratorischer Vorschriften: *Würdinger*, AcP 2006, 946, 968 ff.

Auch die analoge Anwendung des § 106 S. 1 VVG mit der ansonsten drohenden Anwendbarkeit des § 14 Abs. 2 VVG zu begründen,[780] ist nicht gerechtfertigt. Sofern eine dem Wortlaut nach anwendbare Norm Regelungen enthält, die auf den konkreten Sachverhalt unpassend sind, bleibt eine teleologische Reduktion der Norm möglich.

2. *Anwendung des § 14 Abs. 1 VVG*

Nach § 14 Abs. 1 VVG bestimmt sich, ab wann „Geldleistungen des Versicherers" fällig sind. Der Direktanspruch der geschädigten Versicherungsnehmerin ist, anders als der ursprüngliche Freistellungsanspruch, unmittelbar auf Zahlung und somit auf eine Geldleistung des Versicherers gerichtet. Daher ist der Anwendungsbereich des § 14 Abs. 1 VVG eröffnet. Mangels lex specialis ist § 14 Abs. 1 VVG auf den durch Abtretung entstandenen Direktanspruch anwendbar.

a) Kein Anspruch auf Abschlagszahlungen

Gemäß § 14 Abs. 2 VVG kann die versicherte Person Abschlagszahlungen von dem Versicherer verlangen, wenn die Eintrittspflicht des Versicherers dem Grunde nach feststeht, die Höhe seiner Verpflichtung aber noch streitig ist.[781] Das Recht auf Abschlagszahlungen zielt darauf ab, der versicherten Person eine vorgezogene Auszahlung ihres Versicherungsanspruchs zu ermöglichen und so ihre finanzielle Belastung zu reduzieren.[782] Wenn nun der Freistellungsanspruch an die Versicherungsnehmerin abgetreten wird, ist die versicherte Person weder aus dem Schadensereignis unmittelbar finanziell belastet, noch ist sie Anspruchsinhaberin des Direktanspruchs. Deshalb ist § 14 Abs. 2 VVG im Falle eines Direktanspruchs der Versicherungsnehmerin teleologisch zu reduzieren. Der versicherten Person steht bei einem Direktanspruch der geschädigten Versicherungsnehmerin kein Anspruch auf Abschlagszahlungen zu. Da § 14 Abs. 2 VVG nicht den Schutz einer Geschädigten, hier der Versicherungsnehmerin, bezweckt, ist § 14 Abs. 2 VVG ebenfalls auf die Versicherungsnehmerin unanwendbar.[783]

---

780 So aber: *Baumann*, VersR 2010, 984, 987. *Lange*, § 21, Rn. 63, spricht sich deshalb gegen eine Anwendbarkeit des gesamten § 14 VVG aus.

781 *Schneider* in Looschelders/Pohlmann[3], § 14 VVG, Rn. 36; *Armbrüster* in Prölss/Martin[31], § 14 VVG, Rn. 24, m.w.N.

782 *Schneider* in Looschelders/Pohlmann[3], § 14 VVG, Rn. 35.

783 *R. Koch* in Bruck/Möller, 4. Band[9], § 108 VVG, Rn. 38.

b) Fälligkeitszeitpunkt

Schwierig gestaltet es sich, den genauen Zeitpunkt für die Fälligkeit des Direktanspruchs zu bestimmen. Gemäß § 14 Abs. 1 VVG tritt Fälligkeit ein, sobald der Versicherer die zur Feststellung des Versicherungsfalls und seiner Leistungspflicht „notwendigen Erhebungen" beendet hat.

Es wird daher vertreten, dass der Direktanspruch mit zugegangener Ablehnung des Direktanspruchs,[784] mit dem Klageabweisungsantrag[785] oder mit dem Schluss der mündlichen Verhandlung[786] fällig wird. Die weite Formulierung des § 14 Abs. 1 VVG enthält selbst keine mit § 106 VVG vergleichbar klare Bestimmung des Fälligkeitszeitpunkts. Jedoch können nach § 14 Abs. 1 VVG über das Merkmal notwendige Erhebungen die Besonderheiten des Versicherungsanspruchs berücksichtigt werden.[787]

Der Haftpflichtversicherungsanspruch setzt sich aus einer Abwehr- und einer Freistellungskomponente zusammen. Dem Versicherer steht hierbei auch während des Direktprozesses ein Wahlrecht zu. Eine gleichzeitige Fälligkeit von Abwehr- und Direktanspruch würde den Versicherer unangemessen belasten und sein Wahlrecht einschränken. Der Versicherer würde dann nämlich, obwohl er seine Abwehrpflicht ordnungsgemäß erfüllt, in Schuldnerverzug hinsichtlich des Direktanspruchs kommen. Es liegt daher näher, erst dann von der Durchführung aller „notwendigen Erhebungen" auszugehen, wenn die Haftpflicht im Direktprozess festgestellt wurde. Sollte der Versicherer jedoch vor einer Klärung der Haftpflichtfrage den Versicherungsanspruch aufgrund deckungsrechtlicher Einwendungen verneinen, verliert er seine Schutzbedürftigkeit, und der Direktanspruch wird fällig.

Probleme ergeben sich aber immer dann, wenn der Versicherer die Haftpflicht auch in den folgenden Instanzen bestreitet. In einem solchen Fall kommt

---

784 *R. Koch*, r+s 2009, 133, 135; *v. Rintelen*, r+s 2010, 133, 138; *Thomas*, S. 459, spricht davon, dass der Zahlungsanspruch „sofort fällig" werde.

785 *Nissen*, KTS 2018, 29, 42; *R. Koch*, r+s 2009, 133, 135; *v. Rintelen*, r+s 2010, 133, 138; *Zumdick* in *Kollhosser/Dörner/Ehlers/Pohlmann/Schulze Schwienhorst/Steinmeyer* (Hrsg.), Workshop zur Haftpflichtversicherung der Münsterischen Forschungsstelle für Versicherungswissenschaft (2010), 61, 72, „spätestens" mit dem Klageabweisungsantrag.

786 *Hösker*, VersR 2013, 952, 955; *Armbrüster*, r+s 2010, 441, 450.

787 *Muschner* in Rüffer/Halbach/Schimikowski[4], § 14 VVG, Rn. 11, weist darauf hin, dass für die Bewertung „ein durchschnittlich sorgfältiger VR des entsprechenden Versicherungszweiges" maßgeblich ist; ebenso: *Armbrüster* in Prölss/Martin[31], § 14 VVG, Rn. 8.

der Versicherer weiterhin seiner Abwehrpflicht nach. Der Direktanspruch würde daher erst dann fällig, wenn die Haftpflichtfrage im Direktprozess nicht mehr strittig ist. Somit könnte die Fälligkeit erst in der letzten Instanz eintreten. Nach § 259 ZPO ist die Klage auf eine noch nicht fällige Leistung möglich, wenn der Beklagte den Anspruch „ernsthaft bestreitet".[788] Der Versicherer bestreitet den Direktanspruch immer dann ernstlich, wenn er die Haftpflicht verneint. Folglich kann die geschädigte Versicherungsnehmerin gemäß § 259 ZPO den Direktanspruch auch vor Fälligkeit einklagen.[789]

3. *Zwischenergebnis*

Die Fälligkeit des Direktanspruchs richtet sich nach der allgemeinen Regel des § 14 Abs. 1 VVG. Der Direktanspruch ist daher fällig, sobald die Haftpflicht im Direktprozess festgestellt wurde, oder sobald der Versicherer mit deckungsrechtlichen Einwendungen den Versicherungsanspruch bestreitet. Um Streitigkeiten hinsichtlich der „notwendigen Erhebungen" vorzubeugen, ist es ratsam, die Fälligkeitsvoraussetzungen im D&O-Versicherungsvertrag verbindlich zu regeln.[790]

III. Verzugs- und Prozesszinsen

Durch eine erst während des Direktprozesses eintretende Fälligkeit des Direktanspruchs könnten Zeiträume entstehen, in denen der Versicherer aufgrund des Direktprozesses mittelbar oder unmittelbar keine Zinsen zu entrichten hätte. Zinsfreie Zeiträume drohen immer dann, wenn der Haftpflichtanspruch während der direkten Inanspruchnahme des Versicherers nicht verzinst werden muss und der Direktanspruch zeitlich verzögert fällig wird, sodass nach § 291 S. 1 Hs. 2 BGB der Direktanspruch erst ab diesem Zeitpunkt zu verzinsen ist. Sofern sich die Fälligkeit nach § 106 S. 1, 2 VVG richtet, also kein Direktanspruch vorliegt, ist der Versicherer verpflichtet, alle bis zur Erfüllung des Haftpflichtanspruchs entstehenden Zinsen zu tragen.[791] Etwas anderes könnte sich

---

788 BGH v. 20.6.2005, NJW-RR 2005, 1518, 1518; *Becker-Eberhard* in MünchKomm ZPO, 1. Band[5], § 259 ZPO, Rn. 13, m.w.N.

789 So auch: *v. Rintelen*, r+s 2010, 133, 137 f., der aber nicht auf § 259 ZPO zurückgreift, da seiner Ansicht nach der Zahlungsanspruch spätestens mit Schluss der mündlichen Verhandlung fällig werde.

790 Zur Disponibilität des § 14 Abs. 1 VVG: BGH v. 22.3.2000, NJW 2000, 2021, 2022; *Ebers* in Schwintowski/Brömmelmeyer[3], § 14 VVG, Rn. 37.

791 *Klimke*, r+s 2014, 105, 112; *Baumann*, VersR 2010, 984, 987 f.

im Falle einer direkten Inanspruchnahme aus dem zwischen Versicherungsnehmerin und versicherter Person vereinbarten *pactum de non petendo* ergeben. Sollte dieser Abrede ein materiell-rechtliches temporäres Leistungsverweigerungsrecht, und damit kein bloß prozessrechtliches Klagehemmnis, entnommen werden, wäre der Haftpflichtanspruch während der direkten Inanspruchnahme nicht zu verzinsen.[792]

Ein materiell-rechtliches temporäres Leistungsverweigerungsrecht würde dazu führen, dass der geschädigten Versicherungsnehmerin immer dann Zinsen im Vergleich zu einem Haftpflichtprozess entgehen würden, wenn die Direktklage keinen Erfolg hat. Aber auch wenn die Direktklage erfolgreich ist, könnten der geschädigten Versicherungsnehmerin Zinsen entgehen. Sollte nämlich ein Selbstbehalt gelten, würde in dieser Höhe der Haftpflichtanspruch während des Direktprozesses nicht verzinst werden. Dies wird kaum im Interesse der Versicherungsnehmerin sein. Außerdem könnte ein solcher Zinsverzicht gegen § 93 Abs. 4 S. 3 AktG verstoßen. Die Abtretung erfüllungshalber wird deshalb kein materiell-rechtliches Leistungsverweigerungsrecht enthalten. Der Haftpflichtanspruch ist folglich während des Direktprozesses zu verzinsen.

D. Auskunfts- und Belegobliegenheiten

Zweifelhaft ist, ob die mit Eintritt des Versicherungsfalls entstehenden Auskunfts- und Belegobliegenheiten auch dann gelten, wenn die geschädigte Versicherungsnehmerin den Versicherer direkt in Anspruch nimmt. Im Falle einer direkten Inanspruchnahme tritt die geschädigte Versicherungsnehmerin unmittelbar dem Versicherer gegenüber. Die geschädigte Versicherungsnehmerin wäre daher ihrem Anspruchsgegner und im Falle einer Klage ihrem Prozessgegner zu Auskunft und Beleg verpflichtet.[793] Wie bereits erörtert, ändert die Tatsache, dass es sich um einen Innenhaftungsfall handelt, grundsätzlich nichts an den Auskunfts- und Belegobliegenheiten der Versicherungsnehmerin.[794] Trotzdem könnte die Geltendmachung des versicherungsrechtlichen Direktanspruchs gegenüber dem Versicherer eine andere Bewertung erfordern. Anders als bei einem Haftpflichtprozess gegen die versicherte Person kann der Versicherer

792 Allgemein zur Wirkung eines materiell-rechtlichen temporären Leistungsverweigerungsrechts: *Windorfer*, NJW 2015, 3329, 3333; *Fetzer* in MünchKomm BGB, 3. Band[8], § 364 BGB, Rn. 13.

793 Hinsichtlich der mit Eintritt des Versicherungsfalls entstehenden Auskunfts- und Belegobliegenheiten: Zweiter Teil, B, II.

794 Dazu: Zweiter Teil, B, II, 2.

in einem Direktprozess gleichzeitig haftungs- und deckungsrechtliche Einwendungen gegen den Direktanspruch der Versicherungsnehmerin geltend machen. Der Versicherer könnte daher Auskünfte und Dokumente verlangen, um seine deckungsrechtlichen Einwendungen darzulegen und zu beweisen.

Dennoch erfordert dieses Ergebnis keine Modifikation der in einem Innenhaftungsfall bestehenden Auskunfts- und Belegobliegenheiten. Die Versicherungsnehmerin muss wie bei einem getrennten Vorgehen keine Auskünfte mehr erteilen, wenn der Versicherer deckungsrechtliche Einwendungen gegen den Versicherungsanspruch als Ganzen geltend macht und damit seine Versicherungsschutzpflicht ablehnt.[795] Außerdem steht der Versicherungsnehmerin unter dem Gebot von Treu und Glauben in Innenhaftungsfällen das Recht zu, einzelne Angaben zu schwärzen und im Einzelfall Dokumente nicht herauszugeben.[796] Demgegenüber ist der Versicherer, welcher seiner Versicherungsschutzpflicht im Direktprozess nachkommt, zur ordnungsgemäßen Leistungserfüllung auf Informationen seiner Vertragspartnerin, der Versicherungsnehmerin, angewiesen. Würde man die Auskunfts- und Belegobliegenheiten der geschädigten Versicherungsnehmerin bei einer direkten Inanspruchnahme verneinen, könnte sie sich durch eine Abtretung des Freistellungsanspruchs ihrer Obliegenheiten entledigen und damit den Versicherer schlechterstellen. Macht der Versicherer nur haftungsrechtliche Einwendungen geltend und kommt somit seiner Versicherungsschutzpflicht nach, bestehen die Auskunfts- und die Belegobliegenheiten der Versicherungsnehmerin auch während der direkten Inanspruchnahme.[797]

Um Streitigkeiten hinsichtlich Geltung und Reichweite der Obliegenheiten zu vermeiden, sollten diese neben der Pflicht des Versicherers, den Versicherungsschutz auch während der direkten Inanspruchnahme zu erbringen, ausdrücklich in die AVB aufgenommen werden.

E. Verjährung

Im Rahmen der direkten Inanspruchnahme ist neben der Verjährung des Direktanspruchs die Verjährungshemmung des Haftpflichtanspruchs von besonderer Bedeutung. Gerade die Versicherungsnehmerin wird sich nur dann auf eine

795 Zum Erlöschen der Auskunfts- und Belegobliegenheiten durch Deckungsablehnung: Zweiter Teil, B, II, 1.

796 Hierzu: Zweiter Teil, B, II, 2, b.

797 *Baumann* in Bruck/Möller, 4. Band^9, Ziff. 10 AVB-AVG, Rn. 10; *Lange*, § 12, Rn. 124; *Rubin*, WuB 2017, 104, 105. Ausschließlich hinsichtlich der vP: *R. Koch*, VersR 2016, 765, 768; *Herdter*, VP 9/2012, 168, 174.

direkte Inanspruchnahme einlassen, wenn hierdurch die Durchsetzbarkeit des Haftpflichtanspruchs nicht gefährdet wird. Anderenfalls droht eine Verletzung des § 93 Abs. 4 S. 3 AktG. Es ist deshalb zu prüfen, ob und wie eine Verjährungshemmung des Haftpflichtanspruchs in die Abtretungsvereinbarung aufgenommen werden kann. Bevor die Verjährung des Direktanspruchs untersucht und die Verjährungshemmung erörtert wird, soll dargestellt werden, wann Haftungs- und Versicherungsanspruch bei einem zweigliedrigen Vorgehen verjähren.

I. Konstellation bei zweigliedrigem Vorgehen

Der Organhaftungsanspruch der Versicherungsnehmerin verjährt gemäß § 93 Abs. 6 AktG nach fünf Jahren und bei börsennotierten Aktiengesellschaften nach zehn Jahren. Die Verjährung beginnt nach § 200 S. 1 BGB, sobald der Organhaftungsanspruch entstanden und somit sobald der Schaden dem Grunde nach eingetreten ist.[798] Nur wenn bei einem fortdauernden pflichtwidrigen Unterlassen eine einheitliche Dauerhandlung vorliegt, beginnt die Verjährung erst mit Beendigung der Pflichtverletzung.[799] Sobald die Haftungsklage erhoben ist, wird die Verjährung des Haftpflichtanspruchs nach § 204 Abs. 1 Nr. 1 BGB gehemmt.

Der Versicherungsanspruch verjährt grundsätzlich einheitlich nach der Regelverjährung des § 195 BGB und somit nach drei Jahren.[800] Deshalb beginnt die Verjährung nach § 199 Abs. 1 BGB mit Ablauf des Jahres, in welchem der Versicherungsanspruch entstanden ist und die versicherte Person Kenntnis von den anspruchsbegründenden Umständen erlangt hat.[801] Mit Eintritt des D&O-Versicherungsfalls entsteht der Versicherungsanspruch, sodass mit Geltendmachung des Organhaftungsanspruchs gegenüber der versicherten Person die Verjährung beginnt. Da der Freistellungsanspruch aber nur unter weiteren Voraussetzungen fällig wird,[802] hat die Einheitlichkeit des Versicherungsanspruchs

798 BGH v. 18.9.2018, NZG 2018, 1301, 356, Rn. 16 f.; *Fleischer*, ZIP 2018, 2341, 2343; *Hölters* in Hölters³, § 93 AktG, Rn. 336; *Spindler* in MünchKomm AktG, 2. Band⁴, § 93 AktG, Rn. 325.

799 BGH v. 18.9.2018, NZG 2018, 1301, Rn. 18; *Hölters* in Hölters³, § 93 AktG, Rn. 337; *Spindler* in MünchKomm AktG, 2. Band⁴, § 93 AktG, Rn. 327.

800 *Hartwig/Schäker* in Veith/Gräfe/Gebert⁴, § 17, Rn. 197; *Schneider* in Beckmann/Matusche-Beckmann³, § 24, Rn. 160; *R. Koch* in Bruck/Möller, 4. Band⁹, § 100 VVG, Rn. 139.

801 *Schneider* in Beckmann/Matusche-Beckmann³, § 24, Rn. 160; *Ihlas* in MünchKomm VVG, 3. Band², 320 - D&O, Rn. 941. Vgl. auch Ziff. B4-4 Abs. 1 AVB D&O.

802 Dazu: Vierter Teil, C, II, 2, b.

zur Folge, dass der Freistellungsanspruch verjähren kann, bevor dieser überhaupt fällig geworden ist.[803] Sofern der Versicherungsanspruch noch nicht verjährt ist und sich nach § 106 S. 1, 2 VVG in einen fälligen Freistellungs- oder Zahlungsanspruch umwandelt, beginnt für diesen mit eingetretener Fälligkeit eine selbständige Verjährungsfrist zu laufen.[804] Die Erhebung einer Haftungsklage hemmt nicht automatisch die Verjährung des Versicherungsanspruchs, jedoch ordnet § 15 VVG die Verjährungshemmung bis zu einer Entscheidung des Versicherers an. Ebenso kann sich der Versicherer nach § 242 BGB nicht auf die Verjährung des Versicherungsschutzes berufen, wenn er bis zur Erhebung der Verjährungseinrede Abwehrschutz gewährt hat.[805]

II. Verjährung des Direktanspruchs

Bei dem Direktanspruch handelt es sich um einen versicherungsrechtlichen Anspruch,[806] sodass auch die Verjährungsregeln des Versicherungsrechts und damit die allgemeinen Verjährungsregeln des BGB auf den Direktanspruch anzuwenden sind.[807] Die besondere Verjährungsregel des § 93 Abs. 6 AktG ist nicht anwendbar. Eine analoge Anwendung der aktienrechtlichen Verjährungsregel scheidet schon deswegen aus, weil es an einer dafür notwendigen planwidrigen Regelungslücke fehlt.[808]

Sofern der Versicherungsanspruch vor einer Abtretung verjährt ist, wirkt sich die Verjährung auch zulasten der Versicherungsnehmerin als Zessionarin des Freistellungsanspruchs aus.[809] Schwierigkeiten bereitet es, den Verjährungsbeginn

803 BGH v. 21.5.2003, NJW 2003, 2376, 2376; v. 29.4.1960, NJW 1960, 1346, 1348; RG v. 7.2.1936, RGZ 150, 227, 230; *Schneider* in Beckmann/Matusche-Beckmann[3], § 24, Rn. 160a; *Hartwig/Schäker* in Veith/Gräfe/Gebert[3], § 17, Rn. 199. Gegen eine einheitliche Verjährung des gesamten Versicherungsanspruchs: *Langheid* in Langheid/Rixecker[6], § 100 VVG, Rn. 31.

804 *R. Koch* in Bruck/Möller, 4. Band[9], § 100 VVG, Rn. 140; *Lücke* in Prölss/Martin[31], § 100 VVG, Rn. 12; *Harsdorf-Gebhardt* in Späte/Schimikowski[2], 5 AHB, Rn. 7; *Schneider* in Beckmann/Matusche-Beckmann[3], § 24, Rn. 160a; *Retter* in Schwintowski/Brömmelmeyer[3], § 100 VVG, Rn. 58. Noch zur alten Rechtslage: BGH v. 29.4.1960, NJW 1960, 1346, 1347 f.; RG v. 7.2.1936, RGZ 150, 227, 231.

805 *Armbrüster*, r+s 2010, 441, 447.

806 Siehe hierzu: Dritter Teil, B, II, 2.

807 *R. Koch* in Bruck/Möller, 4. Band[9], § 108 VVG, Rn. 43; *Nissen*, KTS 2018, 29, 42.

808 *Nissen*, KTS 2018, 29, 42.

809 *R. Koch* in Bruck/Möller, 4. Band[9], § 108 VVG, Rn. 43; *Wandt* in MünchKomm VVG, 2. Band[2], § 108 VVG, Rn. 125, m.w.N.

für den Direktanspruch zu bestimmen, wenn der Freistellungsanspruch zum Zeitpunkt der Abtretung noch nicht verjährt ist. Der Direktanspruch entsteht mit der Abtretung des Freistellungsanspruchs, sodass ab diesem Zeitpunkt eine neue Verjährungsfrist beginnen könnte.[810] Hierfür spricht, dass die Verjährung bei einem nach § 106 S. 2 VVG entstandenen Zahlungsanspruch spätestens zwei Wochen nach der Umwandlung des Freistellungsanspruchs beginnt.[811] Gegen einen unmittelbar mit der Umwandlung entstehenden Verjährungsbeginn muss jedoch angeführt werden, dass der durch Abtretung entstandene Direktanspruch erst ab Geltendmachung deckungsrechtlicher Einwendungen oder nach Feststellung der Haftpflicht im Direktprozess fällig wird.[812] Anders als bei einem nach § 106 S. 2 VVG entstandenen Zahlungsanspruch tritt die Fälligkeit des Direktanspruchs somit nicht spätestens zwei Wochen nach der Umwandlung ein. Des Weiteren führt die bloße Möglichkeit einer Klage nach § 259 ZPO nicht dazu, dass die Verjährungsfrist zu laufen beginnt.[813] Deshalb beginnt die Verjährungsfrist des Direktanspruchs erst ab Deckungsablehnung oder nachdem die Haftpflicht verbindlich festgestellt worden ist.

Praktische Unterschiede ergeben sich in Bezug auf den von § 106 S. 1, 2 VVG abweichenden Verjährungsbeginn jedoch kaum. Sofern der Versicherer den Direktanspruch aufgrund deckungsrechtlicher Einwendungen ablehnt, wird die Versicherungsnehmerin in der Regel zeitnah eine Direktklage einreichen, sodass die Verjährung nach § 204 Abs. 1 Nr. 1 BGB gehemmt ist. Zu einem vergleichbaren Ergebnis kommt es, wenn der Versicherer allein oder zuerst nur die Haftpflicht bestreitet. Die Verjährung beginnt dann zwar während des Direktprozesses, wird aber gemäß § 204 Abs. 1 Nr. 1 BGB unmittelbar gehemmt.

III. Verjährungshemmung des Haftpflichtanspruchs

Sofern die direkte Inanspruchnahme des Versicherers zu keiner vollständigen Befriedung der geschädigten Versicherungsnehmerin führt, wird die Versicherungsnehmerin in der Regel versuchen, den Haftpflichtanspruch in einem anschließenden Haftpflichtprozess durchzusetzen. Ein solcher Anschlussprozess

---

810 *Wandt* in MünchKomm VVG, 2. Band², § 108 VVG, Rn. 125; *R. Koch* in Bruck/Möller, 4. Band⁹, § 108 VVG, Rn. 43; *Lücke* in Prölss/Martin³¹, § 100 VVG, Rn. 12-.

811 Zum Verjährungsbeginn eines i.S.v. § 106 S. 2 VVG entstandenen Zahlungsanspruchs: *Harsdorf-Gebhardt* in Späte/Schimikowski², 5 AHB, Rn. 7; *R. Koch* in Bruck/Möller, 4. Band⁹, § 100 VVG, Rn. 140, m.w.N.

812 Siehe hierzu: Vierter Teil, C, II, 2.

813 *Peters/Jacoby* in Staudinger, 1. Buch, §§ 164–240 (2019), § 199 BGB, Rn. 4.

ist aber nur dann erfolgreich, wenn der Haftpflichtanspruch noch nicht verjährt ist. Eine Verjährungshemmung des Haftpflichtanspruchs ergibt sich nicht aus dem Gesetz, könnte aber von der Versicherungsnehmerin und der versicherten Person vereinbart werden. Die Abtretung des Freistellungsanspruchs erfolgt grundsätzlich erfüllungshalber und enthält daher ein vertraglich vereinbartes *pactum de non petendo*.[814] Aus diesem ergibt sich, dass die Verjährung des Haftpflichtanspruchs zwischen versicherter Person und Versicherungsnehmerin bis zu einer abschließenden Entscheidung im Direktprozess gehemmt ist.[815] Eine solche vereinbarte Verjährungshemmung könnte aber ohne Zustimmung des Versicherers gegen versicherungsrechtliche Obliegenheiten verstoßen.[816]

Der Versicherer hat die Regulierungshoheit inne. Die Versicherungsnehmerin und die versicherte Person sind gemäß § 82 Abs. 1, 2 VVG verpflichtet, den Versicherer bei der Abwicklung des Versicherungsfalls zu unterstützen.[817] Eine zwischen der schadensverursachenden versicherten Person und der geschädigten Versicherungsnehmerin vereinbarte Verjährungshemmung greift in die Regulierungshoheit des Versicherers ein, sodass grundsätzlich dessen Zustimmung einzuholen wäre.

Die „Rettungsobliegenheiten" sind aber nur dann verletzt, wenn es für die versicherte Person und die Versicherungsnehmerin zumutbar ist, die Zustimmung des Versicherers einzuholen.[818] Eine ohne Zustimmung des Versicherers vereinbarte Verjährungshemmung stellt deshalb nur dann eine Obliegenheitsverletzung dar, wenn es für die versicherte Person und die Versicherungsnehmerin zumutbar wäre, auf eine Verjährungshemmung während der direkten Inanspruchnahme zu verzichten.

Bei der Bewertung der Zumutbarkeit sind insbesondere die berechtigten Interessen der Versicherungsnehmerin und der versicherten Person zu berücksichtigen.[819] Die Versicherungsnehmerin wird sich nur dann auf eine Abtretung

---

814 *Lange*, r+s 2011, 185, 188; *Harzenetter*, NZG 2016, 728, 730; *Brinkmann*, ZIP 2017, 301, 303; *Grote/Schneider*, BB 2007, 2689, 2698; *Thomas*, S. 464, Fn. 144; *Grooterhorst/Looman*, NZG 2015, 215, 220.

815 *Schumacher*, NZG 2016, 969, 973, Fn. 34; *Grote/Schneider*, BB 2007, 2689, 2698; *Thomas*, S. 464, Fn. 144.

816 *Schumacher*, NZG 2016, 969, 973, Fn. 34. Ein Zustimmungserfordernis ohne unmittelbaren Bezug zur direkten Inanspruchnahme annehmend: *Wahlers/Wolff*, AG 2011, 605, 609; *Schnorbus/Klormann*, NZG 2015, 938, 943; zumindest nach Eintritt des Versicherungsfalls ein Zustimmungserfordernis annehmend: *Thomas*, AG 2016, 473, 480.

817 *Thomas*, AG 2016, 473, 480. Hierzu auch schon unter: Dritter Teil, B, V, 2.

818 *Thomas*, AG 2016, 473, 481; *Werner*, VersR 2016, 1352, 1355.

819 *Thomas*, AG 2016, 473, 481; *Werner*, VersR 2016, 1352, 1355.

erfüllungshalber einlassen, wenn hierdurch nicht der von ihr bezweckte Schadensausgleich gefährdet wird. Ohne eine vereinbarte Verjährungshemmung könnte der Haftpflichtanspruch während des Direktprozesses aber verjähren. Ein anschließendes Vorgehen gegen die versicherte Person würde somit ausscheiden. Des Weiteren könnte eine begründete Direktklage während des Prozesses aufgrund eines jetzt nicht mehr durchsetzbaren Haftpflichtanspruchs unbegründet werden, sodass die geschädigte Versicherungsnehmerin auch ihren Direktanspruch verlieren würde. Verhindern könnte dies die Versicherungsnehmerin nur durch eine simultane Haftungsklage oder durch eine Streitverkündung gegenüber der versicherten Person.[820] Beide Möglichkeiten würden jedoch die Ziele eines Direktanspruchs, wie etwa Kostenersparnis und eine Abwicklung ohne unmittelbare Beteiligung der versicherten Person, unterlaufen, sodass diese Möglichkeiten nicht praxistauglich sind.[821] Die Versicherungsnehmerin wird sich daher nicht auf eine Abtretung erfüllungshalber einlassen, wenn nicht gleichzeitig die Verjährung des Haftpflichtanspruchs gehemmt ist. Das bedeutet, dass ein angenommenes Zustimmungserfordernis eine Abtretung gegen den Willen des Versicherers de facto verhindern würde. Damit wäre aber das in § 108 Abs. 2 VVG normierte Klauselverbot faktisch wirkungslos. Das Klauselverbot aus § 108 Abs. 2 VVG entfaltet nur dann Wirkung, wenn die direkte Inanspruchnahme des Versicherers auch gegen dessen Willen möglich ist. Zu einer direkten Inanspruchnahme gegen den Willen des Versicherers würde es aber nicht kommen, wenn eine Verjährungshemmung ohne Zustimmung des Versicherers eine Obliegenheitsverletzung darstellen würde und ohne Verjährungshemmung keine Abtretung erfüllungshalber zu erwarten ist. Das Interesse der Versicherungsnehmerin, eine Verjährungshemmung unabhängig vom Willen des Versicherers zu vereinbaren, ist deshalb, wie sich auch aus § 108 Abs. 2 VVG ergibt, schützenswert. Gegen eine Obliegenheitsverletzung spricht außerdem, dass der Versicherer durch die vereinbarte Verjährungshemmung nicht schlechtergestellt wird als bei einem zweigliedrigen Vorgehen. Sollte die Versicherungsnehmerin nämlich erst eine Haftungsklage erheben, würde der Haftpflichtanspruch nach § 204 Abs. 1 Nr. 1 BGB gehemmt. Die Verjährungshemmung des Haftpflichtanspruchs kann somit ohne die Zustimmung des Versicherers in die Abtretungsvereinbarung aufgenommen werden.

---

820 Hinsichtlich einer möglichen Streitverkündung: *R. Koch* in Liber amicorum Gerrit Winter (2007), 345, 363.

821 Ausführlicher zu den Nachteilen einer Streitverkündung: Vierter Teil, G, III, c.

Aus Gründen der Rechtssicherheit sollte der Versicherer schon in den allgemeinen Versicherungsbedingungen eine fakultative, antizipierte Zustimmung zur Verjährungshemmung erteilen.

F. Darlegungs- und Beweislast

Grundsätzlich muss eine Partei alle für sie günstigen Tatsachen darlegen und beweisen.[822] Auf den Direktanspruch angewendet müsste die geschädigte Versicherungsnehmerin grundsätzlich auch die Haftpflicht der versicherten Person vollumfänglich darlegen und beweisen.[823] Das Gesellschaftsrecht erleichtert einer geschädigten Gesellschaft aber durch § 93 Abs. 2 S. 2 AktG (analog) die Durchsetzung eines Haftungsanspruchs, indem sie die Darlegungs- und Beweislast teilweise dem in Anspruch genommenen Organmitglied zuweist. Anders als bei einem Haftpflichtprozess ist in einem Direktprozess allein der Versicherer Gegenpartei der Versicherungsnehmerin. Es ist daher fraglich, ob sich die gesellschaftsrechtliche Erleichterung der Darlegungs- und Beweislast auch auf den Direktprozess auswirkt. Bevor diese Frage beantwortet werden kann, sollen in einem ersten Schritt der Zweck, anerkannte Ausnahmen und eine mögliche Abdingbarkeit des § 93 Abs. 2 S. 2 AktG dargestellt werden.

I. Allgemeines

In einem Innenhaftungsprozess obliegt es dem in Anspruch genommenen Organmitglied nach § 93 Abs. 2 S. 2 AktG, die Pflichtwidrigkeit und das Verschulden zu widerlegen.[824] Von dieser Darlegungs- und Beweislastregel kann vertraglich nicht abgewichen werden.[825] Über ihren Wortlaut hinaus wird die Norm gemäß § 116 S. 1 AktG ebenfalls auf Aufsichtsratsmitglieder und nach überwiegender Ansicht auch auf Geschäftsführer einer GmbH angewandt.[826] Die Darlegungs- und Beweislastverteilung beruht auf der besonderen Sachnähe

---

822 Vgl. BGH v. 26.6.2014, NJW-RR 2014, 1172, Rn. 19.

823 *Grooterhorst/Looman*, NZG 2015, 215, 217, m.w.N.

824 BGH v. 8.7.2014, NZG 2014, 1058, Rn. 33; *Hölters* in Hölters^3, § 93 AktG, Rn. 269; *Fleischer* in Spindler/Stilz, 1. Band^4, § 93 AktG, Rn. 222.

825 *Hopt/Roth* in GroßKomm AktG, 4/2. Band^5, §§ 92 - 94 (2015), § 93 AktG, Rn. 47 ff.; *Hölters* in Hölters^3, § 93 AktG, Rn. 11 ff.; *Fleischer* in Spindler/Stilz, 1. Band^4, § 93 AktG, Rn. 3 ff.

826 BGH v. 18.6.2013, BGHZ 197, 304, Rn. 22; *Grooterhorst/Looman*, NZG 2015, 215, 217; *Born* in Krieger/Schneider^3, § 14, Rn. 14.3 f.; *Lange*, r+s 2011, 185, 189; *Ingwersen*, S. 94.

des Organmitglieds zu dem (möglicherweise) pflichtwidrigen und schadensbegründenden Verhalten.[827] Folglich bezweckt die Darlegungs- und Beweislastverteilung des § 93 Abs. 2 S. 2 AktG, dass die Gesellschaft trotz ihrer geringeren Sachnähe Organhaftungsansprüche durchsetzen kann.[828]

Grundsätzlich haben nur aktive Organmitglieder einen unmittelbaren Zugang zu relevanten Unterlagen und Mitarbeitern. Da die Belastung des Organmitglieds mit der Darlegungs- und Beweislast aber mit ihrer besonderen Sachnähe gerechtfertigt wird, könnte § 93 Abs. 2 S. 2 AktG für ehemalige Organmitglieder teleologisch zu reduzieren sein.[829] Eine solche teleologische Reduktion wird von der Rechtsprechung aber abgelehnt.[830] Gegen eine teleologische Reduktion spricht, dass auch dem ehemaligen Organmitglied aus § 810 BGB und der gesellschaftsrechtlichen Treuepflicht ein Einsichtsrecht in relevante Unternehmensunterlagen zusteht.[831] Das Organmitglied wird selbst nach dem Ausscheiden aus der Gesellschaft als Verursacher dem vorgeworfenen Verhalten sachlich meist am nächsten stehen. Sollte sich im Einzelfall jedoch etwas anderes ergeben, kann im Rahmen der sekundären Darlegungslast die Position des Organmitglieds verbessert werden.[832] Teleologisch reduziert wird § 93 Abs. 2 S. 2 AktG nur dann, wenn der Rechtsnachfolger eines Organmitglieds in Anspruch genommen wird, da ein solcher Rechtsnachfolger eine erkennbar geringere Sachnähe als die Gesellschaft aufweist.[833]

---

827 *Mertens/Cahn* in KölnerKomm AktG, 2/1. Band³, § 93 AktG, Rn. 138; *Bauer/Holle*, AG 2017, 141, 145; *Böttcher*, NZG 2008, 645, 649; *Fleischer* in Spindler/Stilz, 1. Band⁴, § 93 AktG, Rn. 220.

828 *Fleischer* in Spindler/Stilz, 1. Band⁴, § 93 AktG, Rn. 222, 220; *Armbrüster*, NJW 2016, 2155, 2157, „im Interesse einer effektiven Wirkung der Schadensersatzhaftung".

829 *Foerster*, ZHR 176 (2012), 221, 225 ff.; *Hopt/Roth* in GroßKomm AktG, 4/2. Band⁵, § 93 AktG, Rn. 448.

830 BGH v. 4.11.2002, BGHZ 152, 280, 285; v. 8.7.2014, NZG 2014, 1058, Rn. 33; *Born* in Krieger/Schneider³, § 14, Rn. 14.20; *Hölters* in Hölters³, § 93 AktG, Rn. 270.

831 *Krieger* in FS Uwe H. Schneider (2011), 717, 720 ff.; *Grooterhorst/Looman*, NZG 2015, 215, 217; *Hölters* in Hölters³, § 93 AktG, Rn. 270; *Mertens/Cahn* in KölnerKomm AktG, 2/1. Band³, § 93 AktG, Rn. 147; *Fleischer* in Spindler/Stilz, 1. Band⁴, § 93 AktG, Rn. 224.

832 BGH v. 4.11.2002, BGHZ 152, 280, 285; *Born* in Krieger/Schneider³, § 14, Rn. 14.19.

833 *Foerster*, ZHR 176 (2012), 221, 244; *Hölters* in Hölters³, § 93 AktG, Rn. 271; *Mertens/Cahn* in KölnerKomm AktG, 2/1. Band³, § 93 AktG, Rn. 146; *Fleischer* in Spindler/Stilz, 1. Band⁴, § 93 AktG, Rn. 224; *Armbrüster*, NJW 2016, 2155, 2157; *Grooterhorst/Looman*, NZG 2015, 215, 217; *Hopt/Roth* in GroßKomm AktG, Band 4/2⁵, § 93 AktG, Rn. 447.

II. Unmittelbare Anwendung

Fraglich ist, ob § 93 Abs. 2 S. 2 AktG bei der gerichtlichen Durchsetzung eines Direktanspruchs unmittelbar anwendbar ist.

Hiergegen wird insbesondere der Wortlaut der Norm angeführt. In Verbindung mit § 93 Abs. 2 S. 1 AktG ergibt sich für Satz 2 folgende Lesart: „Ist streitig, ob [die Vorstandsmitglieder] die Sorgfalt eines ordentlichen und gewissenhaften Geschäftsleiters angewandt haben, so trifft [die Vorstandsmitglieder] die Beweislast." Es drängt sich daher der Eindruck auf, dass die Darlegungs- und Beweislastregel auf einen Rechtsstreit zwischen Gesellschaft und Organmitglied beschränkt ist.[834] Dagegen spricht jedoch, dass sich normierte Darlegungs- und Beweislastregeln meist nicht auf den konkreten Anspruchssteller und Anspruchsgegner beziehen, sondern an die Gläubiger- und an die Schuldnerstellung hinsichtlich des konkreten Anspruchs anknüpfen.[835] Eine Abtretung oder eine Rechtsnachfolge verändern zwar die konkreten Personen im Schuldner-Gläubiger-Verhältnis, führen in diesen Fällen aber selbst zu keiner Änderung der zwischen Schuldner und Gläubiger des Anspruchs bestehenden Darlegungs- und Beweislast.[836] Auch ein Vergleich mit einer Organhaftungsklage gegen einen Rechtsnachfolger des Organmitglieds zeigt dies. In einem solchen Fall ist § 93 Abs. 2 S. 2 AktG zwar unmittelbar anwendbar, wird jedoch teleologisch reduziert. Folglich kann nicht davon gesprochen werden, dass § 93 Abs. 2 S. 2 AktG allein auf das Verhältnis Gesellschaft-Organmitglied anwendbar sei. Vielmehr regelt § 93 Abs. 2 S. 2 AktG die Darlegungs- und Beweislast unabhängig von vermeintlich vorher bestimmten Personengruppen. Die Darlegungs- und Beweislastregel ist daher an den materiell-rechtlichen Organhaftungsanspruch gekoppelt und regelt unabhängig von den konkreten Personen die Verteilung der Darlegungs- und Beweislast zwischen Schuldner und Gläubiger des Anspruchs.[837]

Wenn deshalb eine unmittelbare Anwendbarkeit des § 93 Abs. 2 S. 2 AktG auf einen Direktprozess angenommen wird, ist diese Schlussfolgerung verfrüht. Innerhalb eines Direktanspruchs stellt sich die Haftpflicht des Organmitglieds als Vorfrage. Der Versicherer ist folglich nicht Schuldner des Haftpflichtanspruchs

---

834 *Brinkmann*, ZIP 2017, 301, 306; *Dreher/Thomas*, ZGR 2009, 31, 43.

835 *Bauer/Holle*, AG 2017, 141, 143, weisen dazu auf § 280 Abs. 1 und § 619a BGB als Regel und § 2336 Abs. 3 BGB als Ausnahme hin; *Nissen*, KTS 2018, 29, 38 f.

836 Hinsichtlich einer Abtretung: *Thomas*, S. 462; *Nissen*, KTS 2018, 29, 39; *Bauer/Holle*, AG 2017, 141, 143.

837 *Nissen*, KTS 2018, 29, 38 f.; *Bauer/Holle*, AG 2017, 141, 143; *Doralt*, ZGR 2019, 996, 1030.

geworden. Der Schuldner des Haftpflichtanspruchs ist weiterhin das Organmitglied. Hierbei handelt es sich auch um den entscheidenden Unterschied zu einer Entscheidung des BGH aus dem Jahr 1977.[838] In dieser Entscheidung stellte der BGH fest, dass die für einen reinen Haftpflichtprozess geltenden Darlegungs- und Beweislastregeln auch in einem Direktprozess zwischen Geschädigter und Kraftfahrzeugversicherer anwendbar sind.[839] Da es sich aber bei diesem gesetzlich normierten Direktanspruch weiterhin um den Haftpflichtanspruch handelt und der Versicherer im Wege des gesetzlichen Schuldbeitritts Schuldner wurde, kann man die Urteilsbegründung nicht auf die inzidente Prüfung der Haftpflicht im versicherungsrechtlichen Direktprozess übertragen.[840] Es bleibt folglich dabei, dass § 93 Abs. 2 S. 2 AktG nur auf einen Rechtsstreit zwischen Schuldner und Gläubiger des Organhaftungsanspruchs unmittelbar anwendbar ist. Daher ist die in § 93 Abs. 2 S. 2 AktG normierte Darlegungs- und Beweislastverteilung in einem Direktprozess nicht unmittelbar anwendbar.[841]

III. Zulässigkeit einer Analogie

Stattdessen ist eine analoge Anwendung des § 93 Abs. 2 S. 2 AktG auf Direktprozesse denkbar. Für eine zulässige Analogie sind eine planwidrige Regelungslücke und eine vergleichbare Interessenlage notwendig.[842]

1. Planwidrige Regelungslücke

Wie dargelegt, gilt § 93 Abs. 2 S. 2 AktG nicht in einem versicherungsrechtlichen Direktprozess gegen den D&O-Versicherer. Eine Regelungslücke liegt folglich

838 BGH v. 13.12.1977, BGHZ 71, 339.

839 BGH v. 13.12.1977, BGHZ 71, 339, 345.

840 *Brinkmann*, ZIP 2017, 301, 306; *Thomas*, S. 462; *Mitterlechner/Wax/Witsch*², § 10, Rn. 57.

841 *Grooterhorst/Looman*, NZG 2015, 215, 217; *Lange*, r+s 2011, 185, 190; *Harzenetter*, NZG 2016, 728, 732; *Brinkmann*, ZIP 2017, 301, 306; *J. Koch* in Hüffer/Koch¹⁵, § 93 AktG, Rn. 58e; *Finkel/Seitz* in Seitz/Finkel/Klimke, Ziff. 10, Rn. 34; *Ingwersen*, S. 96. *Armbrüster*, NJW 2016, 2155, 2157, und *Doralt*, ZGR 2019, 996, 1030, halten die Regelung für grundsätzlich anwendbar und fordern daher eine teleologische Reduktion.

842 BGH v. 14.12.2006, BGHZ 170, 187, Rn. 15; v. 13.7.1988, BGHZ 105, 140, 143, hinsichtlich der Voraussetzung einer vergleichbaren Interessenlage; v. 13.11.2001, BGHZ 149, 165, 174, bezüglich einer notwendigen Regelungslücke; *Danwerth*, ZfPW 2017, 230, 233.

vor. Diese Regelungslücke ist aber nur planwidrig, wenn § 93 Abs. 2 S. 2 AktG grundsätzlich analogiefähig ist.[843] Sollte § 93 Abs. 2 S. 2 grundsätzlich analogiefähig sein, ist zu untersuchen, ob der Gesetzgeber bewusst darauf verzichtete, die Darlegungs- und Beweislastregel auf den Direktprozess zu erstrecken.

a) Analogiefähigkeit des § 93 Abs. 2 S. 2 AktG

Denkbar wäre, dass in § 93 Abs. 5 S. 2 Hs. 2 AktG eine „Analogieresistenz"[844] des § 93 Abs. 2 S. 2 AktG zum Ausdruck kommt. Gemäß § 93 Abs. 5 S. 2 Hs. 2 AktG gilt zugunsten eines Gläubigers der Gesellschaft § 93 Abs. 2 S. 2 AktG „sinngemäß", wenn dieser nach § 93 Abs. 5 S. 1 AktG gegen ein Organmitglied vorgeht. Es wird daher vertreten, dass der Gesetzgeber mit dieser ausdrücklich angeordneten Anwendung eine Analogieresistenz des § 93 Abs. 2 S. 2 AktG für nicht normierte Fälle zum Ausdruck gebracht habe.[845] Dagegen spricht jedoch schon die Stellung des § 93 Abs. 5 S. 2 Hs. 2 AktG. Der Verweis folgt nämlich unmittelbar nach der Einschränkung des Ersatzanspruchs auf „gröblich[e]" Organpflichtverletzungen und bringt daher allein klarstellend zum Ausdruck, dass auch in diesen Fällen § 93 Abs. 2 S. 2 AktG anwendbar ist.[846] Diesem Verweis kann aber nicht entnommen werden, dass eine Analogie des § 93 Abs. 2 S. 2 AktG in allen anderen Fällen ausgeschlossen sein soll. Besonders in Insolvenzfällen wäre es nur schwer verständlich, wenn dem Insolvenzverwalter in einem Direktprozess eine Anwendung des § 93 Abs. 2 S. 2 AktG verwehrt sein sollte, während nach § 93 Abs. 5 S. 1 AktG berechtigte Gläubiger von der Darlegungs- und Beweislastregel profitieren können.[847] Folglich ist § 93 Abs. 5 S. 2 Hs. 2 AktG kein Ausdruck einer Analogieresistenz.[848] § 93 Abs. 2 S. 2 AktG kann deshalb grundsätzlich auch auf weitere Rechtsverhältnisse analog angewendet werden.

---

843 Allgemein zur Analogie: *Luther*, JURA 2013, 449, 450; *Wiedemann*, NJW 2014, 2407, 2411.

844 *Wiedemann*, NJW 2014, 2407, 2411.

845 *Grooterhorst/Looman*, NZG 2015, 215, 217; *Thomas*, S. 463; in diese Richtung wohl auch: *Böttcher*, NZG 2008, 645, 649.

846 *Nissen*, KTS 2018, 29, 40 f.; *Bauer/Holle*, AG 2017, 141, 144; *Baumann* in Bruck/Möller, 4. Band[9], Ziff. 10 AVB-AVG, Rn. 50.

847 *Nissen*, KTS 2018, 29, 40 f.

848 *Nissen*, KTS 2018, 29, 40 f.; *Bauer/Holle*, AG 2017, 141, 144; *Baumann* in Bruck/Möller, 4. Band[9], Ziff. 10 AVB-AVG, Rn. 50.

b) *Planwidrigkeit auch in Bezug auf den Direktprozess*

Obwohl nun klar ist, dass § 93 Abs. 2 S. 2 AktG grundsätzlich analogiefähig ist, könnte der Gesetzgeber bewusst die Darlegungs- und Beweislastregel nicht auf einen Direktprozess ausgeweitet haben. Indizien hierfür könnten sich aus den Gesetzesänderungen des § 93 AktG ergeben. Im Jahr 2009 wurde mit der Einführung eines verpflichtenden Selbstbehalts in § 93 Abs. 2 S. 3 AktG erstmalig in einem Gesetz auf die D&O-Versicherung Bezug genommen.[849] Folglich wurde in unmittelbarer Nähe zu der in § 93 Abs. 2 S. 2 AktG normierten Darlegungs- und Beweislast eine Gesetzesänderung mit Bezug zur D&O-Versicherung durchgeführt. Diese Änderung fand nach dem Inkrafttreten des § 108 Abs. 2 VVG statt. Es wird daher vertreten, dass der Gesetzgeber in Kenntnis einer möglichen Direktklage bewusst auf Änderungen an § 93 Abs. 2 S. 2 AktG verzichtet habe.[850] Dass sich der Gesetzgeber bei der Änderung des Aktienrechts einer Direktklage bewusst war, lässt sich den Gesetzgebungsmaterialien allerdings ebenso wenig entnehmen. Es kann daher nicht davon ausgegangen werden, dass der Gesetzgeber sich bewusst gegen eine Anwendung des § 93 Abs. 2 S. 2 AktG auf einen Direktprozess entschieden hat.

Vielmehr hat der Gesetzgeber mit der Einführung des § 108 Abs. 2 VVG gezeigt, dass er die direkte Abwicklung des Versicherungsfalls im Verhältnis Geschädigte und Versicherer für sinnvoll erachtet. Wenn nun aber die geschädigte Versicherungsnehmerin in einem Direktprozess trotz fehlender Sachnähe auf die Darlegungs- und Beweislastregel des § 93 Abs. 2 S. 2 AktG verzichten muss, wären Direktprozesse im Bereich der D&O-Versicherung äußerst unattraktiv.[851]

Des Weiteren drohen, wenn § 93 Abs. 2 S. 2 AktG nicht im Direktprozess anwendbar ist, widersprüchliche Ergebnisse. Sollte § 93 Abs. 2 S. 2 AktG im Direktprozess nämlich unanwendbar sein, könnte die geschädigte Versicherungsnehmerin den Direktprozess aufgrund von Beweisschwierigkeiten verlieren. Im Anschluss daran könnte die geschädigte Versicherungsnehmerin gegen

---

849 Mit Wirkung zum 5.8.2009 durch Gesetz zur Angemessenheit der Vorstandsvergütung v. 31.7.2009 (BGBl. I S. 2509).

850 So im Ergebnis: *Bauer/Holle*, AG 2017, 141, 145, die ihr Ergebnis (fehlende Planwidrigkeit), aufgrund der von ihnen angenommenen unmittelbaren Anwendbarkeit des § 93 Abs. 2 S. 2 AktG, nutzen, um eine teleologische Reduktion abzulehnen.

851 *Bauer/Holle*, AG 2017, 141, 146; *Nissen*, KTS 2018, 29, 41; Peltzer NZG 2009, 970, 974; *Born* in Krieger/Schneider[3], § 14, Rn. 14.25; *Löbbe* in FS Reinhard Marsch-Barner (2018), 317, 332.

die versicherte Person prozessieren und den Haftpflichtprozess aufgrund des nun eingreifenden § 93 Abs. 2 S. 2 AktG gewinnen.[852]

Ebenfalls spricht für eine Regelungslücke, dass ansonsten der Versicherer in einem Direktprozess bessergestellt wäre, als wenn die Geschädigte die Pflichtverletzung in einem separaten Haftpflichtprozess feststellen lassen müsste. Denn selbst bei einem reinen Haftpflichtprozess zwischen geschädigter Versicherungsnehmerin und dem Organmitglied wirkt sich die Darlegungs- und Beweislastverteilung des § 93 Abs. 2 S. 2 AktG aufgrund der haftpflichtversicherungsrechtlichen Bindungswirkung mittelbar zulasten des Versicherers aus.[853]

Zusammenfassend lässt sich also feststellen, dass eine planwidrige Regelungslücke vorliegt.

2. *Vergleichbare Interessenlage*

Zu einer Analogie kann es jedoch nur kommen, wenn die Interessenlage bei einer inzidenten Haftpflichtprüfung mit der § 93 Abs. 2 S. 2 AktG zugrunde liegenden Interessenlage vergleichbar ist. Durch § 93 Abs. 2 S. 2 AktG soll verhindert werden, dass die Gesellschaft aufgrund von Darlegungs- und Beweisschwierigkeiten ihren Haftpflichtanspruch nicht erfolgreich durchsetzen kann. Die Belastung des Organmitglieds durch die zugewiesene Darlegungs- und Beweislast wird durch die besondere Sachnähe des Organmitglieds gerechtfertigt. Eine vergleichbare Interessenlage kann daher nur unter zwei Voraussetzungen angenommen werden. Erstens müsste die Anspruchsdurchsetzung der Gesellschaft aufgrund von Darlegungs- und Beweisschwierigkeiten im Rahmen der inzident zu prüfenden Haftpflicht gefährdet sein. Zweitens müsste es die besondere Sachnähe des Versicherers rechtfertigen, ihm die Darlegungs- und Beweislast zuzuweisen.

a) Darlegungs- und Beweisschwierigkeiten der Gesellschaft

Wie auch in einem reinen Haftpflichtprozess wissen die Gesellschaft und ihre den Haftpflichtanspruch verfolgenden Organmitglieder nicht, auf welche Erwägungen das schadenverursachende Verhalten gestützt wurde. Im Unterschied zu einem reinen Haftpflichtprozess kann die Gesellschaft jedoch auf das

852 *R. Koch*, VersR 2016, 765, 768; *Thomas*, S. 463 f. Darauf weist auch *Doralt*, ZGR 2019, 996, 1030, hin, welcher aber dennoch § 93 Abs.2 S. 2 AktG aufgrund einer teleologischen Reduktion für unanwendbar betrachtet.

853 *Bauer/Holle*, AG 2017, 141, 147; *Nissen*, KTS 2018, 29, 41; *Löbbe* in FS Reinhard Marsch-Barner (2018), 317, 333.

Organmitglied als Zeugen zurückgreifen.[854] Es muss aber bezweifelt werden, dass dies die Erfolgsaussichten tatsächlich erhöht. So kann dem Organmitglied als Zeugen ein beschränktes Aussageverweigerungsrecht nach § 384 Nr. 2 ZPO zustehen. Für das Organmitglied besteht nämlich regelmäßig die Gefahr einer strafrechtlichen Verfolgung,[855] die durch eine die Haftpflicht nahelegende Aussage des Organmitglieds ausgelöst werden kann. Des Weiteren kann die Gesellschaft auf ein Organmitglied als Zeugen erst während des Prozesses zugreifen. Die Gesellschaft muss im Zweifel also einen Prozess wagen, ohne klar absehen zu können, wie sich die versicherte Person äußert. All das zeigt, dass die Gesellschaft auch in einem Direktprozess gegen den Versicherer erhebliche Schwierigkeiten hätte, die Haftpflicht des Organmitglieds erfolgreich darzulegen und zu beweisen.[856]

Noch klarer zeigen sich bei einer direkten Inanspruchnahme durch den Insolvenzverwalter dessen Darlegungs- und Beweisschwierigkeiten. Sollte sich nämlich die Gesellschaft in einem Insolvenzverfahren befinden, ist der Insolvenzverwalter zuständig, die Innenhaftungsansprüche geltend zu machen. Ein Direktprozess kann folglich auch von ihm angestrebt werden. Als vormals außenstehende Person muss sich der Insolvenzverwalter erst einmal selbst mit dem Sachverhalt vertraut machen. Dabei wird sich die Aufklärung in einer im Insolvenzverfahren befindlichen Gesellschaft meist schwierig gestalten. Zusätzlich dazu werden im Falle einer Inanspruchnahme durch den Insolvenzverwalter die Fronten zwischen diesem und den versicherten Personen meistens verhärtet sein, sodass in einem solchen Fall die Kooperationsbereitschaft der versicherten Personen mit dem Versicherer hoch und mit dem Insolvenzverwalter niedrig sein dürfte.[857]

b) *Vergleichbare Sachnähe*

Problematisch erscheint es aber, eine vergleichbare Sachnähe von Organmitglied und Versicherer anzunehmen. Das Organmitglied wird in aller Regel eine genauere Kenntnis von den Hintergründen eines schadenverursachenden Verhaltens haben und kann so eine Pflichtwidrigkeit und eigenes Verschulden

---

854 *Brinkmann*, ZIP 2017, 301, 308; *Grooterhorst/Looman*, NZG 2015, 215, 217; *Böttcher*, NZG 2008, 645, 649.

855 *Lange*, r+s 2011, 185, 195.

856 *Born* in Krieger/Schneider^3, § 14, Rn. 14.25; *Böttcher*, NZG 2008, 645, 649; *Nissen*, KTS 2018, 29, 41; *Brinkmann*, ZIP 2017, 301, 309; *Bauer/Holle*, AG 2017, 141, 147.

857 In diese Richtung: *Nissen*, KTS 2018, 29, 40.

leichter widerlegen. Die Gesellschaft hat zwar meist vollen Zugriff auf alle im fraglichen Zeitpunkt angefertigten Dokumente, sie kann jedoch nur schwer darlegen und beweisen, auf welchen Beweggründen das schadenverursachende Verhalten basierte. Das beklagte Organmitglied verfügt somit im Verhältnis zur klagenden Gesellschaft meist über eine größere Sachnähe zum Geschehensablauf. Sofern aber die geschädigte Gesellschaft direkt gegen den Versicherer klagt, könnte hier die Gesellschaft, bedingt durch ihre internen Kenntnisse und vorliegenden Dokumente, über eine größere unmittelbare Sachnähe als der D&O-Versicherer verfügen.[858]

Dem muss entgegengehalten werden, dass die Sachnähe des Versicherers nicht isoliert betrachtet werden kann. Von substanzieller Bedeutung sind die weiterhin bestehenden Auskunfts- und Belegobliegenheiten der versicherten Person und der Versicherungsnehmerin.[859] Der Versicherer kann von allen am Schadensfall beteiligten Personen Auskünfte sowie Belege verlangen. Diese Rechte stehen dem Versicherer schon ab Eintritt des Versicherungsfalls und damit schon vor einem möglichen Prozess zur Verfügung. Des Weiteren sind versicherte Person und Versicherungsnehmerin im Rahmen dieser Obliegenheiten an eine wahrheitsgemäße und vollständige Auskunft gebunden und können sich nicht auf ein mögliches Zeugnisverweigerungsrecht berufen. Außerdem kann der Versicherer über die bestehenden Obliegenheiten von der versicherten Person verlangen, ihre sich aus der organrechtlichen Treuepflicht ergebenden Herausgabeansprüche gegen die Versicherungsnehmerin geltend zu machen.[860] Die Auskunfts- und Belegobliegenheiten sorgen deshalb dafür, dass der Versicherer schon vor Prozessbeginn in einer mit dem Organmitglied vergleichbaren Weise, da durch dieses vermittelt, über eine besondere Sachnähe zum Geschehensablauf verfügt.[861]

---

858 So: *Finkel/Seitz* in Seitz/Finkel/Klimke, Ziff. 10, Rn. 34; *Grooterhorst/Looman*, NZG 2015, 215, 217; *Brinkmann*, ZIP 2017, 301, 306; *Böttcher*, NZG 2008, 645, 649.

859 *Born* in Krieger/Schneider[3], § 14, Rn. 14.25; *Lange*, r+s 2011, 185, 190; *Lange*, r+s 2019, 613, 622; *Löbbe* in FS Reinhard Marsch-Barner (2018), 317, 333; *J. Koch* in Hüffer/Koch[15], § 93 AktG, Rn. 58e, spricht davon, dass sich die besondere Sachnähe, wenn auch eingeschränkt, auf „Seiten des Versicherers fort[setzt]". Einzig die gegenüber der vP bestehenden Obliegenheiten nennend: *Herdter*, VP 9/2012, 168, 174; *Voit* in Prölss/Martin[31], AVB D&O, A-9, Rn. 2; *Harzenetter*, NZG 2016, 728, 732; *Koch*, VersR 2016, 765, 768.

860 *Baumann* in Bruck/Möller, 4. Band[9], Ziff. 10 AVB-AVG, Rn. 50.

861 *Löbbe* in FS Reinhard Marsch-Barner (2018), 317, 333.

Wie in einem reinen Haftpflichtprozess ist der Versicherer aber darauf angewiesen, dass die versicherte Person ihn bei der Sachverhaltsaufklärung und bei der Abwicklung des Versicherungsfalls ordnungsgemäß unterstützt. Deshalb wird gegen eine besondere Sachnähe eingewandt, dass der Versicherer kaum realistische Möglichkeiten habe, die ordnungsgemäße Erfüllung der Obliegenheiten durchzusetzen.[862] Hält der Versicherer nämlich eine vorsätzliche Obliegenheitsverletzung für naheliegend, muss er diese im Deckungsprozess darlegen und beweisen.[863] Wegen dieser immer bestehenden Abhängigkeit des Versicherers von der versicherten Person eine generelle Sachnähe des Versicherers zu verneinen, geht jedoch zu weit. In jeder Versicherung verfügt der Versicherer selbst über keine eigene Sachnähe, sondern ist immer auf die ordnungsgemäße Erfüllung der Auskunfts- und Belegobliegenheiten angewiesen. Die Obliegenheiten der Versicherungsnehmerin und der versicherten Person dienen dazu, die vorhandene Informationsasymmetrie auszugleichen und den Versicherer auf einen vergleichbaren Kenntnisstand zu bringen. Bei einer persönlichen Verbindung von versicherter Person und Geschädigter steigt die Wahrscheinlichkeit eines Versicherungsmissbrauchs. Dennoch wird man auch hier nicht pauschal die Effizienz von Auskunfts- und Belegobliegenheiten verneinen können. Bedeutsam ist ebenso, dass meist mehrere versicherte Personen in Anspruch genommen werden. Der Versicherer ist folglich nicht von der Mitwirkungsbereitschaft einer einzelnen versicherten Person abhängig. Zusätzlich hierzu erhöht sich für jede versicherte Person, die eigene Auskunfts- und Belegobliegenheiten verletzt, die Gefahr überführt zu werden, wenn der Versicherer von mehreren Personen detailliert Auskunft verlangen kann. Des Weiteren muss eine Versicherungsnehmerin, die die Beweisführung des Versicherers schuldhaft erschwert oder verhindert und somit eine Beweisvereitelung begeht, eine erneute Beweislastumkehr befürchten.[864]

Zusammenfassend lässt sich feststellen, dass der Versicherer über eine mit der versicherten Person vergleichbare, da durch diese vermittelte Sachnähe verfügt.

---

862 *Brinkmann*, ZIP 2017, 301, 308; *J. Koch* in Hüffer/Koch[15], § 93 AktG, Rn. 58e; *Mitterlechner/Wax/Witsch*[2], § 10, Rn. 60.

863 *Brinkmann*, ZIP 2017, 301, 308; *J. Koch* in Hüffer/Koch[15], § 93 AktG, Rn. 58e; *Mitterlechner/Wax/Witsch*[2], § 10, Rn. 60.

864 *Lange*, VersR 2020, 588, 597; allgemein zur Beweisvereitelung und zu einer sich daraus ergebenden Beweislastumkehr: BGH v. 23.11.2005, NJW 2006, 434, 436.

3. *Zwischenergebnis*

Als Zwischenergebnis kann festgehalten werden, dass die Darlegungs- und Beweislastregel des § 93 Abs. 2 S. 2 AktG im Direktprozess analog anwendbar ist.[865] Falls im Einzelfall eine unbillige Benachteiligung des Versicherers droht, kann diese durch eine sekundäre Darlegungs- und Beweislast sowie die Grundsätze des Anscheinsbeweises vermieden werden.[866]

IV. Zusammenfassung

Obwohl gezeigt wurde, dass § 93 Abs. 2 S. 2 AktG im Direktprozess analog anwendbar ist, liegt keine gesicherte Rechtsprechung hierzu vor. Die Versicherungsnehmerin sollte daher schon in dem D&O-Versicherungsvertrag eine Beweislastverteilung im Sinne des § 93 Abs. 2 S. 2 AktG für einen Direktprozess vereinbaren.[867]

G. Bindungswirkung

Die direkte Inanspruchnahme des Versicherers bezweckt eine effizientere Abwicklung des Versicherungs- und Haftungsfalls. Eine Effizienzsteigerung ist aber nur möglich, wenn die geschädigte Versicherungsnehmerin, der Versicherer und die versicherte Person an die Entscheidung und die Feststellungen im Direktprozess gebunden sind. Nur sofern der Rechtsstreit in jeglicher Hinsicht verbindlich und damit abschließend entschieden werden kann, wird die direkte Inanspruchnahme eine sinnvolle Erleichterung darstellen können.

---

865 *Harzenetter*, NZG 2016, 728, 732; *Baumann* in Bruck/Möller, 4. Band[9], Ziff. 10 AVB-AVG, Rn. 50; *Peltzer* NZG 2009, 970, 974; *Herdter*, VP 9/2012, 168, 174; *R. Koch*, VersR 2016, 765, 768; *Lange*, r+s 2011, 185, 190; *ders.*, VersR 2020, 588, 600; *Born* in Krieger/Schneider[3], § 14, Rn. 14.25; *Staudinger/Friesen* in Staudinger/Halm/Wendt[2], AVB-AVG, Rn. 239. Für eine unmittelbare Anwendbarkeit: *Nissen*, KTS 2018, 29, 38 ff.; *Bauer/Holle*, AG 2017, 141, 143 ff.; *Voit* in Prölss/Martin[31], AVB D&O, A-9, Rn. 2. Keine Entscheidung treffend, aber der Praxis von einer Abtretung abratend: *J. Koch* in Hüffer/Koch[15], § 93 AktG, Rn. 58e.

866 *Nissen*, KTS 2018, 29, 39; *Bauer/Holle*, AG 2017, 141, 144, m.w.N. Allein mit Hinweis zur sekundären Darlegungs- und Beweislast: *Baumann* in Bruck/Möller, 4. Band[9], Ziff. 10 AVB-AVG, Rn. 50; Harzenetter, NZG 2016, 728, 732.

867 Zur Zulässigkeit einer solchen Beweislastverteilungsvereinbarung: *Grooterhorst/Looman*, NZG 2015, 215, 218 f.; *Doralt*, ZGR 2019, 996, 1030 f.; mit einem Klauselvorschlag: *Mitterlechner/Wax/Witsch*[2], § 10, Rn. 64.

Sobald der Direktanspruch im Direktprozess rechtskräftig festgestellt oder abgelehnt wurde, sind die geschädigte Versicherungsnehmerin und der Versicherer im Verhältnis zueinander an diese Entscheidung gebunden. Unklar bleibt aber erst einmal, wie die rechtskräftige Entscheidung und im Rahmen des Direktprozesses getroffene Feststellungen im Verhältnis zur versicherten Person binden. Grundsätzlich kann sich eine Bindungswirkung aus einer gesetzlichen Rechtskrafterstreckung, einer Interventionswirkung oder durch eine Bindungsvereinbarung ergeben. Ebenso kann durch ein Erlöschen des Abwehranspruchs während oder unmittelbar nach der direkten Inanspruchnahme die versicherte Person diesen endgültig verlieren und somit ebenfalls gebunden sein.

Es soll in einem ersten Schritt kurz dargestellt werden, in welchen Konstellationen sich die Frage nach einer Bindungswirkung stellt. Im Anschluss daran wird zu untersuchen sein, wie sich eine Entscheidung im Direktprozess auf den Versicherungsanspruch auswirkt, inwieweit haftungsrechtliche Feststellungen Bindungswirkung entfalten und wie eine Bindung an haftungsrechtliche Feststellungen sichergestellt werden kann.

I. Interesse an einer Bindungswirkung

Je nach Ausgang des Direktprozesses ist mindestens eine der Prozessparteien an einer Bindungswirkung im Verhältnis zur versicherten Person interessiert. Auch für die versicherte Person kann es sinnvoll sein, wenn die Prozessparteien ihr gegenüber gebunden sind.

1. Versicherer

Der Versicherer wird immer dann die versicherte Person anschließend in Anspruch nehmen, wenn er glaubt, einen Regressanspruch gegen diese zu haben. Sollte etwa der Versicherer aufgrund einer Selbstbehaltsversicherung der Versicherungsnehmerin den vollständigen Schaden ausgeglichen haben, geht der in Höhe des Selbstbehalts verbleibende Haftpflichtanspruch nach § 86 Abs. 1 S. 1 VVG auf sie über. Im Falle einer anschließenden Inanspruchnahme wäre dann denkbar, dass die versicherte Person einwendet, die Haftpflicht habe nicht oder nicht in dieser Höhe bestanden.[868] Die damit drohende erneute Auseinandersetzung mit der Haftpflichtfrage würde der Versicherer umgehen, wenn

868 Um zu verhindern, dass sich die vP auf § 814 BGB oder § 818 Abs. 3 BGB erfolgreich berufen kann, dürfte der VR seine Leistung nur unter einem Rückforderungsvorbehalt gewähren (*R. Koch*, ZIP 2018, 301, 307).

die haftungsrechtlichen Feststellungen im Direktprozess auch im Verhältnis zwischen Versicherer und versicherter Person binden würden.

Auch hinsichtlich deckungsrechtlicher Feststellungen hat der Versicherer ein Interesse an einer Bindungswirkung. Sollte nämlich die versicherte Person im Anschluss an einen Direktprozess durch die Versicherungsnehmerin in Anspruch genommen werden, weil der Direktprozess zu keinem vollständigen Schadensausgleich geführt hat, könnte sie Abwehrschutz vom Versicherer verlangen. Sofern die anschließende Haftungsklage der geschädigten Versicherungsnehmerin Erfolg hat, stellt sich außerdem die Frage, ob die versicherte Person, diesmal selbst und unmittelbar, von dem Versicherer Freistellung vom Haftpflichtanspruch verlangen kann.

2. *Versicherungsnehmerin*

Eine anschließende Klage der geschädigten Versicherungsnehmerin gegen die versicherte Person droht, wenn die direkte Inanspruchnahme zu keinem vollständigen Schadensausgleich geführt hat. Die Ursache für einen solch unvollständigen Schadensausgleich kann eine (teilweise) Abweisung der Direktklage oder ein weiterhin offener Selbstbehalt sein. Die Versicherungsnehmerin wäre daher in einem anschließenden Haftpflichtprozess gezwungen, erneut die Haftpflicht der versicherten Person darzulegen und zu beweisen.

3. *Versicherte Person*

Denkbar ist aber auch, dass die Direktklage wegen haftungsrechtlicher Einwendungen abgewiesen wurde und die Versicherungsnehmerin dennoch ihren (vermeintlichen) Haftpflichtanspruch gegenüber der versicherten Person geltend macht. In einer solchen Konstellation wäre es für die versicherte Person wichtig, auf die schon im Direktprozess gemachten haftungsrechtlichen Feststellungen verweisen zu können.

II. Auswirkungen auf den Versicherungsschutz der versicherten Person

Wenn die Direktklage abgewiesen wurde, droht der versicherten Person ein anschließender Haftpflichtprozess. Das Interesse der versicherten Person am Versicherungsanspruch ist dann weiterhin hoch.

Durch die rechtskräftige Entscheidung des Direktprozesses ist für die Versicherungsnehmerin und den Versicherer verbindlich festgestellt, dass der Direktanspruch besteht, teilweise besteht oder nicht besteht. Ein erneuter

Rechtsstreit über diesen Direktanspruch ist somit zwischen diesen beiden Parteien grundsätzlich nicht mehr möglich. Da die Rechtskraft eines Urteils nach § 325 Abs. 1 ZPO nur inter partes wirkt und auf den Streitgegenstand beschränkt ist, könnte die versicherte Person bestrebt sein, den vormals ihr zugewiesenen Freistellungsanspruch durch eine Abtretung von der Versicherungsnehmerin wiederzuerlangen und im Falle einer Verurteilung Freistellung von dem Versicherer zu begehren. Ob die rechtskräftige Entscheidung im Direktprozess die versicherte Person daran hindert, soll im Folgenden erörtert werden.

Darauf aufbauend kann ermittelt werden, wie sich eine rechtskräftige Entscheidung hinsichtlich des Direktanspruchs auf den Abwehranspruch der versicherten Person auswirkt.

1. Freistellungsanspruch

Nach § 325 Abs. 1 ZPO erstreckt sich die rechtskräftige Entscheidung hinsichtlich des Direktanspruchs auch auf die Rechtsnachfolger der Parteien, sodass die versicherte Person an die im Direktprozess getroffene Entscheidung gebunden sein müsste. Etwas anderes könnte sich jedoch dadurch ergeben, dass sich der Direktanspruch bei der versicherten Person wieder in einen Freistellungsanspruch umwandelt.[869]

a) Erstreckung der Rechtskraft auf den Freistellungsanspruch

Für eine Rechtskrafterstreckung spricht, dass Freistellungs- und Direktanspruch auf einen Schadensausgleich bei der Geschädigten unter den identischen versicherungsvertraglichen Voraussetzungen gerichtet sind. Deshalb sind der Direkt- und der Freistellungsanspruch insoweit „rechtlich identisch".[870] Außerdem wurde durch die rechtskräftige Entscheidung verbindlich festgestellt, dass der Direktanspruch unter dem vorgetragenen Lebenssachverhalt nicht besteht. Die bloße Übertragung des Direktanspruchs ändert nicht den der Klage zugrunde liegenden Sachverhalt. Eine Abtretung des rechtskräftig aberkannten

869 Ohne eine Umwandlung ausdrücklich anzusprechen, aber von einem Freistellungsanspruch nach Rückabtretung ausgehend: *Armbrüster*, r+s 2010, 441, 451; *Hösker*, VersR 2013, 952, 960; *Baumann*, VersR 2010, 984, 990. BGH v. 24.7.2012, NJW 2013, 452 Rn. 30, lässt hinsichtlich eines nicht versicherungsrechtlichen Freistellungsanspruchs die Entscheidung offen.

870 *Klimke*, r+s 2014, 105, 113.

Direktanspruchs an die versicherte Person verhindert folglich nicht die Rechtskrafterstreckung nach § 325 Abs. 1 ZPO.[871]

b) *Keine Einschränkung der Rechtskrafterstreckung*

Teilweise wird vertreten, dass es nur dann zu einer Rechtskrafterstreckung komme, wenn deckungsrechtliche Einwendungen zu einer (teilweisen) Klageabweisung geführt haben.[872] Eine ausbleibende Rechtskrafterstreckung bei haftungsrechtlichen Einwendungen wird unter anderem damit begründet, dass die Versicherungsnehmerin nicht zugunsten der versicherten Person an haftungsrechtliche Feststellungen gebunden sei.[873] Es wäre deshalb unbillig, wenn sich die versicherte Person in einem anschließenden Haftpflichtprozess selbst nicht auf die im Direktprozess verneinte Haftpflicht berufen könnte, ihr aber gleichzeitig der Versicherungsschutz aufgrund haftungsrechtlicher Einwendungen versperrt wäre.[874] Außerdem treffe eine Klageabweisung aus haftungsrechtlichen Gründen keine Entscheidung hinsichtlich deckungsrechtlicher Einwendungen, sodass sich die Rechtskraft des klageabweisenden Urteils nicht auf das Deckungsverhältnis beziehen könne.[875]

Unabhängig von der später zu prüfenden Frage, ob die Versicherungsnehmerin zugunsten der versicherten Person an haftungsrechtliche Feststellungen gebunden ist,[876] droht schon keine unbillige Benachteiligung der versicherten Person. Zum einen hat es die versicherte Person selbst in der Hand, sich durch eine Bindungsvereinbarung hinsichtlich der haftungsrechtlichen Feststellungen zu schützen. Zum anderen erscheint es in besonderer Weise unbillig, dem Versicherer weiterhin eine Freistellungspflicht aufzubürden, nachdem dieser im Direktprozess erfolgreich die Haftpflicht bestritten hat. Ebenso legen Praktikabilitätserwägungen eine unterschiedslose Rechtskrafterstreckung nahe. Die klare Unterscheidung, ob die Klageabweisung rein auf deckungs- oder haftungsrechtlichen Erwägungen beruht, kann sich in der Praxis als schwierig erweisen.[877] Für die Ablehnung einer eingeschränkten Rechtskrafterstreckung

---

871 *Klimke*, r+s 2014, 105, 113; *Nissen*, KTS 2018, 29, 45.

872 *Baumann*, VersR 2010, 984, 990; *Armbrüster*, r+s 2010, 441, 451; *Hösker*, VersR 2013, 952, 960 f.; *Lange*, § 21, Rn. 82; *Ingwersen*, S. 106.

873 *Lange*, § 21, Rn. 82.

874 *Lange*, § 21, Rn. 82.

875 *Lange*, § 21, Rn. 82.

876 Hierzu: Vierter Teil, G, III, 2.

877 *Grooterhorst/Looman*, NZG 2015, 215, 220.

spricht maßgeblich, dass sich die Rechtskraft nicht auf die Entscheidungsgründe erstreckt.[878] Für die Rechtskrafterstreckung ist unerheblich, ob die Direktklage aus haftungs- oder versicherungsrechtlichen Gründen abgewiesen wurde.[879] Die Rechtskraft einer Entscheidung über den Direktanspruch trifft somit unabhängig davon, ob die Direktklage aus haftungs- oder aus deckungsrechtlichen Gründen abgewiesen wurde, den Rechtsnachfolger. [880]

2. *Abwehranspruch*

Schwieriger ist die Frage zu beantworten, ob sich die rechtskräftige Entscheidung zum Direktanspruch auch auf den Abwehranspruch auswirkt. Eine Rechtskrafterstreckung nach § 325 Abs. 1 ZPO scheidet aus, weil der Abwehranspruch selbständig bei der versicherten Person verbleibt.[881] Nichtsdestotrotz ist der Abwehranspruch Teil des Haftpflichtversicherungsanspruchs. Es ist daher naheliegend, dass sich deckungsrechtliche Einwendungen gegen den Direktanspruch auch auf den Abwehranspruch erstrecken. Eine solche Verbindung besteht zwischen haftungsrechtlichen Einwendungen und dem Abwehranspruch jedoch nicht. Daher sollen die Auswirkungen einer Entscheidung danach getrennt untersucht werden, ob der Versicherer ausschließlich deckungs- oder haftungsrechtliche Einwendungen geltend gemacht hat. Im Anschluss daran sind die Auswirkungen auf den Abwehranspruch zu prüfen, wenn der Versicherer haftungs- und deckungsrechtliche Einwendungen gegen den Direktanspruch vorgebracht hat.

a) *Deckungsrechtliche Einwendungen*

Sollte die Direktklage Erfolg haben, ist es unbedeutend, ob der Versicherer während des Prozesses erfolglos ausschließlich deckungsrechtliche oder auch haftungsrechtliche Einwendungen geltend gemacht hat. Es ist deshalb hinsichtlich der Bindungswirkung einer erfolgreichen Direktklage auf die später folgende Prüfung zu verweisen.[882]

---

878 *Rosenberg/Schwab/Gottwald*[18], § 154, Rn. 9; *Musielak* in Musielak/Voit[18], § 322 ZPO, Rn. 16 f.; BGH v. 23.7.2008, NJW 2008, 2922, Rn. 22.

879 *Klimke*, r+s 2014, 105, 113; *Nissen*, KTS 2018, 29, 45.

880 *Klimke*, r+s 2014, 105, 113; *Nissen*, KTS 2018, 29, 45; *Thomas*, S. 464.

881 Siehe hierzu: Dritter Teil, B, II, 2.

882 „Geltendmachung von haftungs- und deckungsrechtlichen Einwendungen" -Vierter Teil, G, II, 2, c, (2).

Sollte die Direktklage aufgrund deckungsrechtlicher Einwendungen abgewiesen werden, könnte eine erneute Geltendmachung des Abwehranspruchs treuwidrig sein oder an einer Rechtskrafterstreckung scheitern. Gegen eine Rechtskrafterstreckung auf den Abwehranspruch wird eingewandt, dass § 108 Abs. 2 VVG die Unabhängigkeit der beiden Ansprüche zeige.[883] Es sei daher nicht gewollt, dass der Abwehranspruch das „Schicksal" des durch Abtretung entstandenen Direktanspruchs teile.[884] Dem steht entgegen, dass die durch § 108 Abs. 2 VVG ermöglichte Abtretung der Prozessökonomie dienen und nicht der versicherten Person eine zusätzliche Überprüfung von Deckungsfragen ermöglichen soll.[885]

(1) Erneutes Vorgehen treuwidrig

Die versicherte Person bezweckt mit der Abtretung des Freistellungsanspruchs, dass der Versicherungsfall endgültig abgewickelt wird. Dabei geht die versicherte Person grundsätzlich von einem bestehenden Versicherungsschutz aus, der durch Zahlung oder Abwehr erfüllt werden kann. Mit ihrer Abtretung drückt die versicherte Person aber auch aus, dass die geschädigte Versicherungsnehmerin (schon aus Eigeninteresse) die Deckungspflicht im Zweifel darlegt und beweist.[886] Sollte die versicherte Person den Versicherer nach einer Klageabweisung aus deckungsrechtlichen Gründen dennoch auf Abwehr in Anspruch nehmen, widerspricht sie ihrem mit der Abtretung zum Ausdruck gebrachten Interesse an einer abschließenden Klärung.[887] Ein solches Vorgehen wäre treuwidrig und daher als Verstoß gegen § 242 BGB einzuordnen.[888]

(2) Rechtskrafterstreckung

Ein Rückgriff auf das Gebot von Treu und Glauben könnte entbehrlich sein, wenn schon eine Rechtskrafterstreckung infolge rechtlicher Abhängigkeit vorliegt. Eine Rechtskrafterstreckung auf Ansprüche, welche nicht Gegenstand des rechtskräftig entschiedenen Rechtsstreits waren, kommt infolge rechtlicher

---

883 *Lange*, § 21, Rn. 79.

884 *Lange*, § 21, Rn. 79.

885 *Retter* in Schwintowski/Brömmelmeyer^3, § 108 VVG, Rn. 50.

886 *Hösker*, VersR 2013, 952, 960; *Armbrüster*, r+s 2010, 441, 451.

887 *Armbrüster*, r+s 2010, 441, 451.

888 *Retter* in Schwintowski/Brömmelmeyer^3, § 108 VVG, Rn. 50. *Langheid*, VersR 2007, 865, 867, geht ebenso davon aus, dass die vP anschließend nicht Abwehr verlangen kann, ohne sein Ergebnis zu begründen.

Abhängigkeit in Betracht, wenn die Rechtskrafterstreckung „zumindest nach dem Sinn einer Gesetzesvorschrift geboten ist".[889]

Nach § 100 VVG sind Freistellungs- und Abwehranspruch Ausstrahlungen desselben Haftpflichtversicherungsanspruchs.[890] Beide Ansprüche bezwecken den Schutz der versicherten Person, wenn Haftpflichtansprüche gegen sie geltend gemacht werden. Freistellungs- sowie Abwehranspruch sind folglich auf „dasselbe wirtschaftliche Ziel gerichtet".[891] Als bloß umgewandelte Form des Freistellungsanspruchs ist der Direktanspruch ebenfalls auf den Schutz der versicherten Person gerichtet. Des Weiteren steht der Abwehranspruch dem Direktanspruch hinsichtlich aller deckungsrechtlichen Voraussetzungen gleich. Beide Ansprüche können deshalb „deckungsrechtlich nur einheitlich beurteilt werden".[892] Anderenfalls droht, dass der Haftpflichtversicherungsanspruch einmal bejaht und einmal verneint werden könnte. Die Rechtskraft der Entscheidung muss somit infolge rechtlicher Abhängigkeit auch auf den Abwehranspruch angewendet werden, wenn der Direktanspruch aufgrund deckungsrechtlicher Einwendungen verneint wurde.[893]

(3) Zwischenergebnis

Im Fall einer Klageabweisung aufgrund deckungsrechtlicher Einwendungen erstreckt sich die Rechtskraft infolge rechtlicher Abhängigkeit auch auf den Abwehranspruch.

b) Haftungsrechtliche Einwendungen

Anders als deckungsrechtliche Einwendungen betreffen haftungsrechtliche Einwendungen nicht unmittelbar das Deckungsverhältnis. Eine Rechtskrafterstreckung, die sich auch auf den Abwehranspruch auswirkt, scheidet daher aus.[894]

---

889 BGH v. 22.3.2011, NJW 2011, 2048, Rn. 8.

890 BGH v. 12.5.1960, VersR 1960, 554, 555; *Lücke* in Prölss/Martin[31], § 100 VVG, Rn. 12; *R. Koch* in Bruck/Möller, 4. Band[9], § 100 VVG, Rn. 84; *Klimke*, r+s 2014, 105, 114.

891 *Klimke*, r+s 2014, 105, 114.

892 *R. Koch* in Bruck/Möller, 4. Band[9], § 108 VVG, Rn. 54; *Lücke* in Prölss/Martin[31], § 108 VVG, Rn. 12.

893 *Armbrüster*, r+s 2010, 441, 451; *Schulze Schwienhorst* in Looschelders/Pohlmann[3], § 108 VVG, Rn. 15; *Nissen*, KTS 2018, 29, 44; *Hösker*, VersR 2013, 952, 960; *R. Koch* in Bruck/Möller, 4. Band[9], § 108 VVG, Rn. 54; *Baumann*, VersR 2010, 984, 990; *Wandt* in MünchKomm VVG, 2. Band[2], § 108 VVG, Rn. 137; *Heinrichs* in Staudinger/Halm/Wendt[2], § 108 VVG, Rn. 17; *Klimke*, r+s 2014, 105, 114; *Brinkmann*, ZIP 2017, 301, 305, Fn. 29; *Schaloske/Hauff* in Illert/Ghassemi-Tabar/Cordes, § 21, Rn. 161.

894 *Lange*, § 21, Rn. 79.

Dennoch hindert die ausschließliche Geltendmachung haftungsrechtlicher Einwendungen die versicherte Person daran, den Abwehranspruch durchzusetzen.

Wird die Direktklage aufgrund ausschließlich geltend gemachter haftungsrechtlicher Einwendungen abgewiesen, bedeutet dies, dass der Versicherer seine Abwehrpflicht erfolgreich erfüllt hat und der Abwehrspruch erlischt.[895] Es wäre eine unbillige Doppelbelastung des Versicherers, wenn die versicherte Person nach einer erfolgreichen Abwehr im Direktprozess erneut die Haftpflicht der versicherten Person bestreiten müsste.[896] Das gilt insbesondere dann, wenn man bedenkt, dass die Doppelbelastung durch die versicherte Person ermöglicht wurde und von dem Versicherer nicht verhindert werden kann. Es obliegt der versicherten Person im Rahmen ihrer Abtretung sicherzustellen, dass sich die geschädigte Versicherungsnehmerin auch ihr gegenüber an haftungsrechtliche Feststellungen bindet. Stellt die versicherte Person dies nicht sicher, ist nicht ersichtlich, warum der Versicherer hierfür das Risiko übernehmen sollte.

Gleiches gilt für den Fall, dass die Direktklage erfolgreich ist und nun die versicherte Person in Höhe des Selbstbehalts in Anspruch genommen wird. Sobald der Versicherer die Haftpflicht pflichtgemäß, aber erfolglos bestritten hat, erlischt seine Abwehrpflicht. Das legt ein Vergleich mit einem getrennten Vorgehen nahe: Im Rahmen seiner Regulierungsmacht kann der Versicherer die versicherte Person im Haftpflichtprozess gegen den gesamten Haftpflichtanspruch verteidigen. Wird der Haftpflichtprozess trotz der pflichtgemäßen Abwehr verloren und stellt der Versicherer die versicherte Person bis zur Höhe des Selbstbehalts frei, hat der Versicherer seine Versicherungsschutzpflicht vollständig erfüllt. Der Versicherer darf durch eine direkte Inanspruchnahme nicht doppelt belastet werden. Zu einer solchen Doppelbelastung käme es, wenn der Versicherer in einem Direktprozess, etwa wegen des Selbstbehalts, die Haftpflichtfrage nicht abschließend und verbindlich klären kann. Anderenfalls müsste der Versicherer, obwohl er die Haftpflicht pflichtgemäß bestritten und den Direktanspruch erfüllt hat, weiterhin Abwehrschutz leisten. Der Versicherer könnte eine solche Doppelbelastung nicht verhindern.

c) Geltendmachung von deckungs- und haftungsrechtlichen Einwendungen

Selten wird es in der Praxis vorkommen, dass der Versicherer ausschließlich deckungsrechtliche Einwendungen geltend macht. In der Regel wird der

895 Zur Erfüllung des Abwehranspruchs im Direktprozess: Dritter Teil, B, II, 3, c.
896 *Ingwersen*, S. 218 f.

Versicherer, wenn er seine Versicherungsschutzpflicht ablehnt, auch haftungsrechtliche Einwendungen gegen den Direktanspruch geltend machen, um so eine Verurteilung im Direktprozess zu verhindern. Die Interessen der versicherten Person berücksichtigt der Versicherer in einer solchen Situation nicht mehr. Der Versicherungsanspruch wird aber nur pflichtgemäß erfüllt, wenn der Versicherer die Interessen der versicherten Person „wie ein von diese[r] beauftragter Anwalt" wahrnimmt.[897] Sollte also der Versicherer bloß zur eigenen Verteidigung des Direktanspruchs haftungsrechtliche Einwendungen geltend machen, erfüllt er nicht den Abwehranspruch der versicherten Person. Der Abwehranspruch kann dann nicht mehr durch Erfüllung erlöschen. Zu einem vergleichbaren Ergebnis kommt es auch bei einem getrennten Vorgehen. Der Versicherer könnte dort auch nicht deckungsrechtliche Einwendungen geltend machen, gleichzeitig den Haftpflichtanspruch im Haftungsprozess im eigenen Interesse bestreiten und damit seine Versicherungsschutzpflicht erfüllen.

(1) Vollständige Klageabweisung

Kommt es zu einer vollständigen Abweisung der Direktklage, ist maßgeblich, ob das Urteil aus haftungs- oder deckungsrechtlichen Gründen abgewiesen wird.

Wird die Direktklage aus haftungsrechtlichen Gründen abgewiesen und sollte, was später zu prüfen ist,[898] die Versicherungsnehmerin gegenüber der versicherten Person an die negative Feststellung der Haftpflicht gebunden sein, kann der Abwehranspruch mangels eines durchsetzbaren Haftpflichtanspruchs nicht mehr erfüllt werden. In einem solchen Fall ist die Abwehr des Haftpflichtanspruchs i.S.v. § 275 Abs. 1 BGB unmöglich, sodass der Abwehranspruch erlischt.

Wird hingegen die Direktklage aus deckungsrechtlichen Gründen abgewiesen, geht der Abwehranspruch infolge der Rechtskrafterstreckung unter.[899]

(2) Erfolg der Direktklage

Komplizierter ist die Rechtslage, wenn die Versicherungsnehmerin im Direktprozess mindestens teilweise obsiegt. Der Versicherer muss dann den Direktanspruch erfüllen. Durch die Erfüllung des Direktanspruchs wird die versicherte Person in dieser Höhe von ihrer Haftpflicht befreit. Möglich bleibt aber, dass dies,

897 BGH v. 18.7.2001, NJW-RR 2001, 1466, 1466; *Schulze Schwienhorst* in Looschelders/Pohlmann^3, § 100 VVG, Rn. 33.

898 Hinsichtlich einer solchen, sich aus der ergänzenden Vertragsauslegung ergebenden Bindungswirkung: Vierter Teil, G, III, 2, b, (2), (a).

899 Dazu: Vierter Teil, G, II, 2, a, (2).

etwa aufgrund eines Selbstbehalts, zu keinem vollständigen Schadensausgleich führt. Der versicherten Person droht dann ein anschließender Haftpflichtprozess. Fraglich ist, ob der Versicherer in diesem Anschlussprozess Abwehrschutz gewähren muss. Dagegen könnte ein Vergleich mit dem Fall sprechen, in welchem der Versicherer allein haftungsrechtliche Einwendungen im Direktprozess geltend macht und somit auch bei einer Verurteilung seine Abwehrpflicht abschließend erfüllt.[900] Für eine solche Konstellation wurde festgestellt, dass die versicherte Person, welche den Direktprozess durch Abtretung ermöglicht hat, nicht erneut Abwehrschutz verlangen kann. Hätte die versicherte Person nämlich nicht abgetreten, wäre der Versicherer in der Lage gewesen, in einem Haftpflichtprozess gegen den gesamten Haftpflichtanspruch vorzugehen.

Diese Argumentation kann jedoch nicht unmittelbar übertragen werden, wenn der Versicherer den Versicherungsanspruch bestreitet. Ein Erlöschen des Abwehranspruchs mit Erfüllung des Direktanspruchs würde unbeachtet lassen, dass der Versicherer während des Direktprozesses die Interessen der versicherten Person nicht berücksichtigt hat. Wenn man die Konstellation auf ein getrenntes Vorgehen übertragen würde, hieße das, dass der Versicherer aufgrund deckungsrechtlicher Einwendungen seine Versicherungsschutzpflicht verneint, deshalb im Haftpflichtprozess keinen Abwehrschutz gewährt und in einem anschließenden Deckungsprozess zur Freistellung verpflichtet wird. In einem solchen Fall könnte die versicherte Person die im Haftpflichtprozess entstandenen Abwehrkosten von dem Versicherer ersetzt verlangen. Da der Haftpflichtanspruch rechtskräftig festgestellt wurde, kann dieser auch nicht mehr abgewehrt werden, und der Abwehranspruch erlischt nach § 275 Abs. 1 BGB. [901] Im Unterschied zu einem Haftungsurteil entfaltet ein stattgebendes Urteil im Direktprozess keine Rechtskraft gegenüber der versicherten Person. Die Versicherungsnehmerin kann deshalb weiterhin den Haftpflichtanspruch geltend machen, sodass der Abwehranspruch nicht wegen Unmöglichkeit erlischt und folglich weiterhin besteht.

Durch den Erfolg der Direktklage ist ebenfalls festgestellt, dass der Direktanspruch und damit der Versicherungsanspruch besteht. Diese versicherungsrechtliche Feststellung wirkt sich aufgrund der Rechtskrafterstreckung auch auf den Abwehranspruch aus, sodass der Versicherer nicht erneut deckungsrechtliche Einwendungen gegen den weiterhin bestehenden Abwehranspruch geltend

---

900 Siehe hierzu: Vierter Teil, G, II, 2, b.

901 Allgemein zum Erlöschen des Abwehranspruchs: *Lange*, r+s 2007, 401, 402; *Ingwersen*, S. 164; *R. Koch* in Bruck/Möller, 4. Band^{9}, § 100 VVG, Rn. 106.

machen kann. Der Versicherer ist daher verpflichtet, auch nach Erfüllung des rechtskräftig festgestellten Direktanspruchs die versicherte Person in einem anschließenden Haftpflichtprozess zu verteidigen.

Für den Versicherer ist es folglich gefährlich, deckungsrechtliche Einwendungen gegen den Direktanspruch geltend zu machen und damit die Interessen der versicherten Person im Direktprozess unberücksichtigt zu lassen.

3. *Nebenpflichten des Versicherers*

Wie nun festgestellt wurde, hat eine vollständige Abweisung der Direktklage für die versicherte Person den Verlust des gesamten Versicherungsschutzes zur Folge. Bei einer erfolgreichen Abwehr der Haftpflicht im Direktprozess kann sich die versicherte Person durch eine mit der Versicherungsnehmerin vereinbarte Bindungswirkung schützen. Anders stellt sich die Lage dar, wenn der Direktanspruch aus deckungsrechtlichen Gründen abgewiesen wurde. Die Versicherungsnehmerin wird sich wegen § 93 Abs. 4 S. 3 AktG nicht an die Entscheidung zur Direktklage binden können, sofern der Direktanspruch aufgrund deckungsrechtlicher Einwendungen verneint wurde. Sollte der Versicherer deckungsrechtliche Einwendungen erfolgreich geltend machen, droht der versicherten Person, einer anschließenden Haftungsklage ohne Versicherungsschutz ausgesetzt zu sein. Um eine für die versicherte Person überraschende Abweisung der Direktklage aus deckungsrechtlichen Gründen zu vermeiden, könnte der Versicherer über § 241 Abs. 2 BGB verpflichtet sein, die versicherte Person zu informieren und anzuhören, bevor er deckungsrechtliche Einwendungen geltend macht.

Hiergegen wird eingewandt, dass die Abtretung die vertraglichen Nebenpflichten abschwäche.[902] Die versicherte Person habe mit der Abtretung des Freistellungsanspruchs nämlich eine direkte Inanspruchnahme des Versicherers ermöglicht, welcher sich nun primär selbst verteidigen würde.[903]

Dagegen muss jedoch vorgebracht werden, dass der Versicherer auch in einem Direktprozess die versicherte Person vor dem Haftpflichtanspruch schützen soll.[904] Erst wenn der Versicherer deckungsrechtliche Einwendungen gegen den Versicherungsschutzanspruch im Direktprozess geltend macht, verweigert er die Deckung, und die eigene Verteidigung gegen den Versicherungsanspruch rückt in den Vordergrund. Bis zur Geltendmachung deckungsrechtlicher Einwendungen

---

902 *Hösker*, VersR 2013, 952, 960.
903 *Hösker*, VersR 2013, 952, 960.
904 Siehe dazu: Dritter Teil, B, II, 3, 4.

ist der Versicherer, wie im Rahmen einer Verteidigung der versicherten Person während eines Haftpflichtprozesses, verpflichtet, seine Interessen zurückzustellen.[905] Die Abwehrpflicht des Versicherers besteht auch weiterhin in einem Direktprozess. Ebenso kann man aus der Abtretung nicht den generellen Willen der versicherten Person entnehmen, „sich aus dem Prozess herauszuhalten".[906] Die versicherte Person bringt zwar mit einer Abtretung zum Ausdruck, dass sie sich aus der Abwicklung des Versicherungsfalls heraushalten möchte. Dies geht jedoch nicht so weit, dass der versicherten Person pauschal unterstellt werden kann, unter allen Umständen eine Beteiligung an dem Direktprozess vermeiden zu wollen. Sobald aufgrund deckungsrechtlicher Einwendungen die Direktklage der geschädigten Versicherungsnehmerin scheitert, wird diese in aller Regel versuchen, den Haftpflichtanspruch gegen die versicherte Person durchzusetzen. Der versicherten Person droht daher, unmittelbar mit einem anschließenden Haftpflichtprozess durch die geschädigte Versicherungsnehmerin belastet zu werden. Diese Belastung wirkt umso stärker, wenn der Direktanspruch aufgrund deckungsrechtlicher Einwendungen verneint wurde und sie deshalb dem Haftpflichtanspruch ohne Versicherungsschutz gegenübersteht. Wegen der für die versicherte Person erheblichen Konsequenzen einer Klageabweisung aus deckungsrechtlichen Gründen muss dem D&O-Versicherungsvertrag eine nebenvertragliche Informations- und Anhörungspflicht entnommen werden. [907]

Der Versicherer ist folglich dazu verpflichtet, die versicherte Person vor einer Geltendmachung deckungsrechtlicher Einwendungen zu informieren und anzuhören.

III. Feststellungen zur Haftpflicht

Die Haftpflicht der versicherten Person stellt sich im versicherungsrechtlichen Direktprozess als Vorfrage. Die im versicherungsrechtlichen Direktprozess gemachten Feststellungen zur Haftpflicht erwachsen deshalb nicht nach § 322 ZPO in Rechtskraft.[908] Denkbar wäre aber eine Rechtskrafterstreckung im Sinne

905 *Retter* in Schwintowski/Brömmelmeyer[3], § 108 VVG, Rn. 51.

906 So aber: *Hösker*, VersR 2013, 952, 960.

907 *Retter* in Schwintowski/Brömmelmeyer[3], § 108 VVG, Rn. 51; *R. Koch* in Bruck/Möller, 4. Band[9], § 108 VVG, Rn. 55; *Armbrüster*, r+s 2010, 441, 451.

908 *Nissen*, KTS 2018, 29, 43; *Brinkmann*, ZIP 2017, 301, 305; *Klimke*, r+s 2014, 105, 113; *Grooterhorst/Looman*, NZG 2015, 215, 220; *Schneider* in Beckmann/Matusche-Beckmann[3], § 24, Rn. 149a. Grundsätzlich zur Reichweite der materiellen Rechtskraft: BGH v. 10.4.2019, NJW 2019, 2308, Rn. 30, m.w.N.

des § 124 Abs. 1 VVG analog. Wie § 124 Abs. 3 VVG jedoch zeigt, ist diese Rechtskrafterstreckung ausdrücklich auf die Fälle des § 115 Abs. 1 VVG beschränkt.[909] Es mangelt daher schon an einer planwidrigen Regelungslücke, sodass eine Rechtskrafterstreckung nach § 124 Abs. 1 VVG analog ausscheidet.[910]

Wie aber zuvor dargelegt, kann jeder Beteiligte je nach Ausgang des Direktprozesses ein Interesse an einer bindenden Feststellung haftungsrechtlicher Fragen haben. Es stellt sich daher die Frage, ob und wenn ja wie die Versicherungsnehmerin, der Versicherer und die versicherte Person die anderen Beteiligten an die im Direktprozess gemachten haftungsrechtlichen Feststellungen binden können.

Neben einer Bindungsvereinbarung könnte sich eine Bindungswirkung auch über ein, in gewillkürter Prozessstandschaft erstrittenes Teilurteil zur Haftpflicht oder über eine Interventionswirkung nach § 68 ZPO ergeben.

1. Interventionswirkung

Eine Bindung an haftungsrechtliche Feststellungen könnte durch die Interventionswirkung des § 68 ZPO erreicht werden. Bevor ermittelt wird, wer, unter welchen Voraussetzungen, wem gegenüber eine solche Interventionswirkung auslösen kann, soll zu Beginn die Reichweite der Interventionswirkung dargestellt werden.

a) Reichweite der Interventionswirkung

Die Reichweite der Interventionswirkung lässt sich hinsichtlich ihres sachlichen Umfangs und der subjektiven Bindungswirkung trennen.

(1) Sachlicher Umfang

Die Interventionswirkung bindet in anschließenden Prozessen an „alle tatsächlichen und rechtlichen Grundlagen der [vorangegangenen] Entscheidung".[911] Sie erstreckt sich damit auf alle Feststellungen, die zur gerichtlichen Entscheidung geführt haben. Nicht von der Interventionswirkung umfasst sind jedoch

---

909 *Hösker*, VersR 2013, 952, 960; *Armbrüster*, r+s 2010, 441, 451; *Wandt* in MünchKomm VVG, 2. Band², § 108 VVG, Rn. 137.

910 *Hösker*, VersR 2013, 952, 960; *Brinkmann*, ZIP 2017, 301, 305; *Klimke*, r+s 2014, 105, 113; *Nissen*, KTS 2018, 29, 43; *Armbrüster*, r+s 2010, 441, 451; *Wandt* in MünchKomm VVG, 2. Band², § 108 VVG, Rn. 137.

911 BGH v. 9.11.1982, NJW 1983, 820, 821; *Weth* in Musielak/Voit¹⁸, § 68 ZPO, Rn. 4; *Braun*, S. 1089.

sogenannte überschießende Feststellungen.[912] Hierunter werden Feststellungen verstanden, die für die konkrete Entscheidung unerheblich waren.[913] Dabei ist bedeutsam, dass sich die Erheblichkeit danach bestimmt, „worauf die Entscheidung des Erstprozesses objektiv nach zutreffender Rechtsauffassung beruht".[914] Die Beteiligten können sich somit nicht einfach auf die subjektive Urteilsbegründung des Gerichts im Erstprozess verlassen.

Auf den Direktprozess angewandt ergibt sich folgendes Bild. Die Interventionswirkung erstreckt sich nicht auf haftungsrechtliche Feststellungen, wenn allein deckungsrechtliche Einwendungen zu einer vollständigen Klageabweisung führen.[915] In einem solchen Fall waren für die Abweisung des versicherungsrechtlichen Direktanspruchs die haftungsrechtlichen Feststellungen überschießend und wären damit nicht Interventionsgegenstand. Sollte hingegen die Direktklage wegen deckungsrechtlicher Einwendungen, wie etwa wegen eines Selbstbehalts oder einer überschrittenen Versicherungssumme, nur teilweise abgewiesen werden, würde die Entscheidung auch auf Feststellungen zur Haftpflicht beruhen.[916] Ebenfalls sind Feststellungen zur Haftpflicht von der Interventionswirkung umfasst, wenn die Direktklage allein aufgrund haftungsrechtlicher Einwendungen abgewiesen wurde oder die Klage erfolgreich war.

(2) Subjektive Reichweite der Interventionswirkung

Die Nebeninterventionswirkung beschränkt sich auf das Verhältnis Nebenintervenient/Streitverkündungsempfänger und Hauptpartei/Streitverkünder.[917] Auf die Gegenpartei erstreckt sich die Interventionswirkung daher nie.

---

912 BGH v. 18.12.2014, BGHZ 204, 12, Rn. 20; *Rosenberg/Schwab/Gottwald*[18], § 50, Rn. 58; *Hüßtege* in Thomas/Putzo[42], Zivilprozessordnung (2021), § 68 ZPO, Rn. 5.

913 BGH v. 18.12.2014, BGHZ 204, 12, Rn. 20; *Althammer* in Zöller[33], § 68 ZPO, Rn. 10; *Weth* in Musielak/Voit[18], § 68 ZPO, Rn. 4.

914 BGH v. 18.12.2014, BGHZ 204, 12, Rn. 20; v. 27.11.2003, BGHZ 157, 97, 99; *Weth* in Musielak/Voit[18], § 68 ZPO, Rn. 4.

915 *Thume*, VersR 2010, 849, 853; *R. Koch* in Bruck/Möller, 4. Band[9], § 108 VVG, Rn. 56; *Armbrüster*, r+s 2010, 441, 451.

916 Für die Interventionswirkung ist grundsätzlich unbeachtlich, dass die Feststellungen (zur Haftpflicht) zu einem (Teil-) Obsiegen der Hauptpartei geführt haben, siehe hierzu m.w.N.: *Mansel* in Wieczorek/Schütze, 2/1. Band[4], §§ 50–77 (2018), § 68 ZPO, Rn. 63. BGH v. 18.12.1961, BGHZ 36, 212, 215 f.; v. 22.12.1977, BGHZ 70, 187, 189; *Hüßtege* in Thomas/Putzo[42], § 74 ZPO, Rn. 2, 4.

917 BGH v. 10.10.1984, BGHZ 92, 275, 277; *Althammer* in Zöller[33], § 68 ZPO, Rn. 6; *Schultes* in MünchKomm ZPO, 1. Band[5], § 68 ZPO, Rn. 8, m.w.N.

Von erheblicher Bedeutung ist, dass die Interventionswirkung immer nur zugunsten der Hauptpartei beziehungsweise des Streitverkünders wirkt.[918] Zulasten von Hauptpartei/Streitverkünder entsteht keine Interventionswirkung.[919]

Die Interventionswirkung greift folglich nicht zugunsten der versicherten Person.[920] Nichtsdestotrotz können im Direktprozess gemachte Feststellungen eine bedeutende präjudizielle Wirkung entfalten.[921]

b) Interventionswirkung durch Nebenintervention

Eine Interventionswirkung nach § 68 ZPO kann durch eine Nebenintervention ausgelöst werden. Es soll daher dargestellt werden, unter welchen Voraussetzungen eine Nebenintervention zulässig ist, wie sich ein Wechsel der Hauptpartei auswirkt und wann eine streitgenössische Nebenintervention vorliegt.

Obwohl sich die Interventionswirkung nicht zugunsten der versicherten Person erstreckt, könnte sich eine Nebenintervention für die versicherte Person immer dann anbieten, wenn sie doch aktiv am Prozess teilnehmen möchte.[922] Als Nebenintervenientin wäre die versicherte Person gemäß § 67 ZPO am Direktprozess zu beteiligen und befugt, Prozesshandlungen vorzunehmen.[923] Als einfache Nebenintervenientin wird die versicherte Person mit Vorträgen, die im Widerspruch zum Vortrag der Hauptpartei stehen, aber nicht gehört.[924] Es ist daher für die versicherte Person entscheidend, ob sie auf Seiten des Versicherers oder der Versicherungsnehmerin beitritt. Je nach Stand des Direktprozesses kann es für die versicherte Person sinnvoller sein, dem Versicherer (zur

---

918 BGH v. 18.11.2015, NJW 2016, 1018, Rn. 21; *Hüßtege* in Thomas/Putzo[42], § 68 ZPO, Rn. 5; *Weth* in Musielak/Voit[18], § 68 ZPO, Rn. 5, m.w.N.

919 BGH v. 18.11.2015, NJW 2016, 1018, Rn. 21; *Hüßtege* in Thomas/Putzo[42], § 68 ZPO, Rn. 5; *Schultes* in MünchKomm ZPO, 1. Band[5], § 68 ZPO, Rn. 12; *Boldt*, BauR 2013, 287, 290. Hinsichtlich der Unteilbarkeit der Interventionswirkung: OLG Köln v. 23.3.1994, NJW-RR 1995, 1085, 1085; *Hüßtege* in Thomas/Putzo[42], § 68 ZPO, Rn. 8.

920 *Brinkmann*, ZIP 2017, 301, 305; *Nissen*, KTS 2018, 29, 44.

921 *Baumann* in Bruck/Möller, 4. Band[9], Ziff. 10 AVB-AVG, Rn. 46; *Grooterhorst/Looman*, NZG 2015, 215, 220; *Lange*, r+s 2011, 185, 195.

922 In diese Richtung: *Wandt* in MünchKomm VVG, 2. Band[2], § 108 VVG, Rn. 138; *Retter* in Schwintowski/Brömmelmeyer[3], § 108 VVG, Rn. 50; *Lücke* in Prölss/Martin[31], § 108 VVG, Rn. 30; *Armbrüster*, r+s 2010, 441, 451.

923 *Hüßtege* in Thomas/Putzo[42], § 67 ZPO, Rn. 6 ff.; *Rosenberg/Schwab/Gottwald*[18], § 50, Rn. 45 f.

924 *Braun*, S. 1087; *Rosenberg/Schwab/Gottwald*[18], § 50, Rn. 39; *Hüßtege* in Thomas/Putzo[42], § 67 ZPO, Rn. 13.

Abwehr der Haftpflicht) oder der Versicherungsnehmerin (zur Durchsetzung der Deckung) beizutreten. Eine Nebenintervention wäre indes nur zulässig, wenn die versicherte Person einen Interventionsgrund vorweisen könnte.

(1) Interventionsgrund

Eine Nebenintervention ist nach § 66 Abs. 1 ZPO zulässig, wenn die versicherte Person ein „rechtliches Interesse" am Obsiegen der beizutretenden Partei hat. Das rechtliche Interesse ist dabei weit auszulegen.[925] Ein solches rechtliches Interesse liegt immer dann vor, wenn ein Obsiegen der beigetretenen Partei die Rechtsverhältnisse des Nebenintervenienten zu einer der Parteien unmittelbar oder mittelbar positiv beeinflusst.[926] Unerheblich ist dabei, ob sich die Wirkung auf ein Rechtsverhältnis des Nebenintervenienten zur Hauptpartei oder zur Gegenpartei auswirkt.[927] Ebenfalls ist es ausreichend, wenn der Nebenintervenient nur ein Interesse an einem Teilobsiegen der Hauptpartei hat.[928]

Eine erfolgreiche Direktklage führt zu einem Erlöschen des gegen die versicherte Person bestehenden Haftpflichtanspruchs in Höhe des erfüllten Direktanspruchs. Ein Obsiegen der Versicherungsnehmerin wirkt sich somit positiv auf das Haftpflichtverhältnis aus. Nichtsdestotrotz wird die versicherte Person in der Regel erst dann an einem Obsiegen der Versicherungsnehmerin interessiert sein, wenn der Versicherer deckungsrechtliche Einwendungen geltend macht. Neben den mit einer erfolgreichen Direktklage verbundenen Nachteilen für sie ist sie über ihre versicherungsrechtlichen Obliegenheiten zu einer Unterstützung des Versicherers bei dessen Abwehrbemühungen verpflichtet.[929] Sobald der Versicherer jedoch deckungsrechtliche Einwendungen geltend macht, setzt die Versicherungsnehmerin im Interesse der versicherten Person die Deckungspflicht durch. Ein Obsiegen der Versicherungsnehmerin wirkt sich dann auch für sie positiv auf das Versicherungsrechtsverhältnis zwischen Versicherer und versicherter Person aus. Die versicherte Person hat daher teilweise ein Interesse am Obsiegen der Versicherungsnehmerin. Ein solches Teilinteresse reicht für die

---

925 BGH v. 18.11.2015, NJW 2016, 1018, Rn. 13, m.w.N.; *Althammer* in Zöller[33], § 66 ZPO, Rn. 8.

926 BGH v. 9.9.2017, NJW 2017, 3718, Rn. 19; *Hüßtege* in Thomas/Putzo[42], § 66 ZPO, Rn. 5; *Althammer* in Zöller[33], § 66 ZPO, Rn. 8; *Schultes* in MünchKomm ZPO, 1. Band[5], § 66 ZPO, Rn. 9; *Weth* in Musielak/Voit[18], § 66 ZPO, Rn. 5.

927 *Mansel* in Wieczorek/Schütze, 2/1. Band[4], § 66 ZPO, Rn. 52; BGH v. 13.11.1951, BGHZ 4, 5, 9.

928 *Mansel* in Wieczorek/Schütze, 2/1. Band[4], § 66 ZPO, Rn. 45, m.w.N.

929 *R. Koch* in Bruck/Möller, 4. Band[9], § 108 VVG, Rn. 61; *Lange*, § 21, Rn. 76.

Bejahung des Interventionsgrundes, sodass die versicherte Person der Versicherungsnehmerin beitreten kann.[930]

Solange der Versicherer keine deckungsrechtlichen Einwendungen geltend macht und sich auf die Abwehr der Haftpflicht im Direktprozess beschränkt, hat die versicherte Person grundsätzlich ein Interesse am Obsiegen des Versicherers. Schwieriger gestaltet sich die Frage, ob es sich dabei auch um ein rechtliches Interesse im Sinne des § 66 Abs. 1 ZPO handelt. Ein Obsiegen des Versicherers aufgrund haftungsrechtlicher Einwendungen wirkt sich immer dann positiv auf das Haftpflichtverhältnis aus, wenn eine Bindungswirkung auch zugunsten der versicherten Person gilt.[931] In einem solchen Fall wäre die versicherte Person auch zur Nebenintervention auf Seiten des Versicherers befugt.

(2) Wechsel der Hauptpartei

Je nach Stand des Direktprozesses könnte die versicherte Person ein Nebeninterventionsinteresse auf Seiten der Versicherungsnehmerin oder des Versicherers haben. Denkbar wäre daher, dass die versicherte Person zuerst der einen Partei und später, nach Rücknahme der ersten Nebenintervention, auf Seiten der anderen Partei beitritt. Ein solcher Wechsel der Hauptpartei ist prozessrechtlich zulässig.[932]

(3) Streitgenössische Nebenintervention

Unabhängig davon, ob die versicherte Person der Versicherungsnehmerin oder dem Versicherer beitritt, ist die versicherte Person auch immer in einer Rechtsbeziehung zur Gegenpartei. Es stellt sich daher die Frage, ob ein Betritt der versicherten Person zu einer streitgenössischen Nebenintervention führt. Als streitgenössische Nebenintervenientin wäre die versicherte Person befugt, gegen

---

930 *Wandt* in MünchKomm VVG, 2. Band[2], § 108 VVG, Rn. 138; *Retter* in Schwintowski/Brömmelmeyer[3], § 108 VVG, Rn. 50; *Lücke* in Prölss/Martin[31], § 108 VVG, Rn. 30; *Armbrüster*, r+s 2010, 441, 451; *Langheid*, VersR 2007, 865, 868; *Brinkmann*, ZIP 2017, 301, 305; *Klimke*, r+s 2014, 105, 114; *R. Koch* in Bruck/Möller, 4. Band[9], § 108 VVG, Rn. 61.

931 Siehe bezüglich der Bindung an haftungsrechtliche Feststellungen: Vierter Teil, G, III, 2, b.

932 Zur grds. Möglichkeit einer anschließenden Nebenintervention auf Seiten der bisherigen Gegenpartei: BGH v. 11.7.1955, BGHZ 18, 110, 112 f.; *Rosenberg/Schwab/Gottwald*[18], § 50, Rn. 30; *Boldt*, BauR 2013, 287, 288; *Mansel* in Wieczorek/Schütze, 2/1. Band[4], § 66 ZPO, Rn. 80.

die Hauptpartei Prozesshandlungen vorzunehmen.[933] Des Weiteren könnte sie dann nicht mehr als Zeugin, sondern nur noch als Partei vernommen werden.[934] Eine Zwischenfeststellungsklage mit dem Ziel, das Nichtbestehen der Haftpflicht feststellen zu lassen, könnte die versicherte Person aber weiterhin nicht erheben.[935]

Nach § 69 ZPO ist Voraussetzung für eine streitgenössische Nebenintervention, dass sich aus dem materiellen Recht oder dem Prozessrecht eine unmittelbare Wirkung der Entscheidung auf die Rechtsbeziehung zur Gegenpartei ergibt.[936]

Gegenüber dem Versicherer ist die versicherte Person weiterhin Inhaberin des Abwehranspruchs. Eine Abweisung der Direktklage aus deckungsrechtlichen Gründen wirkt sich im Sinne einer rechtlichen Abhängigkeit unmittelbar auch auf den Abwehranspruch aus. Die versicherte Person wäre folglich als streitgenössische Nebenintervenientin auf Seiten der Versicherungsnehmerin am Direktprozess zu beteiligen.[937]

Anders ist die Nebenintervention auf Seiten des Versicherers zu beurteilen. Die Rechtskraft des Urteils im Direktprozess wirkt sich nicht unmittelbar auf das Haftpflichtverhältnis aus, sodass eine streitgenössische Nebenintervention auf Seiten des Versicherers ausscheidet.

(4) Nachteile einer Nebenintervention

Eine jede Nebenintervention führt zur unmittelbaren Einbeziehung der versicherten Person in den Direktprozess und unterläuft somit das meist der Abtretung zugrunde liegende Interesse, den Versicherungsfall ohne direkte Beteiligung der versicherten Person abzuwickeln. Dadurch, dass die versicherte Person aktiv am Direktprozess teilnehmen kann, droht eine Verkomplizierung der Abwicklung. Eine Nebenintervention der versicherten Person wird daher meist die mit der direkten Inanspruchnahme beabsichtigte Förderung der Prozessökonomie

933 *Schultes* in MünchKomm ZPO, 1. Band[5], § 69 ZPO, Rn. 13; *Rosenberg/Schwab/Gottwald*[18], § 50, Rn. 71; *Althammer* in Zöller[33], § 69 ZPO, Rn. 6.

934 Grds. zur Vernehmung des streitgenössischen Nebenintervenienten als Partei: *Rosenberg/Schwab/Gottwald*[18], § 50, Rn. 71; *Hüßtege* in Thomas/Putzo[42], § 69 ZPO, Rn. 1.

935 Zu den Beschränkungen eines streitgenössischen Nebenintervenienten: *Hüßtege* in Thomas/Putzo[42], § 69 ZPO, Rn. 6; *Althammer* in Zöller[33], § 69 ZPO, Rn. 7.

936 *Rosenberg/Schwab/Gottwald*[18], § 50, Rn. 13; *Althammer* in Zöller[33], § 69 ZPO, Rn. 1; *Weth* in Musielak/Voit[18], § 69 ZPO, Rn. 4 f.

937 Eine streitgenössische Nebenintervention bejahend: *R. Koch* in Bruck/Möller, 4. Band[9], § 108 VVG, Rn. 61; *Ingwersen*, S. 112.

mindern.[938] Für die versicherte Person bedeutet eine Nebenintervention im Direktprozess, dass sie Prozesskosten, anders als bei einer Abwehr durch den Versicherer in einem reinen Haftpflichtprozess, (erst einmal) selbst übernehmen muss.[939] Unabhängig vom Ausgang des Direktprozesses würden daher der versicherten Person in der Regel die Rechtsanwaltskosten verbleiben, welche aufgrund einer Honorarvereinbarung meist über den nach dem RVG abrechenbaren Kosten und damit über den erstattungsfähigen Rechtsverfolgungskosten liegen.[940] Hinzu kommt, dass die versicherte Person durch eine Nebenintervention einseitig der Interventionswirkung unterliegt. Ein Beitritt ist somit mit erheblichen Nachteilen für die versicherte Person verbunden.

(5) Zwischenergebnis

Die versicherte Person kann zwar grundsätzlich beiden Parteien beitreten. Eine Nebenintervention der versicherten Person widerspricht aber den der Abtretung zugrunde liegenden Intentionen[941] und ist insbesondere für die versicherte Person in aller Regel unattraktiv.

c) Aufgrund einer Streitverkündung

Es stellt sich die Frage, ob und wenn ja wie die Versicherungsnehmerin und der Versicherer die versicherte Person an haftungsrechtliche Feststellungen, die im Direktprozess gemacht wurden, binden können. Eine Interventionswirkung könnten Versicherungsnehmerin und Versicherer durch eine Streitverkündung gemäß §§ 74 Abs. 3, 68 ZPO erreichen. Unabhängig davon, ob die versicherte Person dem Streitverkünder beitritt, würde die Interventionswirkung gemäß § 74 Abs. 2, 3 ZPO zulasten der versicherten Person greifen.[942] Eine wirksame Streitverkündung setzt nach § 72 Abs. 1 ZPO voraus, dass der Streitverkünder im Falle eines ungünstigen Prozessausgangs einen Regressanspruch gegen

---

938 *Thomas*, S. 466; *Böttcher*, NZG 2008, 645, 649; *Langheid*, VersR 2007, 865, 868, spricht davon, dass mit einer Nebenintervention „die vom Gesetzgeber verfolgte Idee einer erhöhten Prozessökonomie ad absurdum geführt" werde. Trotzdem eine Nebenintervention auf Seiten der VN insb. bei einer Deckungsablehnung des VR empfehlend: *Wandt* in MünchKomm VVG, 2. Band[2], § 108 VVG, Rn. 138; *Retter* in Schwintowski/Brömmelmeyer[3], § 108 VVG, Rn. 50.

939 *Ingwersen*, S. 114; *Lange*, § 21, Rn. 76.

940 *Ingwersen*, S. 114. Allgemein zur „Erstattung von Rechtsanwaltskosten bei Honorarvereinbarungen": *Mediger*, MDR 2017, 245.

941 Siehe dazu: Dritter Teil, A, III.

942 Vgl. *Weth* in Musielak/Voit[18], § 74 ZPO, Rn. 4, m.w.N.

den Empfänger zu haben glaubt oder einen Regressanspruch des Empfängers fürchtet. Sinn und Zweck der Streitverkündung ist es, „verschiedene Beurteilungen desselben Tatbestandes zu vermeiden".[943] Der Streitverkünder soll folglich davor geschützt werden, den Vor- und den Folgeprozess zu verlieren, obwohl er einen Prozess hätte gewinnen müssen.[944] Diesem Zweck entsprechend ist § 72 Abs. 1 ZPO weit auszulegen.[945] Daher sind auch solche Ansprüche unter § 72 Abs. 1 ZPO zu subsumieren, die „das gleiche wirtschaftliche Ziel" wie der im Vorprozess geltend gemachte Anspruch verfolgen.[946] Für eine wirksame Streitverkündung ist es deshalb ausreichend, wenn der Anspruch gegen den Streitverkündungsempfänger mit einem Sieg des Streitverkünders im Vorprozess „gegenstandlos" wird.[947] Ein Alternativverhältnis zwischen den Ansprüchen reicht somit aus.[948]

(1) Streitverkündung durch die Versicherungsnehmerin

Eine Streitverkündung durch die Versicherungsnehmerin wäre nur zulässig, wenn ihr ein Streitverkündungsgrund zusteht.

(a) Streitverkündungsgrund

Die geschädigte Versicherungsnehmerin sieht sich zu Beginn des Direktprozesses als Inhaberin eines Direktanspruchs gegen den Versicherer und eines Haftpflichtanspruchs gegen die versicherte Person. Beide Ansprüche sind darauf gerichtet, den durch eine Pflichtverletzung der versicherten Person entstandenen Schaden auszugleichen. Der Direktanspruch ist daher auf das gleiche wirtschaftliche Ziel wie der Haftpflichtanspruch gerichtet.

Gegen ein Alternativverhältnis spricht nicht, dass die Haftpflicht eine Voraussetzung des Direktanspruchs ist. Es steht einem Alternativverhältnis zweier

---

943 BGH v. 7.5.2015, ZfBR 2015, 564, 565; v. 11.2.2009, NJW 2009, 1488, Rn. 29; v. 14.11.1991, BGHZ 116, 95, 101; *Weth* in Musielak/Voit[18], § 72 ZPO, Rn. 1.

944 BGH v. 11.2.2009, NJW 2009, 1488, Rn. 29; *Jacoby* in Stein/Jonas, 1. Band[23], Einleitung - §§ 1 - 77 (2013), § 72 ZPO, Rn. 2; *Althammer* in Zöller[33], § 72 ZPO, Rn. 1.

945 BGH v. 14.11.1991, BGHZ 116, 95, 101; *Mansel* in Wieczorek/Schütze, 2/1. Band[4], § 72 ZPO, Rn. 34; *Hüßtege* in Thomas/Putzo[42], § 72 ZPO, Rn. 6.

946 BGH v. 14.11.1991, BGHZ 116, 95, 101; v. 11.2.2009, NJW 2009, 1488, Rn. 36; *Weth* in Musielak/Voit[18], § 72 ZPO, Rn. 6.

947 *Jacoby* in Stein/Jonas, 1. Band[23], § 72 ZPO, Rn. 11; OLG Köln v. 19.12.1990, NJW-RR 1991, 1535, 1535; RG v. 29.11.1930, RGZ 130, 297, 299.

948 BGH v. 18.12.2014, BGHZ 204, 12, Rn. 15; *Althammer* in Zöller[33], § 72 ZPO, Rn. 8; *Mansel* in Wieczorek/Schütze, 2/1. Band[4], § 72 ZPO, Rn. 53 ff., m.w.N.

Ansprüche nicht entgegen, wenn sie teilweise die gleichen Tatbestandsvoraussetzungen (hier die Haftpflicht) haben. Die Erfüllung des Direktanspruchs lässt aufgrund der Abtretung erfüllungshalber den Haftpflichtanspruch unmittelbar erlöschen. Im Falle einer (teilweisen) Klageabweisung aus deckungsrechtlichen Gründen kann der Haftpflichtanspruch wieder verfolgt werden und wird somit nicht gegenstandslos. In einem daran anschließenden Haftpflichtprozess müsste die geschädigte Versicherungsnehmerin nun erneut die Haftpflicht der versicherten Person darlegen und beweisen. Die Darlegungs- und Beweislast würde die Versicherungsnehmerin unabhängig davon treffen, ob sie schon im Direktprozess die Haftpflicht erfolgreich dargelegt und bewiesen hat. Sollte der Versicherungsnehmerin der Haftpflichtbeweis vor dem neuen Spruchkörper nicht gelingen, droht ihr aufgrund zweier konträrer Bewertungen desselben Sachverhalts ein erneutes Unterliegen. Die Versicherungsnehmerin würde somit den Haftpflichtprozess verlieren, obwohl sie diesen Prozess nach den Feststellungen im Vorprozess hätte gewinnen müssen. Daher liegt mit dem bei einem Obsiegen gegenstandslos werdenden Haftpflichtanspruch ein tauglicher Streitverkündungsgrund vor.[949]

(b) Eingeschränkte Interventionswirkung

Obwohl die Versicherungsnehmerin wirksam der versicherten Person den Streit verkünden kann, könnte die Interventionswirkung in bestimmten Konstellationen im Widerspruch zum Sinn und Zweck der Streitverkündung stehen. Ein solcher Widerspruch könnte es erfordern, die Interventionswirkung in diesen Konstellationen einzuschränken.[950]

i. Anschlussprozess nach erfolgreicher Direktklage

Ein Widerspruch droht immer dann, wenn die Versicherungsnehmerin den Direktprozess gewonnen hat und nun im Anschluss den Selbstbehalt bei der versicherten Person einklagt.

Für eine Interventionswirkung könnte zwar sprechen, dass sich auch in einem anschließenden, allein den Selbstbehalt betreffenden Haftpflichtprozess dieselben haftungsrechtlichen Fragen stellen. Beiden Prozessen liegt folglich hinsichtlich der Haftpflicht derselbe Sachverhalt zugrunde.

---

949 *R. Koch* in Bruck/Möller, 4. Band^{9}, § 108 VVG, Rn. 74.

950 Zur grds. Möglichkeit die Interventionswirkung einzuschränken, mit jeweils anderer Begründung und weiteren Nachweisen: *Jacoby* in Stein/Jonas, 1. Band^{23}, § 68 ZPO, Rn. 11; *Mansel* in Wieczorek/Schütze, 2/1. Band^{4}, § 68 ZPO, Rn. 117 ff.

Gegen eine Interventionswirkung spricht aber, dass der nun geltend gemachte Haftpflichtanspruch in Höhe des Selbstbehalts nicht durch ein Obsiegen im Vorprozess gegenstandslos wird. Die versicherte Person wäre daher als Streitverkündungsempfängerin in dem Direktprozess einem Interessenkonflikt ausgesetzt. Zwar könnte sie der Versicherungsnehmerin beitreten und auf eine erfolgreiche Klage hinwirken, um so einen anschließenden Haftpflichtprozess bis zur Höhe des Direktanspruchs zu verhindern. Trotzdem würde sich dann ihre Unterstützung der Versicherungsnehmerin aufgrund einer Interventionswirkung im anschließenden Haftpflichtprozess zu ihrem Nachteil auswirken. Der Sinn und Zweck der Streitverkündung wäre damit über den Schutz der Streitverkünderin vor einem doppelten Prozessverlust hin ausgedehnt. Die Versicherungsnehmerin würde dann nämlich den Anschlussprozess gewinnen, weil sie den Vorprozess gewonnen hat. Da die Interventionswirkung nur zugunsten der Streitverkünderin wirkt, würde nur zu ihren Gunsten ein Entscheidungseinklang hergestellt und dies nicht, um einen doppelten Prozessverlust zu verhindern. Die Interventionswirkung gilt daher nicht in einem allein den Selbstbehalt betreffenden Anschlussprozess.[951]

ii. Teilniederlage nur aufgrund haftungsrechtlicher Einwendungen

Ein ähnlicher Widerspruch droht, wenn der Direktprozess allein aufgrund haftungsrechtlicher Einwendungen teilweise verloren wurde. Sofern die geschädigte Versicherungsnehmerin aus haftungsrechtlichen Gründen teilweise im Direktprozess unterliegt, aber dem Grunde nach der Haftpflichtanspruch festgestellt wird, könnte sie den aus ihrer Sicht verbleibenden Schaden gegen die versicherte Person einklagen und sich allein auf die Feststellung des Haftpflichtanspruchs dem Grunde nach berufen. Dem steht aber entgegen, dass die Interventionswirkung unteilbar ist.[952] Die Streitverkünderin kann sich nicht nur auf die für sie positiven Feststellungen berufen, sondern muss auch die für sie nachteiligen Feststellungen gegen sich geltend lassen.

951 Weitergehend: *Grooterhorst/Looman*, NZG 2015, 215, 219, die Streitverkündung sei „unzulässig“; so wohl auch: *Mitterlechner/Wax/Witsch*², § 10, Rn. 67.

952 Zur Unteilbarkeit der Interventionswirkung: BGH v. 19.1.1989, NJW-RR 1989, 766, 767; OLG Köln v. 23.3.1994, NJW-RR 1995, 1085, 1085; *Hüßtege* in Thomas/Putzo⁴², § 68 ZPO, Rn. 8; *Jacoby* in Stein/Jonas, 1. Band²³, § 68 ZPO, Rn. 19, m.w.N.

(c) Zwischenergebnis

Das gefundene Ergebnis schützt die versicherte Person nur dann vor einer einseitig belastenden Interventionswirkung, wenn die Versicherungsnehmerin in dem Direktprozess voll obsiegt oder allein wegen haftungsrechtlicher Einwendungen teilweise unterliegt. Sollte die Versicherungsnehmerin den Direktprozess aufgrund deckungsrechtlicher Einwendungen auch nur teilweise verlieren, würde in einem Anschlussprozess die Interventionswirkung greifen. Die versicherte Person ist deshalb in einem Anschlussprozess nach vollständiger oder teilweiser Abweisung der Direktklage aus deckungsrechtlichen Gründen, auch soweit der Haftpflichtanspruch in Höhe des Selbstbehalts betroffen ist, an haftungsrechtliche Feststellungen des Direktprozesses gebunden.

(2) Streitverkündung durch den Versicherer

Fraglich ist, ob ebenfalls der Versicherer der versicherten Person wirksam den Streit verkünden kann und inwieweit die Streitverkündung zu einer Interventionswirkung führt.

(a) Streitverkündungsgrund

i. Abwehrschutz unter auflösender Bedingung

Der Versicherer leistet in aller Regel den Abwehrschutz nur unter der auflösenden Bedingung, dass Versicherungsschutz besteht.[953] Sollte sich während des Prozesses herausstellen, dass der Versicherer wegen deckungsrechtlicher Einwendungen nicht zum Abwehrschutz verpflichtet war, steht dem Versicherer gegen die versicherte Person ein Bereicherungsanspruch nach § 812 Abs. 1 S. 2 Alt. 1 BGB wegen des bisher geleisteten Abwehrschutzes zu.[954] Problematisch ist

---

953 *Ramharter*, Rn. 5/45; *Ihlas* in MünchKomm VVG, 3. Band^2, 320 - D&O, Rn. 612; *Wellhöfer* in Wellhöfer/Peltzer/Müller, Die Haftung von Vorstand, Aufsichtsrat – Wirtschaftsprüfer mit GmbH-Geschäftsführer (2008), § 7, Rn. 25; *de Lippe*, VersR 2021, 69, 71 f.; *Melot de Beauregard/Gleich*, NJW 2013, 824, 824, m.w.N.

954 *Lange*, § 14, Rn. 73. Z.B. Ziff. 6 Abs. 4 AVB für die Vermögensschaden-Haftpflichtversicherung von Unternehmensleitern und Leitenden Angestellten („ULLA") der R+V Versicherungsgruppe (abgerufen am 26.04.2019 unter: https://online.ruv.de/makler/produkte/komposit-firmen/haftpflicht/do); § 3 Ziff. 8.1 Abs. 3 Gothaer D&O-Versicherung, Stand: August 2017 (abgerufen am 26.04.2019 unter: https://makler.gothaer.de/de/zg/produkte/svg/haftpflichtversicherung_1/d_o_versicherung/do_versicherung/angebot_do/angebot_do.jsp), die aber nur bei einem Risikoausschluss aufgrund einer wissentlichen Pflichtverletzung greift, anderenfalls enthält § 3 Ziff. 1.4 einen Rückforderungsverzicht.

hieran aber, dass der Regressanspruch des Versicherers erst nach einem für ihn erfolgreichen Vorprozess (Abweisung der Direktklage aufgrund deckungsrechtlicher Einwendungen) entsteht. Damit erwächst dem Versicherer kein Anspruch aufgrund einer für ihn ungünstigen Entscheidung in der Sache, sodass hiermit kein Streitverkündungsgrund vorliegt.

ii. Selbstbehaltsversicherung zugunsten der Versicherungsnehmerin

Sofern der Versicherer den Haftpflichtanspruch nach einem verlorenen Direktprozess aufgrund einer Selbstbehaltsversicherung zugunsten der Versicherungsnehmerin vollständig erfüllt hat und der Haftpflichtanspruch in Höhe des Selbstbehalts nach § 86 Abs. 1 S. 1 VVG übergeht, steht dem Versicherer aufgrund des verlorenen Direktprozesses ein Regressanspruch gegen die versicherte Person zu. Diesem Regressanspruch liegt wie auch dem Ausgleichsanspruch aus der Selbstbehaltsversicherung die Haftpflichtfrage zugrunde. Sollte das für den Regress zuständige Gericht anders als das Gericht des Direktprozesses die Haftpflicht verneinen, würde der Versicherer zwei Prozesse verlieren, obwohl er einen hätte gewinnen müssen. Liegt also eine Selbstversicherung vor, die unmittelbar bei erfolgreicher Direktklage in Höhe des Selbstbehalts leistet, kann der Versicherer der versicherten Person den Streit verkünden und diese somit an die haftungsrechtlichen Feststellungen des Direktprozesses binden.

iii. Drohender Schadensersatzanspruch der versicherten Person

Möglich erscheint außerdem, dass dem Versicherer ein Schadensersatzanspruch der versicherten Person aus einer schuldhaften Verletzung seiner Geschäftsführungspflicht droht.[955] Der Versicherer vertritt auch im Direktprozess die Interessen der versicherten Person und bestreitet ihre Haftpflicht. Sofern der Versicherer dabei seiner Abwehrpflicht ungenügend nachkommt, verletzt dieser seine gegenüber der versicherten Person bestehende Geschäftsführungspflicht. Durch eine ungenügende Abwehr und eine daraus resultierende erfolgreiche Direktklage könnte der versicherten Person ein Schaden entstehen. Deshalb droht dem Versicherer im Falle eines verlorenen Direktprozesses eine Inanspruchnahme durch die versicherte Person. Der Versicherer besorgt also eine Inanspruchnahme durch die versicherte Person und kann dieser deshalb den Streit verkünden.[956] In einem anschließenden Prozess der versicherten Person

---

955 *Baumann*, VersR 2010, 984, 991.

956 *Baumann*, VersR 2010, 984, 991; *Lange*, § 21, Rn. 80, will so sicherstellen, dass der VR nicht erneut Abwehrschutz gewähren muss.

gegen den Versicherer würde dann die Interventionswirkung eingreifen, und der Versicherer könnte gegenüber der versicherten Person geltend machen, dass der Haftpflichtanspruch besteht. Der versicherten Person wäre es in dem Schadensersatzprozess gegen den Versicherer nicht mehr möglich darzulegen und zu beweisen, dass die Haftpflicht nicht bestand.

(b) Einschränkung der Interventionswirkung

Der Versicherer kann der versicherten Person den Streit verkünden. Um aber auch hier eine unangemessene Besserstellung des Streitverkünders zu verhindern, muss die Interventionswirkung immer dann beschränkt werden, wenn der Versicherer die unter auflösender Bedingung gewährten Abwehrkosten zurückverlangt. Anderenfalls würde der Versicherer seinen Bereicherungsanspruch erfolgreich durchsetzen, weil er im Direktprozess obsiegt hat.

(3) Doppelte Streitverkündung

Sollten Versicherungsnehmerin und Versicherer der versicherten Person den Streit verkünden, droht der versicherten Person eine Interventionswirkung gegenüber beiden Parteien.[957] Eine doppelte Streitverkündung bedeutet folglich für die versicherte Person, dass sie im Falle einer Nebenintervention selbst beim Obsiegen der Hauptpartei mindestens gegenüber der Gegenpartei einer Bindungswirkung ausgesetzt ist.[958] Um diese negative Konsequenz für die doppelte Streitverkündungsempfängerin zu umgehen, wird ihr geraten, auch für die Hautpartei Undienliches vorzutragen.[959] Sollte die Gegenpartei diese für sie nützlichen Informationen nicht nutzen, könnte die doppelte Streitverkündungsempfängerin der Gegenpartei mangelhafte Prozessführung entgegenhalten und so eine Bindungswirkung umgehen.[960]

d) Zwischenergebnis

Die Versicherungsnehmerin und der Versicherer können grundsätzlich durch eine Streitverkündung die versicherte Person an haftungsrechtliche

---

957 *Braun*, S. 1093; *Rosenberg/Schwab/Gottwald*[18], § 51, Rn. 3; *Werres*, NJW 1984, 208, 210.

958 Strittig ist dabei, ob die Interventionswirkung nur zugunsten der im Vorprozess unterlegenen Partei greift. Zum Meinungsstand: *Weth* in Musielak/Voit[18], § 74 ZPO, Rn. 4 und *Mansel* in Wieczorek/Schütze, 2/1. Band[4], § 68 ZPO, Rn. 63 ff. Noch offengelassen von BGH v. 8.5.2008, FamRZ 2008, 1435, Rn. 22; v. 5.11.1987, VersR 1988, 417, 417.

959 *Werres*, NJW 1984, 208, 210; *Braun*, S. 1093.

960 *Werres*, NJW 1984, 208, 210; *Braun*, S. 1093.

Feststellungen binden. Die Interventionswirkung gilt jedoch nur eingeschränkt. Die Interventionswirkung greift nämlich nicht in einem Anschlussprozess, welcher allein den Haftpflichtanspruch in Höhe des Selbstbehalts betrifft. Es ist der Versicherungsnehmerin daher nicht möglich, eine Bindungswirkung auch im Falle eines Klageerfolgs für einen allein den Selbstbehalt betreffenden Anschlussprozess zu erwirken. Außerdem entfaltet eine Streitverkündung der geschädigten Versicherungsnehmerin keine Interventionswirkung, wenn die Direktklage allein aus haftungsrechtlichen Gründen teilweise abgewiesen wurde. Ebenfalls entfaltet die Streitverkündung des Versicherers nach einer Abweisung der Direktklage aus deckungsrechtlichen Gründen keine Interventionswirkung in einem möglichen Folgeprozess gegen die versicherte Person.

Da die versicherte Person durch eine Streitverkündung unabhängig von einem Beitritt der Interventionswirkung unterliegt, kann es für sie ratsam sein, sich doch am Direktprozess aktiv zu beteiligen. Eine auf eine Streitverkündung folgende Nebenintervention lässt für die versicherte Person jedoch auch Prozesskosten entstehen, die nicht vom Versicherungsschutz umfasst sind. Die versicherte Person kann deshalb durch eine Streitverkündung in einen Interessenwiderstreit gebracht werden. Sie muss sich dann nämlich entscheiden, ob sie eine Interventionswirkung akzeptiert, ohne selbst am Prozess teilgenommen zu haben, oder ob sie dem Prozess beitritt, aber dafür die entstehenden Kosten (erst einmal) übernehmen muss.

Eine durch Streitverkündung und Nebenintervention ermöglichte Beteiligung der versicherten Person läuft den Interessen aller Beteiligten an einer Effizienzsteigerung durch den Direktprozess entgegen und wird daher regelmäßig vermieden.[961] Trotzdem haben die Versicherungsnehmerin und der Versicherer mit der Streitverkündungsmöglichkeit ein Druckmittel gegenüber der versicherten Person, welches die Verhandlungsposition der versicherten Person bei einer außergerichtlichen Abwicklung und bei Abfindungsverhandlungen schwächt.

Um die für sie mit der bestehenden Streitverkündungsmöglichkeit einhergehende Schwächung ihrer Position zu verhindern, sollte die versicherte Person den Versicherer und die Versicherungsnehmerin dazu veranlassen, schon vor Prozessbeginn auf ihre jeweilige Streitverkündungsmöglichkeit bis zur Geltendmachung deckungsrechtlicher Einwendungen zu verzichten.[962] Darauf werden

961 *Brinkmann*, ZIP 2017, 301, 305, spricht deshalb davon, dass eine Streitverkündung „aus praktischen Gründen nicht in Betracht" komme.

962 Hinsichtlich der Zulässigkeit eines vertraglichen Ausschlusses der Streitverkündung: *Rosenberg/Schwab/Gottwald*[18], § 51, Rn. 10; *Mansel* in Wieczorek/Schütze, 2/1. Band[4], § 66 ZPO, Rn. 9.

sich die Versicherungsnehmerin und der Versicherer in aller Regel nur dann einlassen, wenn sich die versicherte Person im Gegenzug an haftungsrechtliche Feststellungen bindet.[963]

2. *Bindungswirkung aus der Abtretungsvereinbarung*

Die versicherte Person und die Versicherungsnehmerin könnten eine Bindungswirkung in der Abtretungsvereinbarung ausdrücklich normieren.[964] Denkbar ist auch, dass sich eine Bindungswirkung zwischen diesen beiden durch eine ergänzende Vertragsauslegung der Abtretungsvereinbarung ergibt.

a) Allgemeines

(1) Reichweite einer Bindungsvereinbarung

Im Rahmen einer Bindungsvereinbarung ist es an den Parteien zu bestimmen, auf welche Fälle sich eine Bindungswirkung erstrecken soll. Zwei Anknüpfungspunkte werden hierzu genannt.

Durch die Abtretung erfüllungshalber wird der Haftpflichtanspruch, soweit die Haftpflichtschuld durch die Erfüllung des Direktanspruchs erlischt, gegenstandslos. Sollte die Direktklage jedoch nicht zu einem vollständigen Schadensausgleich führen, wird die Versicherungsnehmerin meist auf die versicherte Person zurückgreifen. Die Parteien könnten daher in der Abtretungsvereinbarung festlegen, dass die Versicherungsnehmerin nach einer Abweisung der Direktklage aus haftungsrechtlichen Gründen nicht anschließend gegen die versicherte Person vorgehen kann.[965]

Eine solche beschränkte Bindungswirkung würde aber nur die Versicherungsnehmerin einseitig binden. Die Versicherungsnehmerin müsste deshalb der versicherten Person den Streit verkünden, um so die versicherte Person an Feststellungen zur Haftpflicht zu binden. Trotzdem droht der Versicherungsnehmerin infolge der eingeschränkten Interventionswirkung[966], dass sie die Haftpflicht

---

963 Wie eine solche Bindungswirkung vereinbart werden könnte, wird unter Fünfter Teil, D, II, dargestellt.

964 *R. Koch* in Bruck/Möller, 4. Band⁹, § 108 VVG, Rn. 50, 70; *Nissen*, KTS 2018, 29, 44; *Grooterhorst/Looman*, NZG 2015, 215, 219; *Baumann*, VersR 2010, 984, 991; *Langheid*, VersR 2007, 865, 868; *Herdter*, VP 9/2012, 168, 174; *Retter* in Schwintowski/Brömmelmeyer³, § 108 VVG, Rn. 57; *Thomas*, S. 466; *Wandt* in MünchKomm VVG, 2. Band², § 108 VVG, Rn. 139.

965 *Wandt* in MünchKomm VVG, 2. Band², § 108 VVG, Rn. 139; *Nissen*, KTS 2018, 29, 44; *Langheid*, VersR 2007, 865, 868; *Klimke*, r+s 2014, 105, 113.

966 Siehe hierzu: Vierter Teil, G, III, 1, c, (1), (b).

in einem Anschlussprozess erneut beweisen muss. Die versicherte Person hätte selbst keine Möglichkeit, eine weiterreichende Bindungswirkung auszulösen, und das obwohl sie ihren Abwehranspruch durch Erfüllung im Direktprozess verloren haben kann. Deshalb würde sich eine weitergehende vertragliche Bindungswirkung anbieten. Um eine erneute Prüfung haftungsrechtlicher Fragestellungen, die schon im Direktprozess beantwortet wurden, zu verhindern und dadurch auch eine Streitverkündung obsolet zu machen, könnten sich beide Seiten an alle im Urteil enthaltenen haftungsrechtlichen Feststellungen binden.[967]

(2) Vereinbarkeit mit dem Organhaftungsrecht

In einer auch zugunsten der versicherten Person wirkenden Bindungsvereinbarung könnte jedoch ein Verstoß gegen das in § 93 Abs. 4 S. 3 AktG enthaltene Vergleichs- und Verzichtsverbot gesehen werden. Ein Verstoß wäre gegeben, wenn eine solche Bindungsvereinbarung eine unzulässige Disposition über den Haftpflichtanspruch darstellen würde.[968] Das wäre immer dann der Fall, wenn durch die Bindungsvereinbarung die Durchsetzbarkeit der Haftpflicht erschwert oder vereitelt werden würde.[969] Insbesondere eine von § 93 Abs. 2 S. 2 AktG abweichende Darlegungs- und Beweislast im Direktprozess könnte ein solches Durchsetzungserschwernis darstellen.[970] Da aber auch in einem Direktprozess § 93 Abs. 2 S. 2 AktG analog zugunsten der Versicherungsnehmerin greift,[971] ist ihre Position bezüglich der Haftpflichtfrage nicht schlechter als in einem reinen Haftpflichtprozess.[972] Deshalb ist eine Bindungsvereinbarung auch zugunsten der versicherten Person mit § 93 Abs. 4 S. 3 AktG vereinbar.[973]

---

967 *Retter* in Schwintowski/Brömmelmeyer[3], § 108 VVG, Rn. 58; *R. Koch* in Bruck/Möller, 4. Band[9], § 108 VVG, Rn. 67; *Schulze Schwienhorst* in Looschelders/Pohlmann[3], § 108 VVG, Rn. 15; *Brinkmann*, ZIP 2017, 301, 306; *Armbrüster*, r+s 2010, 441, 451; *Thomas*, S. 466, spricht von einer „umgekehrten Bindungswirkung".

968 *J. Koch* in Hüffer/Koch[15], § 93 AktG, Rn. 76 f.; *Hölters* in Hölters[3], § 93 AktG, Rn. 309.

969 Zur Reichweite des § 93 Abs. 4 S. 3 AktG: *J. Koch* in Hüffer/Koch[15], § 93 AktG, Rn. 77; *Hölters* in Hölters[3], § 93 AktG, Rn. 309.

970 So: *Thomas*, S.466, der aber auch die Anwendung des § 93 Abs. 2 S. 2 AktG im Direktprozess verneint.

971 Zur analogen Anwendbarkeit des § 93 Abs. 2 S. 2 AktG im Direktprozess: Vierter Teil, F.

972 *Klimke*, r+s 2014, 105, 113.

973 *Brinkmann*, ZIP 2017, 301, 306; *Nissen*, KTS 2018, 29, 44. Kritisch: *Wandt* in MünchKomm VVG, 2. Band[2], § 108 VVG, Rn. 139.

b) Bindungswirkung nach ergänzender Vertragsauslegung

Sollten die Parteien vertraglich keine Bindungswirkung ausdrücklich oder konkludent vereinbart haben, könnte sich durch eine ergänzende Vertragsauslegung der Abtretungsvereinbarung eine Bindung an haftungsrechtliche Feststellungen ergeben.

(1) Vorliegen einer Regelungslücke

Eine ergänzende Vertragsauslegung kommt nur dann in Betracht, wenn der Vertrag eine Regelungslücke im Sinne einer „planwidrigen Unvollständigkeit" enthält.[974] Eine solche Regelungslücke ist dann gegeben, wenn ohne die Lückenfüllung „eine angemessene, interessengerechte Lösung nicht zu erzielen wäre".[975] Es kommt also darauf an, ob dem Vertrag eine Bestimmung fehlt, die erforderlich ist, um den vertraglichen „Regelungsplan der Parteien zu verwirklichen".[976]

Die Versicherungsnehmerin bezweckt mit der Abtretung, den „tatsächlich Leistenden" direkt in Anspruch zu nehmen.[977] Mit der Abtretung des Freistellungsanspruchs erfüllungshalber gibt die versicherte Person zu erkennen, dass sie sich aus einer Abwicklung des Haftungs- und Versicherungsfalls heraushalten möchte. Ziel beider Parteien ist daher, alle haftungs- und versicherungsrechtlichen Fragestellungen im Direktprozess abschließend zu klären.[978] Weder der versicherten Person noch der Versicherungsnehmerin soll durch die Abtretung eine doppelte Auseinandersetzung mit der Haftpflichtfrage ermöglicht oder aufgebürdet werden.[979]

Durch die Abtretung erfüllungshalber erlischt der Haftpflichtanspruch, soweit der Direktanspruch erfüllt wurde. Eine erfolgreiche Direktklage wirkt sich somit auf das Haftpflichtverhältnis aus und verhindert eine erneute Auseinandersetzung mit der Haftpflicht. Sollte hingegen die Direktklage abgewiesen

---

974 BGH v. 3.12.2014, NJW 2015, 1167, Rn. 24; v. 21.9.1994, BGHZ 127, 138, 142. *Ellenberger* in Palandt[80], § 157 BGB, Rn. 3.

975 BGH v. 3.12.2014, NJW 2015, 1167, Rn. 24, m.w.N. *Ellenberger* in Palandt[80], § 157 BGB, Rn. 3.

976 BGH v. 3.12.2014, NJW 2015, 1167, Rn. 24, m.w.N. *Ellenberger* in Palandt[80], § 157 BGB, Rn. 3.

977 *Retter* in Schwintowski/Brömmelmeyer[3], § 108 VVG, Rn. 56.

978 *Retter* in Schwintowski/Brömmelmeyer[3], § 108 VVG, Rn. 56; *Klimke*, r+s 2014, 105, 113; *Brinkmann*, ZIP 2017, 301, 306.

979 *Retter* in Schwintowski/Brömmelmeyer[3], § 108 VVG, Rn. 54, und *Klimke*, r+s 2014, 105, 113: die VN habe „kein schutzwürdiges Interesse" an einer erneuten Überprüfung. *Brinkmann*, ZIP 2017, 301, 306.

werden oder der Haftpflichtanspruch nicht vollständig erloschen sein, droht ein anschließender Haftpflichtprozess zwischen der versicherten Person und der Versicherungsnehmerin. Ohne eine Selbstbehaltsversicherung der Versicherungsnehmerin kann der Selbstbehalt grundsätzlich nicht im Direktprozess geltend gemacht werden, sodass die Direktklage nie zu einem vollständigen Erlöschen des Haftpflichtanspruchs führen kann und immer ein anschließender Haftpflichtprozess droht.

Somit verhindert die Abtretung erfüllungshalber mangels einer umfassenden Bindungswirkung nicht eine erneute Auseinandersetzung mit der Haftpflichtfrage. Eine Regelungslücke liegt daher immer dann vor, wenn keine Bindungswirkung vereinbart wurde.

(2) Hypothetischer Parteiwille

Um zu ermitteln, wie die Regelungslücke zu schließen ist, muss der hypothetische Parteiwille bestimmt werden.

Zur Bestimmung des hypothetischen Parteiwillens ist zu fragen, wie die Parteien bei Kenntnis der Regelungslücke diese unter dem Gebot von Treu und Glauben sowie nach der Verkehrssitte bei Vertragsschluss geschlossen hätten.[980] Die Suche nach dem Parteiwillen darf aber nicht zu einer „freien richterlichen Rechtsschöpfung ausufern".[981] Folglich kann die ergänzende Vertragsauslegung nicht den Vertragsgegenstand erweitern.[982]

Die festgestellte Regelungslücke könnte durch eine Bindungsvereinbarung geschlossen werden. Problematisch ist zu bestimmen, welche Feststellungen eine Bindungsvereinbarung umfassen soll. Die Bindungsvereinbarung könnte sich auf das negative Feststellen des Haftpflichtanspruchs beschränken. Denkbar wäre aber auch, eine Bindungsvereinbarung hinsichtlich aller in dem Urteil enthaltenen haftungsrechtlichen Feststellungen anzunehmen.

---

980 BGH v. 14.3.2012, BGHZ 192, 372, Rn. 24; v. 1.2.1984, BGHZ 90, 69, 77; v. 10.7.1963, NJW 1963, 2071, 2074; *Ellenberger* in Palandt[80], § 157 BGB, Rn. 7; *Wendtland* in BeckOK BGB[58], § 157 BGB, Rn. 41.

981 *Ellenberger* in Palandt[80], § 157 BGB, Rn. 8. *Wendtland* in BeckOK BGB[58], § 157 BGB, Rn. 42.

982 BGH v. 24.6.1982, NJW 1982, 2190, 2191; *Busche* in MünchKomm BGB, 1. Band[8], Allgemeiner Teil, §§ 1–240 – AllgPersönlR-ProstG-AGG (2018), § 157 BGB, Rn. 56; *Ellenberger* in Palandt[80], § 157 BGB, Rn. 9.

(a) Bindung an die negative Feststellung des Haftpflichtanspruchs

Eine auf die „Feststellung des Nichtbestehens der Haftpflichtforderung“[983] begrenzte Bindungswirkung würde nur zulasten der Versicherungsnehmerin wirken. Für eine solche beschränkte Bindungswirkung spricht, dass die Versicherungsnehmerin im Direktprozess unmittelbar als Partei beteiligt ist und somit dort die Möglichkeit hat, den Haftpflichtanspruch darzulegen und zu beweisen. Demgegenüber ist die versicherte Person nicht unmittelbar am Direktprozess beteiligt, sodass es unbillig sein könnte, sie an haftungsrechtliche Feststellungen zu binden. Insbesondere wenn der Versicherer deckungsrechtliche Einwendungen geltend macht und damit seine Versicherungsschutzpflicht ablehnt, würden die Interessen der versicherten Person an einer Abwehr der Haftpflicht von keiner Partei des Direktprozesses berücksichtigt. Deshalb könnte sich aus dem hypothetischen Parteiwillen unter Beachtung von Treu und Glauben eine einseitige Bindung der Versicherungsnehmerin im Falle einer negativen Feststellung der Haftpflicht ergeben.

i. Hypothetischer Wille der versicherten Person

Hinsichtlich einer Abweisung der Direktklage enthält die Abtretung erfüllungshalber keine Regeln. Das würde bedeuten, dass die Abtretung erfüllungshalber nur dann zu einer bezweckten Abwicklung des Haftpflichtverhältnisses führen würde, wenn die Haftpflicht der versicherten Person im Direktprozess festgestellt wurde. Sollte also die Haftpflicht im Direktprozess verneint werden, wäre die versicherte Person schlechtergestellt, als wenn ihre Haftpflicht bejaht wird. Da der Versicherer durch die ausschließliche Geltendmachung von haftungsrechtlichen Einwendungen seine Abwehrpflicht im Direktprozess erfüllt hätte, wäre die versicherte Person einer anschließenden Haftpflichtklage ohne Versicherungsschutz ausgesetzt, und das obwohl ihre Haftpflicht im Direktprozess abgelehnt wurde. Die versicherte Person hat deshalb einen hypothetischen Willen dahingehend, dass sie in Kenntnis dieser Regelungslücke einer Bindungsvereinbarung in dem Abtretungsvertrag, welche die Versicherungsnehmerin an das festgestellte Nichtbestehen der Haftpflicht bindet, zugestimmt hätte.

ii. Hypothetischer Wille der Versicherungsnehmerin

Der hypothetische Wille der Versicherungsnehmerin ist beim Abschluss der Abtretungsvereinbarung ebenfalls darauf gerichtet, an eine negative Feststellung

---

983 *Wandt* in MünchKomm VVG, 2. Band^2, § 108 VVG, Rn. 139.

der Haftpflicht gebunden zu sein. Für den hypothetischen Willen kommt es auf eine redliche Versicherungsnehmerin zum Abschlusszeitpunkt der Abtretungsvereinbarung an. Auch aus Sicht der Versicherungsnehmerin ist unter anderem ein Zweck der Abtretung erfüllungshalber, die Haftpflicht abschließend im Direktprozess zu klären.[984] Hierdurch soll auch das Verhältnis zur versicherten Person geschützt werden.[985] Die Abtretung erfüllungshalber dient nicht dazu, der Versicherungsnehmerin eine doppelte Prüfung der Haftpflicht zu ermöglichen.[986] Eine solch beschränkte Bindungswirkung würde auch keine einseitige Schlechterstellung der Versicherungsnehmerin darstellen. Vielmehr verhindert eine solche Bindungswirkung eine einseitige Benachteiligung der versicherten Person durch eine Abtretung erfüllungshalber. Anders als die Versicherungsnehmerin kann die versicherte Person nämlich nicht eine Bindung an haftungsrechtliche Feststellungen durch eine Streitverkündung erreichen. Ohne eine solche beschränkte Bindungswirkung wäre folglich allein die Versicherungsnehmerin in der Lage, die versicherte Person einseitig an die positive Feststellung der Haftpflicht zu binden. Eine redliche Versicherungsnehmerin wird deshalb unter dem Gebot von Treu und Glauben bei Vertragsschluss eine solche Bindungswirkung zu ihren Lasten akzeptieren. Im Wege der ergänzenden Vertragsauslegung kann der Abtretungsvereinbarung eine solch beschränkte Bindungswirkung entnommen werden.[987]

---

984 *Retter* in Schwintowski/Brömmelmeyer[3], § 108 VVG, Rn. 56, *Klimke*, r+s 2014, 105, 113; *Brinkmann*, ZIP 2017, 301, 306.

985 *Retter* in Schwintowski/Brömmelmeyer[3], § 108 VVG, Rn. 56.

986 *Klimke*, r+s 2014, 105, 113; *Brinkmann*, ZIP 2017, 301, 306; *Retter* in Schwintowski/Brömmelmeyer[3], § 108 VVG, Rn. 56, die VN solle „keinen zusätzlichen Schuldner" erhalten.

987 *Klimke*, r+s 2014, 105, 113; *Brinkmann*, ZIP 2017, 301, 306; *Lücke* in Prölss/Martin[31], § 108 VVG, Rn. 28, 30; *Schulze Schwienhorst* in Looschelders/Pohlmann[3], § 108 VVG, Rn. 15. Zur grundsätzlichen Möglichkeit und Zulässigkeit einer solchen ergänzenden Vertragsauslegung im Bereich der D&O-Versicherung: *Nissen*, KTS 2018, 29, 44. *Wandt* in MünchKomm VVG, 2. Band[2], § 108 VVG, Rn. 139, der aber auch auf die mögliche Unvereinbarkeit mit § 93 AktG hinweist. Eine sich aus der ergänzenden Vertragsauslegung ergebende Bindungswirkung ablehnend: *Hösker*, VersR 2013, 952, 961; *R. Koch* in Bruck/Möller, 4. Band[9], § 108 VVG, Rn. 51; *Armbrüster*, r+s 2010, 441, 451; *Böttcher*, NZG 2008, 645, 649.

(b) Bindung an alle haftungsrechtlichen Feststellungen

Eine Bindung an die negative Feststellung der Haftpflicht verhindert nur dann eine erneute Auseinandersetzung mit der Haftpflicht, wenn die Direktklage aus haftungsrechtlichen Gründen vollständig abgewiesen wird. In allen anderen Fällen müsste der Haftpflichtanspruch erneut dem Grunde und der Höhe nach dargelegt und bewiesen werden. Eine Bindungswirkung hinsichtlich der im Direktprozess getroffenen haftungsrechtlichen Feststellungen könnte eine erneute Auseinandersetzung in Bezug auf die Haftpflicht verhindern.

i. Hypothetischer Wille der Versicherungsnehmerin

Ohne eine weitergehende Bindungswirkung müsste die geschädigte Versicherungsnehmerin die Haftpflicht in etwaigen Anschlussprozessen erneut darlegen und beweisen, und zwar unabhängig davon, ob die Haftpflicht schon positiv im Direktprozess festgestellt wurde. Solche Anschlussprozesse könnten notwendig sein, wenn die Direktklage aufgrund deckungsrechtlicher Einwendungen ganz oder teilweise abgewiesen wurde. Ebenso ist ein anschließender Haftpflichtprozess dann notwendig, wenn ein Selbstbehalt noch aussteht. Die Versicherungsnehmerin könnte zwar der versicherten Person den Streit verkünden, die Interventionswirkung würde aber nur dann eingreifen, wenn die Direktklage wegen deckungsrechtlicher Einwendungen mindestens teilweise abgewiesen wurde.[988] Das hätte für die geschädigte Versicherungsnehmerin die Konsequenz, dass sie hinsichtlich des Selbstbehalts immer dann die Haftpflicht erneut beweisen muss, wenn die Direktklage erfolgreich war. Die versicherte Person könnte somit in einem anschließenden Haftpflichtprozess, welcher allein den verbleibenden Selbstbehalt zum Gegenstand hat, den Haftpflichtanspruch sogar dem Grunde nach bestreiten. Ein solches Ergebnis widerspricht dem Willen der Versicherungsnehmerin an einer abschließenden Abwicklung des Haftpflichtfalls.

Trotzdem ist der hypothetische Wille der Versicherungsnehmerin nicht uneingeschränkt auf eine Bindung an die haftungsrechtlichen Feststellungen gerichtet. Probleme ergeben sich immer dann, wenn der Versicherer erfolgreich deckungsrechtliche Einwendungen geltend macht und die Direktklage folglich aus deckungsrechtlichen Gründen ganz oder teilweise abgewiesen wird. Das Urteil im Direktprozess müsste in einem solchen Fall nicht mehr zu allen haftungsrechtlichen Fragestellungen Bezug nehmen. Zum Beispiel müsste das die Direktklage entscheidende Gericht nicht mehr die genaue Schadenshöhe feststellen,

---

988 Bezüglich der begrenzten Interventionswirkung: Vierter Teil, G, III, 1, c, (1), (b).

falls die Versicherungssumme in jedem Fall erschöpft ist. Zum anderen können haftungsrechtliche Feststellungen in der erstinstanzlichen Urteilsbegründung zwar falsch, aber mangels Entscheidungserheblichkeit in einem Berufungs- oder Revisionsurteil unkorrigiert bleiben. Denkbar ist beispielsweise, dass in dem erstinstanzlichen Urteil die Schadenshöhe nicht korrekt angegeben wurde, diese Feststellung aber in den nächsten Instanzen unwidersprochen bleibt, weil die Klage aus deckungsrechtlichen Gründen teilweise abgewiesen wird.

Der hypothetische Wille der Versicherungsnehmerin ist somit nur unter der auflösenden Bedingung, dass die Klage nicht aus deckungsrechtlichen Gründen abgewiesen wurde, auf eine Bindung an alle haftungsrechtlichen Feststellungen gerichtet. In Kenntnis der Regelungslücke hätte die Versicherungsnehmerin daher eine Bindung an alle haftungsrechtlichen Feststellungen unter der auflösenden Bedingung, dass die Direktklage nicht (teilweise) aus deckungsrechtlichen Gründen abgewiesen wurde, in die Abtretungsvereinbarung aufgenommen.

ii. Hypothetischer Wille der versicherten Person

Für die versicherte Person wäre an einer Bindung an alle haftungsrechtlichen Feststellungen vorteilhaft, dass eine Streitverkündung der Versicherungsnehmerin nicht mehr notwendig wäre und sie deshalb nicht einseitig durch die Interventionswirkung gebunden werden könnte. Zusätzlich würde durch eine weitreichende Bindungswirkung dem Interesse der versicherten Person an einer abschließenden Klärung der Haftpflichtfrage entsprochen.

Dem könnte entgegenstehen, dass die versicherte Person mit der Abtretung des Freistellungsanspruchs eine vorrangige Befriedungsmöglichkeit bis zur Höhe des Selbstbehalts unter dem Vorbehalt deckungsrechtlicher Einwendungen schaffen möchte. Da die versicherte Person zum Zeitpunkt der Abtretung noch nicht weiß, ob der Versicherer ihre Interessen im Direktprozess wahrnimmt, könnte man annehmen, dass die versicherte Person allein bis zur Höhe des tatsächlich bestehenden Direktanspruchs eine abschließende Klärung der Haftpflicht bezweckt. Eine Bindung an alle haftungsrechtlichen Feststellungen würde diesem Zweck entgegenstehen. Wenn nämlich der Direktanspruch nicht den gesamten Haftpflichtanspruch abdeckt, würde eine solche Bindung zu einem Anerkenntnis des Haftpflichtanspruchs dem Grunde nach unter der Bedingung führen, dass die Haftpflicht positiv im Direktprozess festgestellt wurde. Da sich die Höhe des Direktanspruchs erst ergibt, wenn man den Selbstbehalt von der Haftpflichtforderung abzieht, muss auch im Direktprozess der Haftpflichtanspruch der Höhe nach festgestellt werden. Deshalb würde eine Bindung der versicherten Person an die haftungsrechtlichen Feststellungen ebenso ein bedingtes

Anerkenntnis des Haftpflichtanspruchs der Höhe nach bedeuten. Eine solch weitreichende Bindungswirkung könnte daher eine über die mit der Abtretung verfolgten Ziele hinausgehende Belastung der versicherten Person bedeuten.

Zu einer solch unangemessenen Belastung der versicherten Person kommt es aber immer nur dann, wenn der Versicherer im Direktprozess nicht die Interessen der versicherten Person berücksichtigt und (auch) deckungsrechtliche Einwendungen gegen den Versicherungsanspruch geltend macht. Sollte hingegen der Versicherer den Abwehranspruch der versicherten Person im Direktprozess erfüllen, werden ihre Interessen hinreichend gewahrt. Es wäre daher unbillig, der versicherten Person eine erneute Prüfung der Haftpflicht in einem anschließenden Prozess zu ermöglichen. Des Weiteren schützt eine Bindung an alle haftungsrechtlichen Feststellungen unter der Bedingung, dass der Versicherer seinen Abwehranspruch im Direktprozess erfüllt, auch die versicherte Person. Denkbar ist etwa, dass die Direktklage aus haftungsrechtlichen Gründen teilweise abgewiesen wird. Hier hat der Versicherer erfolgreich haftungsrechtliche Einwendungen geltend gemacht. Ohne Bindungswirkung könnte jetzt die Versicherungsnehmerin grundsätzlich in einem anschließenden Haftpflichtprozess erneut versuchen, ihren ursprünglich geltend gemachten höheren Schaden durchzusetzen. Selbst wenn man ein solches Vorgehen als treuwidrig ansehen sollte, könnte die Versicherungsnehmerin ohne Bindungswirkung ihren ursprünglich geltend gemachten Schaden zur Grundlage für die Berechnung des anschließend einzuklagenden Selbstbehalts heranziehen.[989]

Der hypothetische Wille der versicherten Person ist somit unter der aufschiebenden Bedingung, dass der Versicherer seine Abwehrpflicht im Direktprozess erfüllt, auf eine Bindung an alle haftungsrechtlichen Feststellungen gerichtet.

Eine Bindung an alle haftungsrechtlichen Feststellungen unter Bedingung kann daher angenommen werden.[990] Die Bedingung führt dazu, dass

989 Zur Veranschaulichung folgendes Beispiel: die VN macht 10.000 Euro Schaden geltend, wegen des bestehenden Selbstbehalts i.H.v. 10% klagt sie im Direktprozess nur 9.000 Euro ein. Das Gericht geht im Direktprozess aber nur von einem Gesamtschaden in Höhe von 2.000 Euro aus, sodass auf Zahlung von 1.800 Euro verurteilt wird. Ohne Bindungswirkung könnte die VN anschließend trotzdem einen Selbstbehalt i.H.v. 1.000 Euro einklagen. Wäre die VN jedoch an alle haftungsrechtlichen Feststellungen gebunden, könnte die VN nur die Zahlung von 200 Euro gegenüber der vP durchzusetzen.

990 *Retter* in Schwintowski/Brömmelmeyer³, § 108 VVG, Rn. 58, und *Schulze Schwienhorst* in Looschelders/Pohlmann³, § 108 VVG, Rn. 15, nehmen unabhängig davon, ob der Versicherer seine Abwehrpflicht erfüllt hat, eine Bindungswirkung an.

die vertragliche Bindungswirkung nur eingreift, wenn der Versicherer seine Abwehrpflicht erfüllt hat.

(c) Zwischenergebnis

Eine ergänzende Vertragsauslegung der Abtretungsvereinbarung führt in jedem Fall und damit unabhängig davon, ob der Versicherer seiner Abwehrpflicht nachkommt, dazu, dass das festgestellte Nichtbestehen der Haftpflicht die Parteien bindet.[991] Darüber hinaus kommt es auch dann zu einer Bindung an alle haftungsrechtlichen Feststellungen, wenn der Versicherer im Direktprozess seine Abwehrpflicht erfüllt. Um Rechtsstreitigkeiten über die Wirksamkeit und Reichweite der ergänzenden Vertragsauslegung zu vermeiden, sollten die Parteien die Bindungswirkung unter der Bedingung, dass der Versicherer seine Abwehrpflicht im Direktprozess erfüllt, in die Abtretungsvereinbarung aufnehmen.

c) Begrenzter Anwendungsbereich einer bedingten Bindungswirkung

Eine sich aus der Abtretungsvereinbarung ergebende Bindungswirkung unter der Bedingung, dass der Versicherer seine Abwehrpflicht erfüllt, wird in der Praxis aber nur selten eingreifen. Das Interesse des Versicherers an einer Abweisung der Direktklage, unabhängig von den Gründen, steht einer solchen bedingten Bindungswirkung entgegen. Zu einer bedingten Bindungswirkung kommt es immer dann nicht, wenn der Versicherer zwar die Haftpflicht über mehrere Instanzen abwehren möchte, er aber im Falle einer festgestellten Haftpflicht deckungsrechtliche Einwendungen erheben will. Um nicht nach § 531 Abs. 2 ZPO daran gehindert zu sein, deckungsrechtliche Einwendungen in der Berufungsinstanz vorbringen zu können, müsste der Versicherer schon in der ersten Instanz und somit bevor die Haftpflicht in der letzten Instanz endgültig festgestellt wurde deckungsrechtliche Einwendungen geltend machen. Dies hätte aber zur Folge, dass der Versicherer nicht mehr seine Abwehrpflicht erfüllt und deshalb eine Bindung an haftungsrechtliche Feststellungen ausscheidet.

3. Bindungswirkung durch Zwischenfeststellungsklage

Das Interesse des Versicherers an einer Klageabweisung könnte durch eine Zwischenfeststellungsklage des Versicherers, welche dieser als gewillkürter

---

991 *Wandt* in MünchKomm VVG, 2. Band², § 108 VVG, Rn. 139; *Nissen*, KTS 2018, 29, 44; *Langheid*, VersR 2007, 865, 868; *Klimke*, r+s 2014, 105, 113; *Brinkmann*, ZIP 2017, 301, 306; *Lücke* in Prölss/Martin³¹, § 108 VVG, Rn. 28.

Prozessstandschafter der versicherten Person erheben müsste, berücksichtigt und so eine praxistaugliche Bindungswirkung erreicht werden.

Gemäß § 325 Abs. 1 ZPO beschränkt sich die Rechtskraft der Entscheidung auf die Parteien des Rechtsstreits und deren Rechtsnachfolger. Eine Rechtskrafterstreckung im Verhältnis zur versicherten Person kommt daher nur in Betracht, wenn der Versicherer als gewillkürter Prozessstandschafter eine Widerklage auf Feststellung des Nichtbestehens des Haftpflichtverhältnisses erhebt.[992] Der Versicherer müsste folglich durch die versicherte Person zur negativen Feststellungsklage hinsichtlich des Haftpflichtverhältnisses befugt sein. Eine solche Ermächtigung könnte schon in den AVB neben der Regulierungsbefugnis des Versicherers festgeschrieben werden.[993] Um einen unwirksamen Vertrag zulasten Dritter zu verhindern, müsste die Ermächtigung als Obliegenheit aufgenommen werden. Durch die in gewillkürter Prozessstandschaft erhobene Zwischenfeststellungsklage wäre es möglich, den Haftpflichtanspruch über mehrere Instanzen rechtskräftig feststellen zu lassen und während dieser Klärung den Direktprozess nach § 148 Abs. 1 ZPO auszusetzen. Sollte der Haftpflichtanspruch im Wege der Zwischenfeststellungsklage rechtskräftig festgestellt worden sein, hat der Versicherer seine Abwehrpflicht erfüllt und kann im wieder aufgenommenen Direktprozess deckungsrechtliche Einwendungen geltend machen. Da in einem solchen Fall eine rechtskräftige Entscheidung zur Haftpflicht vorliegt, welche aufgrund der Rechtskrafterstreckung unmittelbar die Versicherungsnehmerin und die versicherte Person binden würde, wäre eine sich aus der Abtretungsvereinbarung ergebende bedingte Bindungswirkung nicht mehr notwendig. Nur wenn der Versicherer keine Zwischenfeststellungsklage als gewillkürter Prozessstandschafter erhebt und die Direktklage allein aus haftungsrechtlichen Gründen abgewiesen wurde, würde die ergänzende Vertragsauslegung der Abtretungsvereinbarung eine einseitige Bindung der Versicherungsnehmerin ergeben.

IV. Zwischenergebnis

Die vorstehenden Untersuchungen führen zu folgendem Ergebnis: Die Rechtskraft eines klageabweisenden Urteils erstreckt sich unabhängig von den Gründen auch auf den wieder zurückübertragenen Freistellungsanspruch. Wird

---

992 *Baumann*, VersR 2010, 984, 991. Zur grundsätzlichen Möglichkeit das Nichtbestehen eines Rechtsverhältnisses durch einen gewillkürten Prozessstandschafter gerichtlich feststellen zu lassen: RG v. 27.4.1910, RGZ 73, 306, 308; *Assmann* in Wieczorek/Schütze, 4. Band[4], §§ 253 - 299a (2013), § 256 ZPO, Rn. 22.

993 *Baumann*, VersR 2010, 984, 991.

die Direktklage aus deckungsrechtlichen Gründen abgewiesen, bewirkt die Rechtskrafterstreckung, dass das Nichtbestehen des Abwehranspruchs auch im Verhältnis Versicherer und versicherte Person feststeht. Macht der Versicherer ausschließlich haftungsrechtliche Einwendungen geltend, erfüllt er seine Abwehrpflicht unabhängig vom Ausgang des Direktprozesses. Sofern der Versicherer vor einer endgültigen Feststellung der Haftpflicht deckungsrechtliche Einwendungen erhebt und die Direktklage erfolgreich ist oder aufgrund haftungsrechtlicher Einwendungen abgewiesen wurde, kommt er seiner Abwehrpflicht nicht nach. Der Versicherer muss dann in einem anschließenden Haftpflichtprozess Abwehrschutz gewähren. Dies ist nur dann nicht der Fall, wenn die Direktklage vollständig und ausschließlich aus haftungsrechtlichen Gründen abgewiesen wurde, da sich in einem solchen Fall aus der ergänzenden Vertragsauslegung eine Bindungswirkung zugunsten der versicherten Person ergibt. Der Abwehranspruch ist dann nach § 275 Abs. 1 BGB untergegangen.

Die ergänzende Vertragsauslegung der Abtretungsvereinbarung ergibt auch dann eine Bindungswirkung hinsichtlich aller haftungsrechtlichen Feststellungen, wenn der Versicherer seiner Abwehrpflicht im Direktprozess nachkommt. Da die Abwehrpflicht gegenüber dem Direktanspruch aber nur erfüllt ist, wenn der Versicherer erst nach der endgültigen Feststellung der Haftpflicht deckungsrechtliche Einwendungen geltend macht, wird sich die Bindungswirkung nur auf solche Fälle erstrecken, in denen der Versicherer ausschließlich haftungsrechtliche Einwendungen geltend macht. Um seine deckungsrechtlichen Einwendungen, die sich nach einer endgültigen Feststellung der Haftpflicht ergeben könnten, nicht zu verlieren, wird der Versicherer in der Regel schon in der ersten Instanz deckungsrechtliche Einwendungen geltend machen. Dadurch entfällt aber die Bindungswirkung. Um dennoch die Beteiligten an die haftungsrechtlichen Feststellungen im Direktprozess zu binden, bietet es sich an, das Bestehen oder Nichtbestehen des Haftpflichtanspruchs durch eine Zwischenfeststellungsklage des Versicherers in gewillkürter Prozessstandschaft rechtskräftig feststellen zu lassen.

Sollte der Versicherer nicht zur gewillkürten Prozessstandschaft berechtigt sein, könnte die geschädigte Versicherungsnehmerin der versicherten Person den Streit verkünden und so eine Bindungswirkung zu ihren Gunsten erzwingen. Die versicherte Person hätte in einer solchen Situation keine Möglichkeit, die Versicherungsnehmerin ebenfalls zu binden. Gleiches gilt im Verhältnis zum Versicherer. Die grundsätzliche Berechtigung von Versicherungsnehmerin und Versicherer zur Streitverkündung schwächt die Stellung der versicherten Person. Aber auch für die geschädigte Versicherungsnehmerin führt eine Streitverkündung nur zu einer eingeschränkten Interventionswirkung. So greift die

Interventionswirkung nur ein, wenn die Direktklage aus deckungsrechtlichen Gründen (teilweise) abgewiesen wurde. Ebenso greift die Interventionswirkung zugunsten des Versicherers nicht ein, wenn er aufgrund deckungsrechtlicher Einwendungen den Direktprozess gewonnen hat. Im Interesse aller Beteiligten sollte daher der Versicherer zur Zwischenfeststellungsklage in gewillkürter Prozessstandschaft im D&O-Versicherungsvertrag ermächtigt werden.

H. Anrechnung der Abwehrkosten

Sofern der D&O-Versicherungsvertrag eine Kostenanrechnungsklausel enthält, wird der Versicherer die bei der Abwehr des Direktanspruchs entstandenen Kosten auf die Versicherungssumme anrechnen wollen.

Ausgeschlossen ist die Anrechnung der Abwehrkosten immer dann, wenn der Versicherer ausschließlich deckungsrechtliche Einwendungen geltend macht. In einem solchen Fall entstehen dem Versicherer keine Abwehrkosten hinsichtlich der Haftpflicht. Schwieriger ist zu bestimmen, ob die Kostenanrechnung zulässig ist, wenn der Versicherer auch haftungsrechtliche Einwendungen geltend macht.

I. Ausschließlich haftungsrechtliche Einwendungen

Macht der Versicherer bis zu einer bindenden Feststellung der Haftpflicht allein haftungsrechtliche Einwendungen geltend, kommt er seiner Abwehrverpflichtung nach. Unerheblich ist dabei, ob die Abwehr erfolgreich war oder nicht.[994] Die hierbei entstehenden Kosten sind dann bei Erfüllung der Versicherungsschutzpflicht entstanden und daher auf die Versicherungssumme anzurechnen. Wird die Direktklage rechtskräftig abgewiesen, wirkt sich die Anrechnung der Abwehrkosten nur auf neue Versicherungsfälle aus. Gleiches gilt, wenn die Direktklage erfolgreich ist und die Versicherungssumme trotz der Anrechnung ausreicht, um den dann rechtskräftig festgestellten Direktanspruch zu erfüllen. In diesen Konstellationen kann die Anrechnung problemlos nach abgeschlossener direkter Inanspruchnahme durchgeführt werden.

Schwierigkeiten ergeben sich jedoch immer dann, wenn die Versicherungssumme aufgrund der entstandenen Abwehrkosten nicht mehr ausreicht, um den gerichtlich festgestellten Direktanspruch vollständig zu erfüllen. Besonders problematisch ist daran, dass die von dem Versicherer zu tragenden Abwehrkosten erst dann final feststehen, wenn der Direktanspruch endgültig festgestellt wurde.

---

994 Siehe zur Erfüllung des Abwehranspruchs im Direktprozess: Dritter Teil, B, II, 3, c und 4, b.

Die Abwehrkosten können somit erst nach einer rechtskräftigen Entscheidung auf die Versicherungssumme angerechnet werden. Das hätte zur Folge, dass der Versicherer eine ausgeschöpfte Versicherungssumme nicht gegen die Direktklage geltend machen könnte. Der Versicherer müsste also bis zu einem rechtskräftigen Urteil gegen sich warten, bis er die ausgeschöpfte Versicherungssumme einwenden kann. Diese Einwendung würde den Versicherer aber nicht mehr gegen den rechtskräftigen Titel der Versicherungsnehmerin schützen. Um eine Vollstreckung, die die Versicherungssumme übersteigt, zu verhindern, müsste der Versicherer Vollstreckungsabwehrklage gemäß § 767 ZPO erheben. Der Verbrauch der Versicherungssumme steht als rechtsvernichtende Einwendung dem Direktanspruch entgegen und entsteht erst nach dem rechtskräftigen Urteil zum Direktanspruch, sodass die Voraussetzungen für eine Vollstreckungsabwehrklage vorliegen. Die Direktklage würde somit dazu führen, dass der Versicherer nach einem verlorenen Direktprozess unmittelbar gegen die Versicherungsnehmerin klagen müsste.

Verhindern ließe sich dies durch eine Zwischenfeststellungklage des Versicherers in gewillkürter Prozessstandschaft. Durch die Zwischenfeststellungsklage wäre es möglich, die Haftpflicht rechtskräftig festzustellen, die dabei entstandenen Abwehrkosten zu bestimmen und im Anschluss eine ausgeschöpfte Versicherungssumme im wieder aufgenommenen Direktprozess einzuwenden.

II. Deckungs- und haftungsrechtliche Einwendungen

Ob der Versicherer Abwehrkosten auch dann anrechnen kann, wenn er deckungsrechtliche Einwendungen vor einer endgültigen Klärung der Haftpflicht geltend macht, ist fraglich.

1. *Klageabweisung*

Wird die Direktklage abgewiesen, stellt sich für weitere Versicherungsfälle die Frage, ob die Versicherungssumme durch den Direktprozess verringert wurde. Der Versicherer verteidigt in einer solchen Konstellation allein sich und kommt seiner Versicherungsschutzpflicht gerade nicht nach, sodass grundsätzlich eine Anrechnung entstandener Verteidigungskosten ausscheidet.

Eine Ausnahme hiervon könnte immer dann gelten, wenn die Direktklage aufgrund haftungsrechtlicher Einwendungen abgewiesen wurde und die versicherte Person durch die Bindung der Versicherungsnehmerin[995] vor weiteren

995 Hierzu Vierter Teil, G, III, 2, b.

Prozessen bewahrt wird. Hier hat der Versicherer, ohne dies zu beabsichtigen, reflexhaft die versicherte Person geschützt. Es wäre unbillig bei einem solchen Ergebnis, dem Schutz der versicherten Person, eine Anrechnung der Kosten zu verneinen, die bei der erfolgreichen Abwehr der Haftpflicht entstanden und nicht von der unterlegenen Versicherungsnehmerin zu übernehmen sind. Da der Versicherer aber nicht mit Abwehrwillen handelt, muss er in einer solchen Situation genau nachweisen, welche Kosten allein hinsichtlich der haftungsrechtlichen Einwendungen entstanden sind. Die Kosten, die auch dazu dienten, sich gegen die Direktklage mit deckungsrechtlichen Einwendungen zu verteidigen, haben nicht zum reflexhaften Schutz der versicherten Person geführt und sind im Zweifel nicht zu ersetzen.

2. *Erfolg der Direktklage*

Waren die deckungs- und die haftungsrechtlichen Einwendungen des Versicherers erfolglos, obsiegt die Versicherungsnehmerin im Direktprozess. Das Ergebnis unterscheidet sich somit nicht davon, wenn der Versicherer im Direktprozess seiner Abwehrpflicht ordnungsgemäß, aber erfolglos nachkommt. Dennoch macht es gerade für die versicherte Person einen Unterschied, ob während des Direktprozesses ihre Interessen vertreten wurden und sie auch ansonsten von dem Versicherer unterstützt wurde. Der Versicherer erfüllt nicht seine Abwehrpflicht und erreicht auch nicht mittelbar einen Schutz der versicherten Person. Eine Anrechnung der Verteidigungskosten scheidet deshalb aus.

Anderes gilt auch nicht, wenn der Versicherer durch haftungsrechtliche Einwendungen zumindest eine Teilabweisung der Klage erreicht. Eine Bindung der Versicherungsnehmerin an diese Entscheidung zugunsten der versicherten Person scheidet aus,[996] sodass die versicherte Person nicht einmal teilweise reflexhaft geschützt wird.

III. Zwischenergebnis

Bei einer Direktklage besteht für den Versicherer das Risiko, dass er die Abwehrkosten nicht mehr auf die Versicherungssumme anrechnen kann. Immer dann, wenn der Versicherer seine Versicherungsschutzpflicht ablehnt, bevor die Haftpflicht endgültig festgestellt wurde und die Direktklage (teilweise) Erfolg hat, kann er keine Abwehrkosten auf die Versicherungssumme anrechnen. Nur wenn die Direktklage mangels Haftung abgewiesen wird und die

996 Siehe: Vierter Teil, G, III, 2, b.

Versicherungsnehmerin auch gegenüber der versicherten Person daran gebunden ist, kann der Versicherer die hinsichtlich der Haftpflicht entstandenen Verteidigungskosten anrechnen. Problematisch ist daran aber, wie auch im Falle einer im Direktprozess erfüllten Abwehrpflicht, dass die Abwehrkosten erst nach einem rechtskräftigen Urteil feststehen. Der Versicherer müsste daher Vollstreckungsabwehrklage erheben. Sinnvoller wäre es hingegen, wenn der Versicherer in gewillkürter Prozessstandschaft die Haftpflicht im Wege der Zwischenfeststellungsklage rechtskräftig feststellen lässt. Er könnte dann schon in der ersten Instanz der Direktklage die Abwehrkosten berechnen und eine ausgeschöpfte Versicherungssumme einwenden.

I. Prozesskosten

Sollte der Versicherer den Direktanspruch bestreiten, ist die Versicherungsnehmerin auf eine gerichtliche Durchsetzung angewiesen. Die dabei entstehenden Prozesskosten erhält die Versicherungsnehmerin von dem Versicherer nur dann, wenn die Klage erfolgreich ist. Da meist Anwälte auf Honorarbasis mandatiert werden, würden sogar bei einem Erfolg der Direktklage Prozesskosten bei der Versicherungsnehmerin verbleiben. Wird die Klage jedoch abgewiesen, muss die Versicherungsnehmerin neben ihren eigenen auch die Prozesskosten des Versicherers tragen.

Die Versicherungsnehmerin könnte sich daher an die versicherte Person wenden und diese hinsichtlich der Prozesskosten in Anspruch nehmen. Dazu kommen insbesondere zwei Anspruchsgrundlagen in Betracht. Der Versicherungsnehmerin könnte ein Schadensersatzanspruch nach § 280 Abs. 1 BGB in Höhe der Prozesskosten zustehen. Möglich wäre aber ebenfalls, dass die versicherte Person Aufwendungsersatz schuldet.

I. Schadensersatzanspruch

Ein Schadensersatzanspruch der Versicherungsnehmerin setzt voraus, dass die versicherte Person eine in der Abtretungsvereinbarung enthaltende Pflicht verletzt hat. Sollte die Direktklage aus haftungsrechtlichen Gründen abgewiesen werden, wären der Versicherungsnehmerin die Prozesskosten auch entstanden, wenn sie ausschließlich den Haftpflichtanspruch eingeklagt hätte. Die Abtretung war folglich für die entstandenen Prozesskosten nicht kausal.[997]

---

997 *Grooterhorst/Looman*, NZG 2015, 215, 220; *Lange*, r+s 2011, 185, 197.

Sollten hingegen deckungsrechtliche Einwendungen zur Klageabweisung geführt haben, wären die Prozesskosten nicht entstanden, wenn die Versicherungsnehmerin den Haftpflichtanspruch gegen die versicherte Person eingeklagt hätte. Die Abtretung war somit kausal für die entstandenen Prozesskosten. Als Pflichtverletzung kommt deshalb die Abtretung eines mit deckungsrechtlichen Mängeln behafteten Freistellungsanspruchs in Betracht.[998]

Es erscheint aber fraglich, ob die versicherte Person einen Freistellungsanspruch frei von deckungsrechtlichen Einwendungen schuldet. Die versicherte Person tritt den Freistellungsanspruch mit dem Ziel ab, eine einheitliche und abschließende Klärung von Haftpflicht und Deckung zu ermöglichen. In dem der Abtretung zugrunde liegenden Verpflichtungsgeschäft kann allerdings keine Zusage eines erfolgreichen Direktprozesses gesehen werden.[999] Die Versicherungsnehmerin nimmt in Kenntnis dessen die Abtretung auch nur erfüllungshalber an. Aufgrund der Annahme erfüllungshalber kann die Versicherungsnehmerin nach einer Klageabweisung aus deckungsrechtlichen Gründen erneut gegen die versicherte Person vorgehen. Der versicherten Person zu unterstellen, dass die Abtretungsvereinbarung trotzdem noch eine Gewährleistung für die Freiheit von deckungsrechtlichen Einwendungen enthält, geht zu weit.[1000] Die Abtretung eines mit Einwendungen behafteten Freistellungsanspruchs stellt somit keine Pflichtverletzung dar. Ein Schadensersatzanspruch in Höhe der Prozesskosten scheidet folglich aus.[1001]

II. Aufwendungsersatzanspruch

Die versicherte Person könnte aber nach § 670 BGB verpflichtet sein, die Prozesskosten als ersatzfähige Aufwendungen zu erstatten.

1. Allgemeines

Bevor untersucht werden kann, ob die versicherte Person der Versicherungsnehmerin Aufwendungsersatz in Höhe der Prozesskosten schuldet, sollen der

998 *Grooterhorst/Looman*, NZG 2015, 215, 220; in diese Richtung wohl auch: *Lange*, r+s 2011, 185, 197.

999 *Thomas*, S. 474, spricht davon, dass die VN das „Kostenrisiko" freiwillig übernommen habe.

1000 *Gernhuber*^{2}, § 9, I, 14, „Gewährleistung ist dagegen [bei der Leistung erfüllungshalber] fehl am Platz".

1001 *Thomas*, S. 474; *Langheid*, VersR 2007, 865, 867.

Aufwendungsersatzanspruch allgemein und bei einer Abtretung erfüllungshalber dargestellt werden.

a) Begründung eines Aufwendungsersatzanspruchs

Gemäß § 670 BGB steht dem Beauftragten ein Aufwendungsersatzanspruch zu. Ein solcher Aufwendungsersatzanspruch wird mit der unentgeltlichen Wahrnehmung fremder Interessen begründet.[1002] Dem Beauftragten soll dadurch, dass er „seine Arbeitskraft und seine Zeit uneigennützig für den Auftraggeber" eingesetzt hat, kein Vermögensnachteil entstehen.[1003] Vielmehr soll der Auftraggeber die Kosten für die Verfolgung seiner eigenen Interessen tragen.[1004] Dabei steht es einem Auftragsverhältnis nicht entgegen, wenn der Beauftragte auch eigene Interessen verfolgt.[1005] Von § 670 BGB sind jedoch solche Vermögensopfer nicht umfasst, die der Beauftragte „zu eigenen Zwecken" erbracht hat.[1006] Für einen Ersatzanspruch nach § 670 BGB kommt es demnach darauf an, ob die Aufwendungen dem Interesse des Auftraggebers dienen.

b) Aufwendungsersatzanspruch bei der Abtretung erfüllungshalber

Der Zessionar und Gläubiger der zugrunde liegenden Schuld ist bei einer Abtretung erfüllungshalber grundsätzlich zu einer vorrangigen Durchsetzung des abgetretenen Anspruchs verpflichtet. Ihn trifft eine „Verwertungspflicht".[1007] Der Zessionar und Gläubiger bemüht sich demnach freiwillig um eine anderweitige Befriedigung.[1008] Nur im Falle eines erfolglosen Befriedigungsversuchs kann der Zessionar wieder gegen den Zedenten als Schuldner der zugrunde liegenden Forderung vorgehen. Für die Verwertung des erfüllungshalber abgetretenen Anspruchs erlangt der Zessionar keine unmittelbare Gegenleistung vom Zedenten und Schuldner der zugrunde liegenden Forderung. Der Zedent beabsichtigt mit einer Abtretung erfüllungshalber, dass seine Schuld durch eine anderweitige Befriedung des Gläubigers erlischt, und dies, ohne selbst für die

1002 *Schäfer* in MünchKomm BGB, 5/2. Band^{8}, Schuldrecht – Besonderer Teil III/2 (2020), § 670 BGB, Rn. 1.

1003 *Martinek/Omlor* in Staudinger, 2. Buch, §§ 662–675b (2017), § 670 BGB, Rn. 1.

1004 BGH v. 17.11.2011, NZI 2012, 255, Rn. 17; *Sprau* in Palandt^{80}, § 670 BGB, Rn. 1.

1005 *Martinek/Omlor* in Staudinger, 2. Buch, § 662 BGB, Rn. 27.

1006 *Martinek/Omlor* in Staudinger, 2. Buch, § 670 BGB, Rn. 11.

1007 *Olzen* in Staudinger, 2. Buch, § 399 BGB, Rn. 21; *Grüneberg* in Palandt^{80}, § 364 BGB, Rn. 7.

1008 *Köhler*, WM 1977, 242, 252.

Verwertung des erfüllungshalber abgetretenen Anspruchs tätig zu werden. Einer Abtretung erfüllungshalber liegt deshalb ein auftragsähnliches Rechtsverhältnis zugrunde.[1009]

Wie das temporär beschränkte Durchsetzungshindernis zeigt, soll bei einer Abtretung erfüllungshalber das Verwertungsrisiko weiterhin bei dem Zedenten verbleiben.[1010] Zu dem Verwertungsrisiko gehören auch die Aufwendungen, die bei der erfolglosen Verwertung entstanden sind. Der Zedent einer Abtretung erfüllungshalber soll daher grundsätzlich dazu verpflichtet sein, auch die Verwertungskosten nach § 670 BGB (analog) zu übernehmen.[1011]

2. *Aufwendungsersatzanspruch auch im Direktprozess*

Fraglich ist aber, ob sich diese Überlegungen auch auf eine Abtretung des Freistellungsanspruchs vor einer verbindlichen Klärung der Haftpflichtfrage übertragen lassen. Wird der Zedent bei einer Abtretung erfüllungshalber meist ein großes Interesse an einer erfolgreichen Verwertung des abgetretenen Anspruchs und einer damit einhergehenden Tilgung seiner Schuld haben,[1012] sind die Interessen bei der versicherten Person anders gelagert.

a) Interessen bei Abtretung des Freistellungsanspruchs

Die versicherte Person bezweckt mit der Abtretung, den Haftungs- und den Versicherungsfall umfassend und endgültig in einem Prozess abzuwickeln. Meist wird der versicherten Person aufgrund der damit einhergehenden Reputationsschädigung und drohenden Eigenbeteiligung am Schadensausgleich nicht an einem Erfolg der Direktklage gelegen sein. Vielmehr erschöpft sich das Interesse der versicherten Person regelmäßig in einer sie nicht unmittelbar belastenden Abwehr des Haftpflichtanspruchs durch den Versicherer. Ihr Interesse an einer erfolgreichen Abwehr gibt die versicherte Person unter anderem dadurch zu erkennen, dass sie den Haftpflichtanspruch nicht anerkannt hat. Die

1009 BGH v. 12.7.1984, BGHZ 92, 123, 127; *Grüneberg* in Palandt[80], § 364 BGB, Rn. 7; *Olzen* in Staudinger, 2. Buch, § 364 BGB, §§ 362 - 396 (2016), Rn. 25, m.w.N.

1010 *Olzen* in Staudinger, 2. Buch, § 399 BGB, Rn. 21; *Retter* in Schwintowski/Brömmelmeyer[3], § 108 VVG, Rn. 47.

1011 BGH v. 12.7.1984, BGHZ 92, 123, 127; *Köhler*, WM 1977, 242, 252; *Olzen* in Staudinger, 2. Buch, § 399 BGB, Rn. 25; *Grüneberg* in Palandt[80], § 364 BGB, Rn. 7; *R. Koch* in Liber amicorum Gerrit Winter (2007), 345, 359.

1012 Wie bspw. bei einer Freizeichnung von Gewährleistungsansprüchen, vgl. BGH v. 12.7.1984, BGHZ 92, 123, 126 f.

Verwertung des erfüllungshalber abgetretenen Freistellungsanspruchs ist daher nicht im Interesse der versicherten Person. Demgegenüber bezweckt die geschädigte Versicherungsnehmerin, den Direktanspruch vollständig durchzusetzen. Ihre Befriedigung aus dem Direktanspruch erreicht die Versicherungsnehmerin nur, wenn sie die Haftpflicht erfolgreich darlegt und beweist. Die Interessen von versicherter Person und Versicherungsnehmerin sind damit bei der Abtretung des Freistellungsanspruchs insoweit gegensätzlich. Sie überschneiden sich nur dahingehend, dass beide eine Abwicklung von Haftpflicht- und Versicherungsfall im Verhältnis Versicherungsnehmerin und Versicherer anstreben. Erst wenn die Haftpflicht im Direktprozess verbindlich festgestellt wurde oder der Versicherer seine Deckungspflicht bestreitet, weicht das primäre Abwehrinteresse der versicherten Person dem Interesse an einer erfolgreichen Direktklage. Die Versicherungsnehmerin verfolgt erst ab diesem Zeitpunkt ein durch Wegfall des primären Interesses relevant gewordenes sekundäres Interesse der versicherten Person.

Es ist zweifelhaft, ob eine solche nur unter bestimmten Voraussetzungen eintretende Interessenverfolgung tatsächlich zu einer Kostenübernahme nach § 670 BGB analog führt.

(1) Ausgangsunabhängige Prozesskosten

Die versicherte Person wird kaum damit rechnen, Prozesskosten, die unabhängig vom Obsiegen der Versicherungsnehmerin entstehen, übernehmen zu müssen. Solche ausgangsunabhängigen Prozesskosten werden meist durch Anwälte auf Honorarbasis verursacht. Auf eine Auswahl dieser hat die versicherte Person aber keinerlei Einfluss, sodass eine Übernahmepflicht dieser Kosten schon unbillig sein dürfte.

(2) Prozesskosten in Bezug auf die Haftpflicht

In einem solchen Fall hat die Versicherungsnehmerin erfolglos ihre eigenen Interessen verfolgt. Für die Versicherungsnehmerin ist erkennbar, dass sie durch eine Abtretung nicht von den Rechtsverfolgungskosten hinsichtlich der Haftpflicht befreit werden soll. Damit sind Prozesskosten, die aufgrund haftungsrechtlicher Einwendungen bei der Versicherungsnehmerin verbleiben, nicht nach § 670 BGB analog zu ersetzen.[1013]

1013 *R. Koch* in Liber amicorum Gerrit Winter (2007), 345, 361; *ders.* in Bruck/Möller, 4. Band[9], § 108 VVG, Rn. 69; *Retter* in Schwintowski/Brömmelmeyer[3], § 108 VVG, Rn. 47.

(3) Prozesskosten in Bezug auf die Deckungspflicht

Insoweit der Versicherer deckungsrechtliche Einwendungen geltend macht und die Versicherungsnehmerin diese entkräftet, handelt die Versicherungsnehmerin auch im Interesse der versicherten Person.[1014] In Verbindung mit der Verwertungspflicht der Versicherungsnehmerin könnte sich daher ergeben, dass die versicherte Person das Kostenrisiko hinsichtlich der Deckungspflicht tragen soll.[1015] Bei einem reinen Haftpflichtprozess wären der geschädigten Versicherungsnehmerin keine Kosten hinsichtlich der Deckungspflicht entstanden.[1016] Vielmehr hätte die versicherte Person zu ihrem eigenen Schutz den Deckungsanspruch auf eigene Kosten durchsetzen müssen. Durch die Auslegung der Abtretungsvereinbarung nach §§ 157, 242 BGB könnte sich aber ergeben, dass die Versicherungsnehmerin auch die Prozesskosten in Bezug zur Deckungspflicht tragen muss.

Durch die Abtretung erfüllungshalber wird sich die versicherte Person zwar bewusst sein, dass eine persönliche Inanspruchnahme droht, falls die Direktklage abgewiesen wird. Kaum wird die versicherte Person jedoch damit rechnen, dass ihr nun auch die Prozesskosten der Direktklage zugewiesen werden. Das gilt insbesondere deshalb, weil die Versicherungsnehmerin meist die Partei sein wird, welche die Abtretung initiiert. Des Weiteren wird die versicherte Person nicht bereit sein, die Prozesskosten zu übernehmen, wenn die Direktklage aufgrund deckungsrechtlicher Einwendungen, die die Versicherungsnehmerin verursacht hat, abgewiesen wurde. Eine Besonderheit bei der Abtretung des D&O-Freistellungsanspruchs ist nämlich, dass dort die Versicherungsnehmerin den durch sie geschaffenen und von ihr weiterhin abhängigen Versicherungsanspruch verwertet. Ebenso wäre es kompliziert, zuzuordnen, welche Prozesskosten wegen deckungsrechtlicher und welche aufgrund haftungsrechtlicher Einwendungen entstanden sind. Selten wird sich klar zwischen Prozesskosten mit Bezug zur Haftung und solchen mit Bezug zur Deckung trennen lassen, wenn Einwendungen gegen beide simultan im Direktprozess geltend gemacht werden. Rechtsstreitigkeiten zwischen Versicherungsnehmerin und versicherter Person hinsichtlich der Prozesskosten wären dann vorprogrammiert. Das würde

1014 *Köhler*, WM 1977, 242, 252, ohne „abweichende Vereinbarung" ergebe sich eine Kostentragungspflicht des Zedenten durch Auslegung aus der zugrunde liegenden Abtretung erfüllungshalber.

1015 *Lange*, r+s 2011, 185, 197; *Retter* in Schwintowski/Brömmelmeyer[3], § 108 VVG, Rn. 47, dieser grundsätzlich zum Direktanspruch in einer Haftpflichtversicherung.

1016 *Lange*, r+s 2011, 185, 197.

aber dem Interesse beider Parteien an einer einheitlichen und verbindlichen Abwicklung des Haftpflicht- und des Versicherungsfalls ohne eine direkte Auseinandersetzung zwischen beiden entgegenstehen.

Die Abtretungsvereinbarung ist daher dahingehend auszulegen, dass die Versicherungsnehmerin das Kostenrisiko für die Verwertung des Direktanspruchs vollumfänglich trägt.[1017]

b) Zwischenergebnis

Der geschädigten Versicherungsnehmerin steht folglich kein Aufwendungsersatzanspruch zu.

III. Zwischenergebnis

Die Versicherungsnehmerin kann die im Direktprozess entstandenen Prozesskosten nicht von der versicherten Person verlangen. Dennoch verbleibt der versicherten Person ohne ausdrückliche Regelung ein erhebliches Risiko, dass die Versicherungsnehmerin auch nach einer Abweisung der Direktklage die versicherte Person hinsichtlich der ihr verbleibenden Prozesskosten in Anspruch nimmt. Selbst wenn diese anschließende Klage keine Aussicht auf Erfolg hat, stellt sie doch eine erhebliche Belastung für die versicherte Person und damit ein Druckmittel für die Versicherungsnehmerin dar. Für die versicherte Person bietet es sich deshalb an, die Prozesskostenübernahme durch die Versicherungsnehmerin ausdrücklich zu normieren.[1018]

J. Abtretungsbeispiel aus der Praxis

Nachdem die offenen Rechtsfragen bei einer durch Abtretung ermöglichten direkten Inanspruchnahme erörtert wurden, soll an einer veröffentlichten Abtretungsvereinbarung untersucht werden, welche der potenziellen Konfliktfelder von den Parteien wie geregelt wurden.

Der der Abtretungsvereinbarung zugrunde liegender Haftungsfall war eine 2009 aufgedeckte Korruptionsaffäre bei einem Unternehmen der Schwerindustrie. Ehemaligen Vorstandsmitgliedern wurde vorgeworfen, ihre Aufsichtspflichten verletzt zu haben.[1019] Im Jahr 2014 schlossen das Unternehmen und

---

1017 *Thomas*, S. 474; *Langheid*, VersR 2007, 865, 867.

1018 Eine solche Vereinbarung empfehlend: *R. Koch* in Bruck/Möller, 4. Band^9, § 108 VVG, Rn. 70.

1019 *Lange*, § 2, Rn. 269.

ein ehemaliges Vorstandsmitglied einen „Individualvergleich"[1020], der auf dem im selben Jahr abgeschlossenen D&O-Vergleich[1021] aufbaute. Von diesem D&O-Vergleich waren Ansprüche hinsichtlich eines weiteren Komplexes ausdrücklich ausgenommen.[1022] Deshalb vereinbarten das Unternehmen und das ehemalige Vorstandsmitglied in dem Individualvergleich folgende Abtretungsvereinbarung:

§ 3
Komplex […]

3.1 [*Infrage stehende Haftpflicht*]
[…]
3.2 [*Verbleibende Deckungssumme*]
[…]
3.3 [*Abtretung des Freistellungsanspruchs erfüllungshalber*]

Die Parteien sind sich einig, dass im Falle einer Inanspruchnahme von [dem ehemaligen Vorstandsmitglied] die Durchsetzung und Abwicklung von etwaigen Ansprüchen [des Unternehmens] gegen [das ehemalige Vorstandsmitglied] aus oder im Zusammenhang mit dem Komplex […] nach Möglichkeit ausschließlich im Verhältnis zwischen [dem Unternehmen] und den D&O Versicherern erfolgen soll. [Das ehemalige Vorstandsmitglied] tritt alle ihm zustehenden Deckungsansprüche gegen die D&O Versicherer im Sinne der Ziff. 1.1 der Versicherungsbedingungen des Grundvertrages der D&O Versicherung wegen Ansprüchen aus oder im Zusammenhang mit dem Komplex […] umfassend und unbedingt erfüllungshalber an [das Unternehmen] ab. [Das Unternehmen] nimmt die Abtretung an. Unberührt bleibt ein etwaiger Anspruch von [dem ehemaligen Vorstandsmitglied] gegen die D&O Versicherer auf gerichtliche und außergerichtliche Abwehr von Ansprüchen wegen des Komplexes […] vor dem Hintergrund der nachstehend angeführten Mitwirkungspflichten.

3.4 [*Mitwirkungspflichten und Obliegenheiten nach Abtretung und drohende Vertragsstrafe*]

1020 Der Individualvergleich ist auf folgender Website veröffentlich: (abgerufen am 7.12.2019) https://www.corporate.man.eu/man/media/de/content_medien/doc/global_corporate_website_1/investor_relations_1/hv/2014_8/man_hv_2014_individualvergleich_samuelsson_d.pdf.

1021 Der D&O-Vergleich ISAR ist unter folgendem Link zu finden: (abgerufen am 7.12.2019) https://www.corporate.man.eu/man/media/de/content_medien/doc/global_corporate_website_1/investor_relations_1/hv/2014_8/man_hv_2014_d_o_vergleich_d.pdf.

1022 Ziff. 2.7 des D&O-Vergleichs ISAR zwischen dem Unternehmen und den D&O-VR (abgerufen am 7.12.2019): https://www.corporate.man.eu/man/media/de/content_medien/doc/global_corporate_website_1/investor_relations_1/hv/2014_8/man_hv_2014_d_o_vergleich_d.pdf.

Die versicherungsvertraglichen und gesetzlichen Mitwirkungspflichten und Obliegenheiten von [dem ehemaligen Vorstandsmitglied] gegenüber den D&O Versicherern bleiben von der Abtretung unberührt.

[Das ehemalige Vorstandsmitglied] bleibt auch im Falle einer etwaigen Anspruchsablehnung der D&O Versicherer oder im Falle einer Klage [des Unternehmens]gegen die D&O Versicherer aus oder im Zusammenhang mit dem Komplex [...] verpflichtet, die D&O Versicherer bei der Abwehr der Ansprüche zu unterstützen, ihnen insbesondere wahrheitsgemäße und ausführliche Schadenberichte zu erstatten, ihnen alle Umstände, die nach Ansicht der D&O Versicherer für die Bearbeitung des Schadenfalls wichtig sind, mitzuteilen und alle nach Ansicht der D&O Versicherer für die Beurteilung des Schadenfalles erheblichen Schriftstücke einzureichen.

Im Falle (i) etwaiger Verstöße gegen diese Mitwirkungspflichten trotz schriftlicher Aufforderung der Versicherer zur Mitwirkung oder (ii) einer erheblichen Verletzung von Obliegenheiten zum Nachteil der D&O Versicherer ist eine Vertragsstrafe je Verstoß von EUR 50.000,00 bis EUR 250.000,00, maximal insgesamt nicht mehr als EUR 500.000,00, unter Ausschluss der Einrede des Fortsetzungszusammenhangs an die D&O Versicherer zu zahlen. Die von den D&O Versicherern zu bestimmende Vertragsstrafe hat billigem Ermessen zu entsprechen. Das Recht [des ehemaligen Vorstandsmitglieds], bei Unbilligkeit der von den D&O Versicherern festgesetzten Vertragsstrafe Klage zu erheben, bleibt hiervon unberührt.

Etwaige weitergehende versicherungsvertragliche Konsequenzen wegen Obliegenheitsverletzung bleiben ebenfalls von Vorstehendem unberührt.

Die vorstehenden Regelungen stellen einen echten Vertrag zugunsten Dritter dar und begründen einen unmittelbaren Anspruch der D&O Versicherer gegen [das ehemalige Vorstandsmitglied]. Irgendwelche Pflichten von [dem Unternehmen] werden durch diese Regelungen nicht begründet.

3.5 [*Subsidiäre und begrenzte Abwehrkostenübernahme durch das Unternehmen*]

Soweit die für [das ehemalige Vorstandsmitglied] anfallenden Kosten der Auseinandersetzungen wegen des Komplexes [...] nicht von den D&O Versicherern übernommen werden, stellt [das Unternehmen das ehemalige Vorstandsmitglied] von seinen der Bedeutung des Rechtsstreits und seiner Reputation angemessenen Kosten auf Vorlage von Stundenabrechnungen bzw. im Fall gerichtlicher Auseinandersetzungen von den gesetzlichen Gebühren, wenn diese höher sind, bis zu einer Höhe von EUR 250.000,00 frei.

3.6 [...]

I. Klarstellendes

Die Abtretungsvereinbarung sorgt teilweise für Rechtsklarheit. Nach Ziff. 3.3 der Vereinbarung wird ausschließlich der Freistellungsanspruch erfüllungshalber abgetreten und der gesamte Versicherungsfall soll zwischen der Gesellschaft – als Versicherungsnehmerin – und den Versicherern abgewickelt werden. Gleichzeitig sollen die Abwehransprüche bei dem ehemaligen Vorstandsmitglied – als versicherte Person – verbleiben. Damit weder der Direktanspruch noch der Abwehranspruch wegen einer Verletzung von Mitwirkungspflichten und Obliegenheiten erlischt oder geschmälert wird, stellt Ziff. 3.4 klar, dass die Mitwirkungspflichten und Obliegenheiten auch während der direkten Abwicklung gelten. Um die Befolgung dieser Obliegenheiten sicherzustellen, weist Ziff. 3.4 Abs. 3 den Versicherern das Recht zu, Vertragsstrafen zu verhängen. Da die Versicherer nicht an der Abtretungsvereinbarung beteiligt sind, enthält die Abtretungsvereinbarung, wie Ziff. 3.4 Abs. 5 klarstellt, einen Vertrag zugunsten Dritter.

II. Kritik

Problematisch ist an der dargestellten Abtretungsvereinbarung, dass Ziff. 3.4 Abs. 2 die versicherte Person generell verpflichtet, die Versicherer „bei der Abwehr der Ansprüche zu unterstützen". Die Unterstützungspflicht gilt somit unabhängig davon, ob die Versicherer deckungs- oder haftungsrechtliche Einwendungen gegen den Direktanspruch geltend machen. Erschwerend kommt für die versicherte Person hinzu, dass die Versicherer einseitig Vertragsstrafen gegen sie verhängen können. Das Recht, Vertragsstrafen zu verhängen, gilt unabhängig davon, ob die Versicherer während einer direkten Inanspruchnahme ihre Abwehrpflicht erfüllen.[1023] Eine verbindliche Klarstellung, dass auch während der direkten Inanspruchnahme die Abwehrpflicht zu erfüllen ist, hätte nur mit den Versicherern vereinbart werden können. Ziff. 3.5 regelt, dass die Versicherungsnehmerin Abwehrkosten der versicherten Person übernimmt, falls die Versicherer keinen Abwehrschutz gewähren. Die Kostenübernahme ist jedoch auf 250.000,00 Euro begrenzt und dürfte durch eine angemessene Verteidigung gegen einen geltend gemachten Schaden in Höhe von 577.313.260,26 Euro[1024] schnell verbraucht sein.

Neben diesen Problemen adressiert die vorliegende Abtretungsvereinbarung viele der oben angesprochenen Rechtsfragen nicht. Ungeregelt ist, wonach sich die Fälligkeit des Direktanspruchs richtet. Außerdem ist nicht klärend festgestellt, wie Darlegungs- und Beweislast in einem Direktprozess verteilt sind.

1023 Zur Erfüllung des Abwehranspruchs während der direkten Inanspruchnahme: Dritter Teil, B, II, 3, c.

1024 In dieser Höhe machte das Unternehmen einen Schadensersatzanspruch im Oktober 2014 geltend, Ziff. 1.5 des D&O-Vergleichs zwischen dem Unternehmen und den VR, abgerufen am 7.12.2019 unter: https://www.corporate.man.eu/man/media/content_medien/doc/global_corporate_website_1/investor_relations_1/hv/2019_28/MAN-HV-2019_DO-Vergleichsvereinbarung_FS-IPIC_DE.pdf.

Ebenso finden sich keine Ausführungen dazu, ob und wie eine Entscheidung im Direktprozess Bindungswirkung gegenüber der versicherten Person entfaltet. Des Weiteren ist nicht festgelegt, ob entstehende Abwehrkosten auf die Versicherungssumme angerechnet werden. Unbeantwortet ist ebenfalls die Frage, wer die Kosten für die direkte Inanspruchnahme übernehmen muss.

III. Zwischenergebnis

Die vorliegende Abtretungsvereinbarung führt kaum zu Rechtsklarheit. Die Versicherer wurden nicht direkt einbezogen, sodass die Abtretungsvereinbarung in ihrer Reichweite begrenzt ist und das Potenzial hat, die versicherte Person einseitig schlechterzustellen. Die vorliegende Abtretungsvereinbarung ist daher nicht geeignet, eine effizientere Abwicklung des Versicherungsfalls durch eine direkte Inanspruchnahme sicherzustellen. Vielmehr droht aufgrund der weiterhin offenen Rechtsfragen, dass sich die Abwicklung des Versicherungsfalls verkompliziert.

K. Zusammenfassung

Eine durch Abtretung ermöglichte direkte Inanspruchnahme führt zu einer Reihe strittiger Rechtsfragen, die noch nicht Gegenstand höchstrichterlicher Rechtsprechung waren. Die damit einhergehende Rechtsunsicherheit läuft dem Interesse der Beteiligten an einer effizienten Abwicklung des Versicherungsfalls zuwider.

Durch den Versuch, Haftpflicht- und Deckungsverhältnis in einem deckungsrechtlichen Prozess abschließend und ohne aktive Beteiligung der an beiden Rechtsverhältnissen beteiligten versicherten Person zu klären, entstehen die dargestellten Probleme.

Ohne Regelungen zur Bindungswirkung droht in Anschlussprozessen eine erneute Haftpflichtprüfung. Dies könnte teilweise durch eine Streitverkündung umgangen werden, die dann doch zu einer Beteiligung der versicherten Person führen und diese einseitig binden würde. Selbst die Rechtsfragen, die durch eine Auslegung in interessengerechter Weise beantwortet werden könnten, beinhalten Konfliktpotenzial. In einem schon bestehenden Rechtsstreit wird keine der Seiten eine ihr im konkreten Streitfall ungünstige Auslegung akzeptieren.

Immer dann, wenn die Versicherungsnehmerin und der Versicherer über den Direktanspruch streiten, droht der versicherten Person, dass ihre Interessen unberücksichtigt bleiben. Als nicht am Direktprozess beteiligte Person hat sie einen geringeren Einfluss auf einen Prozess, der sich mit ihrer Haftpflicht auseinandersetzt. Des Weiteren ist die versicherte Person als in der Regel wirtschaftlich schwächste Beteiligte kaum in der Lage, Versicherer und Versicherungsnehmerin mit einer äquivalenten Rechtsberatung zu begegnen. Eine Abtretung kann daher von der Versicherungsnehmerin und dem Versicherer dazu genutzt werden, Risiken auf die versicherte Person abzuwälzen. Die versicherte Person muss deshalb bei einer Abtretung äußerste Vorsicht walten lassen, sofern die offenen Rechtsfragen nicht schon vor dem Versicherungsfall interessengerecht geregelt wurden.

Die offenen Fragestellungen könnten durch eine ausdrückliche Vertragsgestaltung umgangen werden. Solche vertraglichen Regelungen erscheinen aber nur dann realisierbar, wenn es noch nicht zum Eintritt des Versicherungsfalls und somit zu verfestigten Positionen gekommen ist. Die Beteiligten sollten deshalb die der D&O-Versicherung zugrunde liegende Dreiecksstruktur nutzen, um die direkte Inanspruchnahme des Versicherers schon vor dem Eintritt des Versicherungsfalls zu regeln.

Fünfter Teil: Vertragsgestaltung und direkte Inanspruchnahme

Nachdem aufgezeigt wurde, dass eine durch Abtretung ermöglichte direkte Inanspruchnahme des Versicherers zulässig ist, wurden die damit einhergehenden Probleme erörtert. Im Folgenden soll untersucht werden, ob und wie eine interessengerechte direkte Inanspruchnahme sichergestellt werden kann.

Grundsätzlich ist es auch denkbar, eine interessengerechte Abwicklung durch einen gesetzlichen Direktanspruch zu ermöglichen. Warum ein gesetzlicher Direktanspruch insgesamt allerdings keine sinnvolle Alternative zu einem vertraglich vereinbarten Direktanspruch darstellt, soll zu Beginn aufgezeigt werden. Im Anschluss daran soll untersucht werden, ob die der D&O-Versicherung zugrunde liegende Dreiecksstruktur genutzt werden kann, um eine interessengerechte Abwicklung des D&O-Versicherungsfalls durch Vertragsgestaltung zu ermöglichen.

Bisher wurden zwei unterschiedliche Klauseln zur Regelung von Direktansprüchen im Schrifttum diskutiert. Diese Vorschläge sollen kritisch analysiert werden. Darauf aufbauend soll untersucht werden, ob ein Direktanspruch schon vor Eintritt des Versicherungsfalls vereinbart werden sollte. Für einen solchen automatisch im Versicherungsfall eintretenden Direktanspruch sind zwei Wege denkbar. Zum einen könnte die D&O-Versicherung als Eigenschadensversicherung ausgestaltet werden, sodass die D&O-Versicherung ihren Haftpflichtversicherungscharakter in Innenhaftungsfällen vollständig verliert. Zum anderen könnte die D&O-Versicherung zwar weiterhin als Haftpflichtversicherung ausgestaltet bleiben, aber der Versicherungsnehmerin unmittelbar im Versicherungsvertrag einen Direktanspruch zuweisen. Sofern sich hierbei zeigt, dass ein vertraglich vereinbarter Direktanspruch zu keiner interessengerechten Lösung führt, soll überlegt werden, wie eine Abtretung und somit eine dadurch ermögliche direkte Inanspruchnahme schon im Versicherungsvertrag antizipiert und interessengerecht geregelt werden könnte.

A. Gesetzlicher Direktanspruch

Ein gesetzlicher Direktanspruch kann unterschiedlich begründet werden.[1025] Denkbar ist etwa ein gesetzlich angeordneter Forderungsübergang (cessio legis)

1025 *Micha*: zu den unterschiedlichen Ansätzen eines gesetzlichen Direktanspruchs und des Versicherungsanspruchs.[1026] Ebenso ist möglich, dass der gesetzliche Direktanspruch als ein Anspruch sui generis aus dem Versicherungsvertrag hergeleitet wird.[1027] In Deutschland wie auch in Österreich[1028] und in der Schweiz[1029] entsteht ein gesetzlicher Direktanspruch der Geschädigten durch einen gesetzlich angeordneten Schuldbeitritt des Versicherers auf Seiten der versicherten Person.[1030]

Ein gesetzlicher Direktanspruch im Sinne von § 115 Abs. 1 S. 1 VVG besteht gemäß § 113 Abs. 1 VVG nur im Recht der Pflichtversicherung. Wie in Rumänien[1031] könnte auch in Deutschland die D&O-Versicherung als eine

---

seiner Ausgestaltung in Frankreich (S. 18 ff.), Belgien (S. 33 ff.), Spanien (S. 37 ff.), Großbritannien (S. 43 ff.), Niederlande (S. 51 ff.) und in den nordischen Länder (S. 56 ff.).

1026 Etwa in England: sec. 1 (2) Third Parties (Rights against Insurers) Act 2010 (C. 10) v. 25.3.2010; *Peel Port Shareholder Finance Co Ltd* v. *Dornoch Ltd* [2017] EWHC 876 (Q.B.D., *JEFFORD J*); ausführlich hierzu: *Bangert*, S. 153. Nach *Franck*, S. 35, ist in Dänemark für bestimmte Haftpflichtversicherungen, nachdem die Haftpflicht festgestellt wurde, ein gesetzlicher Forderungsübergang normiert, § 95 Abs. 1 Dänisches „Lov om forsikringsaftaler" (1986:726).

1027 Bspw. bejaht dies *Bangert*, S. 156, für reg. 3 (2) European Communities (Rights against Insurers) Regulation 2002, No. 3061, v. 10.12.2002.

1028 Für § 26 KHVG (Kraftfahrzeug-Haftpflichtversicherungsgesetz 1994, v. 19.8.1994, östBGBl. Nr. 651/19949) bestätigt durch OGH v. 21.10.2015, VersR 2016, 881, 884. Ebenso bestimmen § 166 Luftfahrtgesetz (Bundesgesetz vom 2. Dezember 1957 über die Luftfahrt (Luftfahrtgesetz – LFG), östBGBl. Nr. 253/1957) und § 24 Atomhaftungsgesetz (Bundesgesetz über die zivilrechtliche Haftung für Schäden durch Radioaktivität, v. 10.11.1998, östBGBl. I Nr. 170/1998), dass die Geschädigte dort jeweils direkt gegen den VR vorgehen kann und dieser neben der vP als Gesamtschuldner haftet.

1029 Beispielsweise: Art. 65 SVG (Straßenverkehrsgesetz v. 19.12.1958, Systematischen Rechtssammlung 741.01), BGer v. 18.7.2001, BGE 127 III 580, S. 582: „das Forderungsrecht gegen den Versicherer reicht [...] nicht weiter als der Ersatzanspruch gegen den Schädiger selbst. Die Leistungspflicht der Versicherung richtet sich im Grundsatz und im Umfang nach der Haftpflicht".

1030 Zum deutschen Direktanspruch nach § 115 Abs. 1 S. 1 VVG: Begr. RegE, BT-Drs. IV/2252, S. 15; BGH v. 23.11.1971, BGHZ 57, 265, 269; *Beckmann* in Bruck/Möller, 4. Band[9], § 115 VVG, Rn. 9; *Schwartze* in Looschelders/Pohlmann[3], § 115 VVG, Rn. 3; *Huber* in Schwintowski/Brömmelmeyer[3], § 115 VVG, Rn. 15.

1031 Art. 153^12 (4) Legea Societatilor Comerciale (Gesetz Nr. 31/1990), eingeführt durch Gesetz Nr. 441/2006 vom 27.11.2006, M. Of. Nr. 955/2006 vom 28.11.2006, in Kraft seit dem 1.12.2006. *Knöfel*, VersR 2018, 513, 518; *Lange* in Veith/Gräfe/

Pflichtversicherung normiert werden. Fraglich ist aber, ob der Abschluss einer D&O-Versicherung tatsächlich verpflichtend vorgeschrieben werden sollte. Grundsätzlich sind Haftpflichtversicherungen nämlich immer dann obligatorisch, wenn die Geschädigte in besonderer Weise schutzbedürftig ist.[1032] Eine fehlende Schutzwürdigkeit zeigt sich auffallend, wenn es sich bei der Geschädigten um die D&O-Versicherungsnehmerin handelt.[1033] Der D&O-Versicherungsnehmerin obliegt es als Vertragspartnerin des Versicherers, eine ausreichend hohe Versicherungssumme zu vereinbaren. Die für die Pflichtversicherung in § 114 VVG vorgegebene Mindestversicherungssumme ist daher weder notwendig noch sinnvoll. Des Weiteren würde die Anwendung des § 117 Abs. 1 VVG auf einen Innenhaftungsfall der D&O-Versicherung zu einem kaum vertretbaren Ergebnis führen. Der Direktanspruch der geschädigten Versicherungsnehmerin würde dann nämlich auch bestehen, wenn der Versicherer im Innenverhältnis und damit im Verhältnis zur Versicherungsnehmerin leistungsfrei ist. Ebenso wäre nicht nachvollziehbar, warum das in § 121 VVG normierte Aufrechnungsverbot zugunsten der geschädigten Versicherungsnehmerin eingreifen soll. Außerdem wäre eine gesetzliche Versicherungspflicht bei der D&O-Versicherung bloß formeller Natur, da Aktiengesellschaften für ihre Organmitglieder fast immer eine D&O-Versicherung abschließen.[1034]

Losgelöst von der Frage, ob die D&O-Versicherung eine Pflichtversicherung sein sollte,[1035] ist die grundsätzliche Diskussion, ob auch in der allgemeinen Haftpflichtversicherung ein gesetzlicher Direktanspruch einzuführen ist.[1036]

Gebert³, § 21, Rn. 3, Fn. 10. Allgemein und nur im Sinne einer Kurzübersicht zur rumänischen Gesetzesänderung: *Bormann*, WiRO 2007, 93, 93.

1032 *Schwartze* in Looschelders/Pohlmann³, § 113 VVG, Rn. 3; *Armbrüster*², Rn. 1842; *Brand* in MünchKomm VVG, 2. Band², Vor §§ 113 - 124 VVG, Rn. 6; *Bachmann*, 70. DJT, 1. Band, S. E 47.

1033 *Brand* in MünchKomm VVG, 2. Band², Vor §§ 113 - 124 VVG, Rn. 9, geht davon aus, dass, sofern der Versicherungspflichtige mit dem potenziellen Anspruchssteller personenidentisch ist (atypische Pflichtversicherung), die §§ 113 ff. VVG nicht anwendbar seien.

1034 *Beckmann* in Beckmann/Matusche-Beckmann³, § 28, Rn. 7, m.w.N.

1035 Ob die Einführung einer D&O-Versicherungspflicht sinnvoll ist, wurde teilweise diskutiert. Mit Nachweisen zur Diskussion: *Fleischer* in Fleischer, Handbuch des Vorstandsrechts (2006), § 12, Rn. 16, *Bachmann*, 70. DJT, 1. Band, S. E 46 f.; *Knöfel*, VersR 2018, 513, 518, Fn. 85.

1036 Zu dieser Diskussion siehe die Dissertation von *Franck*: „Der Direktanspruch gegen den Haftpflichtversicherer".

Bereits seit 2010 ist in England und Wales ein solcher genereller Direktanspruch grundsätzlich für alle Haftpflichtversicherungen normiert.[1037] In der Schweiz wird die Frage noch im Gesetzgebungsprozess diskutiert.[1038] In beiden Ländern ist beziehungsweise wäre ein gesetzlicher, sich aus dem Versicherungsvertrag ergebender Direktanspruch gegen den Haftpflichtversicherer nur zulässig, wenn die vollständige Befriedigung der Geschädigten, etwa durch eine Insolvenz der versicherten Person, gefährdet ist.[1039] Für die D&O-Versicherungsnehmerin könnte ein solcher gesetzlicher Direktanspruch zwar den Schadensausgleich durch den unmittelbaren Zugriff auf die Versicherungssumme erleichtern. Eine generell effizientere Abwicklung im Verhältnis zwischen Versicherer und geschädigter Versicherungsnehmerin wird damit aber nicht erreicht. Allgemein darf außerdem bezweifelt werden, ob ein für alle Haftpflichtversicherungen normierter Direktanspruch zu einer interessengerechteren Abwicklung des D&O-Versicherungsfalls führt. Zum einen handelt es sich bei der D&O-Versicherung um ein komplexes und sich schnell veränderndes Versicherungsprodukt, sodass starre gesetzliche Regelungen vermieden werden sollten. Zum anderen ist die D&O-Versicherung als eine Haftpflichtversicherung besonderer Art von anderen Beziehungen, Interessen und Konflikten bestimmt als die dem Haftpflichtversicherungsrecht zugrunde liegenden Haftpflichtversicherungen.[1040]

B. Bisherige Ansätze eines vereinbarten Direktanspruchs

Neben der in der Versicherungspraxis häufig praktizierten Abtretung des Freistellungsanspruchs werden im Schrifttum weitere Ansätze für einen Direktanspruch erörtert. Ob diese Ansätze zu einer interessengerechteren Lösung führen, ist im Weiteren zu prüfen.

Bisher wird aus der Versicherungspraxis nur über eine alleinstehende, explizite Direktanspruchsklausel („Zusatzbaustein Direktanspruch") eines D&O-Versicherers berichtet.[1041] Nachdem diese der Versicherungspraxis entnommene

1037 Sec. 1 (2) Third Parties (Rights against Insurers) Act 2010 (C. 10) v. 25.3.2010.

1038 Art. 60 schweizerisches Versicherungsvertragsgesetz (VVG) – Entwurf –, vom 28.6.2017, zu finden unter https://www.admin.ch/opc/de/federal-gazette/2017/5141.pdf, abgerufen am 17.9.2019.

1039 *Bangert*, S. 148, bezeichnet daher den Direktanspruch unter dem Third Parties (Rights against Insurers) Act 2010 als vorrangige „insolvency measure".

1040 Siehe diesbezüglich: Erster Teil, B, II, 2.

1041 AIG Europe S.A.; abgedruckt in *Mitterlechner/Wax/Witsch*², § 10, Rn. 79; *Ihlas* in MünchKomm VVG, 3. Band², 320 - D&O, Rn. 452.

Direktanspruchsklausel untersucht wurde, soll auch noch eine alternative im Schrifttum vorgeschlagene, soweit ersichtlich aber noch nicht in reale Wordings eingeflossene Direktanspruchsklausel erörtert werden.[1042]

I. Varianten eines Direktanspruchs

Neben den später zu untersuchenden Direktanspruchsklauseln finden sich in der Literatur und der Rechtsprechung grundsätzliche Bemerkungen zu der Zulässigkeit eines vertraglichen Direktanspruchs.[1043] Unklar bleibt dabei aber meist, wie ein solcher Direktanspruch konkret vereinbart werden kann.

Wie bereits dargestellt, entsteht ein Direktanspruch immer dann, wenn die Inhaberschaft an dem Haftpflichtanspruch mit der Verfügungsbefugnis am Freistellungsanspruch zusammenfällt. Das im Haftpflichtversicherungsrecht grundsätzlich geltende Trennungsprinzip findet dann keine Anwendung.[1044] Durch eine antizipierte Abtretung des Freistellungsanspruchs könnte somit ein Direktanspruch mit Eintritt des Versicherungsfalls unmittelbar entstehen. Ein Direktanspruch könnte auch dadurch begründet werden, dass der Versicherungsnehmerin die Verfügungsbefugnis am Freistellungsanspruch zugewiesen wird. Als weitere Variante käme ein Schuldbeitritt oder gar eine Schuldübernahme des Versicherers hinsichtlich der Haftpflicht in Betracht. Denkbar wäre auch, dass der geschädigten Versicherungsnehmerin ein eigenes Forderungsrecht auf Freistellung der versicherten Person eingeräumt wird. Gemein ist solchen vertraglich vereinbarten Direktansprüchen, dass sie den Haftpflichtcharakter einer D&O-Versicherung auch in Innenhaftungsfällen unangetastet lassen und nur auf eine Überwindung des Trennungsprinzips zielen.[1045] Eine Eigenschadensversicherung würde in einem solchen Fall jedoch nicht entstehen.

1042 *Peltzer* in FS Harm Peter Westermann (2008), 1257, 1279, Fn. 107.

1043 Zur grundsätzlichen Möglichkeit eines vertraglich vereinbarten Direktanspruchs: OLG München v. 15.3.2015, VersR 2005, 540, 542; *Baumann* in Bruck/Möller, 4. Band[9], Ziff. 10 AVB-AVG, Rn. 15; *Finkel/Seitz* in Seitz/Finkel/Klimke, Ziff. 10, Rn. 25; *Dreher/Thomas,* ZGR 2009, 31, 40; *Thomas,* S. 448; *Lange,* VersR 2007, 893, 893; *Langheid/Grote,* VersR 2005, 1165, 1171; *Franck,* S. 36; *Seibt/Saame, AG* 2006, 901, 907; *Klinkhammer,* VP 5/2008, 82, 84; *Peltzer* in FS Harm Peter Westermann (2008), 1257, 1279; *Ramharter,* Rn. 3/96.

1044 Siehe: Dritter Teil, A, IV, 2.

1045 OLG München v. 15.3.2015, VersR 2005, 540, 542; *Thomas,* S. 448 f.; *Peltzer,* NZG 2009, 970, 973; *ders.* in FS Harm Peter Westermann (2008), 1257, 1279, Fn. 107; *Finkel/Seitz* in Seitz/Finkel/Klimke, Ziff. 10, Rn. 25; *Nissen,* KTS 2018, 29, 31 f.; *Seibt/Saame,* AG 2006, 901, 907; in diese Richtung wohl auch: *Baumann* in Bruck/Möller,

Ein anderer Weg wäre die vertragliche Ausgestaltung der D&O-Versicherung als kombinierte Eigenschadens- und Fremdversicherung je nach Außen- oder Innenhaftungsfall.[1046] Hierzu stehen zwei Alternativen zur Auswahl. Zum einen könnte vereinbart werden, dass in jedem Innenhaftungsfall allein das Interesse der geschädigten Versicherungsnehmerin versichert ist und damit immer eine Eigenschadensversicherung vorliegt.[1047] Zum anderen könnte grundsätzlich auch in Innenhaftungsfällen Haftpflichtversicherungsschutz bestehen, der sich jedoch durch den Eintritt einer Bedingung in einen Eigenversicherungsschutz umwandelt.[1048] Danach wäre der Haftpflichtversicherungsschutz an die auflösende Bedingung einer Handlung der Versicherungsnehmerin, zum Beispiel die direkte Inanspruchnahme des Versicherers gebunden. Demgegenüber wäre der Eigenschadensversicherungsanspruch von einer reziproken aufschiebenden Bedingung abhängig.

II. Versicherungspraxis: Formularmäßig vereinbarter Direktanspruch

Im Jahr 2007 wurde erstmals über eine optionale Direktanspruchsklausel eines D&O-Versicherers berichtet, die neben die bisherigen Regelungen treten sollte.[1049]

1. Darstellung der Klausel

Die in der Literatur abgedruckte Direktanspruchsklausel aus der Vertragspraxis der AIG Europe S.A. lautet wie folgt:[1050]

4. Band[9], Ziff. 10 AVB-AVG, Rn. 15; *Lange*, VersR 2007, 893, 893; *Klinkhammer*, VP 5/2008, 82, 84.

1046 *Dreher/Thomas*, ZGR 2009, 31, 41; *R. Koch*, VP 9/2015, 10, 10 ff.

1047 *R. Koch*, VP 9/2015, 10, 10 ff.

1048 Für die Side B-Deckung geht *Lange*, § 20, Rn. 40, davon aus, dass der Versicherungsanspruch der vP erlischt und simultan ein Zahlungsanspruch bei der VN entsteht.

1049 *Fromme*, Financial Times Deutschland v. 20.6.2007, S. 20, – Gesetz führt zu Umbruch bei Managerpolicen – Firmen können Ansprüche direkt geltend machen –, zitiert den damaligen Abteilungsleiter der Financial Lines bei der AIG Claus Düppe wie folgt: „wir entsprechen damit den neuen gesetzlichen Vorgaben".

1050 Zu finden in: *Mitterlechner/Wax/Witsch*[2], § 10, Rn. 79; *Ihlas* in MünchKomm VVG, 3. Band[2], 320 - D&O, Rn. 452.

„In Abänderung der […] geltenden Allgemeinen Bedingungen für die Vermögensschaden-Haftpflichtversicherung von Unternehmensleitern (D&O-Versicherung) […] gilt bei Vereinbarung des Zusatzbausteins ‚Direktanspruch' folgendes:

1. Ein Eigenschaden der Versicherungsnehmerin oder einer versicherten Tochtergesellschaft, der durch eine versicherte Pflichtverletzung verursacht wurde, kann von dem Organ der Versicherungsnehmerin bzw. der Tochtergesellschaft, das gesellschaftsrechtlich den Schadensersatzanspruch gegenüber der versicherten Person geltend machen muss, unmittelbar gegenüber dem Versicherer geltend gemacht werden (Direktanspruch).
2. Der Versicherer ersetzt den Eigenschaden, wenn dieser dem Grunde und der Höhe nach von der betroffenen versicherten Person und dem Versicherer anerkannt oder gerichtlich festgestellt worden ist und keine versicherungsrechtlichen Einwendungen bestehen, die im Falle einer gerichtlichen Auseinandersetzung nur hilfsweise geltend gemacht werden dürfen. Darüber hinaus kann sich der Versicherer bei Geltendmachung eines Direktanspruchs gegenüber der Versicherungsnehmerin bzw. der Tochtergesellschaft auf den Ausschluss Vorsätzliche Pflichtverletzung gemäß […] berufen, ohne dass es erforderlich ist, dass der Vorsatz zuvor durch gerichtliche oder behördliche Entscheidung festgestellt worden ist.
3. Soweit der Versicherer Zahlungen leistet, verzichtet er unwiderruflich auf Regressansprüche gegen haftende versicherte Personen, wenn und soweit die versicherte Person
   a) eine gerichtliche Entscheidung über den Direktanspruch im Verhältnis zum Versicherer als verbindlich anerkennt,
   b) gegenüber Haftpflichtansprüchen der Versicherungsnehmerin oder der Tochtergesellschaft auf die Einrede der Verjährung bis sechs Monate nach rechtskräftiger gerichtlicher Entscheidung über den Direktanspruch verzichtet,
   c) vom Versicherer schriftlich erbetene Auskünfte unverzüglich erteilt,
   d) auf Verlangen des Versicherers im Rahmen des Zumutbaren an der Aufklärung des Schadensersatzanspruchs bezüglich des Grundes und der Höhe mitwirkt und vom Versicherer angeforderte Unterlagen nach schriftlicher Anforderung vorlegt.
4. Die Versicherungsnehmerin bzw. die Tochtergesellschaft hat
   a) die versicherte Person schriftlich über die Geltendmachung des Direktanspruchs zu informieren und
   b) die Verfolgung ihres Schadensersatzanspruchs solange gegenüber der versicherten Person zu unterlassen, bis über den Direktanspruch eine rechtskräftige Entscheidung vorliegt. Sofern die versicherte Person keine Erklärung im Sinne von Ziff. 3. b) abgibt, kann die Versicherungsnehmerin bzw. die Tochtergesellschaft ihr im Prozess über den Direktanspruch den Streit verkünden.
5. Im Falle einer gerichtlichen Auseinandersetzung über den Direktanspruch ist der versicherten Person Gelegenheit zu geben, dem Rechtstreit auf Kosten des Versicherers als Nebenintervenient beizutreten.

6. Mit Geltendmachung des Direktanspruchs erlischt der Versicherungsschutz der versicherten Person(en) gemäß […] für die Pflichtverletzung, die Gegenstand des Direktanspruchs ist."

2. *Untersuchung*

Als erster Schritt ist zu bestimmen, in welcher Weise der Direktanspruch begründet wird. Im Anschluss sollen die einzelnen Ziffern separat untersucht werden.

a) Begründung des Direktanspruchs

Hierbei stellt sich zunächst die Frage, ob sich der Direktanspruch nach dieser Klausel aus einer Haftpflichtversicherung ergibt oder ob der geschädigten Versicherungsnehmerin ein Eigenschadensversicherungsanspruch zustehen soll. Ziffer 1 nennt einen Eigenschaden und eine Pflichtverletzung als Voraussetzungen für einen Direktanspruch. Unbeachtlich ist demnach eine Haftpflicht des Organmitglieds. Dies spricht allein schon für die Annahme einer Eigenschadensversicherung.

Diese Annahme wird durch Ziffer 6 untermauert. Demnach erlischt mit Geltendmachung des Direktanspruchs der Versicherungsschutz der versicherten Person. Ihr verbleibt somit nicht einmal mehr ein Abwehranspruch. Darauf deutet auch Ziffer 5 hin, die ausdrücklich die Übernahme von Nebeninterventionskosten vorsieht. Außerdem verzichtet der Versicherer unter den Voraussetzungen von Ziffer 3 auf Regressansprüche, welche aber in der Regel nicht entstünden, wenn der Versicherer seine (vormalige) Freistellungspflicht erfüllen würde. Vielmehr legt der Regressverzicht nahe, dass der Versicherer bei Erfüllung des Direktanspruchs eine gegenüber der Versicherungsnehmerin bestehende Pflicht erfüllen und deshalb der Haftpflichtanspruch nach § 86 Abs. 1 S. 1 VVG auf den Versicherer übergehen würde.

Der Direktanspruch der geschädigten Versicherungsnehmerin beruht somit auf einer Eigenschadensversicherung in Innenhaftungsfällen.[1051] Das hat zur Konsequenz, dass die versicherte Person im Falle eines Obsiegens der Versicherungsnehmerin nicht von ihrer Haftpflicht freigestellt wird. Die versicherte Person verliert ihren Versicherungsschutz erst einmal vollständig. Ob der Versicherer von einem Regress absieht und damit die versicherte Person doch

1051 *Mitterlechner/Wax/Witsch*^{2}, § 10, Rn. 78, sprechen hingegen davon, dass der Direktanspruch „seinem Inhalt nach einem abgetretenen Freistellungsanspruch in den Händen" der geschädigten VN gleicht.

mittelbar vor einer Inanspruchnahme geschützt wird, beurteilt sich nach der Wirksamkeit des Regressverzichts.

b) Ziffer 1 – Entstehung des Direktanspruchs

Ziffer 1 gibt der durch eine versicherte Pflichtverletzung geschädigten Versicherungsnehmerin die Option, direkt gegen den Versicherer vorzugehen. Die Versicherungsnehmerin könnte somit ohne Abtretung und somit ohne Beteiligung der versicherten Person den Versicherer in Anspruch nehmen.[1052] Dadurch wird die Versicherungsnehmerin in die komfortable Lage versetzt, selbst zu entscheiden, ob sie von einem wirksamen Deckungsschutz ausgeht und den Versicherer direkt in Anspruch nimmt. Sollte sie jedoch deckungsrechtliche Einwendungen für erfolgversprechend halten, kann die Versicherungsnehmerin weiterhin ihr Organmitglied in Anspruch nehmen und ist nicht zu einem vorherigen Direktprozess gezwungen. Folglich wird der Versicherungsanspruch der versicherten Person in Innenhaftungsfällen unter der auflösenden Bedingung einer direkten Inanspruchnahme des Versicherers gewährt.

Gegen einen solchen Direktanspruch wird eingewandt, dass es mit dem sich aus dem Versicherungsvertrag ergebenden Treue- und Rücksichtnahmegebot des Versicherers gegenüber der versicherten Person nur schwer vereinbar sei, wenn die Versicherungsnehmerin frei über den Bestand des Versicherungsschutzes verfügen darf.[1053] Ein vertraglicher Direktanspruch ohne Zustimmung der versicherten Person sei daher unzulässig.[1054] Dagegen muss jedoch eingewandt werden, dass die Versicherungsnehmerin auch in einer Fremdversicherung grundsätzlich die Verfügungsbefugnis über den Versicherungsanspruch innehat. Sie kann daher den Versicherungsanspruch dort genauso entgegen dem Willen der versicherten Person, zum Beispiel durch Aufrechnung, zum Erlöschen bringen.[1055] Des Weiteren steht es der Versicherungsnehmerin als Vertragspartei frei, die Versicherung zu kündigen.[1056] Der Versicherer ist selbst nur im Rahmen seiner gegenüber der Versicherungsnehmerin festgelegten

1052 *Mitterlechner/Wax/Witsch*[2], § 10, Rn. 91, halten dies für den einzigen Vorteil der vorliegenden Klausel.

1053 *Mitterlechner/Wax/Witsch*[2], § 10, Rn. 89.

1054 *Baumann* in Bruck/Möller, 4. Band[9], Ziff. 10 AVB-AVG, Rn. 15; in diese Richtung wohl auch *Mitterlechner/Wax/Witsch*[2], § 10, Rn. 91.

1055 *Klimke* in Prölss/Martin[31], § 45 VVG, Rn. 20; *Hübsch* in Schwintowski/Brömmelmeyer[3], § 45 VVG, Rn. 6; *Brand* in Bruck/Möller, 2. Band[9], § 45 VVG, Rn. 7; *Bayer*, Der Vertrag zugunsten Dritter (1995), S. 241 f.

1056 *Bayer*, S. 242 ff.

Vertragspflichten gebunden und schuldet der versicherten Person keinen darüber hinausgehenden Schutz.

Möglich bleibt indes, dass die Versicherungsnehmerin mit einem solchen vertraglichen Direktanspruch die gegenüber der versicherten Person bestehenden Pflichten aus dem Anstellungsvertrag verletzt. Gegen einen solchen Direktanspruch wird auch ein Verstoß gegen § 108 Abs. 2 VVG aufgeführt.[1057] Unklar bleibt, worin der Verstoß liegen soll. In Fällen einer Fremdversicherung, die die Verfügungsbefugnis bei der Versicherungsnehmerin belässt, kann die versicherte Person nicht abtreten und ist folglich selbst nicht unmittelbar von § 108 Abs. 2 VVG betroffen.

In Ziffer 1 wird zusätzlich klargestellt, dass das Organ, welches für die Inanspruchnahme der versicherten Person zuständig wäre, auch den Direktanspruch gegenüber dem Versicherer geltend machen muss. Die organrechtliche Zuständigkeit für die Verfolgung eines solchen Direktanspruchs kann aber gar nicht verbindlich in einem Versicherungsvertrag geregelt werden, sondern ist Gegenstand des Gesellschaftsrechts.[1058]

c) Ziffer 2 – Durchsetzbarkeit und Subsidiarität deckungsrechtlicher Einwendungen

Nach Ziffer 2 Satz 1 besteht die Schadensausgleichspflicht nur, wenn die versicherte Person und der Versicherer den Eigenschaden „dem Grunde und der Höhe" nach anerkannt haben oder der Eigenschaden gerichtlich festgestellt wurde. Damit setzt die Regelung das kumulative Anerkenntnis von versicherter Person und Versicherer voraus. Damit könnte die versicherte Person über die Durchsetzbarkeit des Direktanspruchs mitentscheiden. Diese faktische Zustimmungsmöglichkeit der versicherten Person endet jedoch dann, wenn der Eigenschaden in dem Direktprozess inzident festgestellt wurde.

Interessanterweise bestimmt Ziffer 2 Satz 1 Halbsatz 2 die Subsidiarität von versicherungsrechtlichen Einwendungen im Direktprozess. Der Versicherer ist somit gehalten, primär den Haftpflichtanspruch abzuwehren und erst im Anschluss die Deckungspflicht zu bestreiten. Fraglich bleibt indes, ob eine solche Einschränkung auch durchgesetzt werden kann. Mit dem Grundsatz von Treu und Glauben erscheint es nur schwer vereinbar, wenn der Versicherer trotz

---

1057 *Mitterlechner/Wax/Witsch*^{2}, § 10, Rn. 91.

1058 *Mitterlechner/Wax/Witsch*^{2}, § 10, Rn. 84 f., begründen dementsprechend die in der Klausel getroffene Regelung auch folgerichtig mit gesellschaftsrechtlichen Überlegungen.

offensichtlich deckungsrechtlicher Einwendungen zum erstmaligen Bestreiten des Eigenschadens oder der verursachenden Pflichtverletzung verpflichtet wäre. Unklar ist weiterhin, ob Satz 2, wonach sich der Versicherer auf „den Ausschluss Vorsätzliche Pflichtverletzung […] berufen" kann, eine Ausnahme von der Subsidiarität deckungsrechtlicher Einwendungen enthält. Primärer Regelungsgehalt von Satz 2 dürfte jedoch sein, dass die Einwendung einer vorsätzlichen Pflichtverletzung keiner vorherigen „gerichtliche[n] oder behördliche[n] Entscheidung" bezüglich des Vorsatzes bedarf.[1059] Damit wird die Eigenschadensversicherung wieder an den Versicherungsschutzumfang einer als reiner Haftpflichtversicherung ausgestalteten D&O-Versicherung angenähert.

d) Ziffer 3 – Regressverzicht des Versicherers

Gemäß Ziffer 3 verzichtet der Versicherer nach einer Zahlung an die Versicherungsnehmerin unwiderruflich auf Regressansprüche gegen die versicherte Person, „wenn und soweit" die versicherte Person die aufgeführten Voraussetzungen erfüllt. Durch diese Regelung wäre es möglich, dass die versicherte Person ohne Zahlung eines Selbstbehalts von ihrer Haftpflicht befreit wird. Eine solche Regelung verstößt daher gegen den in § 93 Abs. 2 S. 3 AktG normierten zwingenden Selbstbehalt.

Nach der zuerst aufgeführten Voraussetzung soll sich die versicherte Person dazu verpflichten, die gerichtliche Entscheidung über den Direktanspruch anzuerkennen. Diese Regelung bezweckt Rechtssicherheit. Des Weiteren soll die versicherte Person bis mindestens sechs Monate nach „rechtskräftiger gerichtlicher Entscheidung über den Direktanspruch" auf die Einrede der Verjährung hinsichtlich des Haftpflichtanspruchs verzichten. Damit wird für die geschädigte Versicherungsnehmerin sichergestellt, dass sie selbst bei einer Abweisung der Direktklage weiterhin gegen die versicherte Person vorgehen kann. Diese Regelung soll somit den Haftpflichtanspruch der Versicherungsnehmerin sichern.

Gemäß Ziffer 3 lit. c und d soll die versicherte Person Auskunft erteilen und an der Aufklärung des Schadensersatzanspruchs mitwirken. Diese Regelungen dienen dazu, Auskunfts- und Mitwirkungsobliegenheiten der versicherten Person auch dann zu erhalten, wenn gemäß Ziffer 6 „der Versicherungsschutz der versicherten Person" erlischt. Ab diesem Zeitpunkt wäre die versicherte Person mangels eigenen Versicherungsanspruchs, nicht mehr an die Auskunfts- und

1059 *Mitterlechner/Wax/Witsch*², § 10, Rn. 92, sehen darin eine mögliche Verletzung von § 307 Abs. 1 S. 1 BGB oder von § 305c Abs. 1 BGB.

Mitwirkungsobliegenheiten eines D&O-Versicherungsvertrags, wie beispielsweise Ziff. B3-3.3 AVB D&O, gebunden.

e) Ziffer 4 – Pflichten der Versicherungsnehmerin

Laut Ziffer 4 lit. a muss die Versicherungsnehmerin die versicherte Person „über die Geltendmachung des Direktanspruchs [...] informieren". Diese Regelung scheint aufgrund der erheblichen Bedeutung für die versicherte Person eine bloße Klarstellung bezüglich einer sich schon aus dem Innenverhältnis ergebenden Rücksichtnahmepflicht zu sein. Des Weiteren wird die Versicherungsnehmerin dazu verpflichtet, während der Geltendmachung des Direktanspruchs auf eine Inanspruchnahme der versicherten Person zu verzichten. Sollte die versicherte Person jedoch einen in Ziffer 3 lit. b geforderten temporären Verzicht auf die Einrede der Verjährung nicht abgegeben haben, wird die Versicherungsnehmerin darauf verwiesen, der versicherten Person den Streit zu verkünden. Die geschädigte Versicherungsnehmerin ist somit selbst dann, wenn die versicherte Person nicht auf die Geltendmachung der Einrede der Verjährung verzichtet, daran gehindert, während des Direktprozesses den Haftpflichtanspruch gegenüber der versicherten Person geltend zu machen. Ein solches Ergebnis kann die erfolgreiche Durchsetzung des Organhaftungsanspruchs gefährden und könnte daher unwirksam sein.

f) Ziffer 5 – Gelegenheit zur Nebenintervention

Um der versicherten Person auch die Vertretung ihrer Interessen im Direktprozess zu ermöglichen, gestattet ihr Ziffer 5 eine Nebenintervention „auf Kosten des Versicherers". Damit kann die versicherte Person ohne eigenes Kostenrisiko an dem Direktprozess teilnehmen. Eine Teilnahme der versicherten Person führt aber wieder zu einer aktiven Beteiligung der versicherten Person am Direktprozess. Für die versicherte Person ist an einer solchen Form der Beteiligung nachteilig, dass die Stellung als Nebenintervenient nicht mit einer Parteistellung vergleichbar ist.[1060] Der Nebenintervenient ist in seinen Prozesshandlungen grundsätzlich beschränkt und kann nach herrschender Meinung keine Zwischenfeststellungsklage erheben.[1061] Die versicherte Person könnte daher selbst keine im Verhältnis zur Versicherungsnehmerin bindende Feststellung über ein nicht bestehendes Haftpflichtverhältnis beantragen. Des Weiteren ist es dem Nebenintervenienten nach § 66 Abs. 1 ZPO untersagt, gegen die unterstützte

---

1060 *Mitterlechner/Wax/Witsch*[2], § 10, Rn. 80 f.

1061 *Weth* in Musielak/Voit[18], § 67 ZPO, Rn. 9, m.w.N.

Partei vorzutragen.[1062] Diese Erwägungen treffen jedoch auch auf den durch eine Abtretung ermöglichten Direktanspruch zu. Die Stellung als Nebenintervenient ist also kein spezifisches Problem des vertraglichen Direktanspruchs.

Problematisch ist an der Regelung vielmehr, dass unklar bleibt, auf welcher Seite die versicherte Person auf Kosten des Versicherers beitreten darf, d.h. ob der Versicherer auch dann die Kosten der Nebenintervention zu tragen hat, wenn die versicherte Person auf Seiten der Versicherungsnehmerin beitreten möchte. Ein solches Interesse kann sich daraus ergeben, dass der Versicherer deckungsrechtliche Einwendungen geltend macht oder die versicherte Person den Anspruch für begründet erachtet und an einer weiterhin guten Beziehung zur geschädigten Versicherungsnehmerin interessiert ist. Nicht geregelt ist weiterhin, ob die Nebeninterventionskosten auf die Versicherungssumme angerechnet werden. Alles in allem zeigt sich, dass Ziffer 5 zwar die Interessen der versicherten Person in den Blick nimmt, aber mangels detaillierter Regelung mehr Rechtsunsicherheit schafft.

g) Ziffer 6 – Verlust des Versicherungsanspruchs

Zum Abschluss der Klausel stellt Ziffer 6 klar, dass der Versicherungsschutz der versicherten Person ab Geltendmachung des Direktanspruchs erlischt.

3. Ungeregelte Streitpunkte

Von Bedeutung sind die in der Klausel nicht behandelten, bei einer direkten Inanspruchnahme aber bestehenden offenen Rechtsfragen. Keine Aussage trifft der Klauselvorschlag hinsichtlich der Behandlung des Selbstbehalts. Des Weiteren finden sich keine Klarstellungen bezüglich der Darlegungs- und Beweislast im Direktprozess und damit keine klärende Aussage, ob § 93 Abs. 2 S. 2 AktG auch im Direktprozess anwendbar ist. Auch bezüglich der Bindungswirkung von Feststellungen im Direktprozesses in Bezug auf die versicherte Person finden sich keine klaren Regelungen. Zuletzt ist ebenfalls die Fälligkeit des Direktanspruchs ungeregelt. Es zeigt sich, dass dieser Klauselvorschlag weiterhin viele offene Rechtsfragen enthält und daher die Rechtssicherheit nicht zu steigern vermag.

1062 *Weth* in Musielak/Voit[18], § 67 ZPO, Rn. 7, m.w.N.; *Mitterlechner/Wax/Witsch*[2], § 10, Rn. 81.

4. Sonstiges

Gegen den vorgestellten vertraglichen Direktanspruch wurde auch eingewandt, dass mit diesem die Präventions- und Sanktionswirkung des Organhaftungsrechts unterlaufen werde.[1063] Gleichzeitig wird von diesen Stimmen aber eine Schlechterstellung des versicherten Organmitglieds durch den Direktanspruch aufgeführt.[1064] Wenn nun aber ein vertraglicher Direktanspruch die Position der versicherten Person verschlechtern würde und dies nicht durch einen unzulässigen Verzicht auf einen Selbstbehalt ausgeglichen wird, ist es nicht überzeugend, den organhaftungsrechtlichen Präventionszweck gegen einen solchen Direktanspruch aufzuführen.

5. Gründe für die negative Resonanz

Die vorgestellte Direktanspruchsklausel wurde im Schrifttum kritisiert[1065] und von der Praxis nicht verwendet[1066].

Neben der mit einem solchen vertraglich vereinbarten Direktanspruch einhergehenden Rechtsunsicherheit dürfte insbesondere Ziffer 6 der vorgeschlagenen Klausel die negative Resonanz in Wissenschaft und Praxis ausgelöst haben. Demnach würde die versicherte Person, ohne dass sie hierfür eine adäquate Gegenleistung erhielte, ihren Abwehranspruch verlieren. Das hätte aber zur Konsequenz, dass der Versicherer im Falle einer direkten Inanspruchnahme die Interessen der versicherten Person nicht weiter berücksichtigen müsste. Der Versicherer könnte somit parallel haftungsrechtliche und deckungsrechtliche Einwendungen geltend machen, ohne sich gegebenenfalls gegenüber der versicherten Person schadensersatzpflichtig zu machen. Ein solcher Direktanspruch, welcher neben dem Versicherungsanspruch der versicherten Person zur freien Disposition der geschädigten Versicherungsnehmerin steht, bedeutet eine erhebliche Schlechterstellung der versicherten Person. Es liegt daher nahe, dass die für den Abschluss einer D&O-Versicherung zuständigen Organmitglieder in

---

1063 *Mitterlechner/Wax/Witsch*², § 10, Rn. 87 f.

1064 *Mitterlechner/Wax/Witsch*², § 10, Rn. 80 ff.

1065 *Ihlas* in MünchKomm VVG, 3. Band², 320 - D&O, Rn. 455: „Diese Problemfelder und auch der Lösungsansatz der Klausel „Direktanspruch" sind als Warnung des Versicherers und seines Schadenleiters zu verstehen, von dieser Option besser keinen Gebrauch zu machen"; *Mitterlechner/Wax/Witsch*², § 10, Rn. 91, sprechen von einer „solch komplizierten Vereinbarung".

1066 *Langheid*, VW 2012, 1768, 1768; nach *Finkel/Seitz* in Seitz/Finkel/Klimke, Ziff. 10, Rn. 25, wird ein Direktanspruch selten vereinbart.

Anbetracht einer möglichen eigenen Haftpflicht bewusst auf diese Schlechterstellung verzichtet haben.

Aber auch für den Versicherer bedeutet eine solche Klausel einen nicht unerheblichen Nachteil. Die versicherte Person dürfte sich, nachdem sie ihren Versicherungsschutz verloren hat, kaum noch zur Auskunft verpflichtet fühlen. Der Versicherer müsste folglich den Direktanspruch ohne Mithilfe der versicherten Person abwehren, und das selbst dann, wenn er nur haftungsrechtliche Einwendungen geltend macht. Zwar verpflichtet Ziffer 3 lit. c und d die versicherte Person, weiterhin Auskunft zu erteilen und an der Aufklärung des Schadensersatzanspruchs mitzuwirken. Ein Verstoß dagegen lässt jedoch keine deckungsrechtlichen Einwendungen gegen den Direktanspruch entstehen, sondern betrifft nur den Regressverzicht des Versicherers. Der versicherten Person droht deshalb bei einer Missachtung dieser Pflichten keine unmittelbare Konsequenz. Sollte der Regressverzicht nicht greifen, erhöht sich für die versicherte Person zwar die Gefahr, im Anschluss an einen Direktprozess in Anspruch genommen zu werden. Sie führt jedoch nicht dazu, dass die Erfolgsaussichten eines solchen Regresses steigen. Vielmehr müsste der Versicherer als nach § 86 Abs. 1 S. 1 VVG neuer Inhaber des Haftpflichtanspruchs darlegen und beweisen, dass sich die versicherte Person haftpflichtig gemacht hat. Die mit solch einem Direktanspruch einhergehenden Nachteile wird der Versicherer in die Prämienkalkulation mit einbeziehen. Es ist daher naheliegend, dass ein solcher Direktanspruch zu merklichen Prämienerhöhungen führen würde.

III. Rechtswissenschaft: Klauselvorschlag zum Direktanspruch

Im Schrifttum wurde eine Direktanspruchsklausel der geschädigten Versicherungsnehmerin wie folgt vorgeschlagen:

> „Die Rechte aus dem Versicherungsvertrag können grundsätzlich ausschließlich von den versicherten Personen geltend gemacht werden, unabhängig davon, ob sie im Besitz des Versicherungsscheines sind.
> In Abweichung vom in der Haftpflicht-Versicherung geltenden Trennungsprinzip (Trennung zwischen Haftpflicht- und Deckungsprozess) steht dem Versicherungsnehmer unter folgenden kumulativen Voraussetzungen ein eigenes Recht zu, den Versicherer auf Leistung aus der zugrunde liegenden Deckung zu verklagen:
> a) Es liegt ein Fall der sog. Innenhaftung vor, d.h. es werden Ansprüche der Versicherungsnehmerin/mitversicherten Unternehmen gegen eigene Organvertreter (versicherte Person) gerichtlich geltend gemacht und

> b) zum Zeitpunkt der gerichtlichen Inanspruchnahme sind Bestellung und Anstellungsvertrag des betroffenen Organvertreters bereits beendet."[1067]

Es fällt zu Beginn auf, dass es sich bei diesem Klauselvorschlag eher um eine Anregung als um eine umfassende Regelung handelt. Weder die Fälligkeit des Direktanspruchs noch die Verteilung der Darlegungs- und Beweislast werden angesprochen. Unklar bleibt ebenso, wie der Versicherungsanspruch beeinflusst wird, wenn die Voraussetzungen eines Direktanspruchs vorliegen. Da die Regelung von einer „Abweichung vom […] Trennungsprinzip" spricht, liegt es nahe, dass weiterhin von einer Haftpflichtversicherung ausgegangen wird. Andererseits wird der geschädigten Versicherungsnehmerin „ein eigenes Recht" zugesprochen, sodass auch die Vereinbarung einer Eigenschadensversicherung möglich erscheint. Gegen diese Annahme spricht jedoch die weiterhin bestehende Ausrichtung auf eine Haftung und nicht auf einen Eigenschaden. Hinzu kommt, dass der Versicherungsnehmerin allein das Recht eingeräumt wird, „auf Leistung aus der zugrunde liegenden Deckung zu verklagen". Der Versicherungsnehmerin soll somit kein eigener Eigenversicherungsanspruch eingeräumt werden, sondern nur das Recht zuwachsen, den Versicherungsanspruch gegen den Versicherer durchzusetzen. Der Klauselvorschlag räumt der geschädigten Versicherungsnehmerin daher unter einschränkenden Voraussetzungen ein Forderungsrecht an dem Freistellungsanspruch ein.

An der vorgeschlagenen Klausel ist problematisch, dass das Forderungsrecht nur dann entsteht, wenn es tatsächlich zu einer Trennung zwischen versicherter Person und geschädigter Gesellschaft kam. Zusätzlich hierzu setzt dieser Vorschlag eine gerichtliche Geltendmachung der Klausel voraus. Der Vorschlag einer Direktklausel beinhaltet folglich eine Gerichts- und eine Trennungsklausel, die sich in der Versicherungspraxis nicht durchgesetzt haben.[1068] Neben der Frage, ob sich die Versicherungsnehmerin hierauf im Tausch gegen einen Direktanspruch einlassen wird, erscheinen solche Klauseln aufgrund der gleichbleibenden Missbrauchsgefahr bei einer direkten Inanspruchnahme auch nicht notwendig. Es zeigt sich, dass dieser Regelungsvorschlag insbesondere darauf

---

1067 *Peltzer* in FS Harm Peter Westermann (2008), 1257, 1279, Fn. 107.

1068 *Schimikowski*, r+s 2014, 125, 126; *Lange*, § 9, Rn. 105, 111. *Finkel/Seitz* in Seitz/Finkel/Klimke, Ziff. 1, Rn. 201, weisen jedoch darauf hin, dass Gerichtsklauseln trotz einer Abkehr in den AVB D&O des GDV weiterhin in der Praxis zu finden seien. *Melot de Beauregard/Gleich*, NJW 2013, 824, 829, erwarten, dass Trennungsklauseln wieder häufiger verwendet werden. Ausführlicher zur Trennungs- und zur Gerichtsklausel unter: Zweiter Teil, A, IV und V.

abzielt, das Trennungsprinzip zu überwinden, um so der geschädigten Versicherungsnehmerin eine direkte Inanspruchnahme des Versicherers zu ermöglichen. Wie aber bereits dargelegt, kann das Trennungsprinzip auch durch eine Abtretung nach Eintritt des Versicherungsfalls außer Kraft gesetzt werden. Eine vertraglich vereinbarte Direktanspruchsklausel müsste sich daher vielmehr mit der Art und Weise der direkten Inanspruchnahme befassen.

IV. Zusammenfassung

Die vorangegangene Untersuchung hat gezeigt, dass die beiden bisher vorgeschlagenen Direktanspruchsklauseln zu keinem zufriedenstellenden Ergebnis führen. Vielmehr behandeln die Klauseln Problemfelder einer direkten Inanspruchnahme nur ungenügend und würden so die Rechtsunsicherheit noch weiter steigern. Die vorgeschlagenen Direktanspruchsklauseln sind deswegen für die Beteiligten keine sinnvolle Alternative zu einem durch Abtretung ermöglichten Direktanspruch.

V. Gründe für das Fehlen befriedigender Lösungsansätze

Es überrascht, dass trotz der Praxisrelevanz einer direkten Inanspruchnahme – soweit ersichtlich – bisher nur zwei formularmäßige Lösungsansätze in Praxis und Wissenschaft diskutiert wurden. Es stellt sich daher die Frage, warum es hier bisher noch nicht zu befriedigenden Lösungsansätzen beziehungsweise Vertragsgestaltungen kam.

Für die Versicherungsnehmerin wird eine direkte Abwicklung überwiegend als vorteilhaft bewertet. Demgegenüber werden aber erhebliche Nachteile für den Versicherer und die versicherten Personen genannt. Es liegt daher nahe, dass die befürchteten Gefahren für Versicherer und versicherte Person die Entwicklung von tragfähigen Lösungsansätzen gehemmt haben.

1. *Befürchtete Missbrauchsgefahr*

Im Gesetzgebungsprozess zu § 108 Abs. 2 VVG wurde argumentiert, dass mit der Einführung einer solchen Regelung die Missbrauchsgefahr steige.[1069] Selbst nach Inkrafttreten der Norm wurde die Ansicht vertreten, dass § 108 Abs. 2 VVG nicht

---

1069 Der GDV spricht in seiner Stellungnahme zum Abschlussbericht der Kommission zur Reform des Versicherungsvertragsrechts vom 19.4.2004, abgerufen am 9.8.2018 unter: https://www.jura.uni-hamburg.de/media/einrichtungen/sem-versicherungsrecht/gesetzesaenderungen/gdv-stellungnahme-zum-abschlussbericht-2004-06-07.pdf, S. 65, von „einer Gefahr des Rechtsmissbrauchs bzw. des Versicherungsbetrugs“.

auf Innenhaftungsfälle in der D&O-Versicherung anwendbar sei, da ansonsten die Missbrauchsgefahr zunehme.[1070] Obwohl festgestellt werden konnte, dass die Missbrauchsgefahr nicht automatisch steigt,[1071] dürften diese bestehenden Bedenken zu einer Passivität auf Seiten der Versicherer geführt haben.

Wie aber die bisher veröffentlichte Klausel aus der Versicherungspraxis zu einer direkten Inanspruchnahme zeigt, wären die Versicherer bei tatsächlicher Nachfrage grundsätzlich bereit, einen Direktanspruch im Versicherungsvertrag zu vereinbaren. Sollte die direkte Inanspruchnahme so vereinbart werden können, dass das Missbrauchsrisiko für den Versicherer nicht steigt und auch keine Zunahme an Versicherungsfällen zu befürchten ist, dürften auch für die Versicherer die Vorteile überwiegen.

Ermöglicht durch § 108 Abs. 2 VVG können Versicherungsnehmerin und versicherte Person unabhängig vom Willen des Versicherers und ohne ihn zu beteiligen den Freistellungsanspruch abtreten und damit einen Direktanspruch entstehen lassen. Um trotzdem die Berücksichtigung seiner eigenen Interessen sicherzustellen, ist es auch für die Versicherer von Interesse, die gesetzlich gesicherte Möglichkeit einer direkten Inanspruchnahme zu antizipieren und dies schon in die Vertragsgestaltung einzubeziehen.

2. *Hohes Abwehrinteresse*

Dass die direkte Inanspruchnahme bisher kaum bei der Vertragsgestaltung berücksichtigt wurde, dürfte primär an den widerstreitenden Interessen innerhalb der Versicherungsnehmerin liegen. Der Vorstand einer AG ist nach herrschender Ansicht aktienrechtlich zuständig, die D&O-Versicherung abzuschließen.[1072] Es schließt also der Vorstand im Namen der Versicherungsnehmerin eine Haftpflichtversicherung zu seinen Gunsten ab. Die persönlichen Interessen der Vorstandsmitglieder wirken sich daher auf die Vertragsgestaltung aus. So zeigt insbesondere die versicherungsvertragliche Zuweisung der Verfügungsbefugnis an die versicherte Person, wie stark die Stellung der Vorstandsmitglieder bei Vertragsabschluss ist.[1073] Besonders hoch ist das persönliche Interesse der Vorstandsmitglieder an einem starken versicherungsrechtlichen Abwehrschutz,

---

1070 *Armbrüster*, r+s 2010, 441, 448.

1071 Siehe hierzu: Dritter Teil, B, IV, 1.

1072 *Hoffmann-Becking*, ZHR 181 (2017), 737, 738, m.w.N.

1073 *Doralt*, ZGR 2019, 996, 1027 f., plädiert deshalb dafür, dass der Aufsichtsrat sowie die Hauptversammlung einem durch den Vorstand ausgehandelten D&O-Versicherungsvertrag zustimmen sollten.

um so das eigene Privatvermögen und die persönliche Reputation effektiv zu schützen.[1074] Bisher erfüllt der Versicherer seine Deckungspflicht meist durch die Gewährung von Abwehrdeckung.[1075] Der Abwehrschutz ist in der Praxis folglich der Regelfall. Für die Vorstandsmitglieder besteht daher nur ein geringes Interesse, von dem bestehenden Versicherungsprodukt abzuweichen. Dieses geringe Interesse der Vorstandsmitglieder an einer Veränderung der bisherigen Vertragsprodukte setzt sich auf Seiten der Versicherungsnehmerin gegenüber dem Bilanzschutzinteresse der Gesellschaft bei der Vertragsgestaltung durch.

Trotzdem könnte es sich für die versicherte Person nachteilig auswirken, wenn die direkte Inanspruchnahme nicht schon bei der Vertragsgestaltung berücksichtigt wird. Zuständig für die Durchsetzung von Haftpflichtansprüchen gegen Vorstandsmitglieder ist der Aufsichtsrat. Dieser wird unter einer drohenden eigenen Haftung bemüht sein, den Schadensausgleich sicherzustellen. Der angestrebte Schadensausgleich wird sich für die Versicherungsnehmerin meist am besten durch eine direkte Abwicklung des Versicherungsfalls erreichen lassen. Die in Anspruch genommene versicherte Person sieht sich somit einer AG gegenüber, die ein besonderes Interesse an dem Freistellungsanspruch hat. Hinzu kommt, dass auch der Versicherer ein größeres Interesse an der AG als zufriedener Großkundin als an einer erfolgreichen Verteidigung eines (ehemaligen) Vorstandsmitglieds haben wird.[1076] Der versicherten Person droht folglich, zwei wirtschaftlich starken Unternehmen gegenüberzustehen, die eine direkte Abwicklung erreichen möchten und deshalb die versicherte Person zu einer Abtretung drängen könnten. In einer solchen Situation besteht für die versicherte Person die erhebliche Gefahr, dass sich die dargestellten offenen Rechtsfragen der direkten Inanspruchnahme zu ihrem Nachteil auswirken. Der versicherten Person droht, zwischen der Versicherungsnehmerin und dem Versicherer zerrieben zu werden.

3. *Zwischenergebnis*

Die einer direkten Inanspruchnahme entgegenstehende Skepsis könnte durch eine interessengerechte vertragliche Lösung überwunden werden. Insbesondere

---

1074 *Ihlas* in MünchKomm VVG, 3. Band², 320 - D&O, Rn. 522: „Vertragszweck der D&O ist oft die Abwehr um jeden Preis"; *Haehling von Lanzenauer/Kreienkamp* in Looschelders/Pohlmann³, Anhang C, Rn. 128; *Doralt*, ZGR 2019, 996, 1028, weist auf den bezweckten Reputationsschutz hin.

1075 *Seibt/Saame*, AG 2006, 901, 907; *Kremer/Gülich*, VW 8/2018, 80, 81.

1076 *Hölters* in Hölters³, § 93 AktG. Rn. 419.

das Abwehrinteresse des Organmitglieds muss hinreichend berücksichtigt werden, da andernfalls die ablehnende Haltung der Organmitglieder einer Abnahme des Versicherungsprodukts im Wege stehen würde.

C. Varianten eines vertraglichen Direktanspruchs

I. Eigenschadensversicherung

Um den D&O-Versicherungsfall in Innenhaftungsfällen interessengerechter abzuwickeln, könnte die D&O-Versicherung als Eigenschadensversicherung für das Unternehmen ausgestaltet werden. Die D&O-Versicherung wäre dann, zumindest für Innenhaftungsfälle, keine Haftpflichtversicherung mehr. Eine solche Eigenschadensversicherung könnte als Forderungsausfall-, als Vertrauensschadensversicherung oder als eine mit einer Rechtsschutzversicherung kombinierte Eigenschadensversicherung vereinbart werden.

1. Forderungsausfallversicherung

Um das bei dem Unternehmen bestehende Interesse an einem vollständigen Schadensausgleich sicherzustellen, könnte das Unternehmen eine Forderungsausfallversicherung abschließen.[1077] Eine solche Versicherung könnte „bürgschaftsähnlich" immer dann den Schadensausgleich absichern, wenn die Vollstreckung in das Vermögen der versicherten Person fehlgeschlagen ist.[1078] Demnach würde der Versicherungsschutz nur dann eingreifen, wenn die Versicherungsnehmerin den Haftpflichtanspruch (teilweise) erfolglos gegen das Organmitglied geltend gemacht hat. Damit widerspricht eine solche Versicherung aber dem Interesse der Versicherungsnehmerin an einer diskreten, das Verhältnis zum Organmitglied nicht belastenden Abwicklung. Des Weiteren würde für das Organmitglied weder Abwehrschutz noch ein Freistellungsanspruch bestehen.[1079] Um dennoch in einer vergleichbaren Weise geschützt zu werden,

---

1077 *Pammler*, S. 59; *Ulmer* in FS Claus-Wilhelm Canaris, 2. Band (2007), 451, 461; *Hoffmann-Becking*, ZHR 181 (2017), 737, 739; *Doralt* in Semler/v. Schenck, AR-HdB^4, Arbeitshandbuch für Aufsichtsratsmitglieder (2013), § 15, Rn. 47; *Ramharter*, Rn. 3/96.

1078 *Pammler*, S. 59; *Ulmer* in FS Claus-Wilhelm Canaris, 2. Band (2007), 451, 461; *Hoffmann-Becking*, ZHR 181 (2017), 737, 739; *Doralt* in Semler/v. Schenck, AR-HdB^4, § 15, Rn. 47.

1079 Auf die drohende Belastung des ungeschützten Vermögens weist auch *Pammler*, S. 59, Fn. 69, hin.

müsste das Organmitglied eine D&O-Individualversicherung abschließen. Bei einer D&O-Individualversicherung werden aber in aller Regel nur niedrige Versicherungssummen erreicht.[1080] Das Organmitglied wäre folglich erheblich schlechtergestellt. Die Ausgestaltung der D&O-Versicherung als eine solche Forderungsausfallversicherung wäre daher nicht im Interesse der Beteiligten.

2. Vertrauensschadensversicherung

Angelehnt an die Eigenschadensversicherung für Gemeinden sowie an die Eigenschadensversicherung der Sparkassen, Girokassen und Girozentralen könnte die D&O-Versicherung als Vertrauensschadensversicherung ausgestaltet werden.[1081] Gegenstand einer solchen Vertrauensschadensversicherung könnten Vermögensschäden bei der Versicherungsnehmerin sein, die durch Pflichtverletzungen ihrer Organmitglieder entstanden sind.[1082] Um das Organmitglied nicht mit einer über dem Selbstbehalt liegenden Forderung des Versicherers nach Schadenstilgung zu belasten, könnte ein Regressverzicht bis zum verbleibenden Selbstbehalt vereinbart werden. Einen Regressverzicht des Versicherers könnte die Versicherungsnehmerin durch eine Zusatzversicherung zugunsten der versicherten Person erreichen.[1083] Der Versicherungsfall würde in einer solchen Zusatzversicherung eintreten, sobald der Vertrauensschadensversicherer an die geschädigte Versicherungsnehmerin geleistet hat und der Organhaftungsanspruch nach § 86 Abs. 1 S. 1 VVG übergeht. Die Versicherungsleistung der Zusatzversicherung wäre die Freistellung der versicherten Person von der Regressforderung des Vertrauensschadensversicherers abzüglich des Selbstbehalts.

1080 *Mitterlechner/Wax/Witsch*², § 2, Rn. 8; *Ihlas*, S, 335 Ausführlich zu den Nachteilen einer D&O-Individualversicherung: *Dreher* in FS Alfred Bergmann (2018), 145, 145 ff.; demgegenüber bewertet *Doralt* in Semler/v. Schenck, AR-HdB⁴, § 15, Rn. 48, D&O-Individualversicherungen positiv.

1081 Dies befürwortend: *R. Koch*, VP 9/2015, 10, 10. Auf die grundsätzliche Möglichkeit eine Vertrauensschadensversicherung zu vereinbaren: *Ramharter*, Rn. 3/96; *Doralt* in Semler/v. Schenck, AR-HdB⁴, § 15, Rn. 47.

1082 *R. Koch*, VP 9/2015, 10, 10, 12.

1083 Beispiel für eine zusätzliche Versicherung, welche die vP von Regressansprüchen befreit: § 10 Abs. 2 AVB PGV/GVV-2002, abgedruckt bei *R. Koch*, Vertrauensschadenversicherung (2006), S. 272.

a) *Vorteile*

Für die Versicherungsnehmerin wäre an einem solchen Modell vorteilhaft, dass sie ohne eine direkte Auseinandersetzung mit dem Organmitglied auf die Versicherungssumme zugreifen könnte. Des Weiteren wäre es der Versicherungsnehmerin möglich, die direkte Abwicklung ohne eine Abtretung und damit unabhängig von einer Handlung des Organmitglieds zu vollziehen. Außerdem könnte der nun von seiner Abwehrpflicht befreite Versicherer eher zu einem Schadensausgleich bereit sein.[1084] Hinzu kommt, dass dem Versicherer keine auf die Versicherungssumme anrechenbaren Abwehrkosten entstehen würden.[1085] Die Bilanzschutzfunktion der D&O-Versicherung würde somit gestärkt.[1086]

Eine solche Versicherung hätte ebenfalls für den Versicherer positive Auswirkungen. Sofern nun der Versicherungsfall mit dem Schadenseintritt beginnt, könnte die Versicherungsnehmerin den Verbrauch der Jahresversicherungssumme, zum Beispiel durch eine spätere Inanspruchnahme, nicht beeinflussen.[1087] Durch einen solchen vom Willen der Versicherungsnehmerin unabhängigen Versicherungsfall würden auch die Rettungsobliegenheiten schon zeitlich früher beginnen.[1088]

Ein Vorteil für das Organmitglied wäre, dass es zu keinem Haftpflichtprozess zwischen ihm und der Versicherungsnehmerin kommen müsste. Ebenso wäre es nicht notwendig, die Modalitäten einer Abtretung auszuhandeln. Das Verhältnis zwischen beiden wäre somit geschont und das Organmitglied wäre nicht unmittelbar mit einem Haftpflichtprozess belastet. Durch eine solche direkte Abwicklung wäre das Organmitglied aus dem Fokus der Öffentlichkeit und seine Reputation könnte geschützt werden.

b) *Probleme*

Eine D&O-Versicherung in der Ausgestaltung als Vertrauensschadensversicherung würde gleichwohl zu mehreren gravierenden Problemen führen.

1084 Auf das besondere Interesse an Großkunden weist *Hölters* in Hölters^{3}, § 93 AktG, Rn. 419, hin.

1085 *v. Arnim*, S. 123.

1086 *Wirtz/Seyer*, PHi 2017, 236, 240.

1087 *R. Koch*, VP 9/2015, 10, 12.

1088 *R. Koch*, VP 9/2015, 10, 12.

(1) Verjährung des Haftpflichtanspruchs

Schwierigkeiten ergeben sich für die Versicherungsnehmerin immer dann, wenn der Versicherer die Deckung verweigert. In einem solchen Fall droht der Versicherungsnehmerin, dass der Haftpflichtanspruch verjährt. Um dies zu verhindern, müsste die Versicherungsnehmerin zeitgleich ihren Deckungs- und ihren Haftpflichtanspruch gerichtlich geltend machen oder mit dem Organmitglied eine Verjährungsverlängerung oder Verjährungshemmung vereinbaren. Eine Vertrauensschadensversicherung wäre daher nur dann eine effizientere Lösung, wenn sich das Organmitglied auf eine Verjährungshemmung oder Verjährungsverlängerung einlässt. Somit führt eine Vertrauensschadensversicherung nicht zur bezweckten Unabhängigkeit vom Organmitglied.

(2) Darlegungs- und Beweislastverteilung

Des Weiteren würde in einem Deckungsprozess zwischen Versicherungsnehmerin und Versicherer die Darlegungs- und Beweislastregel von § 93 Abs. 2 S. 2 AktG auch nicht analog anwendbar sein. Im Falle einer Vertrauensschadensversicherung wäre der Versicherer nicht mittelbar durch das Organmitglied sachnäher als die Versicherungsnehmerin. Das Organmitglied wäre als außenstehende Person nämlich nicht über versicherungsvertragliche Obliegenheiten verpflichtet, den Vertrauensschadensversicherer bei der Aufklärung zu unterstützen.

Obwohl es dann zwar zu widersprüchlichen Ergebnissen zwischen Haftpflicht- und Deckungsprozess kommen kann, rechtfertigt dies nicht eine analoge Anwendung. Anders als bei einem durch Abtretung ermöglichten Direktprozess gegen den Haftpflichtversicherer ist der Vertrauensschadensversicherer nicht mittelbar über die haftpflichtversicherungsrechtliche Bindungswirkung an die Entscheidung eines vorgeschalteten Haftpflichtprozesses gebunden. Der Vertrauensschadensversicherer ist daher nicht mittelbar an die Darlegungs- und Beweislastregel von § 93 Abs. 2 S. 2 AktG gebunden. Eine analoge Anwendung von § 93 Abs. 2 S. 2 AktG im Deckungsprozess würde deshalb den Vertrauensschadensversicherer schlechterstellen.

Folglich wäre die Versicherungsnehmerin als Anspruchstellerin dazu verpflichtet, auch die Pflichtwidrigkeit des schadensverursachenden Verhaltens darzulegen und zu beweisen.[1089] Möglich bleibt, dass die Versicherungsvertragsparteien die Darlegungs- und Beweislast abmildern. Sie könnten vereinbaren,

1089 *R. Koch*, VP 9/2015, 10, 12.

dass die Versicherungsnehmerin hinsichtlich der Pflichtwidrigkeit nur Tatsachen vortragen muss, aus denen die Pflichtwidrigkeit geschlossen werden kann.[1090] Eine solche Vereinbarung würde jedoch zu Rechtsunsicherheit führen. Im Deckungsprozess wären Auslegungsstreitigkeiten hinsichtlich der Frage, ab wann die Pflichtwidrigkeit aus den Tatsachen geschlossen werden kann, vorprogrammiert. Zusätzlich dazu werden Versicherer eine Verschlechterung ihrer Prozessposition nicht ohne eine Gegenleistung, zum Beispiel im Sinne höherer Prämien, akzeptieren.

(3) Kein Abwehrschutz

Das Organmitglied würde bei einer Eigenschadensversicherung des Unternehmens keinen Abwehrschutz genießen. Selbst wenn ein Regressverzicht zu ihren Gunsten vereinbart wäre, würde die Eigenschadensversicherung noch nicht zu einer „Quasi-Haftpflichtversicherung" des Organmitglieds führen.[1091]

Zum einen könnte die Versicherungsnehmerin weiterhin das Organmitglied in Anspruch nehmen, sodass es ein Interesse an der Übernahme der Abwehrkosten hätte.[1092] Dem Organmitglied wäre es freilich möglich, zu vereinbaren, dass die versicherte Versicherungsnehmerin zur vorrangigen Inanspruchnahme des Versicherers verpflichtet ist.[1093] Hinsichtlich eines Selbstbehalts besteht aber Bedarf an einem eigenen Abwehrschutz. Des Weiteren wäre die Pflicht zur vorrangigen Inanspruchnahme des Versicherers nur dann mit § 93 Abs. 4 S. 3 AktG vereinbar, wenn eine Deckungsklage in vergleichbarer Weise Erfolg verspricht. Ein Haftpflichtprozess droht dem Organmitglied daher immer, wenn die Versicherungsnehmerin behauptet, keinen Versicherungsanspruch, etwa wegen eines Risikoausschlusses, innezuhaben. Im Fall simultan stattfindender Abfindungsverhandlungen könnte die Versicherungsnehmerin eine angedrohte Haftungsklage als Druckmittel nutzen. Zusätzlich könnte die Versicherungsnehmerin besonders bei geringen Schadenssummen mehr daran interessiert sein, die Beziehung zum Versicherer als die Beziehung zu einem ausgeschiedenen Organmitglied zu schonen.

Zum anderen dient der Abwehrschutz in der Haftpflichtversicherung auch dem Reputationsschutz der versicherten Person. Bei einer

---

1090 *R. Koch*, VP 9/2015, 10, 12.

1091 So aber: *R. Koch* in Bruck/Möller, 4. Band^{9}, Vor §§ 100-112 VVG, Rn. 17, für die Personalgarantieversicherung.

1092 *Wirtz/Seyer*, PHi 2017, 236, 241; *R. Koch*, VP 9/2015, 10, 12.

1093 *R. Koch*, VP 9/2015, 10, 12.

Vertrauensschadensversicherung müsste der Versicherer Auswirkungen auf die Reputation der versicherten Person nicht berücksichtigen. Der Vertrauensschadensversicherer könnte zur Abwehr seiner Deckungspflicht von Beginn an solche Risikoausschlüsse geltend machen, die auf einem besonders verwerflichen Verhalten des Organmitglieds beruhen.

Für das Organmitglied käme hinzu, dass es auch schon bei internen Voruntersuchungen und/oder behördlichen Ermittlungen ohne Abwehrschutz schlechtergestellt wäre.[1094] Des Weiteren wäre das Organmitglied hinsichtlich des Regressverzichts vom Verhalten der Versicherungsnehmerin abhängig. Leistungskürzungen wegen Obliegenheitsverletzungen der Versicherungsnehmerin oder ein schlecht geführter Deckungsprozess würden dazu führen, dass die Versicherungsnehmerin den verbleibenden Schaden bei dem Organmitglied auszugleichen versuchen würde. Zusätzlich wäre der Regressverzicht bei einem zwingenden Selbstbehalt nur dann zulässig, wenn er erst ab dem Selbstbehalt des Organmitglieds greift.[1095] Der Versicherer müsste daher verpflichtet sein, den Selbstbehalt bei dem Organmitglied durchzusetzen. Ein in Anspruch genommenes Organmitglied einer AG müsste deshalb mit einem Regress des Versicherers in Höhe des Selbstbehalts rechnen. Die vorgelagerte Bejahung der Haftpflicht im Verhältnis Versicherer und Versicherungsnehmerin könnte dabei faktisch präjudiziell wirken.

(4) Bindungswirkung

Ohne eine Beteiligung des Organmitglieds am Versicherungsvertrag gestaltet es sich schwierig, das Organmitglied an haftungsrechtliche Feststellungen, die im Deckungsprozess gemacht wurden, zu binden. So kommt es für die Versicherungsnehmerin immer dann zu Problemen, wenn der Deckungsanspruch etwa aufgrund einer unzureichenden Versicherungssumme oder etwaiger Leistungskürzungen nicht zu einem vollständigen Schadensausgleich führt. Die Versicherungsnehmerin müsste dann in einem Anschlussprozess gegen das Organmitglied die Haftpflicht erneut darlegen und beweisen.

Diese negativen Konsequenzen könnten die Versicherungsvertragsparteien nur umgehen, wenn sie einen Deckungsprozess führen und in diesem dem Organmitglied den Streit verkünden. Das Organmitglied wäre dann jedoch wieder an der Abwicklung des Versicherungsfalls beteiligt, sodass das Verhältnis zumindest immer dann belastet wäre, wenn das Organmitglied auf Seiten des

---

1094 *Wirtz/Seyer*, PHi 2017, 236, 241.
1095 *R. Koch*, VP 9/2015, 10, 13.

Versicherers beitritt. Das Organmitglied wäre wie bei einem durch Abtretung ermöglichten Direktprozess in der schlechten Lage, einseitig einer Interventionswirkung gegenüber beiden Parteien des Deckungsprozesses ausgesetzt zu sein. Die Möglichkeit, die versicherte Person durch eine Streitverkündung an haftungsrechtliche Feststellungen (auch gegen ihren Willen) zu binden, wäre nur gegeben, wenn die Versicherungsnehmerin und der Versicherer vor staatlichen Gerichten prozessieren.

(5) Sonstiges

Nachteilig wäre für den Versicherer ebenso, dass nur die Versicherungsnehmerin zur Auskunft und zur Herausgabe von Belegen verpflichtet wäre. Mangels eines Tätigwerdens für das Organmitglied dürfte sich dieses kaum der Seite des Versicherers zuordnen lassen. Die Missbrauchsgefahr ist immer dann hoch, wenn das Organmitglied weiterhin in einer engen Beziehung zur Versicherungsnehmerin steht. Erschwerend käme hinzu, dass mehr Versicherungsfälle drohen. Die Versicherungsnehmerin könnte nämlich vereinfacht auf die Versicherungssumme zugreifen, ohne gleichzeitig eine negative Berichterstattung und eine direkte Belastung des Verhältnisses zu ihren Organmitgliedern befürchten zu müssen. Außerdem wäre weiterhin eine Haftpflichtversicherung für Außenhaftungsfälle notwendig.[1096] Ein D&O-Versicherungsvertrag, der demnach zwischen Außen- und Innenhaftung unterscheidet, müsste klar regeln, welche AVB für welche Versicherung gelten. Sollte ein Verhalten einmal einen Innen- und einen Außenhaftungsfall auslösen, wäre der Versicherer einem Interessenkonflikt ausgesetzt.

c) Zwischenergebnis

Weder für die Versicherungsnehmerin noch für den Versicherer würde eine Vertrauensschadensversicherung zwingend zu einer interessengerechteren Abwicklung führen. Vielmehr hat sich gezeigt, dass auch hierbei viele Problemfelder bestehen, die ohne eine Einbeziehung des Organmitglieds nicht hinreichend gelöst werden können.

Aus Sicht des Organmitglieds führt die Ausgestaltung der D&O-Versicherung als Eigenschadensversicherung zu einem Verlust des Abwehrschutzes. Ohne diesen ist das Organmitglied erheblich schlechtergestellt. Eine D&O-Versicherung als Vertrauensschadensversicherung widerspricht folglich immer dann dem

1096 *Wirtz/Seyer*, PHi 2017, 236, 240.

Interesse des Organmitglieds, wenn nicht ein gleichwertiger Abwehrschutz gewährleistet wird.

3. *Vertrauensschadensversicherung kombiniert mit Rechtsschutzversicherung*

Denkbar wäre es daher, die Vertrauensschadensversicherung mit einer Rechtsschutzversicherung zu kombinieren. Hierbei ist allerdings zu beachten, dass der D&O-Versicherer eine zusätzliche Rechtsschutzversicherung nach § 164 Abs. 1 S. 1 VAG nur anbieten könnte, wenn er die Schadensabwicklung der Rechtsschutzversicherung in ein anderes Unternehmen („Schadenabwicklungsunternehmen") ausgliedert. Die Bearbeitung des Schadenfalls müsste somit selbst bei einem Versicherer für Vertrauensschadens- und Rechtsschutzversicherung von zwei unabhängigen Stellen durchgeführt werden.[1097] Die dadurch entstehenden Mehrkosten dürften in aller Regel zu Prämienerhöhungen führen. Außerdem würde durch eine zusätzliche Rechtsschutzversicherung die einvernehmliche Abwicklung erschwert. Das Schadenabwicklungsunternehmen wäre anders als ein Haftpflichtversicherer ausschließlich zur Abwehr des Freistellungsanspruchs verpflichtet. Die Bereitschaft für eine Konsenslösung würde somit sinken. Hinzu kommt, dass mit dem Schadenabwicklungsunternehmen eine weitere Partei an der Abwicklung des Schadensfalls beteiligt wäre. Ob dies in Anbetracht des schon bisher unübersichtlichen Mehrpersonenverhältnisses sinnvoll ist, kann bezweifelt werden. Ungelöst blieben bei dieser Regelung die bereits bei einer ausschließlichen Vertrauensschadensversicherung genannten Probleme hinsichtlich der Darlegungs- und Beweislast, Bindungswirkung sowie Verjährung des Haftpflichtanspruchs.

Eine mit einer Rechtsschutzversicherung kombinierte Vertrauensschadensversicherung stellt demnach keine interessengerechte Alternative dar. Vielmehr würde es durch die zusätzliche Rechtsschutzversicherung zu einer Verkomplizierung und Verteuerung kommen.

1097 *Göertz* in Kaulbach/Bähr/Pohlmann[6], Versicherungsaufsichtsgesetz (2019), § 164 VAG, Rn. 3; *Präve* in Prölss/Dreher[13], Versicherungsaufsichtsgesetz mit Nebengesetzen (2018), § 164 VAG, Rn. 4.

4. Zwischenergebnis

Eine völlige Abkehr von der Haftpflichtversicherung hin zu einer Eigenschadensversicherung würde keine interessengerechtere Abwicklung von D&O-Schadensfällen ermöglichen. [1098]

II. Direktanspruch im Rahmen einer Haftpflichtversicherung

Es stellt sich daher die Frage, ob und wenn ja wie die D&O-Versicherung als Haftpflichtversicherung zugunsten des Organmitglieds ausgestaltet werden kann, sodass eine direkte Abwicklung den Interessen aller Beteiligten entspricht.

1. Schuldübernahme des Versicherers

Eine antizipierte Schuldübernahme könnte eine direkte Inanspruchnahme des Versicherers ermöglichen.[1099]

a) Allgemeines

Der Versicherer könnte sich in dem D&O-Versicherungsvertrag verpflichten, eine eventuell später entstehende Haftpflicht der versicherten Person zu übernehmen. Das Kausalgeschäft für die Schuldübernahme wäre in diesem Fall der Versicherungsvertrag. Damit wäre das Verpflichtungs- wie auch das Verfügungsgeschäft zwischen Versicherungsnehmerin als Gläubigerin und dem Versicherer als Übernehmendem des Haftpflichtanspruchs abgeschlossen.

Ein durch Schuldübernahme ermöglichter Direktanspruch wäre weiterhin der Organhaftungsanspruch der Gesellschaft. Damit wäre nach § 112 AktG der Aufsichtsrat für die Verfolgung der Ansprüche gegen Vorstandsmitglieder verantwortlich. Für einen Direktprozess wären die Kammern für Handelssachen sachlich zuständig. Außerdem wäre § 93 Abs. 2 S. 2 AktG unmittelbar anwendbar. Des Weiteren würde der haftungsrechtliche Direktanspruch nach § 271 Abs. 1 BGB fällig. Hinzu kommt, dass sich die Frage nach der Übernahme der Prozesskosten nicht stellt. Ein haftungsrechtlicher Direktanspruch würde daher mehrere der genannten offenen Rechtsfragen umgehen. Trotzdem erscheint ein solcher haftungsrechtlicher Direktanspruch nur sinnvoll, wenn keine neuen Probleme entstehen.

1098 *Wirtz/Seyer*, PHi 2017, 236, 241; *Dreher* in FS Alfred Bergmann (2018), 145, 158, Fn. 32. So weist auch *R. Koch*, VP 9/2015, 10, 13, darauf hin, dass bei einer AG wegen des zwingenden Selbstbehalts „neuartige Rechtsfragen“ entstehen würden.

1099 Zum durch Schuldübernahme ermöglichten Direktanspruch: *Bangert*, S. 70 f.

b) Bindung an bestehenden Versicherungsschutz

Die Schuldübernahme könnte an einen bestehenden Versicherungsschutz geknüpft werden.[1100] Durch eine solche Bedingung würde die Schuldübernahme nur bei bestehendem Versicherungsschutz wirksam werden.[1101] Der Versicherer wäre dann davor geschützt, leisten zu müssen, obwohl für den konkreten Fall kein Versicherungsschutz besteht. Für die Versicherungsnehmerin bedeutet dies wiederum, dass ihre Direktklage wegen eines verwirklichten Risikoausschlusses scheitern kann und sie im Anschluss gegen die versicherte Person vorgehen müsste. Dabei käme erschwerend hinzu, dass eine Direktklage gegen den (aufgrund eines unwirksamen Schuldbeitritts) falschen Schuldner nicht die Verjährung des Haftpflichtanspruchs hemmt.

Besonders schwierig dürfte es für den Versicherer sein, Leistungskürzungen aufgrund von Obliegenheitsverletzungen im haftungsrechtlichen Direktprozess geltend zu machen.

c) Begrenzung in der Höhe

Schwierigkeiten bereitet es, die Versicherungssumme sowie einen Selbstbehalt bei der Schuldübernahme hinreichend zu berücksichtigen.[1102] Eine Begrenzung des Haftpflichtanspruchs auf die Versicherungssumme und den Selbstbehalt wäre schon aufgrund von § 93 Abs. 4 S. 3 AktG unwirksam. Andererseits würde die erstmalige Übernahme der gesamten Haftpflichtschuld durch den Versicherer selbst mit einem anschließenden Regress bei der versicherten Person ein kaum kalkulierbares Risiko darstellen. [1103]

Die Anrechnung der Prozesskosten auf die Versicherungssumme erscheint kaum realisierbar. Sobald der Versicherer die versicherte Person durch eine

---

1100 *Müller-Stüler*, Der Direktanspruch gegen den Haftpflichtversicherer (1966), S. 67.

1101 *Müller-Stüler*, S. 67.

1102 Grundsätzlich zur Möglichkeit einer Begrenzung auf die Versicherungssumme: *Müller-Stüler*, S. 69.

1103 Zur Bedeutung der Versicherungssumme für den VR am Beispiel des Schmiergeldskandals einer deutschen Aktiengesellschaft: dort stand eine D&O-Versicherungssumme i.H.v. 250. Mio. Euro einem Schaden von ca. 2,5 Mrd. Euro gegenüber. Einladung zur Hauptversammlung der AG am 26. Januar 2010, S. 27, 32, www.siemens.com/investor/pool/de/investor_relations/events/hauptversammlung/2010/einladung_hv2010_d.pdf, abgerufen am 2.7.2019; die Zahlen sind ebenso zu finden bei: *Armbrüster*, VersR 2014, 1, 1; *Reichert*, ZHR 177 (2013), 756, 758. Auf das Problem der unzureichenden Versicherungssumme bei Exzedentenlayern eingehend: *Knöfel*, ZIP 2018, 1814, 1822.

Schuldübernahme freistellt, erfüllt der Versicherer seine Versicherungsschutzpflicht. Die im Rahmen eines Direktprozesses entstehenden Prozesskosten können dann mangels Abwehr nicht als Abwehrkosten auf die Versicherungssumme angerechnet werden.

d) Rolle der versicherten Person

Die Schuldübernahme würde die versicherte Person von der Haftpflichtschuld befreien. Der Versicherer würde folglich den Freistellungsanspruch mit seiner Schuldübernahme erfüllen. Daran wäre indes problematisch, dass somit auch die während der Abwicklung des Versicherungsfalls bestehenden Obliegenheiten der versicherten Person enden würden. Der Versicherer wäre daher ohne eine durch die versicherte Person vermittelte besondere Sachnähe der Darlegungs- und Beweislastregel des § 93 Abs. 2 S. 2 AktG ausgesetzt.

Für die versicherte Person wäre an einem durch Schuldübernahme ermöglichten Direktprozess nachteilig, dass sie keinen unmittelbaren Einfluss auf die Direktabwicklung hätte. Der Versicherer hat mit der Schuldübernahme seine Versicherungsschutzpflicht gegenüber der versicherten Person erfüllt. Ein Abwehranspruch würde folglich nicht bestehen. Der Versicherer wäre während der direkten Abwicklung nicht mehr an die Interessen der versicherten Person gebunden. Bei niedrig ausfallenden Schäden könnte der Versicherer eher dazu geneigt sein, im Interesse einer guten Beziehung zur Versicherungsnehmerin den Haftpflichtanspruch ohne eine gerichtliche Klärung zu erfüllen. Die versicherte Person würde dann in einem Anschlussprozess dem Regressanspruch des Versicherers in Höhe des Selbstbehalts gegenüberstehen, obwohl die Haftpflicht nicht oder nicht in dieser Höhe tatsächlich vorlag.

e) Missbrauchsgefahr

Durch eine Schuldübernahme wird die versicherte Person von dem Haftpflichtanspruch befreit. Gleichzeitig wäre der Versicherer bei einer unmittelbar eintretenden Schuldübernahme nie zu einer Abwehr in Innenhaftungsfällen verpflichtet. Hinzu kommt, dass der versicherten Person ein anschließender Regress durch den Versicherer droht. Die Interessen von versicherter Person und Versicherer überschneiden sich daher kaum. Demgegenüber ist die versicherte Person nun nicht mehr mit der Versicherungsnehmerin in einer unmittelbaren Konfliktsituation. In einer solchen Konstellation steigt daher die Gefahr, dass die versicherte Person ihr Verhalten mehr am Wohl der Versicherungsnehmerin als am Verteidigungsinteresse des Versicherers orientiert. Gleichzeitig hat die Versicherungsnehmerin mit dem Versicherer als unmittelbarem Haftpflichtschuldner einen solventen Schuldner gewonnen. Für die Versicherungsnehmerin steigt daher das Interesse daran, einen möglichst hohen Schaden geltend zu machen. Damit würde sich bei einer Schuldübernahme die Gefahr erhöhen, dass versicherte Person und Versicherungsnehmerin zum Nachteil des Versicherers zusammenwirken, um so eine möglichst hohe Haftpflichtforderung durchzusetzen. Den eventuell entstehenden Regressanspruch könnten sie durch den erschlichenen Überschuss aus dem haftungsrechtlichen Direktprozess abdecken.

f) Zwischenergebnis

Eine Schuldübernahme durch den Versicherer würde zu unlösbaren Konflikten zwischen den zwingenden Regeln des Organhaftungsrechts und dem beschränkten Übernahmewillen des Versicherers führen. Der D&O-Versicherer wird kaum auf seine schützenden, den Versicherungsschutz begrenzenden Vereinbarungen gegenüber der Versicherungsnehmerin verzichten wollen. Demgegenüber kann die Versicherungsnehmerin aber nach § 93 Abs. 4 S. 3 AktG weder eine Reduzierung des Haftpflichtanspruchs selbst noch eine erschwerte Durchsetzung akzeptieren. Aber auch für die versicherte Person ist eine solche Lösung nicht erstrebenswert. Sie würde ihren Abwehranspruch verlieren, obwohl über ihre Haftpflicht noch nicht endgültig entschieden wurde.

2. Schuldbeitritt des Versicherers

Denkbar wäre, dass ein antizipierter Schuldbeitritt des Versicherers eine interessengerechtere direkte Inanspruchnahme ermöglicht.[1104]

a) Allgemeines

Die Versicherungsnehmerin und der Versicherer könnten im D&O-Versicherungsvertrag den Schuldbeitritt und auch die Verpflichtung zu diesem vereinbaren. Sobald der Versicherungsfall eintritt, würde ein inhaltsgleicher selbständiger Haftpflichtanspruch gegen den Versicherer entstehen.[1105] Die geschädigte Versicherungsnehmerin hätte daher grundsätzlich die Wahl zwischen

---

1104 Auf die Möglichkeit eines Schuldbeitritts hinweisend: *Ramharter*, Rn. 3/96; *v. Rintelen* in Späte/Schimikowski[2], 1 AHB, Rn. 362; *Bangert*, S. 71; *Müller-Stüler*, S. 74; *Wussow*, WI 1989, 9, 10; wohl auch: *Baumann* in Bruck/Möller, 4. Band[9], Ziff. 10 AVB-AVG, Rn. 15. Zur Zulässigkeit eines antizipierten Schuldbeitritts: *Sieg*, ZVersWiss 1965, 357, 378.

1105 Allgemein zur Rechtsfolge eines Schuldbeitritts: *Grigoleit/Herresthal*, JURA, 2002, 825, 825.

einer Inanspruchnahme des Versicherers oder der versicherten Person.[1106] Sollte die geschädigte Versicherungsnehmerin den durch Schuldbeitritt entstandenen Haftpflichtanspruch gerichtlich geltend machen, wären die Kammern für Handelssachen sachlich zuständig. Ein Erstattungsanspruch der Versicherungsnehmerin gegen die versicherte Person auf Prozesskosten würde bei einem Schuldbeitritt nicht bestehen. Ohne eine abweichende Vereinbarung der Versicherungsvertragsparteien wäre § 93 Abs. 2 S. 2 AktG auch im Direktprozess anwendbar. Des Weiteren wäre der neu entstehende Haftpflichtanspruch nach § 271 Abs. 1 BGB sofort fällig. Ein Schuldbeitritt der Versicherungsnehmerin würde folglich einige der Schwachstellen einer durch Abtretung ermöglichten direkten Inanspruchnahme umgehen. Eine solide Alternative wäre ein Schuldbeitritt aber nur, wenn nicht neue Rechtsfragen hinzutreten.

b) Selbstbehalt

Um einen Anschlussprozess der Versicherungsnehmerin gegen die versicherte Person wegen eines vereinbarten Selbstbehalts zu vermeiden, könnte in den D&O-Versicherungsvertrag eine mit § 114 Abs. 2 S. 2 VVG vergleichbare Regelung aufgenommen werden. Demnach könnte sich der Versicherer auch zur erstmaligen Übernahme des Selbstbehalts verpflichten.[1107] Er würde dann das Insolvenzrisiko der versicherten Person tragen. Eine solche zusätzliche Risikoübernahme würde eine Eigenschadensversicherung im Sinne einer Forderungsausfallversicherung bedeuten. Eine D&O-Versicherung mit einem vereinbarten Schuldbeitritt inklusive Selbstbehalt wäre folglich eine fremdversicherungsrechtliche Haftpflichtversicherung kombiniert mit einer Eigenschadensversicherung.

c) Bindung an bestehenden Versicherungsschutz

Um den Versicherer nur dann einem Haftpflichtanspruch auszusetzen, wenn auch der Versicherungsschutz besteht, könnte der Versicherer unter dem Vorbehalt eines bestehenden Versicherungsschutzes den Schuldbeitritt erklären.[1108] Ein im D&O-Versicherungsvertrag vereinbarter Schuldbeitritt wäre dann unter

---

1106 Allgemein zum Wahlrecht des Gläubigers nach einem Schuldbeitritt: *Schürnbrand*, Der Schuldbeitritt zwischen Gesamtschuld und Akzessorietät (2003), S. 17.

1107 Zur grundsätzlichen Zulässigkeit einer vorläufigen Übernahme des Selbstbehalts durch den VR: *Haehling von Lanzenauer/Kreienkamp* in Looschelders/Pohlmann[3], Anhang C, Rn. 188; *R. Koch*, AG 2009, 637, 646.

1108 *Wussow*, WI 1989, 9, 10; *v. Rintelen* in Späte/Schimikowski[2], AHB 1, Rn. 362; *Späte* AHB, Haftpflichtprozess – AHB Kommentar (1993), § 1, Rn. 200.

der aufschiebenden Bedingung, dass D&O-Versicherungsschutz besteht, vereinbart. Um aber auch gegen Obliegenheitsverletzungen während des Direktprozesses geschützt zu sein, müsste der Schuldbeitritt zusätzlich unter einer auflösenden Bedingung vereinbart werden.[1109] Die auflösende Bedingung würde eintreten, wenn der Versicherer aufgrund von Obliegenheitsverletzungen leistungsfrei wird. Ein solcher Schuldbeitritt wäre somit darauf beschränkt, „den ansonsten mühsamen Weg der Inanspruchnahme" für die Geschädigte abzukürzen.[1110] Die Geschädigte soll dabei aber nicht mehr erhalten als die versicherte Person.[1111] Diesem Ziel folgend müsste der Schuldbeitritt auf die Höhe der Versicherungssumme beschränkt werden.

Dadurch ergibt sich aber wieder die Gefahr, dass ein Anschlussprozess gegen die versicherte Person droht. Die Versicherungsnehmerin müsste dann zwei Prozesse führen. Den neu entstehenden Haftpflichtanspruch an einen bestehenden Versicherungsanspruch zu binden, ist ebenso problematisch. Deckungsrechtliche Einwendungen könnten sich dann nämlich als Vorfragen im Direktprozess stellen. Die dazu getroffenen versicherungsrechtlichen Feststellungen würden jedoch nicht gegenüber der versicherten Person wirken. Sollte die versicherte Person nach dem Direktprozess in Anspruch genommen werden, könnte sie Versicherungsschutz verlangen. Ein weiterer Nachteil wäre für den Versicherer, dass in einem haftungsrechtlichen Direktprozess ein nicht im Versicherungsrecht spezialisierter Spruchkörper versicherungsrechtliche Fragen beantwortet.

d) Drohende Verjährung

Sofern der Direktanspruch nicht zu einem vollen Schadensausgleich bei der Versicherungsnehmerin geführt hat, ist die Versicherungsnehmerin über § 93 Abs. 4 S. 3 AktG verpflichtet, den verbleibenden Schaden bei der versicherten Person durchzusetzen. Anders als bei einer Abtretung erfüllungshalber muss die Versicherungsnehmerin aber befürchten, dass ihr gegenüber der versicherten Person bestehender Haftpflichtanspruch während des Direktprozesses verjährt. Die Versicherungsnehmerin sollte daher vor einer direkten Inanspruchnahme des Versicherers eine Verjährungshemmung mit der versicherten Person vereinbaren. Sollte dies nicht gelingen, wäre eine Streitverkündung notwendig, um eine Verjährungshemmung nach § 204 Abs. 1 Nr. 6 BGB zu erreichen.

1109 Zur grundsätzlichen Möglichkeit aufschiebende und auflösende Bedingung zu kombinieren: OLG Naumburg v. 18.7.2016, BeckRS 2016, 120871, Rn. 9.

1110 *v. Rintelen* in Späte/Schimikowski^2, 1 AHB, Rn. 362.

1111 *v. Rintelen* in Späte/Schimikowski^2, 1 AHB, Rn. 362.

e) Erfüllung einer Versicherungsschutzpflicht

Der Schuldbeitritt des Versicherers führt nicht dazu, dass er seine Freistellungspflicht erfüllt.[1112] Folglich wird der Versicherer erst dann von seiner Versicherungsschutzpflicht befreit, wenn die versicherte Person von ihrer Haftpflichtschuld frei wird. Es stellt sich die Frage, welche Pflicht der Versicherer mit einem Schuldbeitritt erfüllt.

Da ein Schuldbeitritt weder die versicherte Person von dem weiterhin gegen sie bestehenden Haftpflichtanspruch befreit noch diesen abwehrt, erfüllt der Versicherer mit einem Schuldbeitritt keine Versicherungsschutzpflicht aus der Haftpflichtversicherung. Nur wenn sich die Versicherungsnehmerin bei einem Schuldbeitritt verpflichten sollte, erst nach einer erfolglosen Inanspruchnahme des Versicherers gegen die versicherte Person vorzugehen, könnte der Versicherer mit einem Schuldbeitritt seiner Abwehrpflicht nachkommen. Zusätzlich dazu wäre es notwendig, dass sich eine erfolgreiche Abwehr der Haftpflicht auch auf die versicherte Person auswirkt. Es wäre also erforderlich, dass sich die Versicherungsnehmerin verpflichtet, haftpflichtrechtliche Feststellungen im Direktprozess auch im Verhältnis zur versicherten Person anzuerkennen. Ob sich jedoch die Versicherungsnehmerin auch zu einer solchen einseitigen Bindungswirkung bereit erklärt, erscheint fraglich. Vielmehr dürfte sich die Versicherungsnehmerin nur dann binden, wenn auch die versicherte Person an haftungsrechtliche Feststellungen gebunden wäre. Möchte die Versicherungsnehmerin eine Streitverkündung umgehen, müsste sie mit der versicherten Person eine Bindungswirkung aushandeln und vereinbaren.

Nur wenn die notwendigen Vereinbarungen vorliegen und der Versicherer während des gegen ihn laufenden haftungsrechtlichen Direktprozesses seine Abwehrpflicht erfüllt, können dabei entstehende Prozesskosten auf die Versicherungssumme angerechnet werden. Des Weiteren wird auch nur dann die versicherte Person ihre Mitwirkungs- und Auskunftsobliegenheiten erfüllen.

f) Haftpflichtversicherungsrechtliches Zustimmungserfordernis

Aus dem Rechtsgedanken des § 108 Abs. 2 VVG könnte sich ein Zustimmungserfordernis der versicherten Person für eine direkte Inanspruchnahme ergeben.[1113] So wird vertreten, dass § 108 Abs. 2 VVG die Rechtsstellung der versicherten Person verbessern soll und dieser daher ein „Selbstbestimmungsrecht“

1112 *Müller-Stüler*, S. 74; *Bangert*, S. 71, führt deshalb aus, dass dem vertraglichen Schuldbeitritt des VR „keine praktische Relevanz“ bei Haftpflichtversicherungen zukomme.

1113 *Baumann* in Bruck/Möller, 4. Band^9, Ziff. 10 AVB-AVG, Rn. 15.

dahingehend zustehe, zu entscheiden, ob eine direkte Inanspruchnahme zulässig sein soll.[1114] Selbst wenn man ein solches Zustimmungserfordernis grundsätzlich annehmen sollte, wird die versicherte Person dieses gegen die wirtschaftlich starken Versicherungsvertragsparteien nur schwer durchsetzen können. Die Verhandlungsposition der versicherten Person ist daher im Konfliktfall geschwächt.

g) Missbrauchsgefahr

Ein Schuldbeitritt verschafft der Versicherungsnehmerin einen haftungsrechtlichen Direktanspruch, der, falls dieser nicht wirksam auf die Versicherungssumme beschränkt wurde, in Höhe des ursprünglichen Organhaftungsanspruchs besteht. Die Versicherungsnehmerin hätte daher ein unmittelbares Interesse, diese Beschränkungen zu bestreiten und so den Direktanspruch für einen vollständigen Schadensausgleich zu nutzen. Gleichzeitig wäre das Interesse der versicherten Person gering, den Versicherer bei der Abwehr eines nicht gegen sie gerichteten Haftpflichtanspruchs zu unterstützen. Das gilt insbesondere, wenn sie in einem möglichen Anschlussprozess Versicherungsschutz von dem Versicherer verlangen könnte. All das könnte die Versicherungsnehmerin und die versicherte Person dazu verleiten, kollusiv zum Nachteil des Versicherers zusammenzuwirken.

h) Gesellschaftsrechtliche Zuständigkeit

Schwierigkeiten bereitet es ebenso, das zuständige Organ für die Durchsetzung des neu entstandenen Haftpflichtanspruchs zu bestimmen. Schuldner des neuen Anspruchs ist der Versicherer, sodass der Vorstand zuständig sein könnte. Das ist aber immer dann problematisch, wenn die Pflichtverletzung eines Vorstandsmitglieds infrage steht. Da es auch bei einem durch Schuldbeitritt ermöglichten Direktanspruch darum geht, das Haftpflichtverhältnis zwischen Versicherungsnehmerin und Vorstandsmitglied direkt abzuwickeln, wäre der Aufsichtsrat nach § 112 AktG analog für die Durchsetzung zuständig.

i) Zwischenergebnis

Ein durch Schuldbeitritt ermöglichter Direktanspruch vermeidet manche bei einem durch Abtretung ermöglichten Direktanspruch bestehende Schwachstellen.

1114 *Baumann* in Bruck/Möller, 4. Band[9], Ziff. 10 AVB-AVG, Rn. 12; in diese Richtung auch *ders.*, r+s 2011, 229, 235, der dort von einer „aufgewertete[n] Rechtsstellung" der vP spricht.

Gegen einen Schuldbeitritt spricht insbesondere, dass dieser für den Versicherer besonders gefährlich wäre. Zum einen muss die auflösende Bedingung wirksam vereinbart worden sein. Falls nicht, droht dem Versicherer, durch den Schuldbeitritt einem Organhaftungsanspruch uneingeschränkt ausgesetzt zu sein. Zum anderen muss der Schuldbeitritt durch weitere Regelungen so abgesichert werden, dass er in dem ermöglichten Direktprozess seine Versicherungsschutzpflicht erfüllen kann. Anderenfalls wäre er auch in einem Anschlussprozess zum Versicherungsschutz verpflichtet, und die Missbrauchsgefahr würde steigen.

3. *Eigenes Forderungsrecht der geschädigten Versicherungsnehmerin*

Die Versicherungsvertragsparteien könnten auch ein eigenes Forderungsrecht der geschädigten Versicherungsnehmerin vereinbaren, welches neben dem Versicherungsanspruch der versicherten Person besteht.

Als Ausgangspunkt für die Überlegung, wie ein solches eigenes Forderungsrecht der Geschädigten in den Haftpflichtversicherungsvertrag aufgenommen werden kann, soll das Entwicklungshelfer-Gesetz[1115] herangezogen werden. Seit 1969 verpflichtet § 6 Abs. 3 EhfG den Entwicklungshilfeträger dazu, im Haftpflichtversicherungsvertrag zugunsten des Entwicklungshelfers „vorzusehen, daß dem Geschädigten ein unmittelbarer Anspruch gegen den Versicherer eingeräumt wird." Der deutsche Gesetzgeber schreibt somit seit über fünfzig Jahren ein neben den Haftpflichtversicherungsanspruch tretendes Forderungsrecht der Geschädigten vor.

Kaum wurde aber bisher darüber diskutiert, wie konkret ein eigenes Forderungsrecht der Geschädigten vereinbart werden soll.[1116] Es ist daher zu analysieren, wie im Sinne des Gesetzgebers ein eigenes Forderungsrecht der Geschädigten einzuräumen ist. Ausgehend von dem dabei gefundenen Ergebnis wird untersucht, ob sich ein vergleichbares Forderungsrecht der Versicherungsnehmerin in den D&O-Versicherungsvertrag integrieren lässt.

a) *Rechtliche Ausgestaltung eines Forderungsrechts nach dem EhfG*

Sinn und Zweck des EhfG ist es, den freiwillig handelnden Entwicklungshelfer vor „Härten und materielle[n] Nachteile[n]" zu schützen.[1117] Dementsprechend

---

1115 Entwicklungshelfer-Gesetz, erlassen am 18.6.1969, BGBl. 1969 I S. 549.

1116 Die Begr. RegE v. 15.3.1968 zum „Entwurf eines Entwicklungshelfer-Gesetzes (EhfG)", BT-Drs. V/2696, behandelt die rechtliche Umsetzung der Vorgabe nicht.

1117 Begr. RegE v. 15.3.1968 zum „Entwurf eines Entwicklungshelfer-Gesetzes (EhfG)", BT-Drs. V/2696, S. 8.

soll das nach § 6 Abs. 3 EhfG vorgeschriebene Forderungsrecht den Entwicklungshelfer als versicherte Person schützen.[1118] Dieser bezweckte Schutz wird nur erreicht, wenn das Forderungsrecht neben den Haftpflichtversicherungsanspruch der versicherten Person tritt.

(1) Fremdversicherung neben Haftpflichtversicherung

Neben der Haftpflichtversicherung könnten die Versicherungsvertragsparteien eine Schadensversicherung für fremde Rechnung vereinbaren.[1119] Versichertes Interesse wäre demnach der Ausgleich erlittener Schäden durch ein haftpflichtiges Verhalten der versicherten Person. Die weiterhin bestehende Haftpflichtversicherung könnte darauf beschränkt sein, die versicherte Person zu verteidigen (sofern sie doch direkt von der Geschädigten in Anspruch genommen wird) und von Regressansprüchen der Schadensversicherung freizustellen.[1120] Schadens- und Haftpflichtversicherung könnten dabei in einem Vertrag abgeschlossen werden.[1121]

Eine solche Fremdversicherung geht jedoch über den Sinn und Zweck des § 6 Abs. 3 EhfG hinaus. Ziel der Regelung ist es, einen besseren Schutz der versicherten Person durch eine direkte Abwicklung zwischen Geschädigter und Versicherer zu ermöglichen. Nicht bezweckt ist hingegen, dass das Schadensausgleichsinteresse der Geschädigten extra versichert wird. Wäre nämlich das Schadensausgleichsinteresse der Geschädigten bei dem (auch Haftpflicht-) Versicherer versichert, wäre der Versicherer bei einem Schadensfall zwei unterschiedlichen versicherten Interessen ausgesetzt. Außerdem müsste, um eine zusätzliche Belastung des Versicherers und damit mittelbar auch des Entwicklungshilfeträgers durch darauf folgende Prämienerhöhungen zu verhindern, der Fremdversicherungsschutz akzessorisch an die Haftpflichtversicherung gebunden werden. Das damit einhergehende Nebeneinander von Haftpflicht- und Fremdversicherung würde die Schadensregulierung verkomplizieren. Der Abschluss einer Schadensversicherung zugunsten der Geschädigten dürfte daher nicht vom Gesetzgeber des EhfG gewollt sein.

1118 *Hedderich*, Pflichtversicherung (2011), S. 388, und *v. Rintelen* in Späte/Schimikowski^2, 1 AHB, Rn. 369; Begr. RegE v. 15.3.1968 zum „Entwurf eines Entwicklungshelfer-Gesetzes (EhfG)", BT-Drs. V/2696, S. 11.

1119 *Späte* AHB, § 1, Rn. 201.

1120 *Müller-Stüler*, S. 97.

1121 *Müller-Stüler*, S. 98; *Späte* AHB, § 1, Rn. 201.

(2) Vertrag zugunsten Dritter

Wahrscheinlicher ist, dass nicht durch eine zusätzliche Versicherung, sondern durch einen Vertrag zugunsten Dritter dem gesetzgeberischen Willen entsprochen wird. Durch einen Vertrag zu ihren Gunsten könnte die Geschädigte unmittelbar ein Forderungsrecht erlangen.[1122] Es würde damit kein zusätzliches Interesse versichert, sodass keine Fremdversicherung zugunsten der Geschädigten vorliegen würde.[1123]

Da die Geschädigte allein ein Interesse an dem Freistellungsanspruch hat, stellt sich die Frage, ob dieser originär bei der Geschädigten entstehen soll.

(a) Erwerb des Freistellungsanspruchs

In den Händen der Geschädigten würde sich der Freistellungsanspruch unmittelbar in einen Zahlungsanspruch umwandeln. Damit die versicherte Person nicht ihren Freistellungsanspruch verliert, wenn die Geschädigte gegen sie und somit nicht gegen den Versicherer vorgeht, müsste die Übertragung unter der Bedingung einer Inanspruchnahme des Versicherers vereinbart werden. Außerdem müsste die Geschädigte durch Obliegenheiten verpflichtet sein, jegliche Zahlung als Zahlung auf die Haftpflichtschuld anzuerkennen.

Problematisch wäre an einer solchen Regelung, dass der versicherte Entwicklungshelfer seinen Freistellungsanspruch an eine selten im deutschen Recht kundige Geschädigte verlieren würde. Sollte die Geschädigte mit ihrem Direktanspruch aufgrund haftungsrechtlicher oder deckungsrechtlicher Einwendungen scheitern, würde die versicherte Person ihren Freistellungsanspruch endgültig verlieren.

(b) Erwerb eines Forderungsrechts

Eine Alternative wäre der Erwerb eines bloßen Forderungsrechts. Wie häufig in einem Vertrag zugunsten Dritter hat der Versprechungsempfänger ein eigenes Forderungsrecht hinsichtlich der Leistung zugunsten des Dritten.[1124] Der

---

1122 Für einen Vertrag zugunsten Dritter: *Bangert*, S. 64; *Keppel*, Die Pflichthaftversicherung nach der VVG-Reform (2010), S. 3, Fn. 14; *v. Rintelen* in Späte/Schimikowski², 1 AHB, Rn. 369. Zur grundsätzlichen Zulässigkeit: BGH v. 2.2.1977, VersR 1977, 346, 347; *Brand* in Bruck/Möller, 2. Band⁹, § 43 VVG, Rn. 9; *Armbrüster* in Beckmann/Matusche-Beckmann³, § 6, Rn. 92.

1123 *v. Rintelen* in Späte/Schimikowski², 1 AHB, Rn. 369.

1124 BGH v. 16.11.1951, BGHZ 3, 385, 388; *Gottwald* in MünchKomm BGB, 3. Band⁸, § 335 BGB, Rn. 1 f.; *Klumpp* in Staudinger, 2. Buch, § 335 BGB, Rn. 2 ff.

Geschädigten könnte ein vergleichbares Forderungsrecht auf Freistellung der versicherten Person eingeräumt werden.[1125] Die Geschädigte wäre dann darauf beschränkt, die Freistellung der versicherten Person von der ihr gegenüber bestehenden Haftpflicht zu verlangen. Wie bereits festgestellt, wäre es unbillig, die Geschädigte als hinsichtlich des Freistellungsanspruchs verfügungsbefugte Person auf eine vorherige Klärung der Haftpflichtfrage zu verweisen.[1126] Gleiches muss auch gelten, wenn die Geschädigte Inhaberin eines auf Freistellung gerichteten Forderungsrechts ist.

Vorteilhaft ist an einer solchen Lösung, dass die versicherte Person weiterhin Inhaberin eines eigenen Freistellungsanspruchs bleibt.

(c) Zwischenergebnis

Der Vorgabe des § 6 Abs. 3 EhfG wird entsprochen, wenn ein eigenes Forderungsrecht der Geschädigten auf Freistellung in den Versicherungsvertrag aufgenommen wird. Der Haftpflichtversicherungsvertrag würde dann einen Vertrag zugunsten der Geschädigten enthalten.

b) Anwendung auf die D&O-Versicherung

Wenn man das gefundene Ergebnis auf den D&O-Versicherungsvertrag anwendet, ergibt sich folgendes Bild: Die Versicherungsnehmerin würde zu ihren Gunsten ein Forderungsrecht hinsichtlich des Freistellungsanspruchs mit dem Versicherer vereinbaren.

(1) Positive Auswirkungen

An einem solchen Modell wäre vorteilhaft, dass der Versicherungsfall ohne eine direkte Auseinandersetzung, und sei es auch nur hinsichtlich einer Abtretung, zwischen Versicherungsnehmerin und versicherter Person abgewickelt werden könnte.

Die Versicherungsnehmerin würde nicht aufgrund eines auftragsähnlichen Rechtsverhältnisses gegen den Versicherer vorgehen, sondern unabhängig ihr eigenes Forderungsrecht geltend machen. Es wäre daher nicht fraglich, ob sie selbst die Prozesskosten tragen muss.

1125 *v. Rintelen* in Späte/Schimikowski[2], 1 AHB, Rn. 369, spricht davon, dass der Direktanspruch „genuin versicherungsvertraglich" sei und dass dieser Direktanspruch (auf Zahlung) neben den Freistellungsanspruch der vP trete. *Bangert*, S. 64, schlussfolgert daher folgerichtig, dass der VR „mehreren Gläubigern ausgesetzt" wäre.

1126 Siehe dazu: Dritter Teil, A, IV.

(2) Bekannte und neue Probleme

Die Bindungswirkung haftungsrechtlicher Feststellungen wäre weiterhin regelungsbedürftig. Insbesondere ein bestehender Selbstbehalt würde es notwendig machen, dass die geschädigte Versicherungsnehmerin nach einem erfolgreichen Direktprozess den nicht vom Freistellungsanspruch umfassten Selbstbehalt gegen die versicherte Person durchsetzt. Des Weiteren stellt sich die Frage, wonach sich die Fälligkeit des Forderungsrechts richtet. Hinzu kommen neue Probleme.

(a) Mehrfache Inanspruchnahme des Versicherers

Der Versicherer müsste befürchten, mehrfach in Anspruch genommen zu werden. Entscheidungen hinsichtlich des Forderungsrechts der Versicherungsnehmerin würden sich nämlich nicht auf den Haftpflichtversicherungsanspruch der versicherten Person auswirken.[1127] Auch wenn eine solche doppelte Inanspruchnahme treuwidrig wäre,[1128] entsteht erst einmal neues Konfliktpotenzial.

(b) Schlechtere Position der versicherten Person

Für die versicherte Person würde ein unmittelbar entstehendes Forderungsrecht bedeuten, dass sie in ihrer Verhandlungsposition gegenüber der Versicherungsnehmerin geschwächt wäre. Sollte es nämlich simultan zu Abfindungsverhandlungen kommen, könnte die versicherte Person nicht durch eine Abtretung des Freistellungsanspruchs ein Entgegenkommen der Versicherungsnehmerin bewirken. Hinzu kommt, dass die versicherte Person mit einer Streitverkündung der Versicherungsnehmerin rechnen muss. Ihr droht damit, dass sie über die Interventionswirkung einseitig gebunden wird.

(c) Unabhängigkeit des Haftpflichtanspruchs

Außerdem müsste die versicherte Person befürchten, dass die Versicherungsnehmerin sie neben dem Versicherer gleichzeitig in Anspruch nimmt. Ein Stillhalteabkommen liegt erst einmal nicht vor. Des Weiteren droht der Versicherungsnehmerin eine Verjährung des Haftpflichtanspruchs, wenn keine in einer Abtretungsvereinbarung enthaltene Verjährungshemmung eingreift. Eine separate gerichtliche Geltendmachung des Haftpflichtanspruchs würde das

---

1127 Hinsichtlich des Vertrags zugunsten Dritter: BGH v. 16.11.1951, BGHZ 3, 385, 388; *Klumpp* in Staudinger, 2. Buch, § 335 BGB, Rn. 33.

1128 *Gottwald* in MünchKomm ZPO, 1. Band^5, § 325 ZPO, Rn. 89, m.w.N.

Verhältnis zur versicherten Person belasten. Gleiches gilt auch für eine Streitverkündung. Folglich bliebe der Versicherungsnehmerin nur die Möglichkeit, mit der versicherten Person eine Verjährungshemmung zu vereinbaren. Damit würde aber der Vorteil einer solchen Vereinbarung, eigenes Forderungsrecht ohne Tätigwerden der versicherten Person, wieder entfallen.

c) Zwischenergebnis

Ein eigenes Forderungsrecht der Versicherungsnehmerin auf Freistellung der versicherten Person bringt für die Versicherungsnehmerin den Vorteil, unabhängig von einer Handlung der versicherten Person den Versicherer in Anspruch nehmen zu können. Dieser Vorteil wird aber durch eine sinnvollerweise zu vereinbarende Bindungswirkung relativiert. Durch ein von Beginn an bestehendes Forderungsrecht wird die Position der versicherten Person geschwächt. Hinzu kommt, dass die versicherte Person damit rechnen muss, einseitig einer Interventionswirkung unterworfen zu werden. Der Versicherer muss befürchten, auch nach einer erfolgreichen Abwehr des Direktanspruchs erneut von der versicherten Person auf Versicherungsschutz in Anspruch genommen zu werden. Dies kann der Versicherer nur umgehen, wenn er durch zusätzliche Vereinbarungen sicherstellt, dass er seine Versicherungsschutzpflicht auch im Direktprozess erfüllen kann. Sollte es dem Versicherer nicht gelingen, eine Erfüllung im Direktprozess sicherzustellen, wird die versicherte Person ein geringeres Interesse an einer erfolgreichen Abwehr des Direktanspruchs haben. Die Stellung des Versicherers würde sich daher verschlechtern.

Diese neuen Probleme treffen teilweise auf die gleichen offenen Rechtsfragen, welche schon bei einer durch Abtretung ermöglichten direkten Inanspruchnahme vorliegen. Ein eigenes Forderungsrecht auf Freistellung stellt daher keine sinnvolle Alternative dar.

4. Zuweisung der Verfügungsbefugnis am Freistellungsanspruch an die Versicherungsnehmerin

Um eine Mehrfachinanspruchnahme des Versicherers zu umgehen, könnte der Versicherungsnehmerin auch die alleinige Verfügungsbefugnis hinsichtlich des Freistellungsanspruchs zugewiesen werden.

Im D&O-Versicherungsvertrag könnte deshalb der versicherten Person die Verfügungsbefugnis an dem Abwehranspruch zugewiesen werden. Gemäß §§ 45 Abs. 1, 44 Abs. 2 VVG wäre die Versicherungsnehmerin dann berechtigt, über den Freistellungsanspruch zu verfügen. Da in einem solchen Fall die Versicherungsnehmerin nur hinsichtlich des Freistellungsanspruchs in einem

Treuhandverhältnis zur versicherten Person stehen würde, wäre die Versicherungsnehmerin vor dem oben skizzierten Interessenkonflikt bewahrt.[1129]

Hiergegen sprechen aber die gleichen Argumente, die auch gegen ein eigenes Forderungsrecht am Freistellungsanspruch dargestellt wurden.[1130]

5. *Antizipierte Abtretung*

Ein Direktanspruch der geschädigten Versicherungsnehmerin könnte auch durch eine antizipierte Abtretung entstehen. Eine antizipierte Abtretung könnte dahingehend vereinbart werden, dass der Freistellungsanspruch unmittelbar mit Eintritt des Versicherungsfalls auf die Versicherungsnehmerin übergeht. Mit einer solchen Regelung wäre sie, ohne dass die versicherte Person mitwirken müsste, ab Eintritt des Versicherungsfalls Inhaberin eines Direktanspruchs. Eine nach Eintritt des Versicherungsfalls drohende Auseinandersetzung bezüglich der Abtretung würde so umgangen. Des Weiteren könnte die Versicherungsnehmerin den Versicherer meist schneller in Anspruch nehmen.

An dieser Möglichkeit ist problematisch, dass eine antizipierte Abtretung aller potenziellen Schädiger und damit von allen versicherten Personen notwendig wäre. Das wäre besonders bei größeren Unternehmen oder Konzernen mit einer hohen Fluktuation an Führungskräften aufwendig, da spätestens bei jedem Wechsel des D&O-Versicherers eine erneute Abtretung notwendig wäre. Ein erneuter Mehraufwand droht auch, wenn der bisherige D&O-Versicherungsvertrag von einem neuen abgelöst wird. In einem solchen Fall wären neue antizipierte Abtretungen notwendig. Außerdem würden so die versicherten Personen in Innenhaftungsfällen unmittelbar ihren Freistellungsanspruch verlieren und könnten nicht mehr entscheiden, ob im Einzelfall eine Abtretung sinnvoll ist. Dies würde auch ihre Position in möglichen Abfindungsverhandlungen schwächen. Aber auch für die Versicherungsnehmerin kann ein solcher im D&O-Versicherungsvertrag verbindlich vereinbarter Direktanspruch nachteilig sein. Durch die vor einem möglichen Schadensfall vereinbarte antizipierte Abtretung erfüllungshalber wäre sie dazu verpflichtet, erst einmal den Versicherer in Anspruch zu nehmen. Die Versicherungsnehmerin müsste daher auch bei geringen Erfolgsaussichten als Erstes den Versicherer direkt in Anspruch nehmen.

1129 Siehe bezüglich eines Interessenkonfliktes bei gleichzeitiger Treuhänderschaft an dem Abwehr- und dem Freistellungsanspruch: Dritter Teil, D, III.

1130 Siehe hierzu: Fünfter Teil, C, II, 3, b, (2), einzig eine doppelte Inanspruchnahme würde nicht drohen.

Eine antizipierte Abtretung umgeht keine der oben aufgeführten offenen Rechtsfragen, die bei einer nach Eintritt des Versicherungsfalls vereinbarten Abtretung entstehen. Sie würde nicht nur zu einem erheblichen Mehraufwand führen, sondern auch ohne Not die Flexibilität von Versicherungsnehmerin und versicherter Person einschränken. Eine antizipierte Abtretung stellt folglich keine sinnvolle Alternative dar.

III. Zwischenergebnis

Ein schon im Versicherungsvertrag verbindlich vereinbarter Direktanspruch schließt nie vollständig die genannten offenen Rechtsfragen. Außerdem würde ein mit Eintritt des Versicherungsfalls automatisch entstehender Direktanspruch zu neuen Problemen führen. Es ist daher kaum zu erwarten, dass sich die Beteiligten für eine der vorgestellten Möglichkeiten entscheiden werden.

D. Vertragliche Regeln für den Fall einer Abtretung

Es hat sich gezeigt, dass ein im D&O-Versicherungsvertrag verbindlich vereinbarter Direktanspruch unabhängig von seiner Begründung keine sinnvolle Alternative darstellt. Da aber eine durch Abtretung ermöglichte direkte Inanspruchnahme mit ihren offenen Rechtsfragen weiterhin möglich ist, sollten die Beteiligten diese Eventualität auch schon bei Abschluss des D&O-Versicherungsvertrags berücksichtigen. Der D&O-Versicherungsvertrag sollte folglich Regelungen für den Fall einer durch Abtretung ermöglichten direkten Inanspruchnahme bereitstellen, um so die drohenden offenen Rechtsfragen vor einem Rechtsstreit zu verhindern.

Um im Falle einer durch Abtretung ermöglichten direkten Inanspruchnahme eine interessengerechtere Abwicklung zu ermöglichen, könnte sich ein Schiedsverfahren anbieten. Ein solches Schiedsverfahren könnte schon im D&O-Versicherungsvertrag und somit vor Eintritt des Konfliktfalls verbindlich geregelt werden. Eine Schiedsvereinbarung ist aber nur dann sinnvoll, wenn der Haftpflicht- und der Versicherungsfall in einem Schiedsverfahren interessengerechter als in einem Direktprozess vor staatlichen Gerichten abgewickelt werden können.

Anschließend wird dargestellt, welche Regelungen für den Fall einer durch Abtretung ermöglichten direkten Inanspruchnahme in den D&O-Versicherungsvertrag aufgenommen werden sollten.

I. Vor- und Nachteile eines Schiedsverfahrens über den Direktanspruch

Ein Schiedsverfahren erlaubt es den Beteiligten, losgelöst von den starren gesetzlichen Regeln das Verfahren in ihrem Interesse auszugestalten. Somit könnten in einer Schiedsvereinbarung die widerstreitenden Interessen der versicherten Person, der geschädigten Versicherungsnehmerin und des Versicherers bei einer direkten Inanspruchnahme besser berücksichtigt werden.

1. *Allgemeines*

Der durch Abtretung entstandene Direktanspruch der geschädigten Versicherungsnehmerin ist versicherungsrechtlicher Natur, sodass die Schiedsvereinbarung im Deckungsverhältnis vereinbart werden müsste. Folglich könnten die Versicherungsnehmerin und der Versicherer ohne Beteiligung der versicherten Personen eine Schiedsabrede in den Versicherungsvertrag aufnehmen.[1131] Zur Sicherheit sollten dabei die Formvorschriften des § 1031 Abs. 5 ZPO beachtet werden.[1132] Wie bei einem Direktprozess vor staatlichen Gerichten würde die Haftpflicht auch im Schiedsverfahren als Vorfrage geprüft werden.[1133]

2. *Angeführte Vorteile*

Als Vorteile eines Schiedsverfahrens werden im Vergleich zu einem Verfahren vor staatlichen Gerichten insbesondere die Nichtöffentlichkeit, Schnelligkeit, Sachkenntnis der Schiedsrichter und niedrigere Kosten genannt.

a) *Vertraulichkeit*

Zu Beginn ist festzuhalten, dass durch die in § 289 HGB und Art. 17 MAR[1134] normierte Publizitätspflicht die öffentliche Kenntnisnahme von einem Schiedsverfahren und dem Schiedsspruch sichergestellt wird.[1135] Ein Schiedsverfahren

---

1131 *Werner*, VersR 2015, 1084, 1088; *Thümmel* in FS Rolf A. Schütze (2015), 633, 644.

1132 *Schumacher*, NZG 2016, 969, 972; *Werner*, jM 2018, 134, 139.

1133 *Borris*, r+s 2020, 316, 319.

1134 Verordnung (EU) Nr. 596/2014 des Europäischen Parlaments und des Rates vom 16. April 2014 über Marktmissbrauch (Marktmissbrauchsverordnung) und zur Aufhebung der Richtlinie 2003/6/EG des Europäischen Parlaments und des Rates und der Richtlinien 2003/124/EG, 2003/125/EG und 2004/72/EG der Kommission, ABl. EU 2014, L 173/1.

1135 *Spindler* in FS Theodor Baum, 2. Band (2017), 1205, 1224; *Leuering*, NJW 2014, 657, 658, noch zu § 15 WpHG a.F.; *Goergen/Enger*, PHi 2018, 150, 156.

verhindert folglich nicht, dass die Öffentlichkeit von dem Haftpflichtverhältnis erfährt.[1136]

(1) Reputationsschutz

Trotzdem könnte die nichtöffentliche Verhandlung des Rechtsstreits vor einem Schiedsgericht die Reputation der Versicherungsnehmerin und die der versicherten Person schützen.[1137] Ob dies aber für die versicherte Person zu einem Vorteil gegenüber einem Direktprozess vor einem staatlichen Gericht führt, ist zweifelhaft. Auch vor einem staatlichen Gericht wäre die versicherte Person nicht selbst Beklagte. Der Direktprozess als solcher schützt die versicherte Person unabhängig vom Spruchkörper vor einer Reputationsschädigung, die durch eine Stellung als Beklagte droht. Erst wenn das der versicherten Person vorgeworfene Verhalten als solches in besonderer Weise geeignet wäre, die Reputation zu schädigen, kann ein nichtöffentliches Schiedsverfahren einen merklichen Reputationsschutz entfalten. Der mögliche Reputationsschutz wird sich jedoch kaum mehr entfalten, wenn der Schadensfall schon Gegenstand einer breiten öffentlichen Diskussion ist oder das vorgeworfene Verhalten gar zu einem strafrechtlichen Ermittlungsverfahren geführt hat. In einem solchen Fall wird sich die Reputation kaum mehr durch ein Schiedsverfahren schützen lassen.

(2) Vereinbarkeit mit öffentlichkeitswirksamer Aufklärung

Ebenso kann es für die Versicherungsnehmerin bei großen und bedeutsamen Schadensfällen von Interesse sein, den Schadensfall öffentlichkeitswirksam vor staatlichen Gerichten aufzuklären.[1138] Wenn nun aber die Öffentlichkeit Kenntnis von dem Schaden und der Verfolgung erlangt hat, erscheint es schon aus Imagegründen nicht unbedingt sinnvoll, das Informationsinteresse der Öffentlichkeit durch ein Schiedsverfahren zu beschneiden und Spekulationen Vorschub zu leisten. Vielmehr könnte ein Direktprozess vor staatlichen Gerichten ausreichen, um eine hinreichende Aufklärungsbereitschaft zu signalisieren und gleichzeitig die Beziehung zur versicherten Person zu schonen.

1136 In diese Richtung: *Borris*, r+s 2020, 316, 318. *Thümmel* in FS Reinhold Geimer (2002), 1331, 1334 ff., hält deshalb „vor allem bei nicht-börsennotierten Unternehmen" ein Schiedsverfahren für sinnvoll.

1137 *Werner*, VersR 2015, 1084, 1086; *Herresthal*, ZIP 2014, 345, 345; *Goergen/Enger*, PHi 2018, 150, 155; *Borris*, r+s 2020, 316, 318.

1138 *Werner*, VersR 2015, 1084, 1086; *Herresthal*, ZIP 2014, 345, 346.

(3) Ambivalentes Interesse des Versicherers

Mit Hilfe eines Schiedsverfahrens kann der Versicherer vermeiden, dass seine Vertragsbedingungen von staatlichen Gerichten öffentlich diskutiert und bewertet werden.[1139] Sollten aber die Rechtsfragen regelmäßig strittig sein, kann der Versicherer ein eigenes Interesse an einer Rechtssicherheit schaffenden gerichtlichen Entscheidung haben.[1140]

Das grundsätzlich mehr auf Konsens ausgerichtete Schiedsverfahren könnte dazu führen, dass die Kundenbeziehung zur Versicherungsnehmerin geschont wird.[1141] Eine solche Konsensorientierung aufgrund einer bestehenden Kundenbeziehung steht aber im Widerspruch zur Pflicht des Versicherers, sich an den Interessen der versicherten Person zu orientieren.

(4) Stärkerer Verfolgungsdruck

Nach der Rechtsprechung des BGH kann der Aufsichtsrat von der Verfolgung vermeintlicher Organhaftungsansprüche absehen, „wenn gewichtige Interessen und Belange der Gesellschaft dafür sprechen, den ihr entstandenen Schaden ersatzlos hinzunehmen".[1142] Solche gewichtigen Gründe können „negative Auswirkungen auf Geschäftstätigkeit und Ansehen der Gesellschaft in der Öffentlichkeit" sein.[1143] Wenn nun der Schadensfall in einem nichtöffentlichen und vertraulichen Schiedsprozess verhandelt wird, sind Reputationsschädigungen für die Gesellschaft seltener zu befürchten. Der Aufsichtsrat würde daher unter einem stärkeren Verfolgungsdruck stehen mit der Folge steigender Inanspruchnahmen.[1144] Aufgrund des gestiegenen Verfolgungsdrucks könnten auch kaum begründete Inanspruchnahmen zunehmen, sodass Versicherer und versicherte Person vermehrt unbegründeten Ansprüchen ausgesetzt wären.

1139 *Thümmel* in FS Rolf A. Schütze (2015), 633, 635 und 638; *Borris*, r+s 2020, 316, 319.

1140 Hinsichtlich der fehlenden Präzedenzwirkung von Schiedsverfahren als möglicher Nachteil: *Spindler* in FS Theodor Baum, 2. Band (2017), 1205, 1206; *Werner*, VersR 2015, 1084, 1085; *Thümmel* in FS Rolf A. Schütze (2015), 633, 635; *Schütze*[6], Schiedsgericht und Schiedsverfahren (2016), Rn. 50.

1141 *Thümmel* in FS Rolf A. Schütze (2015), 633, 638.

1142 BGH v. 21.4.1997, BGHZ 135, 244, 255; v. 18.9.2018, NJW 2019, 596, Rn. 31; *Spindler* in FS Theodor Baum, 2. Band (2017), 1205, 1206; *J. Koch* in Hüffer/Koch[15], § 93 AktG, Rn. 89.

1143 BGH v. 21.4.1997, BGHZ 135, 244, 255.

1144 *J. Koch* in Hüffer/Koch[15], § 93 AktG, Rn. 89; *Spindler* in FS Theodor Baum, 2. Band (2017), 1205, 1206.

b) Sachkenntnis der Schiedsrichter

Wie bereits dargestellt, führt die direkte Inanspruchnahme des Versicherers vor staatlichen Gerichten dazu, dass häufig organhaftungsrechtlich unerfahrene Richter den Rechtsstreit entscheiden. Demgegenüber steht es den Parteien eines Schiedsverfahrens grundsätzlich frei, ihre Schiedsrichter zu wählen. Die Parteien können daher Personen berufen, die sowohl auf Organhaftungsstreitigkeiten als auch auf D&O-Versicherungen spezialisiert sind.[1145]

Da bei der Auswahl mögliche Interessenkonflikte beachtet werden müssen und eine Spezialisierung im Bereich des Organhaftungs- und des Versicherungsrechts gesucht ist, reduziert sich die Anzahl potenzieller Kandidaten. Die verbleibenden Kandidaten dürften daher hohe Honorare durchsetzen.

c) Schnelligkeit

Als Vorteil eines Schiedsverfahrens wird häufig eine schnelle und effiziente Streitbeilegung genannt.[1146] Hierzu muss jedoch einschränkend ausgeführt werden, dass ein Schiedsverfahren selten zu einer schnelleren Streitbeilegung führt als wenn der Rechtsstreit anderenfalls nur vor der ersten oder zweiten Instanz ausgetragen worden wäre.[1147] Außerdem könnte der bei einem Prozess vor staatlichen Gerichten meist höhere öffentliche Druck dazu führen, dass dort ein den Rechtsstreit abschließender Vergleich wahrscheinlicher wird.[1148] Sollte der Rechtsstreit eine solche Bedeutung für die Parteien haben, dass sie den gesamten Instanzenzug ausschöpfen würden, ist es naheliegend, dass sie auch alle Möglichkeiten gegen einen Schiedsspruch ausschöpfen werden.[1149]

1145 *Leuering*, NJW 2014, 657, 659; *Thümmel* in FS Rolf A. Schütze (2015), 633, 637; *J. Koch* in Hüffer/Koch[15], § 93 AktG, Rn. 89; *Schlierenkämper*, Versicherbarkeit von Managerhaftung (2010), S. 148; *R. Koch* in Liber amicorum Gerrit Winter (2007), 345, 365. Skeptisch hinsichtlich der Annahme einer grds. höheren Sachkompetenz: *Westermann*, ZGR 2017, 38, 39.

1146 *Goergen/Enger*, PHi 2018, 150, 150; *Leuering*, NJW 2014, 657, 659; *Werner*, VersR 2015, 1084, 1085.

1147 *Borris*, r+s 2020, 316, 317. In diese Richtung: *Herresthal*, ZIP 2014, 345, 345 f. Mit Zahlen zur Verfahrensdauer: *Kutschera* in Torggler/Mohs/Schäfer/Wong[2], Handbuch Schiedsgerichtsbarkeit – Deutschland – Österreich – Schweiz (2017), Rn. 84, f.

1148 *Herresthal*, ZIP 2014, 345, 346.

1149 Allgemein zur Überprüfungsmöglichkeit von Schiedssprüchen durch staatliche Gerichte: *Hammer*, Überprüfung von Schiedsverfahren durch staatliche Gerichte in Deutschland (2018), Rn. 575 ff., 751 ff.

Des Weiteren ist die mögliche schnellere Streitbeilegung auch grundsätzlich gefährdet. Durch die Gestaltungsmöglichkeiten kann nämlich eine Partei das gesamte Verfahren bewusst in die Länge ziehen.[1150]

d) Niedrige Kosten

Inwieweit sich ein Schiedsverfahren als kostengünstigere Alternative darstellt, ist unklar und wird differenziert beurteilt.[1151] Sofern ein Direktprozess vor den staatlichen Gerichten nicht über mehrere Instanzen geht, wird meist das Schiedsverfahren die höheren Kosten verursachen.[1152] Aber selbst wenn man die Kosten, die vor staatlichen Gerichten bis zur letzten Instanz entstehen würden, mit den Kosten eines Schiedsverfahrens vergleicht, ist ein Kostenvorteil durch das Schiedsverfahren keinesfalls zwingend. Sollte der Rechtsstreit für die Beteiligten nämlich so bedeutsam sein, dass sie den Rechtsstreit durch alle Instanzen prozessieren, werden sie auch die Durchführung des Schiedsverfahrens kaum konsensorientierter gestalten. Hinzu kommt, dass die beidseitige Spezialisierung potenzieller Schiedsrichter zu hohen Honoraren führt.

3. Verbleibende offene Rechtsfragen

Als Rechtsnachfolger der versicherten Person wäre die Versicherungsnehmerin an eine im Versicherungsvertrag aufgenommene Schiedsvereinbarung gebunden.[1153] Als Schwierigkeit erweist sich bei einem Schiedsverfahren die Beteiligung mehrerer Personen.[1154] Die Regeln der ZPO zur Beteilung und zur Bindung Dritter gelten hier nicht.[1155] Dritte können daher an einem Schiedsverfahren nur dann beteiligt werden, wenn die Parteien des Schiedsverfahrens und die zu

---

1150 *Grenz*, Der Faktor Zeit im Schiedsverfahren (2013), S. 31 ff. und S. 75 ff.

1151 *Schütze*[6], Rn. 43, spricht davon, dass „die Kostengünstigkeit des Schiedsverfahrens […] häufig überschätzt" werde. In diese Richtung auch: *Thümmel* in FS Reinhold Geimer (2002), 1331, 1336, Fn. 15.

1152 *Werner*, VersR 2015, 1084, 1085; *Spindler* in FS Theodor Baum, 2. Band (2017), 1205, 1206; *Habersack/Wasserbäch*, AG 2016, 2, 3.

1153 *Thümmel* in FS Rolf A. Schütze (2015), 633, 644. Zur Bindung des Zessionars an eine Schiedsvereinbarung: BGH v. 2.3.1978, BGHZ 71, 162, 164 f.; *Wagner* in Böckstiegel/Berger/Bredow, S. 7, 14 ff.

1154 *Spindler* in FS Theodor Baum, 2. Band (2017), 1205, 1211; *Habersack/Wasserbäch*, AG 2016, 2, 3; *Werner*, VersR 2015, 1084, 1085; *Borris*, r+s 2020, 316, 319 f.

1155 *Spindler* in FS Theodor Baum, 2. Band (2017), 1205, 1211; *Habersack/Wasserbäch*, AG 2016, 2, 3.

beteiligenden Personen zustimmen oder zugestimmt haben.[1156] Damit haben alle Beteiligten grundsätzlich die Macht, durch eine Verweigerung der Zustimmung die personelle Reichweite des Schiedsspruchs zu begrenzen. Sofern für einen solchen Fall eine Opt-out-Möglichkeit aus dem Schiedsverfahren gefordert[1157] oder gar das Nebeneinander mehrerer Prozesse vorgeschlagen wird[1158], zeigt dies die akute Gefahr einer durch das Schiedsverfahren geschaffenen Verkomplizierung und damit einhergehenden Kostensteigerung der Abwicklung.

Um einen alle versicherten Personen bindenden Schiedsspruch zu ermöglichen, könnte im Versicherungsvertrag als Obliegenheit aufgenommen werden, dass sich alle versicherten Personen dem Schiedsspruch unterwerfen und zumindest im Falle deckungsrechtlicher Einwendungen des Versicherers dem Schiedsverfahren beitreten können. Ob eine in dem D&O-Versicherungsvertrag als Obliegenheit aufgenommene Bindung der versicherten Personen an den Schiedsspruch zulässig ist, erscheint jedoch zweifelhaft. Um einen Direktprozess vor einem Schiedsgericht einzuleiten, wäre es ausreichend, dass eine einzige versicherte Person ihren Freistellungsanspruch abtritt. Die anderen versicherten Personen, die selbst nicht den Freistellungsanspruch abgetreten haben, könnten dann durch den Versicherungsvertrag ohne eine eigene Entscheidung faktisch ihren gesetzlichen Richter verlieren. Ein faktischer Verlust liegt vor, da die anderen versicherten Personen vor der Wahl stehen würden, den Versicherungsschutz im Schiedsverfahren zu akzeptieren und somit ihre Obliegenheit zu erfüllen oder ihre Obliegenheit zu verletzen und damit den Versicherungsschutz zu verlieren.

Erschwerend kommt für alle versicherten Personen hinzu, dass Schiedsrichter von den beiden Parteien des Direktprozesses, Versicherer und Versicherungsnehmerin, bestimmt werden. Vor Beginn des Rechtsstreits wird der Versicherer annehmen, dass deckungsrechtliche Einwendungen bestehen könnten. Es ist daher wahrscheinlicher, dass sich der Versicherer bei der Wahl der Schiedsrichter an eigenen Interessen und nicht an Interessen der versicherten Personen orientiert.

1156 *Schütze*[6], Rn. 205 ff.; *Schumacher*, NZG 2016, 969, 971; *Herresthal*, ZIP 2014, 345, 346; *Werner*, VersR 2015, 1084, 1086. Strittig ist, ob auch die Zustimmung des Schiedsgerichts benötigt wird: mit Nachweisen zum Meinungsstreit: *Habersack/Wasserbäch*, AG 2016, 2, 3.

1157 *Goergen/Enger*, PHi 2018, 150, 156.

1158 *Thümmel* in FS Rolf A. Schütze (2015), 633, 643.

Selbst wenn es im Bezug zu den versicherten Personen gelingen sollte, eine wirksame und einheitliche Schiedsvereinbarung in den Versicherungsvertrag aufzunehmen, wird sich mit Blick auf Mit- und/oder Exzedentenversicherer regelmäßig die Frage stellen, wie diese Personen zu beteiligen sind.[1159]

4. *Bewertung*

Ein Schiedsverfahren über den Direktanspruch führt zu neuen Unklarheiten und Schwierigkeiten. Insbesondere für die versicherten Personen erhöht sich die Gefahr, dass ihre Interessen im Schiedsverfahren unberücksichtigt bleiben. Aber auch für die Versicherungsnehmerin droht durch die starke Stellung aller Beteiligten im Schiedsverfahren und die subjektive Begrenzung des Schiedsspruchs eine Verkomplizierung und Kostensteigerung. Ein Schiedsverfahren allein führt daher zu keiner interessengerechteren Abwicklung. Vielmehr ist ein Direktprozess vor staatlichen Gerichten grundsätzlich eher geeignet, die unterschiedlichen Interessen während der direkten Inanspruchnahme zu schützen. Sollte es im Einzelfall dennoch sinnvoll sein, den Direktanspruch vor einem Schiedsgericht zu verhandeln, kann eine Schiedsabrede mit oder nach Eintritt des Versicherungsfalls zwischen den konkret betroffenen Personen vereinbart werden.[1160]

II. Antizipierte Regeln für den Fall einer direkten Inanspruchnahme

Es hat sich gezeigt, dass eine obligatorische Schiedsvereinbarung keine solide Alternative zu einem Direktprozess vor staatlichen Gerichten darstellt. Folglich wird auch in Zukunft mit einem durch Abtretung ermöglichten Direktprozess vor staatlichen Gerichten zu rechnen sein. Aus diesem Grund wird dargestellt, wie die Beteiligten eine mögliche direkte Inanspruchnahme und einen etwaigen Direktprozess vor staatlichen Gerichten schon bei Versicherungsabschluss regeln sollten.

Die Regelungen müssten in den meist ohne Beteiligung der konkreten versicherten Person geschlossenen D&O-Versicherungsvertrag und die Abtretungsvereinbarung aufgenommen werden. Die Punkte, denen die versicherte Person zustimmen muss, könnten in einem dem D&O-Versicherungsvertrag

---

1159 *Goergen/Enger*, PHi 2018, 150, 154.

1160 In diese Richtung: *Borris*, r+s 2020, 316, 323. Demgegenüber für eine Vereinbarung im Versicherungsvertrag: *Werner*, VersR 2015, 1084, 1088, und *Thümmel* in FS Rolf A. Schütze (2015), 633, 644 f.

beigefügten Muster einer Abtretungsvereinbarung schon vor einem Streitfall geregelt werden.

Nicht regeln können die Beteiligten, welcher Spruchkörper für eine Direktklage sachlich zuständig ist und welches Organ der Versicherungsnehmerin die Verfolgung des Direktanspruchs übernehmen muss. Um zumindest die Direktklage vor einem erfahrenen Gericht zu erheben, könnten die Versicherungsvertragsparteien eine Gerichtsstandsvereinbarung aufnehmen.

1. Regelung im D&O-Versicherungsvertrag

Im D&O-Versicherungsvertrag sollten die Versicherungsnehmerin und der Versicherer im Rahmen einer Klausel „Direktanspruch der geschädigten Versicherungsnehmerin" die Fälligkeit des Direktanspruchs und die Verteilung der Darlegungs- und Beweislast im Direktprozess regeln. Des Weiteren sollte die Klausel die Bedeutung des Abwehranspruchs und der damit einhergehenden Pflichten des Versicherers während der direkten Inanspruchnahme festlegen. Im Gegenzug sollte klargestellt werden, dass die direkte Inanspruchnahme nichts an der Kostenanrechnung auf die Versicherungssumme ändert. Außerdem sollten sich die Versicherungsvertragsparteien bereit erklären, auf das Recht zur Streitverkündung bis zur Geltendmachung deckungsrechtlicher Einwendungen zu verzichten.

a) Klauselvorschlag

In den D&O-Versicherungsvertrag sollte für den Fall einer Innenhaftung und der anschließenden Abtretung des Freistellungsanspruchs die folgende Klausel aufgenommen werden:

Direktanspruch der geschädigten Versicherungsnehmerin

Ziffer 1 – Allgemeines
Der versicherten Person steht es frei, ihren Freistellungsanspruch an die geschädigte Versicherungsnehmerin abzutreten. In Händen der Versicherungsnehmerin wandelt sich der Freistellungsanspruch in einen Zahlungsanspruch (im Folgenden: Direktanspruch) um. Sollte der geltend gemachte Haftpflichtanspruch für den Versicherer noch nicht bindend festgestellt worden sein, kann die Haftpflicht der versicherten Person in einem Direktprozess gegen den Versicherer inzident geprüft werden.

Ziffer 2 – Versicherungsschutzpflicht bei direkter Inanspruchnahme
Sofern die Haftpflicht noch nicht mit bindender Wirkung für den Versicherer festgestellt wurde, kann der Versicherer seine Versicherungsschutzpflicht im Rahmen seines pflichtgemäßen Ermessens durch Zahlung auf den Direktanspruch oder durch Abwehr erfüllen.

<u>Ziffer 2.1 – Umfang der Abwehrpflicht</u>
Der Versicherer wird durch eine direkte Inanspruchnahme nicht von seiner Abwehrpflicht gegenüber der versicherten Person befreit. Bestreitet der Versicherer die geltend gemachte Haftpflicht während der direkten Inanspruchnahme hinreichend, erfüllt er seine Abwehrpflicht.

Macht die Versicherungsnehmerin den Direktanspruch gerichtlich geltend, kommt der Versicherer seiner Abwehrpflicht dann hinreichend nach, wenn er als gewillkürter Prozessstandschafter Zwischenfeststellungsklage auf das Nichtbestehen des geltend gemachten Haftpflichtanspruchs erhebt und bis zu einem rechtskräftigen Teilurteil keine deckungsrechtlichen Einwendungen gegen den Direktanspruch vorträgt.

Wird die Direktklage aus haftungsrechtlichen Gründen vollständig abgewiesen, ohne dass der Versicherer während der direkten Inanspruchnahme seine Abwehrpflicht erfüllt hat, erlischt der Abwehranspruch wegen der unter Ziff. 5 Abs. 3 geregelten Bindungswirkung dennoch.

<u>Ziffer 2.3 – Anrechnung der Kosten</u>
Kommt der Versicherer seiner Abwehrpflicht während der direkten Inanspruchnahme nach, werden die dabei entstehenden Kosten auf die Versicherungssumme angerechnet. Erfüllt der Versicherer den Direktanspruch, ist die Zahlung ebenso auf die Versicherungssumme anzurechnen.

Sollte die Direktklage aus haftungsrechtlichen Gründen vollständig abgewiesen werden, ohne dass der Versicherer seine Abwehrpflicht erfüllt hat, kann er die ihm verbleibenden Abwehrkosten auf die Versicherungssumme anrechnen. Abwehrkosten in diesem Sinne sind nur solche Verteidigungskosten, die nachweislich dabei entstanden sind, die Haftpflicht zu bestreiten.

<u>Ziffer 2.3 – Deckungsablehnung</u>
Sofern der Versicherer deckungsrechtliche Einwendungen geltend machen möchte, ist die versicherte Person darüber zu informieren und ihr eine angemessene Zeit zur Stellungnahme zu gewähren. Macht der Versicherer deckungsrechtliche Einwendungen geltend, bevor er seine Abwehrpflicht vollständig

erfüllt hat, stellt dies eine Deckungsablehnung dar. Die versicherte Person kann in einem solchen Fall der Versicherungsnehmerin beitreten. Eine selbständige Klage auf Gewährung von Abwehrschutz ist hingegen unzulässig.

Ziffer 3 – Fälligkeit

Der durch Abtretung entstandene Direktanspruch wird erst dann fällig, wenn der Versicherer seine Abwehrpflicht erfüllt hat oder deckungsrechtliche Einwendungen geltend macht.

Ziffer 4 – Obliegenheiten

Während der direkten Inanspruchnahme gelten weiterhin die mit Eintritt des Versicherungsfalls entstandenen Obliegenheiten.

Verlangt der Versicherer gegenüber der Versicherungsnehmerin Auskunft oder Belege, muss er dies gesondert begründen. Die Obliegenheiten der Versicherungsnehmerin sind in einem Innenhaftungsfall auf Informationen und Dokumente beschränkt, die unter Beteiligung der in Anspruch genommenen versicherten Person entstanden sind. Die Versicherungsnehmerin ist berechtigt, solche Angaben zu schwärzen, die für die Prüfung der Versicherungsschutzpflicht irrelevant sind.

Die versicherte Person ermächtigt den Versicherer, im eigenen Namen das Nichtbestehen des geltend gemachten Haftpflichtanspruchs mittels einer Zwischenfeststellungsklage im Direktprozess zu überprüfen.

Ziffer 5 – Bindung an haftungsrechtliche Feststellungen

Durch ein rechtskräftiges Teilurteil im Sinne der Ziff. 2.1 Abs. 2 ist zwischen der versicherten Person und der Versicherungsnehmerin verbindlich entschieden, ob und wenn ja in welcher Höhe der Haftpflichtanspruch besteht.

Die im Teilurteil enthaltenen haftungsrechtlichen Feststellungen erstrecken sich auch auf das Verhältnis zwischen dem Versicherer und der versicherten Person.

Erfüllt der Versicherer seine Abwehrpflicht im Direktprozess nicht, ist die Versicherungsnehmerin auch gegenüber der versicherten Person an die Entscheidung zur Direktklage gebunden, wenn diese aus haftungsrechtlichen Gründen abgewiesen wurde.

Ziffer 6 – Verzicht auf eine Streitverkündung

Die Versicherungsnehmerin und der Versicherer verzichten darauf, der versicherten Person den Streit zu verkünden, bis das Bestehen oder Nichtbestehen der Haftpflicht im Wege der Zwischenfeststellungsklage rechtskräftig festgestellt wurde. Sofern der Versicherer deckungsrechtliche Einwendungen geltend macht, ist eine Streitverkündung wieder zulässig.

Ziffer 7 – Darlegungs- und Beweislast im Direktprozess
Die Darlegungs- und Beweislastregel des § 93 Abs. 2 S. 2 AktG gilt im Direktprozess zulasten des Versicherers entsprechend.

Ziffer 8 – Verjährung
Die Verjährungsfrist des Direktanspruchs beginnt zu laufen, sobald die Haftpflicht verbindlich festgestellt oder deckungsrechtliche Einwendungen erhoben werden.

Eine zwischen der versicherten Person und der Versicherungsnehmerin für die Dauer der direkten Inanspruchnahme vereinbarte Verjährungshemmung des Haftpflichtanspruchs ist zulässig.

b) Erläuterung

(1) Ziffer 1 – Allgemeines

Die direkte Inanspruchnahme ist auch möglich, bevor die Haftpflicht verbindlich festgestellt wurde.

(2) Ziffer 2 – Versicherungsschutzpflicht bei direkter Inanspruchnahme[1161]

Die Abtretung des Freistellungsanspruchs ändert nichts an dem Wahlrecht des Versicherers.

(a) Ziffer 2.1 – Umfang der Abwehrpflicht

Diese Regelung soll sicherstellen, dass die Interessen der versicherten Person auch bei einer direkten Inanspruchnahme berücksichtigt werden. Diese Berücksichtigung legt den Grundstein für eine Bindung der versicherten Person. Eine in gewillkürter Prozessstandschaft erhobene Zwischenfeststellungsklage erlaubt es, die Haftpflicht abschließend zu klären. Des Weiteren eröffnet die Zwischenfeststellungsklage dem Versicherer die Möglichkeit, seine Abwehrpflicht zu erfüllen, ohne dass er mögliche deckungsrechtliche Einwendungen gegen den Direktanspruch verliert. Nach einem rechtskräftigen Teilurteil zur Haftpflicht

---

1161 Hierzu: Dritter Teil, B, II, 3 und 4.

kann der Versicherer seine Deckungspflicht etwa durch die Einwendung einer ausgeschöpften Versicherungssumme bestreiten.

Sollte der Versicherer dennoch unmittelbar deckungsrechtliche Einwendungen gegen den Direktanspruch erheben, die Direktklage aus haftungsrechtlichen Gründen abgewiesen werden und die versicherte Person vor einer anschließenden Inanspruchnahme geschützt sein, erlischt nach § 275 Abs. 1 BGB der Abwehranspruch.

(b) Ziffer 2.2 – Anrechnung auf die Versicherungssumme

Durch die Anrechnung der auch während der direkten Inanspruchnahme entstandenen Abwehrkosten auf die Versicherungssumme wird verhindert, dass die finanzielle Belastung des Versicherers durch eine Direktabwicklung zunimmt. Diese Anrechnungsklausel trägt daher auch dazu bei, Prämienerhöhungen aufgrund ansonsten steigender nichtanrechenbarer Kosten zu verhindern. Zu einer solchen Anrechnung kann es aber immer nur dann kommen, wenn der Versicherer seine Abwehrpflicht erfüllt oder er, wenn auch nur reflexhaft, die versicherte Person vor Folgeprozessen schützt.

(c) Ziffer 2.3 – Deckungsablehnung

Die Informationspflicht und die Gelegenheit zur Stellungnahme sollen die versicherte Person davor schützen, dass sich der Versicherer überraschend gegen den Versicherungsanspruch wendet und deshalb die Interessen der versicherten Person während der direkten Inanspruchnahme von keiner der Parteien mehr berücksichtigt werden. Wenn der Versicherer dennoch deckungsrechtliche Einwendungen erhebt, kann die versicherte Person der geschädigten Versicherungsnehmerin beitreten. Eine selbständige Klage der versicherten Person auf Abwehrschutz würde hingegen den Versicherer doppelt belasten und ist daher ausgeschlossen.

(3) Ziffer 3 – Fälligkeit[1162]

Durch diese Regelung soll eine gleichzeitige Fälligkeit von Direkt- und Abwehranspruch verhindert werden. Sofern sich der Versicherer gegen den gesamten Versicherungsanspruch wendet, droht keine Doppelbelastung, und der Direktanspruch ist fällig.

1162 Dazu: Vierter Teil, C, II.

(4) Ziffer 4 – Obliegenheiten[1163]

Diese Klausel stellt klar, dass die Obliegenheiten von versicherter Person und Versicherungsnehmerin auch in einem Direktprozess gelten. Die besondere Stellung der Versicherungsnehmerin als Gegenpartei des Versicherers bei der Direktabwicklung wird dadurch bedacht, dass die Obliegenheiten eingeschränkt gelten und der Versicherer sein Auskunftsverlangen besonders begründen muss. Durch die Beschränkung der Auskunfts- und Belegobliegenheiten auf Informationen und Dokumente, an denen die in Anspruch genommene versicherte Person beteiligt war, wird gewährleistet, dass der Versicherer nicht in treuwidriger Weise seine Gegenpartei ausforscht. Der Versicherer ist hierbei aber auch nicht unbillig benachteiligt, sondern kann, wie üblicherweise in einer Haftpflichtversicherung, nur auf die Informationen und Dokumente zugreifen, die unter Beteiligung der versicherten Person entstanden sind.

Um die Zwischenfeststellungsklage in gewillkürter Prozessstandschaft sicherzustellen, ist die versicherte Person verpflichtet, den Versicherer hierzu zu ermächtigen.

(5) Ziffer 5 – Bindung an haftungsrechtliche Feststellungen[1164]

Das Teilurteil ist ein klarer Anknüpfungspunkt für die Bindungswirkung. Zueinander sind die Versicherungsnehmerin und die versicherte Person durch die Rechtskraft des Teilurteils gebunden. Um auch die versicherte Person und den Versicherer im Verhältnis untereinander an die haftungsrechtlichen Feststellungen des Teilurteils zu binden, enthält die Klausel eine Bindungsvereinbarung. Da die versicherte Person meist nicht unmittelbar am Vertragsabschluss beteiligt wird, handelt es sich für diese um eine Obliegenheit zur Genehmigung der Bindungsvereinbarung.

Sofern der Versicherer auch deckungsrechtliche Einwendungen geltend macht und deswegen keine Zwischenfeststellungsklage erhebt, soll sich dies nicht vorteilhaft für die Versicherungsnehmerin auswirken. Kommt es zu einer Klageabweisung aus haftungsrechtlichen Gründen, muss deshalb der Versicherungsnehmerin unabhängig von dem Verhalten des Versicherers eine anschließende Inanspruchnahme der versicherten Person verwehrt werden.

1163 Dazu: Vierter Teil, D.

1164 Zur Problematik: Vierter Teil, G, III.

(6) Ziffer 6 – Verzicht auf eine Streitverkündung[1165]

Diese Regelung gewährleistet die direkte Abwicklung des Versicherungsfalls, ohne dabei die versicherte Person unmittelbar an dem Rechtsstreit zu beteiligen. Die versicherte Person ist dadurch davor geschützt, in den Direktprozess gezogen und einseitig einer für sie negativen Bindungswirkung ausgesetzt zu werden. Sofern der Versicherer jedoch deckungsrechtliche Einwendungen geltend macht, steigt das Interesse an einer Interventionswirkung gegenüber der versicherten Person. In einem solchen Fall muss die Streitverkündung wieder möglich sein.

(7) Ziffer 7 – Darlegungs- und Beweislast im Direktprozess[1166]

Die Regelung sorgt für Rechtsklarheit und sichert die Vereinbarkeit der direkten Inanspruchnahme mit § 93 AktG. Durch die entsprechende Anwendung des § 93 Abs. 2 S. 2 AktG wird erreicht, dass auch die aktuelle Rechtsprechung zur Norm berücksichtigt wird. Damit wird sichergestellt, dass die Darlegungs- und Beweislast in einem Direktprozess nicht anders als in einem Haftpflichtprozess verteilt ist. Anderenfalls droht eine Verletzung des § 93 Abs. 4 S. 3 AktG.

(8) Ziffer 8 – Verjährung[1167]

Aufgrund der komplexen Fälligkeitsregel dient die ausdrückliche Normierung des Verjährungsbeginns der Rechtsklarheit.

Des Weiteren wird deklaratorisch festgestellt, dass die Versicherungsnehmerin und die versicherte Person eine Verjährungshemmung bezüglich des Haftpflichtanspruchs in die Abtretungsvereinbarung aufnehmen können.

c) Zusatzbaustein: Forderungsausfallversicherung

Die mit einer direkten Inanspruchnahme bezweckte abschließende Regulierung des Schadensfalls wird im Falle eines Selbstbehalts nur erreicht, wenn die Versicherungsnehmerin von dem Versicherer auch in Höhe des Selbstbehalts Zahlung verlangen kann. Dies könnte dadurch erreicht werden, dass die Versicherungsnehmerin eine zusätzliche Eigenschadensversicherung abschließt.[1168] Das Angebot eines solchen Zusatzbausteins ist für Versicherer nicht nur aufgrund einer

1165 Zur ansonsten drohenden Streitverkündung und den Nachteilen für die vP: Vierter Teil, G, III, 1.

1166 Siehe: Vierter Teil, F.

1167 Hierzu: Vierter Teil, E.

1168 Siehe: Dritter Teil, C, II.

moderaten Prämienerhöhung interessant. Versicherer, die einen solchen Zusatzbaustein anbieten, könnten sich am umkämpften D&O-Versicherungsmarkt mit dem Angebot, den Schadensfall abschließend zu regulieren, durchsetzen.

(1) Ausgestaltung

Eine solche Eigenschadensversicherung könnte als versichertes Risiko den durch ein haftpflichtiges Verhalten der versicherten Person entstandenen Schaden umfassen. Um diesen Versicherungsschutz auf die durch den Selbstbehalt in der D&O-Versicherung entstandene Lücke zu begrenzen, müsste die Subsidiarität der Eigenschadensversicherung zur D&O-Versicherung vereinbart werden. Damit der D&O-Versicherer aber auch nur dann den Eigenschaden in Höhe des Selbstbehalts tragen muss, wenn seine Zahlungspflicht gegeben ist, müsste die Eigenschadensversicherung akzessorisch an die D&O-Versicherung geknüpft sein.

Dadurch, dass es sich um eine Eigenschadensversicherung des Unternehmens handelt, liegt so lange kein Verstoß gegen das Organhaftungsrecht vor, wie der Versicherer zum Regress bei der versicherten Person verpflichtet ist. Der Regress wird durch die Bindungswirkung haftungsrechtlicher Feststellungen aber bedeutsam vereinfacht.

(2) Formulierungsvorschlag

Ziffer 10 – Eigenschadensversicherung in Höhe des Selbstbehalts

<u>Ziffer 10.1 – Gegenstand</u>

Die Versicherungsnehmerin schließt mit dem Versicherer eine Eigenschadensversicherung in Höhe des Selbstbehalts ab, welche im Falle einer direkten Inanspruchnahme des Versicherers greift. Diese Eigenschadensversicherung deckt Schäden ab, die durch ein haftpflichtiges Verhalten der versicherten Person entstanden sind.

<u>Ziffer 10.2 – Subsidiarität und Akzessorietät zur D&O-Versicherung</u>

Dabei ist die Eigenschadensversicherung subsidiär und akzessorisch zur D&O-Versicherung. Die Eigenschadensversicherung beschränkt sich somit darauf, den durch die haftpflichtversicherungsrechtliche D&O-Versicherung nicht umfassten Selbstbehalt abzudecken.

Ziffer 10.3 – Regresspflicht
Der Versicherer verpflichtet sich, in Höhe des Selbstbehalts Regress bei der versicherten Person zu nehmen.

Ziffer 10.4 – Bindungsvereinbarung bei Abtretung
Die Versicherungsnehmerin verpflichtet sich, in die zwischen dem Organmitglied und ihr abgeschlossene Abtretungsvereinbarung eine Bindung des Organmitglieds an das Teilurteil mit seinen Entscheidungsgründen im Verhältnis zum Versicherer aufzunehmen.

(3) Selbstbehaltsversicherung der versicherten Person

Theoretisch könnte auch eine Selbstbehaltsversicherung der versicherten Personen bei dem D&O-Versicherer zu einem ähnlichen Ergebnis führen. Für die Versicherungsnehmerin lässt sich durch eine solche Selbstbehaltsversicherung der versicherten Personen aber nicht in vergleichbarer Weise eine endgültige Abwicklung sicherstellen. Bei einer Selbstbehaltsversicherung, die beim D&O-Versicherer abgeschlossen wurde, droht immer eine Unwirksamkeit wegen einer unzulässigen Quersubvention. Sollte diese Gefahr erfolgreich gebannt sein, macht sich die Versicherungsnehmerin vom versicherungsvertraglich konformen Verhalten der versicherten Person abhängig. Jeder Prämienverzug oder jede Obliegenheitsverletzung der versicherten Person kann zu einer Leistungsfreiheit des Selbstbehaltsversicherers führen, sodass die abschließende Abwicklung im Direktprozess doch scheitern kann.

2. Abtretungsvereinbarung

Die Abtretungsvereinbarung sollte zu Beginn klarstellen, dass die Abtretung erfüllungshalber erfolgt und der Abwehranspruch weiterhin bei der versicherten Person verbleibt. Des Weiteren sind der Umfang des Stillhalteabkommens zu bestimmen und die Befolgung der versicherungsrechtlichen Obliegenheiten durch eine drohende Vertragsstrafe sicherzustellen. Außerdem sollte klargestellt werden, dass die Versicherungsnehmerin die Kosten des Direktprozesses trägt.

Steht ein Schaden im Raum, der durch verschiedene Pflichtverletzungen mehrerer versicherter Personen verursacht wurde, sollte sich die Versicherungsnehmerin von allen potenziellen Haftpflichtschuldnern den Freistellungsanspruch abtreten lassen. Die Versicherungsnehmerin sollte dann alle Freistellungsansprüche im Sinne einer Eventualklagehäufung nach § 260 ZPO geltend machen. Dadurch würde die Versicherungsnehmerin die Gefahr umgehen, den

Direktprozess aufgrund eines bei nur einer versicherten Person eingreifenden Risikoausschlusses zu verlieren. Die vorsätzliche Pflichtverletzung einer versicherten Person würde daher nicht den Erfolg der Direktklage beeinträchtigen, wenn anderen versicherten Personen eine fahrlässige Pflichtverletzung nachgewiesen werden kann.

a) Muster für eine Abtretungsvereinbarung

Abtretungsvereinbarung

Präambel

[*Darstellung des Haftpflichtfalls sowie wesentlicher Punkte des D&O-Versicherungsvertrags*][1169]

Ziffer 1 – Gegenstand

Die versicherte Person tritt ihren gegenüber dem Versicherer bestehenden Freistellungsanspruch an die Versicherungsnehmerin erfüllungshalber ab. In Händen der geschädigten Versicherungsnehmerin wandelt sich der abgetretene Freistellungsanspruch in einen auf Zahlung gerichteten Direktanspruch um. Der gegenüber der versicherten Person erhobene Haftpflichtanspruch der Versicherungsnehmerin erlischt, soweit der Versicherer den Direktanspruch erfüllt. Die Abtretung berührt nicht den Abwehranspruch der versicherten Person, welcher bei dieser verbleibt.

Ziffer 2 – Stillhalteabkommen

Ziffer 2.1 – Vorrang der Direktabwicklung

Die Versicherungsnehmerin verpflichtet sich, bis zu einer rechtskräftigen Entscheidung über den Direktanspruch davon abzusehen, den Haftpflichtanspruch geltend zu machen.

Ausschließlich wenn die Hauptversammlung oder Teile der Aktionäre erfolgreich ihre Rechte aus §§ 147 f. AktG ausüben, kann die Versicherungsnehmerin das Stillhalteabkommen aufkündigen. Mit Kündigung des Stillhalteabkommens ist die Versicherungsnehmerin zur Rückübertragung des Direktanspruchs verpflichtet.

1169 Vgl. die Präambel in der Abtretungsvereinbarung der MAN SE (abgerufen am 7.12.2019): https://www.corporate.man.eu/man/media/de/content_medien/doc/global_corporate_website_1/investor_relations_1/hv/2014_8/man_hv_2014_individualvergleich_samuelsson_d.pdf.

Ziffer 2.2 – Hemmung der Verjährung
Bis zum Ablauf von sechs Monaten nach einer rechtskräftigen Entscheidung über den Direktanspruch ist die Verjährung des Haftpflichtanspruchs gehemmt.

Ziffer 2.3 – Verzinsung des Haftpflichtanspruchs
Der Haftpflichtanspruch ist während der direkten Inanspruchnahme bis zur Fälligkeit des Direktanspruchs zu verzinsen. Für den Teil des durch Teilurteil festgestellten Haftpflichtanspruchs, welcher über dem Direktanspruch liegt, läuft die Verzinsung weiter.

Ziffer 3 – Versicherungsrechtliche Obliegenheiten[1170]
Die Abtretung wirkt sich nicht auf die gegenüber dem Versicherer bestehenden versicherungsrechtlichen Obliegenheiten aus. Diese sind daher auch während der direkten Inanspruchnahme zu erfüllen, solange der Versicherer seiner Versicherungsschutzpflicht nachkommt. Für den Fall eines Direktprozesses hat die versicherte Person den Versicherer zu ermächtigen, im eigenen Namen Zwischenfeststellungsklage hinsichtlich des geltend gemachten Haftpflichtanspruchs zu erheben.

Sofern die versicherte Person dennoch ihre Obliegenheiten trotz schriftlicher Aufforderung des Versicherers verletzt, ist sie zur Zahlung einer Vertragsstrafe verpflichtet. Der Versicherer bestimmt nach billigem Ermessen und Beachtung der Schwere des Verstoßes die Vertragsstrafe. Eine einzelne Vertragsstrafe darf [*im Einzelfall zu bestimmen*] Euro nicht übersteigen. Der Versicherer kann davon unberührt die sich aus dem D&O-Versicherungsvertrag ergebenden Rechte ausüben.

Ziffer 4 – Bindungsvereinbarung
Ziffer 4.1 – Zwischen den Parteien

1170 In Anlehnung an Ziff. 3.4 der Abtretungsvereinbarung der MAN SE (abgerufen am 7.12.2019): https://www.corporate.man.eu/man/media/de/content_medien/doc/global_corporate_website_1/investor_relations_1/hv/2014_8/man_hv_2014_individualvergleich_samuelsson_d.pdf.

Sofern im Direktprozess ein rechtskräftiges Teilurteil hinsichtlich der Haftpflicht ergangen ist, sind die versicherte Person und die Versicherungsnehmerin daran gebunden.[1171]

Wird die Direktklage aus haftungsrechtlichen Gründen abgewiesen, bindet sich die Versicherungsnehmerin auch gegenüber der versicherten Person an diese Entscheidung.

Ziffer 4.2 – Zugunsten des Versicherers

Die versicherte Person ist an ein im Direktprozess ergangenes rechtskräftiges Teilurteil zur Haftpflicht auch zugunsten des Versicherers gebunden.

Ziffer 5 – Kosten der direkten Inanspruchnahme[1172]

Die Kosten, welche der Versicherungsnehmerin während der direkten Inanspruchnahme entstanden oder nach einer Klageabweisung von dieser zu tragen sind, sind nicht von der versicherten Person zu erstatten.

Ziffer 6 – Vertraulichkeit

Die [*Parteien*] verpflichten sich, die vorliegende Abtretungsvereinbarung sowie die außergerichtliche und gerichtliche direkte Inanspruchnahme des Versicherers vertraulich zu behandeln. Des Weiteren machen die Parteien weder die Abtretungsvereinbarung noch sonstige Informationen im Zusammenhang mit der direkten Inanspruchnahme des Versicherers Dritten zugänglich.

Die Vertraulichkeitspflicht gilt nicht, wenn eine Partei durch rechtskräftige Entscheidung eines Gerichts oder durch bestandskräftige Entscheidung einer Behörde zur Information und/oder Herausgabe verpflichtet ist.

Dem Versicherer ist eine Kopie der konkret geschlossenen Abtretungsvereinbarung auszuhändigen.

Ziffer 7 – Anwendbares Recht

Die Abtretungsvereinbarung unterliegt ausschließlich dem deutschen Recht.

Ziffer 8 – Salvatorische Klausel

1171 Allgemein zur Bindung an haftungsrechtliche Feststellungen im Direktprozess: *Retter* in Schwintowski/Brömmelmeyer^3, § 108 VVG, Rn. 67, § 7.

1172 In diese Richtung auch: *Retter* in Schwintowski/Brömmelmeyer^3, § 108 VVG, Rn. 67, § 8.

Sofern eine in der Abtretungsvereinbarung enthaltene Klausel ganz oder teilweise nichtig ist, bleiben die übrigen Klauseln der Abtretungsvereinbarung wirksam. Eine eventuell entstehende oder bestehende Lücke ist unter Berücksichtigung der wirtschaftlichen und rechtlichen Interessen der Parteien zu schließen.

b) Erläuterung

(1) Präambel

Die Präambel hat eine Umgrenzungsfunktion. Mit der Darstellung des Haftpflichtfalls und des geltend gemachten Haftpflichtanspruchs legt sie den Bezugspunkt für den Freistellungsanspruch fest. Um klarzustellen, aus welcher D&O-Versicherung sich der abzutretende Freistellungsanspruch ergibt, sind die maßgebliche D&O-Versicherung und die wesentlichen Eckdaten der D&O-Versicherung zu nennen.

(2) Ziffer 1 – Gegenstand

Diese Ziffer legt den Abtretungsgegenstand fest und stellt klar, dass die Abtretung als solche nicht den Haftpflichtanspruch zum Erlöschen bringt.

(3) Ziffer 2 – Stillhalteabkommen

(a) Ziffer 2.1 – Vorrang der Direktabwicklung

Hierdurch wird die versicherte Person vor einer doppelten Inanspruchnahme geschützt. Damit die Abtretungsvereinbarung aber nicht den in §§ 147 f. AktG normierten Rechten entgegensteht, kann die Versicherungsnehmerin im Ausnahmefall die direkte Inanspruchnahme aufgeben und unmittelbar den Haftpflichtanspruch gegenüber der versicherten Person geltend machen.

(b) Ziffer 2.2 – Hemmung der Verjährung

Um zu verhindern, dass die geschädigte Versicherungsnehmerin ihren Haftpflichtanspruch aufgrund der direkten Inanspruchnahme verliert, muss eine Verjährungshemmung vereinbart werden.[1173]

1173 So auch: *Retter* in Schwintowski/Brömmelmeyer[3], § 108 VVG, Rn. 75, und *R. Koch*, VersR 2016, 765, 768, die aber beide nur „bis zum rechtskräftigen Abschluss des Direktprozesses" eine Verjährungshemmung vorschlagen. Einen befristeten „Verzicht auf die Einrede der Verjährung" enthält der Individualvergleich zwischen einem Unternehmen der Schwerindustrie und einem ehemaligen Vorstandsmitglied unter § 8 der Vereinbarung (abgerufen am 7.12.2019): https://www.corporate.man.

(c) Ziffer 2.3 – Verzinsung des Haftpflichtanspruchs

Mit dieser Regelung wird klargestellt, dass zum Nachteil der geschädigten Versicherungsnehmerin keine zinsfreien Zeiträume entstehen.

(4) Ziffer 3 – Versicherungsrechtliche Obliegenheiten

Um dem Versicherer auch im Falle einer direkten Inanspruchnahme in vergleichbarer Weise die Erfüllung seiner Versicherungsschutzpflicht zu ermöglichen, werden die versicherungsrechtlichen Obliegenheiten deklaratorisch für anwendbar erklärt. Außerdem entsteht mit der direkten Inanspruchnahme des Versicherers die Obliegenheit, den Versicherer zu ermächtigen, die Zwischenfeststellungsklage in gewillkürter Prozessstandschaft zu erheben.

Des Weiteren dient diese Ziffer dazu, ein für den Versicherer nachteiliges Zusammenwirken von Versicherungsnehmerin und versicherter Person zu verhindern.

(5) Ziffer 4 – Bindungsvereinbarung

Die Rechtskraftwirkung des Teilurteils ist deklaratorisch aufgeführt.[1174] Um die Bindung der Versicherungsnehmerin an eine Klageabweisung aus haftungsrechtlichen Gründen unabhängig vom Verhalten des Versicherers zu ermöglichen, sollte eine solche eingeschränkte Bindungswirkung auch ausdrücklich zwischen der versicherten Person und der Versicherungsnehmerin vereinbart werden. Nur so wird eine im Rechtsstreit umstrittene ergänzende Vertragsauslegung diesbezüglich verhindert.

Dem Versicherer wird durch die zu seinen Gunsten wirkende Bindungsvereinbarung die Durchsetzung von Regressansprüchen gegen die versicherte Person erleichtert.

(6) Ziffer 5 – Kosten der direkten Inanspruchnahme

Durch diese Regelung wird der Versicherungsnehmerin das Kostenrisiko der direkten Inanspruchnahme zugewiesen.

---

eu/man/media/de/content_medien/doc/global_corporate_website_1/investor_relations_1/hv/2014_8/man_hv_2014_individualvergleich_samuelsson_d.pdf.

1174 Allgemein zur Rechtskrafterstreckung auf den am Prozess nicht beteiligten Rechtsträger: *Gottwald* in Münch/Komm ZPO, 1. Band[5], § 325 ZPO, Rn. 57, m.w.N.

(7) Ziffer 6 – Vertraulichkeit

Die Vertraulichkeitspflicht schützt das Geheimhaltungsinteresse der Parteien und fördert damit die effiziente Abwicklung des Versicherungsfalls.

(8) Ziffer 7 – Anwendbares Recht

Die ausschließliche Anwendung des deutschen Rechts vereinfacht die eventuell im Direktprozess notwendige Prüfung der Abtretungsvereinbarung.

(9) Ziffer 8 – Salvatorische Klausel

Die salvatorische Klausel soll verhindern, dass die gesamte Abtretungsvereinbarung aufgrund einer unwirksamen Klausel unwirksam wird.

3. *Zwischenergebnis*

Es wäre möglich, die Dreiecksstruktur der D&O-Versicherung zu nutzen, um schon vor dem Eintritt des Versicherungsfalls eine interessengerechte Direktabwicklung zu regeln. Mit Blick auf den verpflichtenden Selbstbehalt würde sich für die Versicherungsnehmerin eine zusätzliche Forderungsausfallversicherung anbieten. Sollte sich die Versicherungsnehmerin dafür entscheiden, wäre die Side A-Deckung der D&O-Versicherung eine kombinierte Fremd- und Eigenversicherung. Abwehr- und Bilanzschutzinteresse wären dann in einem ausgeglichenen Verhältnis berücksichtigt.

E. Ergebnis

Der D&O-Versicherungsvertrag sollte in einer zusätzlichen Klausel die durch eine Abtretung des Freistellungsanspruchs ermöglichte direkte Inanspruchnahme des Versicherers regeln. Um eine umfassend interessengerechte Lösung vor dem Streitfall zu sichern, sollte ein Muster für eine Abtretungsvereinbarung standardmäßig dem D&O-Versicherungsvertrag beigefügt und den versicherten Personen zugänglich gemacht werden. Ein schon im D&O-Versicherungsvertrag verbindlich vereinbarter Direktanspruch ist nicht im Interesse der Beteiligten. Damit die Versicherungsnehmerin den Versicherer auch hinsichtlich des Selbstbehalts in Anspruch nehmen kann, sollte sie bezüglich des gesetzlich vorgeschriebenen Selbstbehalts eine Forderungsausfallversicherung vereinbaren. Ihr Bilanzschutzinteresse wäre dann ohne Aushöhlung des Abwehrinteresses hinreichend berücksichtigt.

Sechster Teil: Wesentliche Ergebnisse

Die Side A-Deckung der D&O-Versicherung enthält Elemente einer Eigenschadensdeckung. Sie ist deshalb eine Haftpflicht- sowie eine Fremdversicherung besonderer Art. Haftpflicht- und fremdversicherungsrechtliche Grundsätze können daher nicht pauschal übernommen werden.

Keine zwingende Voraussetzung für den Eintritt des Versicherungsfalls ist die „ernstliche Inanspruchnahme". Auch eine Inanspruchnahme der versicherten Person mit dem Ziel, eine direkte Inanspruchnahme des Versicherers zu ermöglichen, kann folglich den Versicherungsfall auslösen. Ab Eintritt des Versicherungsfalls können Abwehrkosten des Versicherers auf die Versicherungssumme angerechnet werden. Für die Versicherungsnehmerin und die versicherte Person ist es daher gleichermaßen wichtig, die Abwehrkosten gering zu halten. Die versicherte Person muss außerdem bedenken, dass Versicherungsnehmerin und Versicherer das Haftpflicht- sowie das Deckungsverhältnis auch gegen ihren Willen durch einen Vergleich abwickeln können.

In einem Direktprozess kann die Haftpflicht inzident als Vorfrage geprüft werden. Die direkte Inanspruchnahme des Versicherers ist somit auch vor einer separaten Klärung der Haftpflicht zulässig. Des Weiteren konnte dargelegt werden, dass eine direkte Inanspruchnahme für alle Beteiligten eine interessengerechte Abwicklung des Versicherungsfalls ermöglichen kann. Soweit ersichtlich, wird in der deutschen Versicherungspraxis ein Direktanspruch allein durch eine Abtretung realisiert. Der Abtretungsgegenstand ist dann allein der Freistellungsanspruch, welcher sich bei der geschädigten Versicherungsnehmerin in einen Zahlungsanspruch umwandelt. Der Abwehranspruch verbleibt weiterhin bei der versicherten Person. Das Wahlrecht des Versicherers endet auch nicht durch eine direkte Inanspruchnahme. Vielmehr steht dem Versicherer immer noch die Wahl zwischen der Abwehr der Haftpflicht und der Erfüllung des aus dem Freistellungsanspruch entstandenen Direktanspruchs zu. Der Versicherer kann folglich auch in einem Direktprozess seine Abwehrpflicht erfüllen und sich so vor einer doppelten Inanspruchnahme schützen.

Eine durch Abtretung ermöglichte direkte Inanspruchnahme führt zu mehreren offenen Rechtsfragen. Für einen versicherungsrechtlichen Direktanspruch sind die Kammern für Handelssachen generell unzuständig, obwohl meist nur die Organhaftung streitig ist. Daneben besteht Rechtsunsicherheit hinsichtlich des für die Durchsetzung des Direktanspruchs gesellschaftsrechtlich zuständigen Organs, der Fälligkeit und Verjährung des Direktanspruchs, der versicherungsrechtlichen Zulässigkeit einer Verjährungshemmung hinsichtlich des Haftpflichtanspruchs, der Geltung von Auskunfts- und Belegobliegenheiten während der direkten Inanspruchnahme, der Verteilung der Darlegungs- und Beweislast im Direktprozess, der Anrechnung von im Direktprozess entstandenen Abwehrkosten und der Prozesskostenübernahme. Diese Rechtsfragen können zwar durch Auslegung gelöst werden, bergen jedoch im Versicherungsfall erhebliches Konfliktpotenzial. Die dadurch entstehende Rechtsunsicherheit steht der mit einer direkten Inanspruchnahme verfolgten effizienteren Abwicklung entgegen. Hinzu kommt, dass haftungsrechtliche Feststellungen im Direktprozess die Beteiligten in Anschlussprozessen nur eingeschränkt binden. Die mit der direkten Inanspruchnahme bezweckte abschließende und effizientere Abwicklung des Versicherungsfalls wird folglich verfehlt.

Es wurde daher in einem fünften Teil untersucht, ob die der D&O-Versicherung zugrunde liegende Dreiecksstruktur für eine interessengerechte Lösung genutzt werden kann. Nur wenn es noch nicht zum Eintritt eines Versicherungsfalls gekommen ist, wäre eine solche konsensorientierte Vereinbarung denkbar. Die Untersuchung ergab aber, dass ein verbindlich vereinbarter vertraglicher Direktanspruch keine interessengerechtere Abwicklung ermöglicht. Im Gegenteil wäre die Abkehr von der Haftpflichtversicherung hin zu einer Eigenschadensversicherung der Versicherungsnehmerin für die versicherte Person risikobehaftet. Ebenso wäre es wenig sinnvoll, einen unmittelbar entstehenden Direktanspruch in eine weiterhin als Haftpflichtversicherung ausgestaltete D&O-Versicherung aufzunehmen. Eine Schuldübernahme oder ein Schuldbeitritt erhöhen die Missbrauchsgefahr. Ein eigenes Forderungsrecht würde dieselben Schwachstellen wie ein durch Abtretung ermöglichter Direktanspruch enthalten und die Stellung der versicherten Person schwächen. Mangels sinnvoller Alternativen ist es folglich nicht zu erwarten, dass sich die Beteiligten auf einen verbindlich vereinbarten Direktanspruch einlassen.

Da aber weiterhin eine Abtretung nach dem Eintritt des Versicherungsfalls möglich ist und es dadurch zu einer direkten Inanspruchnahme kommen kann, sollte die direkte Inanspruchnahme schon im D&O-Versicherungsvertrag geregelt werden. Eine solche Regelung, die eine mögliche Abtretung antizipiert, wäre für alle Beteiligten sinnvoll. Nur so wäre es dem Versicherer möglich, Regeln für die generell drohende Abtretung und die darauffolgende direkte Inanspruchnahme festzulegen. Für die versicherte Person ergibt sich so die Chance, in einer starken Position – als Organmitglied der Versicherungsnehmerin – auch ihre eigenen Interessen im Falle einer Innenhaftung zu schützen. Anderenfalls droht der versicherten Person, dass sie im Konfliktfall ihre Interessen nicht gegenüber den wirtschaftlich stärkeren Versicherungsvertragsparteien durchsetzen kann. Damit diese berechtigte Sorge der versicherten Person nicht generell einer Abtretung und somit einer direkten Inanspruchnahme entgegensteht, wäre es auch im Interesse der Versicherungsnehmerin, eine ausgeglichene und transparente Regelung in den D&O-Versicherungsvertrag aufzunehmen.

Literaturverzeichnis

Armbrüster, Christian: Prozessuale Besonderheiten in der Haftpflichtversicherung, r+s 2010, 441 - 458

Armbrüster, Christian: Verteilung nicht ausreichender Versicherungssummen in D&O-Innenhaftungsfällen, VersR 2014, 1 - 8

Armbrüster, Christian: Interessenkonflikte in der D&O Versicherung, NJW 2016, 897 - 901

Armbrüster, Christian: Neues vom BGH zur D&O-Versicherung, NJW 2016, 2155 - 2158

Armbrüster, Christian: Inhaltskontrolle von D&O-Klauseln – Zugleich ein Beitrag zur Leitbildkontrolle im unternehmerischen Geschäftsverkehr, in Der Forschung – der Lehre – der Bildung – 100 Jahre Hamburger Seminar für Versicherungswissenschaft und Versicherungswissenschaftlicher Verein in Hamburg e. V., 2016, hrsg. v. Robert Koch, Manfred Weber, Gerrit Winter, 313 - 332

Armbrüster, Christian: Privatversicherungsrecht, 2. Auflage, 2018 (zit. *Armbrüster*[2])

v. Arnim, Moritz: D&O-Versicherung und öffentliche Hand, 2018 (zit. *v. Arnim*)

Arnold, Karl: Schadenbearbeitung in D&O – Trends in claims, Schriftenreihe der e+s rück Nr. 13, 2008, 58 - 62, https://www.es-rueck.de/184381/schriftenreihe-nr-13-pharma-und-d-amp-o-risiken-im-spiegel-der-versicherungswirtschaft.pdf, abgerufen am 29.4.2019

Bachmann, Gregor: Reform der Organhaftung? Materielles Haftungsrecht und seine Durchsetzung in privaten und öffentlichen Unternehmen, 70. DTJ 2014, Band I, S. E

Bachmann, Gregor: Reform der Organhaftung? Materielles Haftungsrecht und seine Durchsetzung in privaten und öffentlichen Unternehmen, NJW-Beil. 2014, 43 - 46

Bachmann, Gregor: Die Beschränkung der Organhaftung nach den Grundsätzen des Arbeitsrechts, ZIP 2017, 841 - 851

Bangert, Simon H.: Der Direktanspruch im deutschen und englischen Haftpflichtversicherungsrecht, 2018 (zit. *Bangert*)

Bank, Stefan: D&O-Versicherer: Neue Situation durch Subprime-Krise und VVG-Reform, VW 2008, 730 - 733

Bayer, Walter: Der Vertrag zugunsten Dritter, 1995 (zit. *Bayer*)

Baumann, Horst: Aktienrechtliche Managerhaftung, D&O-Versicherung und "angemessener Selbstbehalt", VersR 2006, 455 - 646

Baumann, Horst: Die Überwindung des Trennungsprinzips durch das Verbot des Abtretungsverbots in der Haftpflichtversicherung, VersR 2010, 984 - 992

Baur, Alexander / Holle, Philipp M.: Anwendung des § 93 Abs. 2 Satz 2 AktG im Direktprozess gegen den D&O-Versicherer, AG 2017, 141 - 147

Beckmann, Roland M. / Matusche-Beckmann, Annemarie: Versicherungsrechts – Handbuch, 2015, 3. Auflage (zit. *Bearbeiter* in Beckmann/Matusche-Beckmann³)

Beckmann, Roland: Innenhaftungsfragen der „D&O-Versicherung" auf dem Prüfstand, jM 2016, 403 - 406

Beck'scher Online-Kommentar BGB: Hrsg. v. Wolfgang Hau, Roman Poseck, 58. Edition, Stand: 1.5.2021 (zit. *Bearbeiter* in BeckOK BGB⁵⁸)

Bitter, Georg: Rechtsträgerschaft für fremde Rechnung: Außenrecht der Verwaltungstreuhand, 2006 (zit. *Bitter*)

Bogner, Björn: Versicherung unternehmerischer Risiken, 2009 (zit. *Bogner*)

Boldt, Antje: Streitverkündung: Rechte des Nebenintervenienten, BauR 2013, 287 - 299

Bonn, Christian: D&O-Versicherung und Eigenschadendeckung, 2017 (zit. *Bonn*)

Borris, Christian: Schiedsgerichtsbarkeit und D&O-Versicherung, r+s 2020, 316 - 323

Bormann, Axel: Chronik der Rechtsentwicklung – Rumänien, WiRO 2007, 93 - 93

Böttcher, Karen / Kuntze, Michael: Der D&O-Schaden aus Sicht des Versicherers (Teil 2), PHi 2016, 164 - 181

Böttcher, Lars: Direktanspruch gegen den D&O-Versicherer – Neue Spielregeln im Managerhaftungsprozess, NZG 2008, 645 - 650

Braun, Johann: Lehrbuch des Zivilprozeßrechts, 2014 (zit. *Braun*)

Brinkmann, Moritz: Die prozessualen Konsequenzen der Abtretung des Freistellungsanspruchs aus einer D&O-Versicherung, ZIP 2017, 301 - 309

Bruck, Ernst / Möller, Hans: Großkommentar zum Versicherungsvertragsgesetz:

- 1. Band, Einführung - §§ 1–32, 9. Auflage, 2008, hrsg. v.: Horst Baumann, Roland Beckmann, Katharina Johansen, Ralf Johannsen (zit. *Bearbeiter* in Bruck/Möller, 1. Band⁹)

- 2. Band, §§ 33–73, 9. Auflage, 2010, hrsg. v.: Horst Baumann, Roland Beckmann, Katharina Johansen, Ralf Johannsen (zit. *Bearbeiter* in Bruck/Möller, 2. Band[9])
- 4. Band, Haftpflichtversicherung, 9. Auflage, 2013, hrsg. v.: Horst Baumann, Roland Beckmann, Katharina Johansen, Ralf Johannsen, Robert Koch (zit. *Bearbeiter* in Bruck/Möller, 4. Band[9])

Bruns, Alexander: Privatversicherungsrecht, 2015 (zit. *Bruns*)

van Bühren, Hubert W.: Handbuch Versicherungsrecht, 7. Auflage, 2017 (zit. *Bearbeiter* in van Bühren[7])

Buntenbroich, David / Schneider, Christian: Anmerkungen zu BGH v. 04.03.2020 (r+s 2020, 268), r+s 2020, 270 - 271

Cyrus, Rolf: Neue Entwicklungen in der D&O-Versicherung, NZG 2018, 7 - 14

Danwerth, Christopher: Analogie und teleologische Reduktion – zum Verhältnis zweier scheinbar ungleicher Schwestern, ZfPW 2017, 230 - 249

Deakin, Simon / Koziol, Helmut / Riss, Olaf: Directors‘ & Officers’ (D&O) Liability, 2018 (zit. *Bearbeiter* in Deakin/Koziol/Riss)

Dilling, Johannes: Zur Unwirksamkeit des Risikoausschlusses für wissentliche Pflichtverletzungen in der D&O-Versicherung, VersR 2018, 332 - 337

Doganay, Marta / Wessel, Tim: Trends in der D&O-Versicherung – Wie sich Underwriting und Schaden den neuen Herausforderungen in der D&O-Versicherung stellen, VP 6/2016, 3 - 8

Doralt, Walter: Organhaftung und D&O-Versicherung -Jüngere Entwicklungen und aktuelle Gestaltungsfragen-, ZGR 2019, 996 - 1049

Dreher, Meinrad: Die Rechtsnatur der D&O-Versicherung – Der Fremd- und Haftpflichtversicherungscharakter der D&O-Versicherung – Zugleich Besprechung von OLG München vom 13.5.2005 – 25 U 3940/04, DB 2005, 1669 - 1675

Dreher, Meinrad: Die selbstbeteiligungslose D&O-Versicherung in der Aktiengesellschaft, AG 2008, 429 - 438

Dreher, Meinrad / Thomas, Stefan: Die D&O-Versicherung nach der VVG-Novelle 2008, ZGR 2009, 31 - 73

Dreher, Meinrad: Die D&O-Individualversicherung, in Festschrift für Alfred Bergmann zum 65. Geburtstag, 2018, 145 – 168

Dreher, Meinrad / Fritz Dennis: Die D&O-Versicherung als Gruppenversicherung, VersR 2021, 220 - 227

Fassbach, Burkhard / Rahlmeyer, Niklas: Marshallplan für die D&O-Versicherung, VP 9/2015, 15 - 16

Felsch, Joachim: Das Trennungsprinzip: seine Ursprünge und sein Telos, Workshop zur Haftpflichtversicherung der Münsterischen Forschungsstelle für Versicherungswissenschaft, Band 113, 2010, hrsg. v. Helmut Kollhosser, Heinrich Dörner, Dirk Ehlers, Petra Pohlmann, Martin Schulze Schwienhorst, Heinz-Dietrich Steinmeyer, 1 - 23

Fiedler, Björn: Die Curanum-Entscheidung des OLG Frankfurt – Zur Anrechnung von Abwehrkosten bei der D&O-Versicherung, PHi 2013, 94 - 104

Fiedler, Björn: Anmerkungen zu OLG München v. 13.09.2017 (VersR 2018, 406), VersR 2018, 410 - 415

Fleischer, Holger: Handbuch des Vorstandsrechts, 1. Auflage, 2006 (zit. *Bearbeiter* in Fleischer)

Fleischer, Holger: Aufsichtsratshaftung – Anspruchsverjährung – Selbstbezichtigung: Das Easy-Software-Urteil des BGH, ZIP 2018, 2341 - 2350

Foerster, Max: Beweislastverteilung und Einsichtsrecht bei Inanspruchnahme ausgeschiedener Organmitglieder, ZHR 176 (2012), 221 - 249

Fortmann, Michael: Anmerkung zu OLG München 7. Zivilsenat, Urteil vom 13.09.2017 - 7 U 4126/13, jurisPR-VersR 10/2017 Anm. 2

Franck, Gunnar: Der Direktanspruch gegen den Haftpflichtversicherer – Eine rechtsvergleichende Untersuchung zum deutschen und skandinavischen Recht, 2014 (zit. *Franck*)

Franz, Einiko: Der gesetzliche Selbstbehalt in der D&O-Versicherung nach dem VorstAG - Wie weit geht das Einschussloch in der Schutzweste der Manager?, DB 2009, 2764 - 2773

Freund, Stefan: Brennpunkte der Organhaftung – Anmerkungen aus der Praxis zur organrechtlichen Innenhaftung, NZG 2015, 1419 – 1424

Freund, Stefan: Risikomanagement für Geschäftsführer und Vorstände, NZG 2021, 579 - 586

Gädtke, Thomas / Wax, Thomas: Konzepte zur Versicherung des D&O-Selbstbehalts – Eine kritische Bestandsaufnahme, AG 2010, 851 - 867

Gädtke, Thomas: Reform der Organhaftung ohne konkrete Aussagen zur D&O-Versicherung?, VP 2/2015, 26 - 30

Gärtner, Olaf: Anmerkungen zu OLG Düsseldorf v. 12.07.2013 (BB 2013, 2895), BB 2013, 2898 - 2898

Gernhuber, Joachim: Die Erfüllung und ihre Surrogate sowie das Erlöschen der Schuldverhältnisse aus anderen Gründen, 2. Auflage, 1994 (zit. *Gernhuber*[2])

Goergen, Eva-Maria / Enger, Sophie: D&O-Schiedsvereinbarungen, PHi 2018, 150 - 156

Grenz, Christoph: Der Faktor Zeit im Schiedsverfahren, 2013 (zit. *Grenz*)

Grigoleit, Hans-Christoph / Herresthal, Carsten: Der Schuldbeitritt, JURA 2002, 825 - 833

Grooterhorst, Johannes: Das Einsichtnahmerecht des ausgeschiedenen Vorstandsmitgliedes in Geschäftsunterlagen im Haftungsfall, AG 2011, 389 - 398

Grooterhorst, Johannes / Looman, Jörg: Rechtsfolgen der Abtretung des Freistellungsanspruchs gegen den Versicherer im Rahmen der D&O-Versicherung, NZG 2015, 215 - 221

Großkommentare der Praxis-Aktiengesetz: Vierter Band, Teilband 2, §§ 92–94, hrsg. v. Heribert Hirte, Peter O. Mülbert, Markus Roth, 5. Auflage, 2015 (zit. *Bearbeiter* in GroßKomm AktG, 4/2. Band[5])

Gruber, Michael / Mitterlechner, Hermann / Wax, Thomas: D&O-Versicherung mit internationalen Bezügen, 1. Auflage, 2012 (zit. *Gruber/Mitterlechner/Wax*[1])

Habersack, Mathias: Managerhaftung, Versicherungsrecht Schriftenreihe 43 - Managerhaftung, Karlsruher Forum 2009, hrsg. v. Egon Lorenz, 5 - 40

Habersack, Mathias: Perspektiven der aktienrechtlichen Organhaftung, ZHR 177 (2013), 782 - 806

Habersack, Mathias / Wasserbäch, Elena: Organhandeln vor Schiedsgerichten, AG 2016, 2 - 15

Halm, Wolfgang / Engelbrecht, Andreas / Krahe, Frank: Handbuch des Fachanwalts Versicherungsrecht, 2018, 6. Auflage (zit. *Bearbeiter* in Halm/Engelbrecht/Krahe[6]).

Hammer, Gottfried: Überprüfung von Schiedsverfahren durch staatliche Gerichte in Deutschland, 2018 (zit. *Hammer*)

Harsdorf-Gebhardt, Marion: Bindungswirkung des Haftpflichturteils und prozessuale Besonderheiten im Direktprozess, Workshop zur Haftpflichtversicherung der Münsterischen Forschungsstelle für Versicherungswissenschaft, 2010, hrsg. v. Helmut Kollhosser, Heinrich Dörner, Dirk Ehlers, Petra Pohlmann, Martin Schulze Schwienhorst, Heinz-Dietrich Steinmeyer, 25 - 39

Harzenetter, Tobias: Abtretung des Freistellungsanspruchs aus einer D&O-Versicherung nach den BGH-Urteilen vom 13.4.2016, NZG 2016, 728 - 733

Hedderich, Katharina S.: Pflichtversicherung, 2011 (zit. *Hedderich*)

Hemeling, Peter: Neuere Entwicklung in der D&O-Versicherung, in Festschrift für Michael Hoffmann-Becking zum 70. Geburtstag, 2013, 491 - 510

Hemeling, Peter: Verhandlungen des 69. DJT, Band II/1, 2013, S. N 31 - 44

Herdter, Fabian: Grenzen der Auskunfts- und Belegpflicht in der D&O-Versicherung, ZVersWiss 2011, 655 - 667

Herdter, Fabian: Die Abtretung des Freistellungsanspruchs in der D&O-Versicherung, VP 9/2012, 168 - 174

Herresthal, Carsten: Die Wirksamkeit von Schiedsvereinbarungen mit Vorständen und Geschäftsführern bei Organhaftungsstreitigkeiten, ZIP 2014, 345 - 353

Heße, Manfred: Das Anspruchserhebungsprinzip in den Allgemeinen Versicherungsbedingungen von D&O-Versicherungsverträgen und das Recht der Allgemeinen Geschäftsbedingungen, NZI 2009, 790 - 794

Heyers, Johannes: Gestaltungsperspektiven aktienrechtlicher Organhaftung am Beispiel der Regressansprüche der Gesellschaft infolge von Kartellordnungswidrigkeiten - eine rechtsökonomische und wertungsjuristische Analyse -, WM 2016, 581 - 589

Hoffmann-Becking, Michael: Sinn und Unsinn der D&O-Versicherung, ZHR 181 (2017), 737 - 745

Hölters, Wolfgang: Aktiengesetz, 3. Auflage, München 2017 (zit. *Bearbeiter* in Hölters[3])

Honsell, Heinrich: Berliner Kommentar zum Versicherungsvertragsgesetz – Kommentar zum deutschen und österreichischen VVG, 1999 (zit. *Bearbeiter* in Honsell)

Höra, Knut: Münchener Anwaltshandbuch Versicherungsrecht, 4. Auflage 2017 (zit. *Bearbeiter* in Höra[4])

Hösker, Carsten: Die Pflichten des Versicherers gegenüber dem VN nach Abtretung des Haftpflichtversicherungsanspruchs an den Geschädigten, VersR 2013, 952 - 962

Hüffer, Uwe / Koch, Jens: Aktiengesetz, 15. Auflage, 2021 (zit. *Bearbeiter* in Hüffer/Koch[15])

Ihlas, Horst / Stute, Katrin: D&O-Versicherung für das Innenverhältnis dargestellt an Ziffer 1.3 der AVB AVG des unverbindlichen GDV-Modells, Beilage zu PHi 4/2003

Ihlas, Horst: Directors & Officers Liability, 2. Auflage, 2009 (zit. *Ihlas*[2])

Ihlas, Horst: Anmerkungen zu 30 Jahren Directors & Officers-Versicherung in Deutschland in Der Forschung – der Lehre – der Bildung – 100 Jahre Hamburger Seminar für Versicherungswissenschaft und Versicherungswissenschaftlicher Verein in Hamburg e. V., 2016, hrsg. v. Robert Koch, Manfred Weber, Gerrit Winter, 423 – 447

Ihrig, Hans-Christoph / Wandt, Andre P. H. / Wittgens, Jonas: Die angemessene Vorstandsvergütung drei Jahre nach Inkrafttreten des VorstAG, Beilage zu ZIP 40/2012

Illert, Staffan / Ghassemi-Tabar, Nima / Cordes, Malte: Handbuch Vorstand und Aufsichtsrat: Rechte und Pflichten, Haftung, D&O-Versicherung, Zivil-, Steuer-, Straf- und Ordnungswidrigkeitenrecht, 2018 (zit. *Bearbeiter* in Illert/Ghassemi-Tabar/Cordes)

Ingwersen, Malte: Die Stellung des Versicherungsnehmers bei Innenhaftungsfällen in der D&O-Versicherung, 2011 (zit. *Ingwersen*)

Johannsen, Ralf: Zur Zulässigkeit einer unmittelbaren Leistungsklage der Geschädigten gegen den KVO-Versicherer - Eine Erwiderung auf den Beitrag von Roesch VersR 77, 891 ff., VersR 1978, 108 - 110

Kaulbach, Detlef / Bähr, Gunne W. / Pohlmann, Petra: Versicherungsaufsichtsgesetz, 6. Auflage, 2019 (zit. *Bearbeiter* in Kaulbach/Bähr/Pohlmann^{6})

Keppel, Jan: Die Pflichthaftversicherung nach der VVG-Reform, 2010 (zit. *Keppel*)

Kiethe, Kurt: Persönliche Haftung von Organen der AG und der GmbH – Risikovermeidung durch D&O-Versicherung, BB 2003, 537 - 542

Klinkhammer, Georg: Managerhaftung und D&O-Versicherung – nicht mehr ganz neu, aber aktueller denn je, VP 5/2008, 82 - 84

Klotz, Marius: „Eigenschadenklauseln" in der D&O-Versicherung, r+s 2020, 425 - 431

Knöfel, Oliver L.: D&O-Exzedentendeckungen, VersR 2018, 513 - 521

Knöfel, Oliver L.: Strukturprobleme der D&O-Exzedentenversicherung, ZIP 2018, 1814 - 1823

Knöfel, Oliver L.: Die „versicherte Tätigkeit" von Organmitgliedern bei der D&O-Versicherung, VersR 2019, 1249 - 1259

Koch, Robert: Die Rechtsstellung der Gesellschaft und des Organmitglieds in der D&O-Versicherung (I) - Teil 1: Rechtsstellung der Gesellschaft gegenüber dem D&O-Versicherer, GmbHR 2004, 18 - 28

Koch, Robert: Vertrauensschadenversicherung, 2006 (zit. *R. Koch*)

Koch, Robert: VVG-Reform: Zu den Folgen der Untersagung des Anerkenntnis- und Abtretungsverbots in der Haftpflichtversicherung, in Liber amicorum für Gerrit Winter, 2007, 345 - 365

Koch, Robert: Einführung eines obligatorischen Selbstbehalts in der D&O-Versicherung durch das VorstAG, AG 2009, 637 - 647

Koch, Robert: Das Dreiecksverhältnis zwischen Versicherer, Versicherungsnehmer und versicherten Person in Innenhaftungsfällen der D&O-Versicherung, ZVersWiss 2012, 151 - 173

Koch, Robert: Anmerkungen zu OLG Düsseldorf v. 12.07.2013 (VersR 2013, 1522), VersR 2013, 1525 - 1528

Koch, Robert: Alternative Ausgestaltung der Unternehmens-D&O-Versicherung als Eigenschadenversicherung, VP 9/2015, 10 - 13

Koch, Robert: Abtretung des Freistellungsanspruchs in D&O-Innenhaftungsfällen – Zugleich Anmerkung zu den Urteilen des BGH vom 13.4.2016 (IV ZR 304/13) VersR 2016, 786 und vom 13.4.2016 (IV ZR 51/14) –, VersR 2016, 765 - 768

Koch, Robert: Auslegung des Tatbestandsmerkmals „Pflichtverletzung bei Ausübung der versicherten Tätigkeit" im Rahmen der D&O-Versicherung – Zugleich Besprechung OLG München v. 13.9.2017 – 7 U 4126/13, ZIP 2018, 27, 301 - 308

Köhler, Helmut: Die Leistung erfüllungshalber, WM 1977, 242 – 254

Kölner Kommentar: zum Aktiengesetz, hrsg. v. Hans Joachim Mertens und Andreas Cahn,

- Band 2/1, §§ 76–94 AktG, 3. Auflage, 2010 (*Bearbeiter* in KölnerKomm AktG, 2/1. Band[3])
- Band 2/2, §§ 95–117 AktG, 3. Auflage, 2013 (*Bearbeiter* in KölnerKomm AktG, 2/2. Band[3])

Kramer, Paul: Läßt sich der Schaden an der eigenen Sache durch Haftpflicht-Versicherung abdecken? – Zum Begriff der Haftpflicht-Versicherung, VersR 1964, 1220 - 1222

Krause, Martin: Der Begriff des versicherten Interesses und seine Auswirkungen auf die Versicherung für fremde Rechnung, 1997 (zit. *Krause*)

Kremer, Ulrich / Gülich, Markus: Wenn der Manager sich verzockt, VW 8/2018, 80 - 83

Krieger, Gerd: Beweislastumkehr und Informationsanspruch des Vorstandsmitglieds bei Schadensersatzforderungen nach § 93 Abs. 2 AktG, in Festschrift für Uwe H. Schneider zum 70. Geburtstag, 2011, 717 - 735

Krieger, Gerd / Schneider, Uwe: Handbuch Managerhaftung, 3. Auflage, 2017 (zit. *Bearbeiter* in Krieger/Schneider[3])

Kubis, Dietmar / Semler, Johannes / Peltzer, Martin: Arbeitshandbuch für Vorstandsmitglieder, 2. Auflage, 2015 (zit. *Bearbeiter* in Kubis/Semler/Peltzer[2])

Lange, Oliver: Die Eigenschadensklausel in der D&O-Versicherung, ZIP 2003, 466 - 470

Lange, Oliver: Die D&O-Versicherungsverschaffungsklausel im Manageranstellungsvertrag, ZIP 2004, 2221 - 2225

Lange, Oliver: Die Prozessführungsbefugnis der Versicherungsnehmerin einer D&O-Versicherung, VersR 2007, 893 - 898

Lange, Oliver: Die D&O-Selbstbehalt-Versicherung, r+s 2010, 92 - 100

Lange, Oliver: Die Haftung des (versicherungsnehmenden) Unternehmens anstelle des D&O-Versicherers, VersR 2010, 162 - 177

Lange, Oliver: Der Direktanspruch gegen den Haftpflichtversicherer (am Beispiel der D&O-Versicherung), r+s 2011, 185 - 198

Lange, Oliver: Die Company-Reimbursement-Klausel in der D&O-Versicherung, VersR 2011, 429 - 439

Lange, Oliver: D&O-Versicherung und Managerhaftung, 2014 (zit. *Lange*)

Lange, Oliver: Der Direktanspruch gegen den D&O-VR in der Insolvenz des Versicherten, r+s 2019, 613 - 624

Lange, Oliver: Vernachlässigte Aspekte des Wissentlichkeitsausschlusses in der D&O-Versicherung, VersR 2020, 588 - 601

Langheid, Theo / Grote, Joachim: Deckungsfragen der D&O-Versicherung, VersR 2005, 1165 - 1175

Langheid, Theo / Georgen, Eva-Maria: Auswirkungen der VVG-Reform auf die D&O-Versicherung, VP 9/2007, 161 - 168

Langheid, Theo: Die Reform des Versicherungsvertragsgesetzes - 2. Teil: Die einzelnen Versicherungssparten, NJW 2007, 3745 - 3751

Langheid, Theo: Das Wissen der Manager ist ihrem Unternehmen zuzurechnen, VW 2012, 1768 - 1771

Langheid, Theo / Müller-Frank, Christoph: Rechtsprechungsübersicht zum Versicherungsvertragsrecht im ersten Halbjahr 2017, NJW 2017, 2318 - 2322

Langheid, Theo: Wissentliche und fahrlässige Pflichtverletzungen in der D&O-Versicherung, VersR 2017, 1365 - 1370

Langheid, Theo / Rixecker, Roland / Gal, Jens / Grote, Joachim / Muschner, Jens: Versicherungsvertragsgesetz mit Einführungsgesetz und VVG-Informationspflichtverordnung, 6. Auflage, 2019 (zit. *Bearbeiter* in Langheid/Rixecker^{6})

Laschet, Carsten: Vorstandsvergütung und D&O-Versicherung – Gedanken zum neuen VorstAG, PHi 2009, 158 - 166

Lehmann, Martin: Aktuelle Rechtsprechung des Bundesgerichthofs zur D&O-Versicherung und Folgerungen für die Praxis, r+s 2018, 6 - 15

Lenz, Tobias / Weitzel, Mike: Anmerkungen zu OLG Düsseldorf v. 12.07.2013 (PHi 2013, 170) PHi 2013, 171 - 173

Leuering, Dieter: Organhaftung und Schiedsverfahren, NJW 2014, 657 - 661

de Lippe, Lars: Probleme wissentlicher Pflichtverletzung in der D&O-Versicherung, VersR 2021, 69 - 79

Löbbe, Marc: Abtretungslösung – Königsweg zur Durchsetzung von Organhaftungsansprüchen, in Festschrift für Reinhard Marsch-Barner zum 75. Geburtstag, 2018, 317 - 334

Looschelders, Dirk / Pohlmann, Petra: VVG-Kommentar, 3. Auflage, 2016 (zit. *Bearbeiter* in Looschelders/Pohlmann[3])

Looschelders, Dirk / Derkum, Boris: Befugnis zur Geltendmachung des Versicherungsschutzes und Rechtsmissbrauchsverbots bei der D&O-Versicherung, ZIP 2017, 1249 – 1255

Looschelders, Dirk: Grundfragen der Vermögensschaden-Haftpflichtversicherung und der Vertrauensschadenversicherung im Spiegel der neueren Rechtsprechung, VersR 2021, 337 - 345

Lorenz, Egon: Anmerkungen zu BGH v. 08.11.2001 (VersR 2001, 94), VersR 2001, 96 - 98

Lorenz, Egon: Karlsruher Forum 2009, Managerhaftung, Versicherungsrecht Schriftenreihe 43, Diskussion, 85 - 129

Lücke, Gerhard: Zur Klage auf Feststellung von Rechtsverhältnissen mit oder zwischen Dritten, in Festschrift für Wolfram Henckel zum 70. Geburtstag, 1995, 563 - 577

Luther, Christoph: Die juristische Analogie, JURA 2013, 449 - 453

Meckbach, Anne: Organhaftung und Beweisrisiken – Adäquate Risikoallokation durch Vertragsgestaltung, NZG 2015, 580 - 586

Mediger, Kai: Erstattung von Rechtsanwaltskosten bei Honorarvereinbarungen, MDR 2017, 245 - 250

Melot de Beauregard, Paul / Gleich, Christian: Aktuelle Problemfelder bei der D&O-Versicherung, NJW 2013, 824 - 829

Mesch, Gerrit: Der Selbstbehalt für Versicherungen von Vorstandsmitgliedern gemäß § 93 II 3 AktG, 2014 (zit. *Mesch*)

Mesch, Gerrit: Die Wirkung des Selbstbehalts nach § 93 Abs. 2 S. 3 AktG auf das Entscheidungsverhalten der Vorstandsmitglieder, VersR 2015, 1337 - 1345

Micha, Marianne: Der Direktanspruch im europäischen Internationalen Privatrecht, 2010 (zit. *Micha*)

Mitterlechner, Hermann / Wax, Thomas / Witsch, Hendrik: D&O-Versicherung mit internationalen Bezügen, 2. Auflage, 2019 (zit. *Mitterlechner/Wax/Witsch*[2])

Möhrle, Frauke: Gesellschaftsrechtliche Probleme der D&O-Versicherung, 2007 (zit. *Möhrle*)

Möhrle, Frauke: Aktuelle Fragen zur D&O-Versicherung, AG 2019, 243 - 248

Müller, Reinhold : Industrieversicherung: D&O-Markt ist für Versicherer durchaus attraktiv, VW 2010, 106 - 107

Müller-Stüler, Michael: Der Direktanspruch gegen den Haftpflichtversicherer, 1966 (zit. *Müller-Stüler*)

Münchener Kommentar:

- zum Aktiengesetz, Band 2, §§ 76–117 – MitbestG-DrittelbG, hrsg. v. Wulf Goette, Mathias Habersack und Susanne Kalss, 5. Auflage, 2019 (zit. *Bearbeiter* in MünchKomm AktG, 2. Band[5])
- zum Bürgerlichen Gesetzbuch, Band 1, Allgemeiner Teil, §§ 1–240 – AllgPersönlR-ProstG-AGG, Redakteurin: Claudia Schubert, 8. Auflage, 2018 (zit. *Bearbeiter* in MünchKomm BGB, 1. Band[8])
- zum Bürgerlichen Gesetzbuch, Band 2, Schuldrecht – Allgemeiner Teil, Redakteur: Wolfgang Krüger, 8. Auflage, 2019 (zit. *Bearbeiter* in MünchKomm BGB, 2. Band[8])
- zum Bürgerlichen Gesetzbuch, Band 3, Schuldrecht – Allgemeiner Teil II, Redakteur: Wolfgang Krüger, 8. Auflage, 2019 (zit. *Bearbeiter* in MünchKomm BGB, 3. Band[8])
- zum Bürgerlichen Gesetzbuch, Band 5/2, Schuldrecht – Besonderer Teil III/2, Redakteur: Martin Henssler, 8. Auflage, 2020 (zit. *Bearbeiter* in MünchKomm BGB, 5/2. Band[8])
- zum Versicherungsvertragsgesetz, Band 1, §§ 1–99, VVG-InfoV, hrsg. v. Theo Langheid und Manfred Wandt, 2. Auflage, 2016 (zit. *Bearbeiter* in MünchKomm VVG, 1. Band[2])
- zum Versicherungsvertragsgesetz Band 2, §§ 100–216, hrsg. v. Theo Langheid und Manfred Wandt, 2. Auflage, 2017 (zit. *Bearbeiter* in MünchKomm VVG, 2. Band[2])
- zum Versicherungsvertragsgesetz Band 3, Nebengesetze – Systematische Darstellung, hrsg. v. Theo Langheid und Manfred Wandt, 2. Auflage, 2017 (zit. *Bearbeiter* in MünchKomm VVG, 3. Band[2])
- zur Zivilprozessordnung mit Gerichtsverfassungsgesetz und Nebengesetzen, 1. Band, §§ 1–354, hrsg. v. Thomas Rauscher und Wolfgang Krüger, 5. Auflage, 2016 (zit. *Bearbeiter* in MünchKomm ZPO, 1. Band[5])

Musielak, Hans-Joachim / Voit, Wolfgang: Zivilprozessordnung, 18. Auflage, 2021 (zit. *Bearbeiter* in Musielak/Voit[118])

Nissen, Timm: Der Direktprozess des Insolvenzverwalters gegen den D&O-Versicherer, KTS 2018, 29 - 49

Obereigner, Klaus: Krankenkassen dürfen Vorstände jetzt über D&O absichern, VW 2011, 429 - 433

Palandt, Otto: Bürgerliches Gesetzbuch, 80. Auflage, 2021 (zit. *Bearbeiter* in Palandt[80])

Pammler, Sebastian: Die gesellschaftsfinanzierte D&O-Versicherung im Spannungsfeld des Aktienrechts: Eine Arbeit über den Einfluss der D&O-Versicherung auf die Organisationsverfassung der Aktiengesellschaft und die daraus zu ziehenden rechtlichen Konsequenzen, 2006 (zit. *Pammler*)

Paszek, Jan: Die Pflicht zur Vereinbarung eines Selbstbehalts in der D&O-Versicherung nach § 93 Abs. 2 Satz 3 AktG, 2011 (zit. *Paszek*)

Peltzer, Martin: Die deutsche D&O Versicherung und ihr (noch operabler) Geburtsfehler, in Festschrift für Harm Peter Westermann zum 70. Geburtstag, 2008, 1257 - 1280

Peltzer, Martin: Konstruktions- und Handhabungsschwierigkeiten bei der D&O-Versicherung, NZG 2009, 970 - 975

Peppersack, Daniel: Das Kürzungs- und Verteilungsverfahren in der D&O-Versicherung – Auswirkungen unzureichender Deckungssummen und deren Lösungsmöglichkeiten, 2017 (zit. *Peppersack*)

Peppersack, Daniel: Die Problematik unzureichender Versicherungssummen in der D&O-Versicherung – Modelle und Lösungsansätze, r+s 2018, 117 - 124

Piontek, Sascha: Haftpflichtversicherung – Grundlagen und Praxis, 2016 (zit. *Piontek*)

Prölss, Jürgen: Stille Teilhabe an fremden Versicherungsverträgen – zur konkludenten Einbeziehung von Drittinteressen in der Sachversicherung, r+s 1997, 221 - 226

Prölss, Erich R. / Martin, Anton: Versicherungsvertragsgesetz, 30. Auflage, 2018 (zit. *Bearbeiter* in Prölss/Martin[30])

Prölss, Erich R. / Martin, Anton: Versicherungsvertragsgesetz, 31. Auflage, 2021 (zit. *Bearbeiter* in Prölss/Martin[31])

Prölss, Erich R. / Dreher, Meinrad: Versicherungsaufsichtsgesetz mit Nebengesetzen, 13. Auflage, 2018 (zit. *Bearbeiter* in Prölss/Dreher[13])

Ramharter, Martin: D&O-Versicherung - Dogmatische Grundlagen und ausgewählte Praxisfragen, 2018 (zit. *Ramharter*)

Reichert, Jochem: Existenzgefährdung bei der Durchsetzung von Organhaftungsansprüchen, ZHR 177 (2013), 756 - 781

Reuter, Alexander: Die D&O-Versicherung in der Unternehmensinsolvenz – gelöste und ungelöste Fragen nach dem Stand der Rechtsprechung, in Festschrift für Klaus Pannen zum 65. Geburtstag, 2017, 655 - 666

v. Rintelen, Claus: Die Fälligkeit und die Durchsetzbarkeit des abgetretenen Freistellungsanspruchs in der Haftpflichtversicherung, r+s 2010, 133 - 138

Rosenberg, Leo / Schwab, Karl H. / Gottwald, Peter: Zivilprozessrecht, 18. Auflage, 2018 (zit. *Rosenberg/Schwab/Gottwald*[18])

Rubin, Doron: Anmerkungen zu BGH v. 13.04.2016 (WuB 2017, 102), WuB 2017, 104 - 105

Ruchatz, Ulrich: Auskunftspflichten der Aktiengesellschaft bei Organhaftungsverfahren im Verhältnis zum Anspruchsgegner und gegenüber dem D&O-Versicherer, AG 2015, 1 - 10

Rüffer, Wilfried / Halbach, Dirk / Schimikowski, Peter: Handkommentar Versicherungsvertragsgesetz, 3. Auflage, 2015 (zit. *Bearbeiter* in Rüffer/Halbach/Schimikowski[3])

Rüffer, Wilfried / Halbach, Dirk / Schimikowski, Peter: Handkommentar Versicherungsvertragsgesetz, 4. Auflage, 2020 (zit. *Bearbeiter* in Rüffer/Halbach/Schimikowski[4])

Ruttmann, Peter: Die Versicherbarkeit von Geldstrafen, Geldbußen, Strafschadensersatz und Regressansprüchen in der D&O-Versicherung – Unter vergleichender Betrachtung der Rechtslage in den Vereinigten Staaten, 2014 (zit. *Ruttmann*)

Säcker, Franz J.: Streitfragen zur D&O-Versicherung, VersR 2005, 10 - 15

Saenger, Ingo: Zivilprozessordnung, 9. Auflage, 2021 (zit. *Bearbeiter* in Saenger[9])

Schaloske, Henning: Praxisfragen der Exzedentenversicherung, PHi 2012, 166 - 173

Scheifele, Bernhard H.: Die Vermögensschaden-Haftpflichtversicherung für Manager in den Vereinigten Staaten von Amerika, 1993 (zit. *Scheifele*)

v. Schenk, Kersten: Handlungsbedarf bei der D&O-Versicherung, NZG 2015, 494 - 501

Schimmer, Dieter: Die D&O-Versicherung und §§ 105 und 108 Abs. 2 VVG 2008 - kann die Versicherungsnehmerin „geschädigte“ Dritte sein?, VersR 2008, 875 - 879

Schimikowski, Peter: Anmerkung zu OLG Düsseldorf v. 31.01.2014 (r+s 2014, 122), r+s 2014, 125 - 126

Schimikowski, Peter: Anmerkung zu OLG München v. 13.09.2017 (r+s 2017, 589), r+s 2017, 593 - 595

Schlierenkämper, Nina: Versicherbarkeit von Managerhaftung, 2010 (zit. *Schlierenkämper*)

Schmitt, Stefan M.: Organhaftung und D&O-Versicherung – Zu haftungs- und deckungsrechtlichen Problemen der Managerhaftung, 2007 (zit. *Schmitt*)

Schnorbus, York / Klormann, Peter: Verzicht des Vorstands auf die Einrede der Verjährung nach § 93 VI AktG und die Verfolgungspflicht des Aufsichtsrats nach ARAG/Garmenbeck, NZG 2015, 938 - 945

Schramm, Tanja / Wolf, Sylvia: Das Abtretungsverbot nach der VVG-Reform, r+s 2009, 358 - 361

Schrank, Thomas: Prozeßuales Trennungsprinzip in der Haftpflichtversicherung nach dem neuen VVG, VP 7/2009, 129 - 136

Schumacher, Florian: Organhaftung und D&O-Versicherung im Schiedsverfahren, NZG 2016, 969 - 975

Schürnbrand, Jan: Der Schuldbeitritt zwischen Gesamtschuld und Akzessorietät, 2003 (zit. *Schürnbrand*)

Schütz, Eckhard: Eigenschaden und KFZ-Haftpflichtversicherung, VersR 1968, 29 - 30

Schütze, Rolf A.: Schiedsgericht und Schiedsverfahren, 6. Auflage, 2016 (zit. *Schütze*[6])

Schwintowski, Hans-Peter / Brömmelmeyer, Christoph: Praxiskommentar zum Versicherungsvertragsgesetz, 3. Auflage, 2017 (zit. *Bearbeiter* in Schwintowski/Brömmelmeyer[3])

Seibt, Christoph H. / Saame, Carola: Geschäftsleiterpflichten bei der Entscheidung über D&O-Versicherungsschutz, AG 2006, 901 - 913

Seitz, Björn / Finkel, Bastian / Klimke, Dominik: D&O-Versicherung – Kommentar zu den AVB-AVG, 2016 (zit. *Bearbeiter* in Seitz/Finkel/Klimke)

Semler, Johannes / v. Schenck, Kersten: Arbeitshandbuch für Aufsichtsratsmitglieder, 4. Auflage, 2013 (zit. *Bearbeiter* in Semler/v. Schenck, AR-HdB[4])

Semler, Johannes / v. Schenck, Kersten / Wilsing, Hans-Ulrich: Arbeitshandbuch für Aufsichtsratsmitglieder, 5. Auflage, 2021 (zit. *Bearbeiter* in Semler/v. Schenck/Wilsing, AR-HdB[5])

Semler, Johannes / v. Schenck, Kersten: Der Aufsichtsrat, 2015 (zit. *Bearbeiter* in Semler/v. Schenck)

Seu, Patrick / Unglaub, Michael: In Deckung vor gefallenen Managern, VW 4/2018, 78 - 82

Sieg, Karl: Ausstrahlungen der Haftpflichtversicherung, 1952 (zit. *Sieg*)

Sieg, Karl: Der Anspruch des Drittgeschädigten gegen den Haftpflichtversicherer (praktische Ausgestaltung, dogmatische Rechtfertigung), ZVersWiss 1965, 357 - 384

Sieg, Oliver: Anmerkungen zu OLG Düsseldorf v. 12.07.2013 (ZWH 2014, 123), ZWH 2014, 124 - 126

Sieg, Oliver: Organhaftung und D&O-Versicherung in Forschungsstelle für Versicherungswesen Universität Münster – 33. und 34. Münsterischer Versicherungstag – 21. November 2015 und 19. November 2016 in Münster, 2017, hrsg. v. Heinrich Dörner, Dirk Ehlers, Petra Pohlmann, Martin Schulze Schwienhorst, Heinz-Dietrich Steinmeyer, 55 - 105

Späte, Bernd: Haftpflichtprozess – AHB Kommentar, 1993 (zit. *Späte* AHB)

Späte, Bernd / Schimikowski, Peter: Haftpflichtversicherung – Kommentar zu den AHB und weiteren Haftpflichtbedingungen, 2. Auflage 2015 (zit. *Bearbeiter* in Späte/Schimikowski[2])

Spindler, Gerald / Stilz, Eberhard: Kommentar zum Aktiengesetz, 1. Band, §§ 1–149, 4. Auflage, 2019 (zit. *Bearbeiter* in Spindler/Stilz, 1. Band[4])

Spindler, Gerald: Schiedsfähigkeit von Vorstandsverträgen und Haftungsansprüchen, in Festschrift für Theodor Baum zum siebzigsten Geburtstag, Band II, 2017, 1205 - 1226

Staudinger, Ansgar / Richter, Patrick: D&O-Versicherung: Anforderungen an den Eintritt des Versicherungsfalls nach Abtretung des Freistellungsanspruchs, DB 2013, 2725 - 2728

Staudinger, Ansgar / Halm, Wolfgang / Wendt, Domenik H.: Versicherungsrecht Kommentar, 2. Auflage, 2017 (zit. *Bearbeiter* in Staudinger/Halm/Wendt[2])

von Staudinger, Julius: Kommentar zum Bürgerlichen Gesetzbuch mit Einführungsgesetz und Nebengesetzen:

- 1. Buch - Allgemeiner Teil - §§ 164–240, Neubearbeitung 2019, Redaktor: Sebastian Herrler (zit. *Bearbeiter* in Staudinger, 1. Buch)
- 2. Buch - Recht der Schuldverhältnisse - §§ 328–345, Neubearbeitung 2020, Redaktor: Manfred Löwisch (zit. *Bearbeiter* in Staudinger, 2. Buch)
- 2. Buch - Recht der Schuldverhältnisse - §§ 362–396, Neubearbeitung 2016, Redaktor: Manfred Löwisch (zit. *Bearbeiter* in Staudinger, 2. Buch)
- 2. Buch - Recht der Schuldverhältnisse - §§ 397–432, Neubearbeitung 2017, Redaktor: Manfred Löwisch (zit. *Bearbeiter* in Staudinger, 2. Buch)
- 2. Buch - Recht der Schuldverhältnisse - §§ 662–675b, Neubearbeitung 2017, Redaktor: Volker Rieble (zit. *Bearbeiter* in Staudinger, 2. Buch)

Stein, Friedrich / Jonas, Martin: 1. Band, Einleitung - §§ 1–77, Kommentar zur Zivilprozessordnung, 23. Auflage, 2013, hrsg. v. Reinhard Bork und Herbert Roth (zit. *Bearbeiter* in Stein/Jonas, 1. Band[23])

Terno, Wilfried: Wirksamkeit von Kostenanrechnungsklauseln, r+s 2013, 577 - 582

Terno, Wilfried: Strukturen und Probleme der D&O-Versicherung, SpV 2014, 2 - 14

Thiel, Sven-Markus: Über Maklerbedingungen in Versicherungsverträgen, r+s 2011, 1 - 8

Thiel, Sven-Markus / Seitz, Björn: Anmerkungen zu BGH v. 05.04.2017 (NJW 2017, 2466), NJW 2017, 2468 - 2469

Thole, Christoph: Zivilprozessuale Probleme des Absonderungsrechts aus § 110 VVG n. F. in der Insolvenz des Versicherungsnehmers, NZI 2011, 41 - 46

Thole, Christoph: Das Absonderungsrecht aus § 110 VVG – sprachliche Verwirrungen und offene Fragen, NZI 2013, 665 - 670

Thomas, Heinz / Putzo, Hans: Zivilprozessordnung, 42. Auflage 2021 (zit. *Bearbeiter* in Thomas/Putzo[42])

Thomas, Stefan: Die Haftungsfreistellung von Organmitgliedern – Bürgerrechtliche, gesellschaftsrechtliche und versicherungsrechtliche Grundlagen der Freistellung und der Versicherung von organschaftlichen Haftungsrisiken im Kapitalgesellschaftsrecht, 2010 (zit. *Thomas*)

Thomas, Stefan: Haftpflichtrechtliche Verjährungsverlängerung und D&O-Deckung, AG 2016, 473 - 484

Thume, Karl-Heinz: Probleme des Verkehrshaftungsversicherungsrechts nach der VVG-Reform, VersR 2010, 849 - 855

Thümmel, Roderich C.: Managerhaftung vor Schiedsgerichten, in Festschrift für Reinhold Geimer zum 65. Geburtstag, 2002, 1331 - 1343

Thümmel, Roderich C.: Organhaftung und D&O-Versicherung in der schiedsgerichtlichen Praxis, in Festschrift für Rolf A. Schütze zum 80. Geburtstag, 2015, 633 - 646

Thümmel, Roderich C.: Persönliche Haftung von Managern und Aufsichtsräten, 5. Auflage, 2016 (zit. *Thümmel*[5])

Torggler, Hellwig / Mohs, Florian / Schäfer, Friederike / Wong, Venus V.: Handbuch Schiedsgerichtsbarkeit – Deutschland – Österreich – Schweiz, 2. Auflage, 2017 (zit. *Bearbeiter* in Torggler/Mohs/Schäfer/Wong[2])

Trautmann, Hans J.: Das Innenverhältnis zwischen Versicherungsnehmer und Versichertem bei der der Versicherung für fremde Rechnung, 1971 (zit. *Trautmann*)

Ulmer, Peter: Strikte aktienrechtliche Organhaftung und D&O-Versicherung – zwei getrennte Welten, in Festschrift für Claus-Wilhelm Canaris zum 70. Geburtstag, 2007, Band 2, 451 - 472

Veith, Jürgen / Gräfe, Jürgen / Gebert, Yvonne: Der Versicherungsprozess, 3. Auflage, 2016 (zit. *Bearbeiter* in Veith/Gräfe/Gebert[3])

Veith, Jürgen / Gräfe, Jürgen / Gebert, Yvonne: Der Versicherungsprozess, 4. Auflage, 2020 (zit. *Bearbeiter* in Veith/Gräfe/Gebert[4])

Vos, Daniel: Anmerkungen zu BGH v. 04.03.2020 (NZI 2020, 445), NZI 2020, 447 - 448

Wagner, Gerhard: Bindung des Schiedsgerichts an Entscheidungen anderer Gerichte und Schiedsgerichte, in Böckstiegel/Berger/Bredow - Die Beteiligung Dritter an Schiedsverfahren, 2005, 7 - 53

Wagner, Gerhard: Organhaftung im Interesse der Verhaltenssteuerung - Skizze eines Haftungsregimes, ZHR 178 (2014), 227 - 281

Wahlers, Henning W. / Wolff, Nikolai: Individualabreden zur Verhinderung der drohenden Verjährung von Organhaftungsansprüchen bei der Aktiengesellschaft, AG 2011, 605 - 611

Wandt, Manfred: Anmerkungen zu BGH v. 08.05.2013 (VersR 2013, 853), VersR 2013, 856 - 859

Wandt, Manfred: Versicherungsrecht, 6. Auflage, 2016 (zit. *Wandt*[6])

Wax, Thomas: Allheilmittel D&O-Versicherung? Segen und Sorgen in der Unternehmenspraxis, CFO aktuell 2015, 134 - 137

Wellhöfer, Werner / Peltzer, Martin / Müller, Welf: Die Haftung von Vorstand, Aufsichtsrat, Wirtschaftsprüfer - mit GmbH-Geschäftsführer, 2008 (zit. *Bearbeiter* in Wellhöfer/Peltzer/Müller)

Werber, Manfred: Kostenanrechnungsklauseln in der D&O-Versicherung, VersR 2014, 1159 - 1166

Werner, Rüdiger: D&O-Versicherung und Schiedsverfahren, VersR 2015, 1084 - 1090

Werner, Rüdiger: Die Verjährungsverlängerung und ihre Auswirkungen auf die D&O-Versicherung, VersR 2016, 1352 - 1356

Werner, Rüdiger: D&O-Versicherung: Die Rechtsfolgen der Abtretung des Freistellungsanspruchs an die Versicherungsnehmerin, ZWH 2017, 124 - 130

Werner, Rüdiger: Aktuelle Fragen der D&O-Versicherung, CB 2018, 114 - 118

Werner, Rüdiger: Gesellschaftsvertragliche Schiedsklauseln: Aktuelle Probleme, jM 2018, 134 - 139

Werres, Rüdiger: Die Wirkungen der Streitverkündung und ihre Grenzen, NJW 1984, 208 - 210

Westermann, Harm P.: Schiedsgerichte in kapitalgesellschaftsrechtlichen Streitigkeiten, ZGR 2017, 38 - 60

Wieczorek, Bernhard / Schütze, Rolf A.: Zivilprozessordnung und Nebengesetze, ZPO:

- Band 2/1 - §§ 50–77, 4. Auflage, 2018 (zit. *Bearbeiter* in Wieczorek/Schütze, 2/1. Band[4])

- Band 4 - §§ 253–299a, 4. Auflage, 2013 (zit. *Bearbeiter* in Wieczorek/Schütze, 4. Band[4])

Winkelbauer, Wolfgang: Die freundliche Inanspruchnahme in der D&O-Versicherung – zugleich Besprechung von BGH, Urt. v. 13.4.2016 – IV ZR 304/13, ZWH 2017, 73 - 75

Wirtz, Manuel / Seyer Julia: Trends in der D&O-Versicherung: Die Eigenschadendeckung, PHi 2017, 236 - 241

Wissmann, Manfred / Adolphs, Mark: Direktanspruch des Versicherungsnehmers gegen den Versicherer bei der D&O Versicherung, StudZR 2005, 489 - 504

Würdinger, Markus: Die Analogiefähigkeit von Normen: Eine methodologische Untersuchung über Ausnahmevorschriften und deklaratorische Normen, AcP 2006, 946 - 979

Wussow, Hansjoachim: Informationen zum Versicherungs- und Haftpflichtrecht – Möglichkeiten einer Direktklage des Geschädigten gegen den Haftpflichtversicherer in der Allgemeinen Haftpflichtversicherung, 16. Januar 1989, WI 1989, 9 - 11

Zöller, Richard: Zivilprozessordnung, 33. Auflage, 2020 (zit. *Bearbeiter* in Zöller[33])

Zumdick, Klaus: Fälligkeit und Anerkenntnis, Workshop zur Haftpflichtversicherung der Münsterischen Forschungsstelle für Versicherungswissenschaft, 2010, Hrsg. v. Helmut Kollhosser, Heinrich Dörner, Dirk Ehlers, Petra Pohlmann, Martin Schulze Schwienhorst, Heinz-Dietrich Steinmeyer, 61 - 74